北京高等教育精品教材

高等学校经济与工商管理系列教材

国际贸易

（第4版）

卜　伟　刘似臣
张　弼　祁继鹏　编著

清华大学出版社
北京交通大学出版社
·北京·

内 容 简 介

本书共分为 13 章。第 1 章是导论，第 2~6 章是国际贸易理论，第 7~10 章是国际贸易政策措施，第 11 章是国际要素流动与国际贸易，第 12 章是贸易政策的政治经济学，第 13 章是国际贸易研究新领域。

本书具有体系流畅、知识新颖、可读性强等特点，既可作为经管类专业本科生的教材，也可作为 MBA、MIB 和专科生的教材，以及涉外经济实务工作者和理论工作者研究国际贸易问题的参考书。

图书在版编目（CIP）数据

国际贸易/卜伟等编著. —4 版. —北京：北京交通大学出版社：清华大学出版社，2021.9

（高等学校经济与工商管理系列教材）

ISBN 978 - 7 - 5121 - 4532 - 0

Ⅰ.① 国…　Ⅱ.① 卜…　Ⅲ.① 国际贸易-高等学校-教材　Ⅳ.① F74

中国版本图书馆 CIP 数据核字（2021）第 147421 号

国际贸易
GUOJI MAOYI

责任编辑：黎　丹

出版发行：清 华 大 学 出 版 社　　邮编：100084　　电话：010 - 62776969　　http://www.tup.com.cn
　　　　　北京交通大学出版社　　邮编：100044　　电话：010 - 51686414　　http://www.bjtup.com.cn

印 刷 者：北京鑫海金澳胶印有限公司

经　　销：全国新华书店

开　　本：185 mm×260 mm　　印张：18.25　　字数：491 千字

版 印 次：2006 年 3 月第 1 版　　2021 年 9 月第 4 版　　2021 年 9 月第 1 次印刷

印　　数：1~3 000 册　　定价：49.00 元

本书如有质量问题，请向北京交通大学出版社质监组反映。对您的意见和批评，我们表示欢迎和感谢。

投诉电话：010 - 51686043，51686008；传真：010 - 62225406；E-mail：press@bjtu.edu.cn。

前　言

本次再版的具体修改如下。

① 第 1 章的 1.4 节进行了重新编写。

② 第 2 章对重商主义进行了改写，丰富了其理论内容；在绝对优势理论中加入了绝对优势的衡量，并对主要内容进行了重新梳理；在比较优势理论中加入了比较优势的衡量，并对主要内容进行了重新梳理。

③ 第 5 章对需求偏好相似理论进行了重新梳理，加入了基于不完全竞争的国际贸易，引入相互倾销的产业内贸易模型，重新架构了国家竞争优势理论。

④ 第 6 章对战略性贸易政策理论部分重新进行了逻辑梳理，加入战略性贸易政策的理论基础部分，对普雷维什中心—外围论进行了改写。

⑤ 第 8 章更新了普遍优惠制内容。

⑥ 第 9 章重新按照 UNCTAD《非关税措施分类目录》（2019 年）编写了 9.1.3 节和 9.2 节。

⑦ 鉴于世界贸易组织多边谈判的停滞不前、读者对其内容的熟悉和区域经济一体化的蓬勃发展，将世界贸易组织和区域经济一体化合并为现在的第 10 章。世界贸易组织缩写为 10.1 节，更新了 10.2.3 节。

⑧ 第 11 章删除了"中国对外直接投资"内容。

⑨ 第 12 章修订了竞选贡献或政治贡献。

⑩ 新增第 13 章国际贸易研究新领域，以便师生了解国际贸易研究的新发展。

本次修订分工如下：第 1，9～10，12 章由刘似臣修订；第 2，5～6 章由张弼修订；第 3 章由祁继鹏修改，第 13 章由祁继鹏撰写；第 4，7～8，11 章由卜伟修订。

本次修订参阅、使用和引证了国内外的大量文献资料，在此向这些文献资料的作者、编者和出版单位表示诚挚的谢意！

限于作者水平，本次修订难免仍有各种不足之处，敬请同行专家和读者提出宝贵意见和建议。

卜　伟

2021 年 4 月

目　录

第1章　导论 …………………………………………………………………………… 1
  1.1　国际贸易的含义、研究对象与本书章节安排 …………………………… 1
  1.2　国际贸易的产生与发展 …………………………………………………… 4
  1.3　国际贸易的分类与描述指标 ……………………………………………… 6
  1.4　全球经济中的国际贸易 …………………………………………………… 16
  本章要点 …………………………………………………………………………… 27
  复习思考题 ………………………………………………………………………… 28

第2章　古典贸易理论 ………………………………………………………………… 29
  2.1　国际贸易理论的产生 ……………………………………………………… 29
  2.2　绝对优势理论 ……………………………………………………………… 34
  2.3　比较优势理论 ……………………………………………………………… 38
  2.4　相互需求原理 ……………………………………………………………… 41
  本章要点 …………………………………………………………………………… 47
  复习思考题 ………………………………………………………………………… 47

第3章　要素禀赋理论及拓展 ………………………………………………………… 49
  3.1　要素禀赋理论 ……………………………………………………………… 49
  3.2　要素禀赋理论的拓展 ……………………………………………………… 52
  3.3　里昂惕夫之谜及解释 ……………………………………………………… 56
  本章要点 …………………………………………………………………………… 60
  复习思考题 ………………………………………………………………………… 60

第4章　特定要素理论 ………………………………………………………………… 63
  4.1　特定要素模型框架 ………………………………………………………… 63
  4.2　国际贸易与收入分配 ……………………………………………………… 66
  4.3　要素禀赋的变化 …………………………………………………………… 68
  本章要点 …………………………………………………………………………… 70
  复习思考题 ………………………………………………………………………… 70

第5章　国际贸易新理论 ……………………………………………………………… 72
  5.1　技术与贸易 ………………………………………………………………… 72
  5.2　需求决定的贸易模式 ……………………………………………………… 77

5.3　基于不完全竞争与规模经济的产业内贸易理论 ···································· 82

5.4　国家竞争优势论 ··· 93

5.5　贸易引力模型 ··· 97

本章要点 ·· 99

复习思考题 ··· 100

第 6 章　贸易保护理论 ··· 101

6.1　保护幼稚工业说 ·· 101

6.2　超保护贸易理论 ·· 108

6.3　战略性贸易政策 ·· 113

6.4　中心-外围论 ··· 118

6.5　其他的贸易保护理论 ·· 125

6.6　贸易保护理论的新发展 ·· 128

本章要点 ·· 130

复习思考题 ··· 130

第 7 章　出口鼓励措施与出口管制 ··· 132

7.1　鼓励出口措施的主要种类 ·· 132

7.2　鼓励出口措施的经济效应 ·· 141

7.3　出口管制 ·· 145

本章要点 ·· 147

复习思考题 ··· 147

第 8 章　关税措施 ··· 149

8.1　关税概述 ·· 149

8.2　关税的主要种类 ·· 154

8.3　关税的经济效应 ·· 160

8.4　关税减让谈判 ·· 166

本章要点 ·· 168

复习思考题 ··· 169

第 9 章　非关税措施 ··· 171

9.1　非关税措施概述 ·· 171

9.2　非关税措施的主要种类 ·· 176

9.3　非关税措施的经济效应 ·· 191

本章要点 ·· 196

复习思考题 ··· 196

第 10 章　世界贸易组织与区域经济一体化 ················· 198

10.1　世界贸易组织 ····························· 198

10.2　区域经济一体化概述 ······················· 212

10.3　区域经济一体化理论 ······················· 220

本章要点 ································· 230

复习思考题 ······························· 231

第 11 章　国际要素流动与国际贸易 ··················· 232

11.1　国际要素流动 ···························· 232

11.2　跨国公司 ······························ 237

11.3　国际要素流动和国际贸易的关系 ················· 246

11.4　与贸易有关的投资措施 ······················ 251

本章要点 ································· 255

复习思考题 ······························· 255

第 12 章　贸易政策的政治经济学 ···················· 256

12.1　自由贸易的利弊之争 ······················· 257

12.2　贸易政策中的政治经济学模型 ·················· 258

12.3　国际谈判与贸易政策 ······················· 262

本章要点 ································· 265

复习思考题 ······························· 265

第 13 章　国际贸易研究新领域 ····················· 267

13.1　新新贸易理论 ···························· 267

13.2　贸易与经济增长 ·························· 269

13.3　贸易与环境 ···························· 271

13.4　全球价值链与贸易 ························· 273

13.5　服务贸易 ······························ 275

13.6　交通基础设施对国际贸易的影响 ················· 278

本章要点 ································· 280

复习思考题 ······························· 280

参考文献 ·································· 281

第 **1** 章

导　论

由于各国地理上的距离、时区及语言差异，各国法规不同、文化及经济体制各异，各国经济存在真实的区隔。但是，经济全球化趋势的推进使得各国经济的相互依存程度提高，一国经济的各个方面，诸如工业部门、服务部门、收入和就业水平、生活水平等都与其外部经济紧密相连。一国经济与外部的联系，既包括国家（单独关税区）间的货物和服务跨国流动，也包括劳动力、资本和技术等生产要素的跨国流动。随着 1995 年 1 月 1 日世界贸易组织（WTO）的正式成立，国际贸易的内涵从关税与贸易总协定（GATT）时代的货物贸易扩展到如今包括货物、服务、知识产权、对外直接投资等商品和要素跨国流动的大贸易概念。国际贸易学作为经济学的主要构成部分，随着国际贸易外延的扩展和国际贸易复杂度的提高，也在不断发展。

1995 年以来，WTO 所管辖的多边贸易体系为推进全球贸易提供规则与约束，努力促使各国贸易政策更加透明且逐步自由化。随着科学技术的进步，尤其是通信技术、运输技术和电子网络技术的迅速发展，为中小企业进入国际贸易领域提供了平台，促进国际分工从产业间分工进入产业内分工，进而形成产品的全球价值链分工，形成全球生产网络，推动各国对外贸易和生产快速发展。但是，2007 年美国次贷危机之后带来的全球经济衰退，引起了全球贸易保护主义的复苏。美国学者欧文（2019）指出，强调"过去和未来的贸易协定破坏就业机会"的特朗普 2017 年就任美国总统，意味着美国总统对贸易政策的基调出现了 360 度大转弯[①]。2020 年开始的新冠疫情引起了 1929—1933 年大危机之后最严重的经济衰退，国际货物贸易在 2020 年下降了 8%，服务贸易下降了 21%。全球价值链在 2020 年前半年基本中断。产业链的安全性和弹性在各国的贸易政策中得到重视[②]。

1.1　国际贸易的含义、研究对象与本书章节安排

1.1.1　国际贸易的含义

狭义而言，国际贸易（international trade）是指世界各国之间货物和服务交换的活动，是各国之间分工的表现形式，反映了世界各国在经济上的相互依靠。广义而言，国际贸易是

---

① 欧文. 贸易的冲突：美国贸易政策 200 年. 余江，刁琳琳，陆殷莉，译. 北京：中信出版集团，2019.
② WTO. World Trade Statistics Review 2021.

指世界各国或地区（含单独关税区①）之间货物和服务跨国交换、资本和劳动力等要素跨国流动的总称。无论是《现代经济学词典》《简明不列颠百科全书》（中文版）还是《新帕尔格雷夫经济学大词典》对于国际贸易的解释，包括世界贸易组织、世界银行和国际货币基金组织等国际经济组织都持广义国际贸易的观点。

对国际贸易的含义可以从以下几个主要方面来理解。

① 国际贸易是不同国家或地区（或单独关税区）之间的、跨越国界的商品、服务、资本、劳动力和技术等的交换。国际贸易的产生和发展是以国家的存在为前提的，没有国家就不会有国际贸易。因此，国际贸易是一个历史范畴，是人类社会发展到一定历史阶段的经济现象。

② 国际贸易的内涵是不断丰富扩展的。随着社会经济的发展和科学技术的进步，许多不可贸易的商品成为可贸易商品，国际贸易的内涵不断扩大，不仅交易标的范围扩展，交易方式也日趋多样化。

③ 国际贸易发生的制度环境与国内贸易不同。国际贸易不仅涉及不同货币的汇兑，存在复杂的汇率问题，而且受制于不同的政治制度、经济制度、法律制度、贸易规则和文化背景。

值得注意的是，我们要正确区分国际贸易与对外贸易的含义，不能将二者混淆。对外贸易（foreign trade）是指一国或地区同别的国家或地区进行的货物、服务和要素的交换活动。对外贸易由进口和出口两个部分组成，所以又称进出口贸易或输出入贸易（import and export trade）。

国际贸易与对外贸易既有联系又有区别。其联系在于：对外贸易与国际贸易都是越过国界进行的货物、服务和要素交换活动的总称；国际贸易作为各国和地区进口或出口贸易的总和，对它的研究自然离不开对各国和地区对外贸易的研究。两者的主要区别在于角度不同，国际贸易是从国际角度来看各国（和单独关税区）之间进行的货物、服务和要素交换活动；而对外贸易是从一国（或地区）的角度来看该国（或地区）与其他国家（或地区）之间的货物、服务和要素的交换活动。

因此，国际贸易是各国（或地区）对外贸易的综合，两者之间具有一般与个别的关系。国际贸易涉及的国际范围内的综合性问题仅仅从个别国家或地区的角度出发是无法深入研究的，对外贸易的研究代替不了国际贸易的研究。

另外，海外贸易（oversea trade）、世界贸易（world trade）和全球贸易（global trade）也经常出现在经济报道与书籍中。海岛国家和地区及其他对外贸易商品主要依靠海运的国家和地区称其对外贸易为海外贸易。世界贸易和全球贸易是指世界各国（或地区）对外贸易（进口或出口）与国内贸易（internal trade）的总和。尽管严格来讲，世界贸易、全球贸易与国际贸易并不是同一概念，但实际上三者之间常常互相通用，如世界贸易组织采用的就是"world trade"的概念来代替国际贸易的概念。

1.1.2 国际贸易的研究对象

作为一门学科，国际贸易学是指研究国家（或单独关税区）之间货物、服务和要素交换一般规律的学科。根据国际贸易内涵在不同时期的发展特点，国际贸易学的研究对象和重点也在不断演进。

---

① 加入单独关税区的考虑源自世界贸易组织既包括主权国家成员也包括非主权国家的单独关税区成员。

作为研究国际贸易问题的一门学科，当前国际贸易学的研究对象是具有各自经济利益的国家或单独关税区之间的经济交换活动，包括商品交换、服务交换和要素跨国流动。通过研究这些跨国交换活动的产生、发展过程，以及贸易利益的产生和分配，揭示跨国交换活动的特点和规律。国际贸易学的具体研究对象，现阶段大体上可分为以下几个方面。

（1）国际贸易的产生和发展

作为一国经济的主要组成部分，国际贸易同样是一个历史范畴，随着社会生产力的发展而发展。国际贸易学的研究起点就是为什么会产生国际贸易？以及国际贸易存在哪些不同发展阶段？

（2）国际贸易的原因、模式和利益分配

针对不同发展阶段的国际贸易，从不同国家的角度出发，侧重不同的国际贸易问题，经济学家的研究与回答形成了不同的国际贸易理论，用以解释不同阶段国际贸易产生的原因、不同国家贸易模式存在的理由，以及国际贸易利益的存在与分配等。

（3）国际贸易政策与措施

针对不同的国内经济状况和国际经济形势，各国的贸易政策导向各异，或倾向于自由，或倾向于保护，出现了形形色色的贸易措施。因此自由贸易政策、保护贸易政策还是二者兼具对一国经济发展乃至全球经济发展的作用，各种贸易措施实施的效果也成为国际贸易学的研究对象。

（4）区域与多边贸易合作

"二战"结束后蓬勃发展的区域经济一体化问题，是国际贸易学研究的重点之一。曲折前行的多边贸易体系是推动全球贸易自由化的主要阵地，也是国际贸易学的研究对象。

（5）要素的国际流动

随着科学技术的发展，各国贸易政策的自由化，生产全球化的趋势日益加剧，中间投入品的跨国流动、全球价值链分工的形成，使得对外直接投资、跨国移民等问题也成为国际贸易学的主要研究对象。

（6）其他与国际贸易相关的理论和现实问题

由于国际贸易不是一个独立的经济现象，它和其他一些经济现象之间有很强的关联，因此对国际贸易问题的探讨也会延伸到相关领域，出现国际贸易与其他学科的交叉研究，如国际贸易与经济发展等；也包括现阶段国际贸易出现的一些新现象和新问题，如国际贸易与环境问题、国际贸易与劳工标准、自然资源国际贸易与贸易政策的政治经济学分析等。

1.1.3　本书的章节安排

根据前三版的实际应用及国际贸易研究领域的拓展，本书共13章。其中第1章为导论，介绍国际贸易课程的一般性问题、国际贸易现状及国际贸易研究和分析中常用的概念和指标。

第2章到第6章为国际贸易理论部分，按照国际贸易学基础理论的发展脉络进行讲解，主要为商品贸易理论，介绍国际贸易理论各发展阶段代表性的理论，如比较优势理论（第2章）、要素禀赋理论（第3章）、特定要素理论（第4章）、国际贸易新理论（第5章）以及贸易保护理论（第6章）。

第7章到第10章为国际贸易政策部分。鉴于世界贸易组织是协调各国国际贸易政策和规则的协议，本书将其对于各类政策措施的规范融入各章进行阐述，不再单列一章。这一部分主要介绍各国实施的贸易政策，即出口鼓励措施与出口管制（第 7 章）、关税措施（第 8 章）、非关税措施（第 9 章）、世界贸易组织与区域经济一体化（第 10 章）。

第 11 章到第 13 章为国际贸易相关领域研究部分，主要介绍当前值得注意的、拓展的国际贸易研究领域，如国际要素流动和国际贸易（第 11 章）、贸易政策中的政治经济学（第 12 章）及国际贸易研究新领域（第 13 章）。

1.2 国际贸易的产生与发展

1.2.1 国际贸易的产生

国际贸易的产生必须具备两个基本条件：一是社会生产力的发展，导致剩余产品的出现；二是国家的形成。从根本上说，社会生产力的发展和社会分工的扩大，是国际贸易产生和发展的基础。

第三次社会大分工使商品生产和商品流通进一步扩大并出现了一个只从事商品交换的群体，即商人。在原始社会末期和奴隶社会初期，随着生产力的发展，商品生产和流通更加频繁和广泛，阶级和国家相继形成，商品交换超出了国界，国家之间的贸易便产生了。

1.2.2 国际贸易的发展

1. 奴隶社会的国际贸易

奴隶社会是奴隶主占有生产资料和奴隶的社会，受限于当时的技术水平，跨国交易局限在很小的范围内。奴隶社会国际贸易中的主要商品是奴隶、粮食、酒及宝石、香料和各种织物等专供奴隶主阶级享用的奢侈品。

奴隶社会时期从事国际贸易的国家主要有希腊、罗马等，这些国家主要在地中海东部和黑海沿岸地区从事贩运贸易。我国在夏商时代进入奴隶社会，贸易集中在黄河流域沿岸。

2. 封建社会的国际贸易

封建社会时期的国际贸易比奴隶社会时期有了较大的发展。在封建社会早期，地租采取劳役和实物的形式，进入流通领域的商品并不多。到了中期，随着商品生产的发展，地租转变为货币地租的形式，商品经济得到进一步的发展。在封建社会晚期，随着城市手工业的发展，资本主义因素已孕育生产，商品经济和国际贸易都有较快的发展。

封建社会国际贸易的主要商品，除了奢侈品以外，还有日用手工业品和食品，如棉织品、地毯、瓷器、谷物和酒等。

早在西汉时期，我国就开辟了从长安经中亚通往西亚和欧洲的陆路商路，把我国的丝绸、茶叶等商品输往西方各国，换回良马、种子、药材和饰品等。

到了唐朝，除了陆路贸易外，我国还开辟了通往波斯湾及朝鲜和日本等地的海上贸易。在宋、元时期，由于造船技术的进步，海上贸易进一步发展。在明朝永乐年间，郑和曾率领商船队七次下"西洋"，经东南亚、印度洋到达非洲东岸，先后访问了 30 多个国家，用我国的丝绸、瓷器、茶叶、铜铁器等同所到的国家进行贸易，换回各国的香料、珠宝、象牙和药材等。

在欧洲，在封建社会的早期阶段，国际贸易主要集中在地中海东部。在东罗马帝国时期，君士坦丁堡是当时最大的国际贸易中心。公元 7 世纪至 8 世纪，阿拉伯人控制了地中海的贸易，通过贩运非洲的象牙、中国的丝绸、远东地区的香料和宝石，成为欧、亚、非三大洲的贸易中间商。11 世纪以后，随着意大利北部和波罗的海沿岸城市的兴起，国际贸易的范围逐步扩大到整个地中海及北海、波罗的海和黑海的沿岸地区。当时，南欧的贸易中心是意大利的一些城市，如威尼斯、热那亚等，北欧的贸易中心是汉萨同盟的一些城市，如汉堡、卢卑克等。

3. 资本主义时期的国际贸易

国际贸易真正获得巨大的发展是在资本主义形成和发展时期。在资本主义生产方式下，国际贸易额急剧增加，国际贸易活动范围遍及全球，商品种类日益繁多，国际贸易地位与作用的提高使国际贸易成为资本主义扩大再生产的重要组成部分。

（1）资本主义生产方式准备时期的国际贸易——16 世纪至 18 世纪中叶

15 世纪末至 16 世纪初的地理大发现对西欧的经济发展和国际贸易的迅速发展产生了十分深远的影响。大批欧洲冒险家前往非洲和美洲进行掠夺性贸易和黑奴交易。西班牙、荷兰、英国等老牌资本主义国家的势力在美洲和非洲地区不断扩张，争夺殖民地和国际贸易的控制权。

这个时期的国际贸易，尽管因资本主义机器大工业尚未建立，加之交通、通信技术的约束，使得国际贸易的规模、范围和商品品种均受到一定的限制，但此时的国际贸易既表现出了开拓性，也表现出了掠夺性，具有以下特征：欧洲国家扩大了对殖民地的贸易，殖民地在宗主国对外贸易中的比重和地位日益提高；国际贸易在范围、商品品种和贸易额等方面都有限。

（2）资本主义自由竞争时期的国际贸易——18 世纪后期至 19 世纪中叶

18 世纪中期的产业革命为国际贸易的空前发展提供了十分坚实而又广阔的物质基础。一方面，蒸汽机的发明与使用开创了机器大工业时代，生产力迅速提高，物质产品大为丰富，从而真正的国际分工开始形成；另一方面，交通运输和通信技术的突飞猛进，使得世界市场真正得以建立。国际贸易从局部的、地区性的交易活动真正转变为全球性的国际贸易。此时的国际贸易，不仅贸易数量和商品种类有长足增长，而且贸易方式和机构职能也有创新发展，表现出以下特征。

① 国际贸易额增长迅速，商品种类越来越多，商品结构不断变化，贸易方式也有进步，各种信贷关系随之发展。

② 国际贸易组织机构纷纷建立，国家之间的贸易条约关系也逐渐发展起来。

③ 殖民地日益成为资本主义宗主国的销售市场和原料来源地，形成了不合理的国际分工，国际贸易中的斗争也趋于激烈。

（3）资本主义垄断时期的国际贸易——19 世纪末 20 世纪初

各主要资本主义国家从自由竞争时期过渡到垄断资本主义时期，垄断组织成为国际贸易中的主要参与者，也是国际资本的主要输出入方。在国际贸易中，随着运输和通信技术的进一步发展，世界各国都卷入到错综复杂的世界市场中，形成了资本主义的世界经济体系。此时国际贸易已经从狭义的商品贸易拓展到资本跨国流动。此时各主要资本主义国家之间用于保护国内市场的贸易措施（包括关税措施与非关税措施）却阻碍着世界市场的进一步扩大，也加深了各资本主义国家之间的经济矛盾，并最终引起了世界大战的爆发。这一时期国际贸易的发展包括以下特征。

① 少数国家垄断世界市场。

② 少数先进国家垄断殖民地和后进国家的对外贸易。

③ 垄断组织垄断了国际市场价格。

④ 国际垄断组织在经济上分割世界。

⑤ 资本主义国家之间的竞争更趋激烈，各种贸易壁垒措施更加加深了资本主义国家之间的矛盾。

4. 第二次世界大战后的国际贸易

第二次世界大战是国际贸易环境变迁史上的重要分水岭。从全球范围来看，战后国际贸易规模在不断扩大，国际贸易越来越成为各国经济发展的重要因素，发展过程可分为以下 3 个阶段（见图 1-1）。

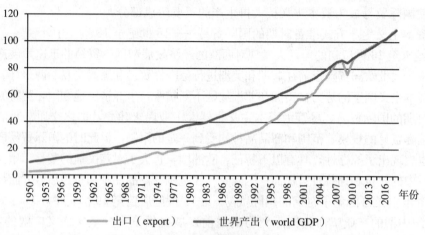

图 1-1　1950—2018 年世界货物出口贸易量指数和世界产出指数（2015＝100）①

① 1950—1973 年，国际贸易年均增长 10.3％，是历史上增长最快的时期。其基本原因是战后世界经济的迅速增长，以及国际分工的进一步扩大和深化、跨国公司的迅速发展、贸易自由化、国际经济一体化、国际货币制度的建立等。

② 1973 年至 20 世纪 80 年代初，国际贸易的增长速度明显减缓。其原因首先是世界经济的低速增长，西方国家经济陷入"滞胀"的困境；其次是两次石油危机的爆发；再次是布雷顿森林体系的瓦解与浮动汇率制度的建立。

③ 20 世纪 80 年代中期以来，国际贸易整体保持着较高的增长趋势，2001 年由于美国货币政策变动，导致全球经济增长放缓，国际贸易增速也随之下降。2008 年全球金融危机爆发，造成 2009 年世界产出下降 2％，全球货物出口贸易量下降 12％，但 2010 年后国际贸易得以迅速回升，但之后的增速明显放缓。2020 年因新冠疫情的爆发，导致全球经济衰退，世界产出与国际贸易锐减。

1.3　国际贸易的分类与描述指标

1.3.1　国际贸易的分类

除了狭义和广义的国际贸易区分方式之外，从不同的角度出发，采用不同的划分标准，

---

① 根据 2019 年世界贸易统计（world trade statistics review 2019）中数据编制。

国际贸易有不同的分类。

1. 按交易内容的差异划分

按交易内容的不同，国际贸易可分为货物贸易（merchandise trade）与服务贸易（trade in services）。

货物贸易是指货物的进出口，一般与服务贸易形成对比[①]。国际贸易中的货物种类繁多，为了便于统计和分析，联合国秘书处于 1950 年公布了《国际贸易标准分类》（*Standard International Trade Classification*，SITC），并于 1960 年、1974 年、1985 年、2006 年分别进行了 4 次修订。在这个标准分类中，把国际货物贸易分为 10 大类（section），67 章（division），262 组（group），1 023 个分组（sub-group），2 970 个基本项目（item），如表 1-1 所示。SITC 几乎包括了所有的货物贸易商品，每种商品都有一个五位数的目录编号，第一位数表明类，前两位数表示章，前三位数表示组，前四位数表示分组，五位数一起表示某个商品项目。在国际贸易统计中，一般把 0 到 4 类商品称为初级产品，把 5 到 8 类商品称为制成品。

表 1-1 《国际货物贸易分类》（修订 4）分类

初级产品（primary products）		制成品（manufactures）	
大类编号	类别名称	大类编号	类别名称
0	食品和活动物	5	未列名化学品及有关产品
1	饮料及烟草	6	主要按原料分类的制成品
2	非食用原料（不包括燃料）	7	机械及运输设备
3	矿物燃料、润滑油及有关原料	8	杂项制品
4	动植物油、脂和蜡	9	没有分类的其他商品

按世界贸易组织《服务贸易总协定》（*General Agreement on Trade in Service*，GATS）的界定，国际服务贸易是指服务提供者从一国境内向他国境内，通过商业现场或自然人向服务消费者提供服务并获得外汇收入的过程，包括四种提供方式：从一参加方境内向任何其他参加方境内提供服务，即过境交付形式；在一参加方境内向其他参加方的服务消费者提供服务，即境外消费形式；一参加方在其他任何方境内通过提供服务的实体介入而提供服务，即商业存在形式；一参加方的自然人在其他任何方境内提供服务，即自然人流动形式。

服务贸易具有如下特点：交易标的多为无形、不可储存的；服务的提供与消费同时进行；服务贸易额在各国国际收支表中只得到部分反映，不进入各国海关统计。

世界贸易组织《服务贸易总协定》依照国际货币基金组织（IMF）*Balance of Payment Manual*（6th）的划分，将国际服务交易（international service transaction）划分为 12 类进行统计[②]：加工服务，维护和维修服务，运输，旅游，建筑，保险和养老金服务，金融服务，知识产权使用费，电信、计算机和信息服务，其他商业服务，个人、文化和娱乐服务及别处未提及的政府服务。

---

① http：//www-personal. umich. edu/~alandear/glossary/m. html#MerchandiseTrade.

② http：//www. safe. gov. cn/safe/2019/0627/13519. html.

2. 按有无第三方参与划分

按贸易过程中有无第三方的直接参与，国际贸易可分为直接贸易、间接贸易和转口贸易。

(1) 直接贸易（direct trade）

直接贸易是指商品生产国与消费国不通过第三国而直接买卖商品的行为，其中生产国即为直接出口国，消费国为直接进口国。贸易双方直接洽谈、直接结算，交易的货物既可直接从生产国运到消费国，也可经由第三国国境转运到消费国。

(2) 间接贸易（indirect trade）

间接贸易是指商品生产国与商品消费国通过第三国而间接进行的货物买卖行为。对于间接贸易中的各参与方而言，生产国从事的是间接出口，消费国从事的是间接进口，第三国从事的是转口贸易。同样的，交易的货物既可从出口国经由第三国转运到进口国，也可从出口国直接运到进口国。

(3) 转口贸易（entrepot trade）

转口贸易也称中转贸易，在商品生产国与商品消费国通过第三国而进行的贸易中，对第三国而言就是转口贸易。转口贸易可以直接运输，也可以间接运输（关键是参与交易过程本身），这与过境贸易只强调运输时地理上通过不同。

从事转口贸易的大多是地理位置优越、运输条件便利、贸易限制较少的国家或地区，如伦敦、鹿特丹、新加坡和香港等。目前，在中国香港的出口总值中转口贸易额占将近一半，香港是世界上最大的转口商埠。因为转口贸易计入一国的总贸易之中，如果这些复出口额被包含在地区或世界贸易额中，将会产生大量重复计算，因此，联合国经济与社会事务部统计委员会建议将复出口，即以前记录为进口的外国货物的出口，列入一般出口总额，但需单独加以识别或编码，以供分析之用[①]。

转口贸易和过境贸易的区别在于：一是转口贸易不论货物是否经由第三国运送，都有第三国的商人参与商品的交易过程，而过境贸易则无第三国商人的直接参与；二是转口贸易以盈利为目的（即要有一个正常的商业加价），而过境贸易通常只收取少量的手续费，如印花税费等；三是转口贸易属于间接贸易，过境贸易则属于进出口方的直接贸易。

3. 按交易对象的移动方向划分

按交易对象移动方向的不同，一国的对外贸易可分为出口、进口与过境贸易。

(1) 出口（export）

出口，是指将本国制造加工的货物或服务输往国外市场销售的行为。当然，出口的商品必须是外销的商品，某些商品虽然运出国境但不属于外销的商品，则不能算作出口贸易。例如，运出国境供驻外使领馆使用的商品、旅客个人使用带出国境的商品均不列入出口贸易。

(2) 进口（import）

进口是指将外国制造加工的货物或服务输入本国市场销售。同样，输入境内的商品必须是属于内销的商品才能列入进口贸易。例如，外国使领馆运进供自用的商品、旅客带入供自用的商品均不列入进口贸易。

同一笔外贸交易区分出口与进口两个方面，对卖方而言，为出口；对买方而言，为

---

① 联合国经济与社会事务部 . 2010 年国际商品贸易统计：概念和定义 .

进口。由此可见，国际贸易并不仅仅是各国对外贸易的简单加总，而应该分别从出口和进口两个角度来探讨。此外，在实际的进出口过程中还存在复出口（re-export）和复进口（re-import）。复出口是指输入本国的外国商品未经加工改制也没有在本国消费就再出口的现象。例如转口贸易中的出口，对从事转口贸易国家/地区而言，就是复出口。复进口是指从本国输往国外的商品未经加工改制再进口的现象，如出口后退货回购、未售寄售商品的退回等。

（3）过境贸易（transit trade）

过境贸易，又称通过贸易。从甲国出口经过丙国国境向乙国运送的商品，对丙国来说，就是过境贸易。有些内陆国家同非邻国的贸易，其贸易商品的运输路径必须通过第三国国境。在过境贸易中，由于本国未通过买卖取得货物的所有权，因此过境商品一般不列入本国的进出口统计中。

4. 按运输方式划分

（1）陆路贸易（trade by roadway）

陆路贸易，是指采用陆路运输方式运送货物的贸易。它经常发生在各大陆内部陆地相连的国家之间，运输工具主要有火车、汽车等，如中国大陆与欧洲之间通过中欧班列进行的国际贸易。

（2）海运贸易（trade by seaway）

海运贸易，是指采用海上运输方式运送货物的贸易，运输工具是各种船舶。当前，世界贸易中的货物有三分之二以上是通过海运进行的。

（3）空运贸易（trade by airway）

空运贸易，是指采用航空运输方式运送货物的贸易。体积小、重量轻、价值昂贵、时效性强的货物（如鲜活食品、贵重物品和急需物品等）往往采用这种运输方式。

（4）邮购贸易（trade by mail order）

邮购贸易，是指用邮政包裹寄送货物的贸易。它适合样品传递和针对数量不多的个人购买等。

（5）管道运输贸易（trade by pipe）

管道运输贸易，是指采用管道运送货物的贸易。天然气、石油等采用这种运输方式。

（6）多式联运贸易

多式联运贸易，是指海、陆、空各种运输方式结合运送货物的行为。国际物流"革命"促进了这种方式的贸易。

5. 按清偿工具或结算方式划分

（1）现汇贸易（spot exchange trade）

现汇贸易，又称自由结汇贸易，是指在国际商品买卖中，以货币作为偿付工具的贸易方式。在国际贸易中被用作偿付的货币必须是可自由兑换的货币，如美元、英镑、欧元、瑞士法郎、日元和港币等。

（2）对等贸易（counter trade）

对等贸易，是指国际支付结算方式部分或全部采用以货换货，即货物经过计价后进行交换的贸易。对等贸易包括易货贸易（barter trade）、补偿贸易、互购贸易、抵补贸易、转手贸易等贸易方式。对等贸易通常源于贸易双方国家的货币不能自由兑换，而且缺少可兑换的外汇储备，于是双方把进口和出口直接联系起来，互通有无，并做到进出口基本平衡。

6. 按照交易标的是否再投入生产划分

（1）中间品贸易

中间品贸易（intermediate transaction）是指出口国企业向进口国企业出售的产品为中间投入品的贸易行为。中间投入品（intermediate input）则是指生产出来的产品，不同于资本品，而是在另一生产过程中作为投入品被消耗掉。作为投入，中间投入品与原始投入品（primary input）形成对比；作为产出，中间投入品与最终产品形成对比。当前国际贸易中的很大一部分是中间品贸易。

（2）最终品贸易

最终品贸易（final good transaction）是指出口国企业向进口国企业出售的产品为最终产品的贸易行为。最终产品（final good）是指无须进一步加工或改造即可供消费者、投资者或政府使用的商品。

在中间品贸易概念的基础上，出现了工序贸易、增加值贸易等概念。其中工序贸易（trade in task）是指国际贸易中的生产分割现象（fragmentation），即产品的生产分割为不同工序，然后在不同国家进行生产。增加值贸易（value added trade）是衡量国际贸易的一种方法，计算出口国的出口中含有的国内增加值，而不包括进口中间投入的总价值。

7. 中国对外贸易统计中经常使用的分类概念

（1）一般贸易（ordinary trade）

一般贸易是指在中国的公司、企业（包括外商投资企业）进行的单边进出口贸易，一般是经过对外签订合同、协议、函电或当面洽谈而成交。一般贸易包括：按正常方式成交的进出口货物；易货贸易（边境易货贸易除外）；从保税仓库提取在我国境内销售的货物；贷款援助的进出口货物；暂时进出口（不再复运进、出口）的物品；外商投资企业用国产材料加工成品出口及进口属于旅游饭店用的食品等货物。

（2）加工贸易（processing trade）

从广义上讲，加工贸易是外国企业（通常是工业发达国家和新兴工业化国家或地区的企业）以投资的方式把某些生产能力转移到东道国或者利用东道国已有的生产能力为自己加工装配产品，然后运出东道国境外销售。从狭义上讲，加工贸易是部分国家对来料或进料加工采用海关保税监管的贸易。例如我国商务部（时称外经贸部）1999 年发布的《关于加工贸易审批管理暂行办法》中对加工贸易的界定是：从境外保税进口全部或部分原辅材料、零部件、元器件、包装物料，经境内企业加工或装配后，将制成品复出口的经营活动，包括来料加工和进料加工。

加工贸易是一国参与全球产品价值链分工的一种方式，常与加工委托方的对外直接投资相联系。加工贸易的特点主要体现在与一般贸易的区别上。

① 从参与贸易的货物来源角度分析，一般贸易的货物主要来自本国的要素资源，符合本国的原产地规则；而加工贸易的货物主要来自国外的要素资源。

② 从参与贸易的企业收益角度分析，从事一般贸易的企业获得的收益主要来自生产成本或收购成本与国际市场价格之间的差价；而从事加工贸易的企业实质上只收取了加工费。

③ 从税收的角度分析，一般贸易的进口要缴纳进口环节税，出口时在征收增值税后退还部分税收；加工贸易进口料件不征收进口环节税，而实行海关监管保税，出口时也不再征收增值税。

此外，国际贸易依照贸易参加国或地区的数目，还可分为双边贸易（bilateral trade）、三角贸易（triangular trade）、多边贸易（multilateral trade）；按照交易手段的不同，国际贸易可分为单证贸易（trade with document）和无纸贸易（trade without document）。

1.3.2　国际贸易的描述指标

国际贸易中的关境与国境并不总是一致的。当一国在国境内设有自由港、自由贸易区、出口加工区等经济特区和保税仓库时，这些地区不属于关境范围之内，该国的关境小于国境。当几个国家缔结关税同盟时，如欧盟，参加关税同盟的国家组成统一的关境，则关境大于国境。因此，在衡量商品是否输出或输入时，存在两种衡量标准：跨越国境和跨越关境，并产生了与之对应的两种国际贸易统计方法：总贸易体系和专门贸易体系。

总贸易体系（general trade system）亦称一般贸易体系，是以国境为标准划分进出口的统计体系，凡进入本国国境的商品，不论结关与否，一律记为进口，称为总进口；凡离开本国国境的商品一律记为出口，称为总出口。此时一国的对外贸易就是总贸易，说明了一国在国际货物流通中的地位和作用。目前有 90 多个国家和地区采用这种划分方法，其中包括日本、英国、加拿大、美国、澳大利亚和中国等。

专门贸易体系（special trade system）亦称特殊贸易体系，是以关境为标准划分进出口的统计体系。凡是通过海关进入的货物均记为进口贸易，为专门进口；凡是通过海关出口的货物均记为出口贸易，为专门出口。此时一国的对外贸易就是专门贸易，表明了一国作为生产者和消费者在国际贸易中的地位和意义。目前采用专门贸易体系的国家和地区近 80 个，包括德国、意大利、法国、瑞士等。

联合国、世界贸易组织和世界银行数据库涉及各国或地区的对外贸易时一般都注明是总贸易还是专门贸易。需要指出的是，世界各国的服务贸易额在统计上计入国际收支，但不进入海关统计，故总贸易体系与专门贸易体系只适用于货物贸易统计。

1. 对外贸易额与国际贸易额

一国在一定时期内（如 1 年）从国外进口商品的全部价值（用货币表示），称为进口贸易总额或进口总额；一国在一定时期内（如 1 年）向国外出口商品的全部价值，称为出口贸易总额或出口总额。二者相加称为进出口贸易总额或进出口总额，即为一国的对外贸易额（value of foreign trade）或对外贸易值，它是反映一国对外贸易规模的重要指标之一。因此对外贸易额可以表示为

$$对外贸易额或对外贸易值＝进口总额＋出口总额$$

一国的对外贸易额，即用货币表示的一定时期内一国进口总额与出口总额的总和，其中货物贸易额反映在各国海关统计中，一般以美元计价，服务贸易额则反映在国际收支中。一般而言，海关在统计该国的货物进出口时，除非另有说明，否则出口价都将根据 FOB 价[①]

① FOB 价，即 free on board，由运输成本和货物到出口国或领域边界的保险之和构成。

估算，进口价则采用运输成本加上货物到进口国或领域的保险之和，即 CIF 价（cost, insurance and freight）。

国际贸易额（value of international trade），又称国际贸易值，是以货币表示的一定时期内世界各国与地区的出口总额之和，一般用美元表示，也被称为世界出口额或全球贸易额。

$$\text{国际贸易额或国际贸易值} = \sum \text{各国出口贸易额}$$

由于一国的出口就是另一国的进口，因此从世界范围来看，世界各国和地区的进口总额之和理应等于世界各国和地区的出口总额之和。但是，由于海关统计货物进出口时采用的价格存在差异（FOB 价格低于 CIF 价格，后者等于前者加上国际运费和保险费），因而世界出口总额总是小于世界进口总额。

2. 对外贸易量与国际贸易量

对外贸易量（quantum of foreign trade）是指一国一定时期进口贸易量和出口贸易量的总和。其计算公式为

$$\text{对外贸易量} = \frac{\text{进口贸易额}}{\text{进口价格指数}} + \frac{\text{出口贸易额}}{\text{出口价格指数}}$$

$$\text{价格指数} = \frac{\text{报告期价格}}{\text{基期价格}} \times 100$$

国际贸易量（quantum of international trade）是以一定时期的不变价格为标准计算的各个时期的国际贸易额，即用以固定年份为基期计算的出口价格指数去除国际贸易额的方法，得出相当于按不变价格计算的出口额。用这种方法计算出来的国际贸易额由于剔除了价格变动的影响，单纯反映国际贸易的量，所以称为国际贸易量。其计算公式为

$$\text{国际贸易量} = \frac{\text{国际贸易额}}{\text{出口价格指数}}$$

引入国际贸易量和对外贸易量这一概念，是因为用货币表示的贸易额，由于商品价格的波动性，无法真实地反映国际贸易及一国对外贸易实际规模及其变动状况。为了反映国际贸易的实际规模，只能以一定时期的不变价格为标准来计算各个时期的国际贸易额，也就是引进对外贸易量和国际贸易量指标。贸易量指标不仅可以比较确切地反映贸易的实际规模，而且便于把不同时期的贸易额进行比较。

例子，2010 年世界出口额为 150 820 亿美元，2019 年世界出口额为 188 000 亿美元，以 2010 年的出口价格指数为基期，假定 2019 年的出口价格指数为 120。当比较 2019 年世界出口额和世界出口贸易量与 2010 年的增长变化情况时，有

$$\frac{2019 \text{ 年出口额}}{2010 \text{ 年出口额}} = \frac{188\,000}{150\,820} \approx 1.25 \text{（倍）}$$

$$\frac{2019 \text{ 年出口贸易量}}{2010 \text{ 年出口贸易量}} = \frac{188\,000/120}{150\,820/100} \approx 1.04 \text{（倍）}$$

由此可见，按贸易额（值）计算，2019 年世界出口额是 2010 年世界出口额的 1.25 倍，增长了 125%；按贸易量计算，剔除价格上涨的因素，2019 年世界出口贸易量是 2010 年世界出口贸易量（当 2010 年为基期时，价格指数为 100，贸易量等于贸易值）的 1.04 倍，仅

增长了 4%。

联合国、世界银行、WTO 等国际机构的统计资料往往采用国际贸易额和国际贸易量两种数据，以供对照参考。

3. 对外贸易差额

一定时期内一国出口（货物和服务）额与进口（货物与服务）额之间的差额称为总贸易差额（balance of trade）。贸易差额分为以下 3 种情况。

① 贸易顺差，也称出超，指出口贸易额超过进口贸易额的情况，通常以正数表示。

② 贸易逆差，也称入超，指进口贸易额大于出口贸易额的情况，通常以负数表示。

③ 贸易平衡，指出口贸易额与进口贸易额相等的情况。

贸易差额表明一国对外贸易收支状况，是影响一国国际收支差额的重要因素之一。原则上讲，长期入超与长期出超对一国的对外贸易和国民经济发展都是不利的。贸易差额是衡量一国对外贸易状况的重要标志。从长期趋势来看，一国应追求贸易平衡，但绝对的平衡是不可能的，因此略有顺差或略有逆差成为各国现实的对外贸易均衡目标。

专栏 1-1

4. 对外贸易商品结构与国际贸易商品结构

对外贸易商品结构（composition of foreign merchandise trade）是指一定时期内各类货物或某种货物在一国对外贸易中所占的比重或地位，即各类货物进出口贸易额与该国进出口贸易总额之比，以份额表示。一个国家对外贸易商品结构主要是由该国的经济发展水平、产业结构状况、自然资源状况和贸易政策决定的。

国际贸易商品结构（composition of international trade）是指一定时期内各大类货物在整个国际贸易中的构成，即各类货物贸易额与世界出口贸易总额之比，用比重表示。

国际贸易商品结构可以反映出整个世界的经济发展水平和产业结构状况等。一国的对外贸易商品结构可以反映出该国的经济发展水平、产业结构状况及资源情况等。此外，各类商品价格的变动也是影响国际贸易商品结构和对外贸易商品结构的因素。

5. 国际贸易地理方向与对外贸易地理方向

国际贸易地理方向（direction of international trade）亦称国际贸易地区分布（international trade by regions），指一定时期内世界各国、各地区、各国家集团在国际贸易中所占的地位，通常用它们的出口额或进口额占世界出口总额或进口总额的比重来表示，也可以计算各国的进出口总额在国际贸易总额（世界进出口总额）中的比重。例如，在 2018 年世界货物出口总额中，中国、美国与德国分别占 12.8%、8.5% 和 8.0%，依次居第一位、第二位和第三位；世界货物进口总额中，美国、中国和德国分别占 13.2%、10.8% 和 6.5%，分别居前三位[①]。在 2018 年世界服务出口总额中，美国、英国和德国分别占 14.0%、6.5% 和 5.6%，依次居第一位、第二位和第三位；在世界服务进口总额中，美国、中国和德国分别占 9.8%、9.5% 和 6.4%，分别居前三位[②]。观察和研究不同时期的国际贸易地理方向，对于掌握市场行情的发展变化，认识世界各国间的经济交换关系及密切程度，开拓新的国外市场，均有重要的意义。

---

① World Trade Statistical Review 2019。

② 同①。

对外贸易地理方向（direction of foreign trade）又称对外贸易地区分布或对外贸易国别结构，是指一定时期内世界各国、各地区、各国家集团在一国对外贸易中所占的地位，通常以它们的进、出口额占该国进、出口总额的比重来表示。对外贸易地理方向指明一国出口商品的去向和进口商品的来源，从而反映一国与其他国家、地区、国家集团之间经济贸易联系的程度，即可以看出哪些国家或国家集团是该国的主要贸易对象和主要贸易伙伴。一国对外贸易值如果只是集中在个别国家和地区，表示该国经济对个别国家和地区的依赖程度比较大。如果一国的对外贸易值比较均匀地分散在各国或地区，则表明该国对外贸易的市场风险相对较小。

由于对外贸易是一国与别国之间发生的商品交换，因此把对外贸易按商品分类和按国家分类结合起来分析研究，即把商品结构和地理方向的研究结合起来，可以查明一国出口中不同类别商品的去向和进口中不同类别商品的来源。

6. 对外贸易依存度

对外贸易依存度（foreign trade intensity）亦称为对外贸易系数，它是指一国国民经济对对外贸易的依赖程度，是以本国对外贸易额（进出口总额）在本国国民生产总值（GNP）或国内生产总值（GDP）中所占的比重表示的。它是衡量该国经济对国际市场依赖程度高低的指标之一。由于对外贸易分为出口和进口两部分，相应地对外贸易依存度又可分为出口依存度和进口依存度，即进、出口额分别与 GDP 的比值，计算公式为

$$出口依存度 = \frac{出口额}{GNP\ 或\ GDP} \times 100\% \quad (1)$$

$$进口依存度 = \frac{进口额}{GNP\ 或\ GDP} \times 100\% \quad (2)$$

$$对外贸易依存度 = (1) + (2)$$

或

$$对外贸易依存度 = \frac{进出口总额}{GNP\ 或\ GDP} \times 100\%^{①}$$

由于进口额不是该国在一定时期内新创造的价值，外贸依存度可能因计入进口额而表现得较高，因此在实际工作中人们往往更重视出口依存度，它比对外贸易依存度更强调对经济发展的带动作用。对外贸易依存度表明一国的经济对外贸的依赖程度，也可表明一国经济国际化的程度。但是，该指标并不是越高越好。该指标的提高，一方面反映了融入世界经济的程度在提高，另一方面也说明国民经济对国际市场的依赖程度也越高，受世界经济影响的风险也在加大。

7. 贸易条件

贸易条件（terms of trade，TOT）是指一国的出口商品价格指数对其进口商品价格指数的比率，也就是一国出口一单位商品可以换回多少单位的外国商品。其计算公式为

$$TOT = \frac{P_X}{P_M}$$

---

① 注：世界银行公布的各国商品贸易占 GDP 的比重，即对外依存度，采用的计算公式为 $\frac{\frac{进口总额 + 出口总额}{2}}{GDP} \times 100\%$，也就是本书计算公式的一半。

式中，TOT 代表商品的贸易条件；P_X 代表出口价格指数；P_M 代表进口价格指数。

在国际贸易中，贸易条件有以下几种。

（1）净贸易条件

净贸易条件的计算公式为

$$N = \left(\frac{P_X}{P_M}\right) \times 100$$

式中，N 代表净贸易条件。

净贸易条件如果大于 100，表示贸易条件改善，换句话说，表明出口价格较进口价格相对上涨，意味着每出口一单位商品能换回的进口商品数量比原来增多，即贸易条件比基期有利，贸易利益亦增大；净贸易条件如果小于 100，则表示贸易条件恶化，换言之，表明出口价格较进口价格相对下降，意味着每出口一单位商品能换回的进口商品数量比原来减少，即贸易条件比基期不利，贸易利益亦减少；净贸易条件如果等于 100，即贸易条件不变。必须注意，这种改善或恶化只是就进出口时期与基期相比较而言的，因而完全是相对的。

【例 1 - 1】假定以 2010 年为基期，某国的净贸易条件是 100，2020 年时该国的出口价格指数下降 5%，为 95；进口价格指数上升 10%，为 110，那么这个国家 2020 年的净贸易条件为

$$N = (95/110) \times 100 = 86.36$$

这表明该国从 2010 年到 2020 年，净贸易条件从 2010 年的 100 下降到 2020 年的 86.36，2010 年与 2020 年相比，商品贸易条件恶化了 13.64%。

再如现以 2010 年为基期，其进、出口价格指数均是 100，而 2020 年出口价格指数上涨 6%，进口价格指数下降 2%，这样该年出口价格指数为 106，进口价格指数为 98，那么净贸易条件就是 108.16（106/98×100），可见净贸易条件改善了 8.16%。

（2）收入贸易条件

收入贸易条件是在净贸易条件的基础上，把出口数量指数加进来。其计算公式是

$$I = \frac{P_X}{P_M} \times Q_X \times 100$$

式中，I 代表收入贸易条件，Q_X 代表出口数量指数。

（3）单项因素贸易条件

单项因素贸易条件是在净贸易条件的基础上，把出口商品劳动生产率指数加进来。其计算公式为

$$S = \frac{P_X}{P_M} \times Z_X \times 100$$

式中，S 代表单项因素贸易条件，Z_X 代表出口商品劳动生产率指数。

（4）双项因素贸易条件

双项因素贸易条件是在净贸易条件的基础上，把进、出口商品劳动生产率指数都考虑进来。其计算公式为

$$D = \frac{P_X}{P_M} \times \frac{Z_X}{Z_M} \times 100$$

式中，D 代表双项因素贸易条件，Z_M 代表进口商品劳动生产率指数。

1.4 全球经济中的国际贸易

1.4.1 当代全球经济中的国际经济组织

1. 世界贸易组织

世界贸易组织（World Trade Organization，WTO）于 1995 年 1 月 1 日经由乌拉圭回合谈判成立，总部位于瑞士日内瓦。尽管 WTO 是世界上最年轻的国际组织之一，但它是"二战"后建立的 GATT 的继承者。所以，WTO 相当年轻，而始于 GATT1947 的多边贸易体制却有 70 多年的历史。自 1948 年以来，GATT 就已经为这个多边贸易体系制定了规则。截止到 2020 年 6 月，WTO 共拥有 164 个成员[①]，WTO 框架下的贸易约占全球贸易的 98%。

WTO 是全球专门处理全球贸易规则的唯一的国际组织，其主要职能是确保贸易流动尽可能顺利、可预测和自由。从不同的角度看，WTO 扮演的角色各异，它既是一个促进贸易自由化的组织，也是政府间谈判贸易协议的场所，还是政府间解决贸易争端的地方，以及多边贸易体系的管理机构。WTO 管理的多边贸易体系是指由全球大部分贸易经济体磋商、签署并经立法机构通过的一系列协议。WTO 的这些协议是全球贸易的法律基石，是保证WTO 成员贸易权利的契约，它约束各成员政府保证其贸易政策的透明与可预期，最终促进各成员居民的福利改善。

但是，在推进新一轮多边谈判方面，WTO 进展缓慢，电子商务、投资便利化等新议题也未得到及时处理。2008 年世界金融危机爆发后，单边主义、贸易保护主义开始抬头。尤其是特朗普政府上台后，美国数次违反 WTO 规则，依据其国内法对包括中国、欧盟等在内的多个国家（地区）输美货物采取单边贸易制裁措施，导致国际贸易摩擦加剧，全球贸易秩序陷入严重混乱。2017 年 7 月，美国向 WTO 递交了"透明度改革"的提案，WTO 改革被正式提上议程[②]。基于 2018 年国际社会形成的广泛共识，2019 年 WTO 改革得以初步展开，并涉及诸多领域的广泛议题。实际讨论与推进较为活跃并引发较多关注的改革议题，大体包括发展中成员地位及特殊与差别待遇、电子商务多边规则、透明度与通报义务履行、上诉机构成员遴选程序等[③]。其中，2 名法官在 2019 年 12 月 10 日到期离任，最后一名上诉机构法官——中国籍法官赵宏于 2020 年 12 月到期离任。由于上述机构每个案件至少需要 3 名法官审理，这意味着 WTO 上诉机构于 2019 年 12 月 11 日"正式停摆"。

2. 世界银行和其他多边开发银行

世界银行集团（World Bank Group）建立于 1944 年，总部位于美国华盛顿，在全球拥

---

① https：//www.wto.org/english/thewto_e/thewto_e.htm.
② 郎永峰，李春顶，尹翔硕.WTO 改革将如何影响中国经济？[J].中国软科学，2020（5）：10－22.
③ 卢锋，李双双.多边贸易体制应变求新：WTO 改革新进展 [J].学术研究，2020（5）：78－87.

有 130 余所办事处，拥有逾 1 万个的雇员，是全球发展中国家获得资金与技术援助的重要来源之一，其主要致力于减少贫困与支持发展。世界银行集团由 189 个成员构成，成员或股东国的财政部部长或发展部部长作为理事，构成理事会。所有理事把具体职责委任给 25 名执行董事，世界银行 5 个最大的股东国均委派一名执行董事，其他成员国则由 20 名当选的执行董事代表，所有执行董事均在世界银行总部办公。

世界银行集团由 5 个机构组成，包括：国际复兴开发银行（IBRD），主要职能是向中等收入国家政府和信誉良好的低收入国家政府提供贷款；国际开发协会（IDA），主要职能是向最贫困国家的政府提供无息贷款（也称信贷）和赠款；国际金融公司（IFC），是专注于私营部门的全球最大发展机构，通过投融资、动员国际金融市场资金及为企业和政府提供咨询服务，帮助发展中国家实现可持续增长；多边投资担保机构（MIGA），成立于 1988 年，主要职能是促进发展中国家的外国直接投资，以支持经济增长、减少贫困和改善人民生活，MIGA 通过向投资者和贷款方提供政治风险担保履行其使命；国际投资争议协调中心（ICSID），是国际投资争端的调解和仲裁机制。其中，IBRD 与 IDA 一起组成了通常所说的世界银行。

世界银行在 2030 年的目标是：终结极度贫困，将日均生活费低于 1.9 美元的人口比例降低到 3％以下；促进共享繁荣，促进每个国家底层 40％人口的收入增长。

世界银行向发展中国家提供低息贷款、无息贷款和赠款，用于支持教育、卫生、公共管理、基础设施、金融和私营部门发展和对农业及环境、自然资源管理等诸多领域的投资。部分世界银行项目由政府、其他多边机构、商业银行、出口信贷机构和私营部门投资者联合融资。

多边开发银行是各成员国共同拥有的国际借贷机构，主要面向发展中国家提供贷款、技术支持，帮助制定经济发展计划，促进其经济与社会进步。除了指世界银行集团之外，多边开发银行还包括 4 个地区性开发银行：亚洲开发银行、非洲开发银行、欧洲重建与开发银行、美洲开发银行集团。多边开发银行的业务主要是为发展中国家的开发活动提供资金，包括：用于技术援助、咨询服务或者工程准备的赠款；低息超长期贷款，一般为约束性贷款（tied loan）；市场利息的长期贷款。除了世界银行之外，其他 4 个地区性开发银行的业务只限于其名字所示的地区。

3. 国际货币基金组织

国际货币基金组织（International Monetary Fund，IMF）建立于 1945 年，有 189 个成员，致力于促进全球货币合作，保障金融稳定，便利国际贸易，促进高就业和可持续发展，以及减少全球贫困。

IMF 的首要目标是确保国际货币体系稳定，包括汇率和国际支付体系的稳定，以促使成员（及其居民）相互交易。2012 年后，IMF 将所有影响全球稳定的宏观经济和金融部门问题也纳入其目标。IMF 的主要职能如下。

① 经济监督。IMF 监督 189 个成员的经济和金融政策。

② 贷款。IMF 向国际收支出现困难的国家提供贷款，帮助它们重建国际储备，稳定本国货币，继续支付进口货款，恢复强劲经济增长的条件，同时纠正根本问题。

③ 能力发展。IMF 向成员提供实际帮助，同时与世界各国政府合作，使其经济政策和机构现代化，并培训本国人民，创造就业机会。

1.4.2　当代全球经济中的国际贸易

第二次世界大战以后，特别是 20 世纪 80 年代以来，国际贸易高速增长，对全球经济的促进作用明显。但是因为阶段经济衰退的冲击，国际贸易在 2001 年、2009 年出现了急速下降，其中货物贸易更为明显[①]。

1. 世界贸易迅速发展，货物贸易增长速度超过世界产出的增长速度，服务贸易的增速超过商品贸易的增长速度

"二战"后，随着运输和信息技术的发展，以及经济一体化和贸易自由化趋势的日益加强，国际贸易取得了重大发展。如图 1-2 所示，从世界贸易额（出口额）来看，1948 年全球货物贸易额仅为 585 亿美元，2018 年为 19.47 万亿美元，2019 年较 2018 年下降，为 18.88 万亿美元。1948—2019 年，全球出口年均增长约 8.35%，其中 1968—1980 年基本都维持两位数的增长，年均增长 17.79%；2000—2008 年年均增长 10.74%。但是在 2007 年次贷危机之后，全球货物贸易增长速度大幅下挫，2008—2019 年年均增长率仅为 1.30%。

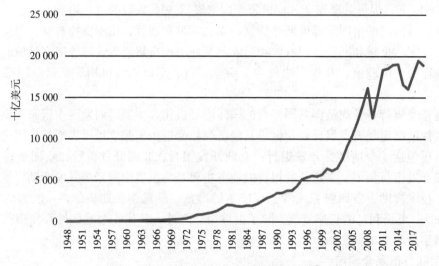

图 1-2　2008—2018 年全球货物贸易额[②]

如图 1-3 所示，从全球货物贸易量（剔除价格影响）增长率来看，1981—2019 年，其波动幅度较 GDP 剧烈，说明货物贸易受经济周期的影响程度较 GDP 更大。1986—2000年全球货物贸易量增长速度都超过 GDP 增长率。2001 年后全球货物贸易量波动幅度尤为激烈，2009 年下降 12.1%，而 GDP 仅下降 1.7%。2011 年之后全球货物贸易量增长率的下降趋势明显超过 GDP 增长率。

[①]　2020 年 1 月开始的新冠疫情导致全球贸易巨幅短期波动，因为年度数据目前不可得，因而没有出现在本节的内容之中。

[②]　WTO 数据库货物贸易额，2020 年 8 月 10 日 WTO 官网。

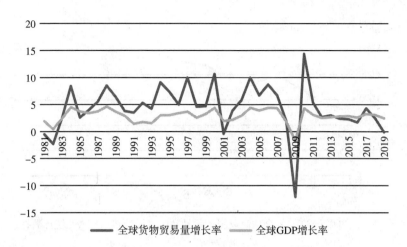

图 1-3　1981—2019 年全球货物贸易量和 GDP 的增长率[①]

按照 IMF《国际收支平衡表》（BPM 第五版），全球商业服务贸易额在 1980 年仅为 4 036.44亿美元，2013 年达到 43 813.5 亿美元，年均增长约 7.27%，如图 1-4 所示。

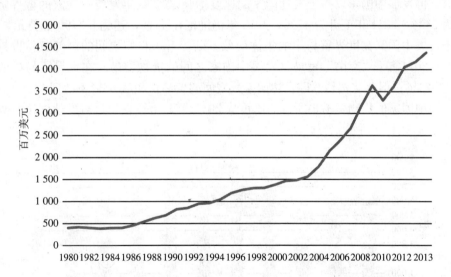

图 1-4　1980—2013 年全球商业服务贸易额的发展趋势（BPM5 统计数据）

如图 1-5 所示，按照 IMF《国际收支平衡表》（BPM 第六版），商业服务贸易额在 2005 年为 26 203.72 亿美元，2019 年达到 60 656.37 亿美元，年均增长 5.76%，高于货物出口额每年 3.99% 的增长速度。商业服务业在全球贸易中的份额从 1980 年的 10.05% 增长到 2019 年的 24.31%。根据 WTO 的预测，到 2040 年，商业服务业可能占世界贸易的三分之一[②]。

---

①　出口数据来自 WTO 数据库，GDP 数据来自世界银行数据库。

②　WTO 数据库服务贸易出口额。

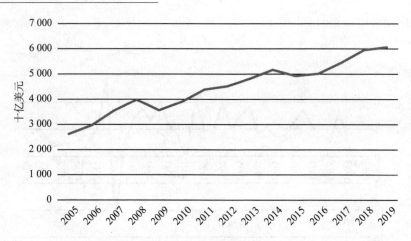

图 1-5　2005—2019 年全球商业服务贸易额的发展趋势（BPM6 统计数据）

2. 国际贸易地理分布多元化，发达国家主导地位不变，发展中国家的国际贸易份额显著提升

当前国际贸易的地理分布局势呈现出更加明显的多元化趋势。发达国家仍是国际贸易的主体国家，但发展中国家以高于发达国家的速度增长。1980 年发展中国家的世界货物贸易份额仅为 34％，2011 年上升为 47％，2018 年仍维持在 44％，达到 87 790 亿美元。

由于发展中国家在世界贸易中的集体份额不断提升，它们之间的内部贸易也越来越频繁。1980—2011 年，"南南"贸易（发展中国家之间的货物贸易）在世界贸易中的份额由 8％上升至 24％；但北北贸易（即发达国家）之间的贸易份额从 56％下滑到 36％[1]。"南南"贸易在发展中国家的货物贸易中所占的比重从 2011 年开始一直超过对发达国家和独联体国家的出口，如图 1-6 所示。

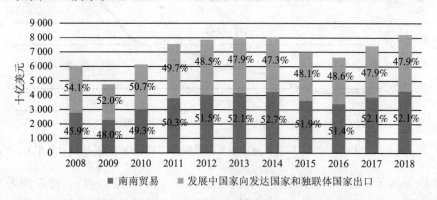

图 1-6　2008—2018 年发展经济体的贸易对象[2]

中国的货物出口份额从 1980 年的 1％上升到 2018 年的 12.8％。从表 1-2 中可以看出，货物出口规模最大的国家依次是中国、美国和德国，货物进口规模最大的国家依次是美国、中国和德国。2008 年德国的出口额为 1.46 万亿美元，进口额为 1.2 万亿美元，都略高于中

---

① World Trade Report 2012。
② World Trade Statistical Review 2019。

国，而 2008 年的金融危机对德国的经济造成了重创，2009 年之后，中国成为世界第一大货物出口国。

表 1-2　2018 年全球货物贸易前十位国家和地区

单位：十亿美元，%

出口					进口				
排名	出口方	总额	比重	增长率	排名	进口方	总额	比重	增长率
1	中国	2 487	12.8	10	1	美国	2 614	13.2	9
2	美国	1 664	8.5	8	2	中国	2 136	10.8	16
3	德国	1 561	8	8	3	德国	1 286	6.5	11
4	日本	738	3.8	6	4	日本	749	3.8	11
5	荷兰	723	3.7	11	5	英国	674	3.4	5
6	韩国	605	3.1	5	6	法国	674	3.4	9
7	法国	582	3.0	9	7	荷兰	546	3.3	12
8	中国香港	569	2.9	3	8	中国香港	628	3.2	6
9	意大利	547	2.8	8	9	韩国	535	2.7	12
10	英国	486	2.5	10	10	印度	511	2.6	14

资料来源：World Trade Statistical Review 2019。

全球货物和服务贸易最主要的参与国如图 1-7 所示，2019 年美国货物和服务贸易总额为 55 669.0 亿美元，居全球首位，中国货物和服务贸易总额为 51 475.0 亿美元，居第二位，德国为 33 819.8 亿美元，位列第三。

专栏 1-2

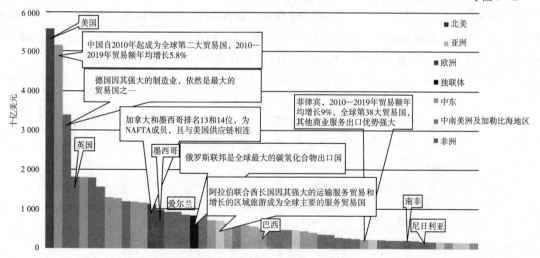

图 1-7　2019 年全球主要的货物和服务贸易国[①]

---

① World Trade Statistical Review 2020。

3. 国际贸易的产品结构进一步优化，高技术含量产品和服务的贸易比例不断提升

1945 年以来，工业制成品及其组件一直是全球贸易的主要内容，从 1980 年占全球贸易的 53.6％到 1998 年占 75％，2011 年回落到 62％，2019 年又回升至 67％。然而，农业产品在全球贸易中的相对份额一直稳步下降，从 1980 年的 14.7％，持续下降到 1999 年跌破 10％。如图 1-8 所示，2000—2019 年农产品占全球贸易的 9％～10％，化石燃料与矿产品的比重则在 2006—2014 年突破了 20％，最高年份达到 22％，制成品的比重则在 2012 年下降到 63.74％，达到历史最低，之后逐渐上升，2018 年恢复到 69.57％，2019 年达到 70.19％。[①]

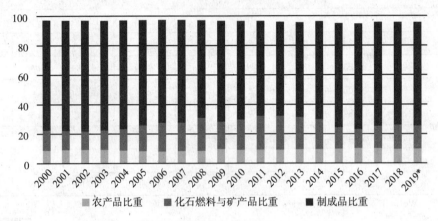

图 1-8　2000—2019 年世界货物贸易出口商品结构[②]

随着各国产业结构的优化升级，全球服务贸易发展迅猛，服务贸易中的金融、保险、电信、信息、咨询等其他商业服务业发展较快。传统的运输服务所占的份额持续下降，从 1980 年到 2011 年，运输服务在世界服务贸易中的比重从 33.6％下降到 20.6％，此后一直持续下降到 2018 年的 17.62％。如图 1-9 所示，旅游服务业的贸易额一直持续上升，2018 年达到 1 436.52 万亿美元，但占比则与 2008 年类似，约占 25％。其他商业服务业贸易额则从 2008 年的 1 950.72 万亿美元（占 49.31％），上升到 3 105.58 万亿美元，占 53.83％。

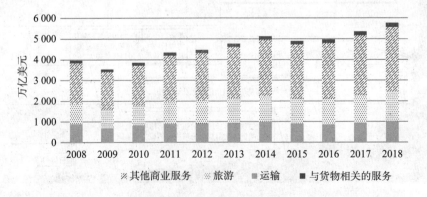

图 1-9　2008—2018 年世界服务贸易商品结构[①]

---

① WTO 数据库，https://data.wto.org.
② World Trade Report Review 2020。

4. 贸易投资一体化趋势明显，跨国公司对全球贸易的主导作用日益增强

在经济全球化的推动下，生产要素特别是资本在全球范围内更加自由地流动，跨国公司通过在全球范围内建立生产和营销网络，推动了贸易投资一体化，并对国际经济贸易格局产生了重要影响。

① 跨国公司已成为全球范围内资源配置的核心力量。跨国公司海外分支机构的年销售收入从 1990 年的 71 360 亿美元，上升到 2019 年的 312 880 亿美元；(UNCTAD，2020)。

② 国际贸易竞争从以比较优势为主，转变为以跨国公司数量和在国际范围内整合资源的能力为主。这就意味着，一个国家具备国际竞争优势的企业越多，就越可以在国际分工中更多地整合别国的资源。

③ 国际贸易格局由产业间贸易转向产业内贸易、公司内贸易。主要表现为全球价值链分工体系的形成，中间产品、零部件贸易在国际贸易中的比重增加，以及增加值贸易核算体系的形成与数据库的搭建。UNCTAD 2020 年报告指出，跨国公司海外分支机构的产品增加值从 1990 年的 13 350 亿美元上升到 2019 年的 80 000 亿美元。

④ 跨国公司的产业转移不断加快，通过把发展中国家和经济转型国家纳入其全球生产和营销体系，构建全球生产网络，促使"工序贸易"在整个国际贸易中的比重持续提高。轻资产的技术型跨国公司凭借数字技术覆盖全球市场 (UNCTAD，2020)，其在全球 100 强跨国公司中占比从 2010 年的 4 家上升到 2019 年的 15 家。

5. "二战"后多边贸易体制得到加强，贸易自由化成为主流趋势，但 2008 年经济危机之后贸易保护主义抬头，逆全球化趋势出现

第二次世界大战以后，为了促进世界经济的恢复与重建，23 个国家在 1947 年签署了关税与贸易总协定 (General Agreement on Tariff and Trade，GATT)，开始搭建多边贸易体制。通过 GATT 主持下的多边贸易谈判，各缔约方的关税水平不断削减，非关税壁垒受到约束，贸易自由化逐步推进。1995 年建立的 WTO 取代了 1947 年的 GATT，使多边贸易体制更加巩固和完善，使贸易自由化向纵深发展。

虽然贸易自由化是世界各国的共同期望，全球贸易政策环境比以往更加自由，但是随着全球贸易规模的继续扩大，发展不平衡的问题日益凸显。一些发达国家迫于国内各种利益集团的压力，仍然不断地尝试创造和使用新的保护主义政策和措施，以货币贬值、反倾销、技术性贸易壁垒和其他非关税壁垒等为武器保护国内市场，迫使别国就范或限制来自其他国家的商品进口。

当前世界已经进入贸易争端的高发期，并呈现出以下特点。

① 基于战略利益考虑而引发的贸易摩擦增多。

② 贸易保护的手段不断翻新。各种技术壁垒成为贸易保护的新式武器，知识产权纠纷成为国际贸易争端的重要方面。

③ 摩擦从单纯的贸易问题转向更为综合的领域。社会保障问题、汇率制度问题等已成为摩擦的新领域，资源摩擦与贸易摩擦交互作用的趋势越来越明显。

④ 中国已成为国际贸易保护的最大受害国之一。从 1995 年开始，中国已连续 20 多年

---

① World Trade Report Review 2019。

成为遭受反倾销最多的国家。

⑤ 美国已经成为全球多边贸易体系中最不稳定的因素。

⑥ 2020 年开始的新冠疫情大流行，将可能成为全球贸易自由化的最大变数。新冠疫情的出现带来了自 20 世纪 30 年代以来最严重的全球经济衰退期。世界贸易组织经济学家预测，全球商品贸易额将比前一年下降 13％～32％[①]，由此不少国家的贸易政策开始转向保护。

6. 世界市场上的竞争由单个国家间的竞争向综合化、集团化和有序化竞争方向发展

在国家存在的前提下，为了能以对外贸易带动经济发展，贸易各国和企业在世界市场上进行着激烈的竞争，出现了以下特点。

(1) 竞争日益综合化

第一，把货物、服务与知识产权有机地结合起来。第二，把贸易自由化与允许的保护结合起来。第三，关税措施与非关税措施综合使用。第四，把跨国公司的发展与提高中小企业竞争力结合起来。第五，把国内市场竞争与国外市场竞争有机地结合起来。第六，把价格竞争与非价格竞争有机地结合起来。

(2) 竞争日益集团化

第一，区域经贸一体化组织的数目急剧增加。经贸集团已从 20 世纪 80 年代的 80 多个增加到 21 世纪初的 150 多个。第二，地区经贸集团的类型更加多样化。在已有的经贸集团类型（自由贸易区、关税同盟、共同市场和经济同盟）的基础上，出现了自我承诺类型的经贸集团，如亚太经合组织；个别经贸集团已从经贸集团向政治集团发展，如欧盟。第三，地区经贸集团形成的基础发生了结构性的变化。由相邻国家组成经贸集团走向跨洲的国家组成经贸集团；从社会制度相同国家组成经贸集团到社会制度不同国家组成经贸集团；从经济发展水平相近的国家组成经贸集团到经济发展水平相差很大的国家组成经贸集团。第四，经贸集团内部通过贸易和投资等方面的自由化，统一市场，使内部贸易不断扩大，经贸集团内部贸易占其整个对外贸易的比重均在提高。

(3) 竞争向有序化方向发展

第一，积极利用世界贸易组织，在世界贸易组织规则基础上进行"开放、公平和无扭曲"的竞争。第二，国际贸易法律、规则和标准日益趋同化，它们与各国国内的相关法规的相融性在加强。

7. 随着世界经济和信息技术的发展，国际贸易出现了新的贸易方式

贸易方式是指进行贸易活动所采取的具体做法。国际贸易新方式是相对于传统贸易形式而言的。第二次世界大战结束以后，特别是 20 世纪 90 年代以来，国际贸易新方式不断出现。

(1) 国际商品贸易与国际投资相结合

比较典型的是集贸易和融资于一体的 BOT 方式，即"建设-经营-移交"（build-operate-transfer model）的国际工程承包模式。它是指国家将急需建设的大型资本技术密集型工程通过国际招标方式选择承包人，并同承包人组建合营公司，项目建设经营资金由承包人负责。项目建成后，合营公司负责经营管理，当各方收回投资并获得一定利润后（一

---

① WTO. Annual Report 2020。

一般在 10 年以上），项目的所有权及经营权移交给发包的国家，成为其独有资产，该项目合同结束。

（2）数字经济时代出现日益繁盛的电子商务

数字革命以前所未有的速度和规模改变了我们的生活和社会，带来了巨大的机遇和严峻的挑战。数字技术的进步在创纪录的时间内创造了巨大的财富，新技术，特别是人工智能，将不可避免地导致劳动力市场的重大转变。跟随数字技术进步的是自 20 世纪 90 年代中期首次提出的数字经济概念，这个概念在不断演变，反映了技术及其在企业和消费者中的应用的快速变化性质。电子商务（electronic business 或 electronic commerce）是数字经济的组成部分之一，涵盖了在线销售和购买的商品和服务交易，包括通过基于平台的公司（如代驾应用程序等）进行的交易[1]。

WTO 将以数字方式订购或者以数字方式交付的贸易定义为数字贸易，也就是通过电子工具或平台，而非其他中间商来达成贸易。数字订购交易，即 OECD（经合组织）所说的电子商务，"电子商务交易是指通过专门为接收或下订单而设计的方法在计算机网络上销售或购买商品或服务"；数字交付交易是指联合国贸易和发展会议（UNCTAD）对信息和通信技术及信息和通信技术支持的服务的定义，也就是"通过信息和通信技术网络（即通过语音或数据网络）远程交付的所有跨境交易，包括互联网、以电子方式下载的"。电子商务的参与方式可以分为：企业对消费者（B2C）、企业对企业（B2B）、政府对消费者（G2C）、消费者对消费者（C2C）。

如表 1-3 所示，2017 年全球电子商务规模约为 29.37 万亿美元，约 88% 为 B2B 方式。其中美国约占 8.89 万亿美元，日本约为 2.98 万亿美元，中国则为 1.93 万亿美元。在电子商务中，美国、日本、德国、韩国等均以 B2B 方式为主，而中国则是以 B2C 方式为主。

表 1-3　2017 年全球电子商务规模最大的十个国家

序号	国家	电子商务总额/十亿美元	占 GDP 比重	B2B/十亿美元	占电子商务的比重	B2C/十亿美元
1	美国	8 883	46	8 129	90	753
2	日本	2 975	61	2 828	95	147
3	中国	1 931	16	869	49	1 062
4	德国	1 503	41	1 414	92	89
5	韩国	1 290	84	1 220	95	69
6	英国	755	29	548	74	206
7	法国	734	28	642	87	92
8	加拿大	512	31	452	90	60
9	印度	400	15	369	91	31
10	意大利	333	17	310	93	23
	合计	19 315	36	16 782	87	2 533
	全球	29 367		25 516		3 851

数据来源：联合国贸易与发展会议（UNCTAD）Global Economy Report 2019。

[1]　联合国贸易和发展会议 . Digital Economy Report 2019.

如图 1-10 所示，通过数字交付的服务包括保险和养老金服务，金融服务，知识产权使用费，电信、计算机和信息服务，其他商业服务和个人服务，文化和娱乐服务，从 2008 年的 1 855 亿美元增加到 2018 年的 2 964 亿美元。

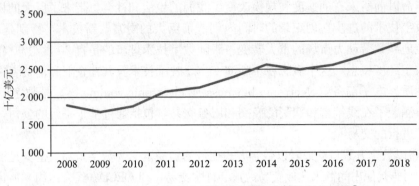

图 1-10　2008—2018 年全球贸易中数字交付的服务规模[①]

8. 当代国际贸易出现的新现象与新问题

（1）贸易与环境的协调发展

发展贸易和保护环境是人类提高生活水平的重要手段，两者可以相互促进，但在一定条件下也是相互矛盾的。自 20 世纪 70 年代以来，一方面发达国家通过出口贸易与对外投资向发展中国家转移污染，另一方面发展中国家资源过度及不合理使用使生态环境不断恶化，给动植物和人类健康带来了越来越严重的不利影响。

自 20 世纪 90 年代以来，与贸易有关的多边、双边环保协议及单个国家的环保法规大量出现。这些协议、法规直接或间接地限制或禁止某些产品的进出口贸易，对环境保护起到了一定的作用，但是也给贸易的发展带来了一些新的问题，诸如环境法规的差异影响了发展中国家产品的市场准入，环保措施的滥用导致了新的贸易保护主义出现，国际贸易中和环境有关的贸易摩擦与争端不断增加。如何科学地处理贸易与环境的冲突，真正实现贸易与环境的协调发展，是当代国际贸易发展中面临的又一个新的挑战。1994 年 GATT 乌拉圭回合中的多边贸易谈判部长级会议达成的《贸易与环境的马拉喀什决定》将处理贸易政策、环境政策和可持续发展三者之间的关系作为 WTO 的一个优先考虑事项。

专栏 1-3

（2）出现国际物流"革命"

所谓国际物流（international logistics，IL）是指不同国家之间的商品流动。国际物流是国内物流的延伸和进一步扩展。国际物流是国际贸易的重要环节，世界各国之间的贸易是通过国际物流来实现的。由于国际分工的日益细化，各国均成为世界生产体系的一个链条，国家之间商品、物资的流动便形成了国际物流。

20 世纪 90 年代以后，国际互联网络、卫星定位系统在国际物流中的应用，极大地提高了物流的信息化和服务水平。为了提高竞争力，各大物流企业加大了对物流信息网络和营运系统的投资建设，出现了国际物流"革命"。

---

① World Trade Report Review 2019.

① 配送方式上的"革命"。其特点是从物资运输向物流配送演变，服务内容要求准确（科学调运）、准时（零库存）、准量（小批量、多品种），形成一体化服务。

② 网络运营"革命"。其特点是建立物流中心，形成软硬件结合的物流网络，为客户提供现代化的网络服务。即以交通运输枢纽为依托，建立运转良好的货物集散场所。

物流中心要做到物流、商流、资金流、信息流的有机统一。通过设计、引导、支配物流，形成科学、合理、低成本的网络运营体系；构建具有集货、储货、转运、配货、物贸等多重功能的全国和全球性物流的连接网络。

③ 电子技术"革命"。其特点是依赖于信息化的技术支撑，建立一体化和网络化的服务。

④ 综合服务"革命"。其特点是物流范围向订单处理、配送、存货控制、仓库管理、装卸、包装、局部加工、运输等全方位领域扩展，形成更多利润的增值服务，促使大型物流公司向产业化发展。

⑤ 流通业态"革命"。其特点是以跨国公司的生产系统和营销网络为中心，形成全球性的、有机结合的全球物流基地和运营中心。

（3）全球价值链（global value chain，GVC）内的贸易导致增加值贸易核算体系的出现

随着经济全球化的不断加深，制成品的生产工序逐渐复杂，形成了大量的中间产品贸易，经济生产活动不再是单一国家制造，国家间的生产协作更加密切，分工形式更加多样化，形成了产品的"全球价值链"。因此，全球价值链指的是全球商品和服务生产的全球网络。据 WTO 统计，世界商品和服务贸易的一半以上是由中间产品组成的，这些产品大多在全球价值链内进行交换。

全球价值链内中间产品的贸易往来带来了海关统计贸易数据的大量重复计算，也就导致了"what you see was not what you get"（所见非所得）。各国在全球价值链分工体系中获得的贸易利益并不能通过其海关统计的贸易数据简单回答。OECD 等国际组织利用全球投入产出表构建了 Trade in Value-Added 数据库（TiVA），包括了 64 个国家（其中有 26 个发展中国家）的增加值贸易数据①。

专栏 1-4

本章要点

　　狭义而言，国际贸易是指世界各国之间货物和服务交换的活动。但广义而言，国际贸易是指世界各国或地区（含单独关税区②）之间货物和服务跨国交换、资本和劳动力等要素跨国流动的总称。

　　学习国际贸易的理论、政策之前，应掌握国际贸易的基本概念和分类，对一些容易混淆的概念加以区分，理解常见贸易统计指标的经济含义。

---

① World Trade Report Review 2019。

② 加入单独关税区的考虑源自世界贸易组织既包括主权国家成员也包括非主权国家的单独关税区成员。

　　国际贸易产生后，在不同的社会形态下表现出各自不同的发展形态，直到资本主义社会，国际贸易才得到了真正意义上的发展，并且随着社会经济环境的变化，国际贸易活动也呈现出新的特点和变化。

　　WTO 是处理国际贸易规则的国际经济组织，世界银行是通过投资致力于扶贫的国际经济组织，IMF 是维持全球货币稳定的国际经济组织。国际贸易在当代呈现了不少新特点，且对全球经济发展的依赖程度很大，金融危机、经济衰退等对国际贸易的影响甚于 GDP。

复习思考题

一、名词解释

国际贸易与对外贸易　转口贸易　一般贸易　加工贸易　对等贸易　中间品贸易　贸易条件　对外贸易依存度　对外贸易额与对外贸易量　总贸易体系与专门贸易体系

二、简答题

1. 简述转口贸易和过境贸易的区别。

2. 什么是贸易差额？它与一国的经济发展有什么关系？

3. 净贸易条件在不同取值情况下的经济学含义分别是什么？

4. 当代全球经济中的国际贸易新特点有哪些？

三、计算分析题

假设某国净贸易条件以 2012 年为基期是 100，2019 年出口价格指数较基期下降 6％，进口价格指数较基期上升 12％，计算并分析该国 2019 年净贸易条件发生了怎样的变化。

四、分析论述题

1. 结合本章对中国对外贸易情况的介绍，谈一谈如何看待我国目前的对外贸易依存度。中国对外贸易的主要贸易伙伴有哪些？改革开放以来，中国对外贸易情况发生了哪些变化？原因有哪些？

2. 结合本章知识，简要谈谈你对当前全球经济中的国际贸易格局的认识。中国超越美国成为世界第一出口大国是否意味着中国贸易实力超越美国？

第 2 章

古典贸易理论

国际贸易理论通过对国际贸易历史和现实的认识，揭示出国际贸易产生的动机和原因及相关政策，它随着国际贸易规模、形式的发展而深化。学习亚当·斯密、大卫·李嘉图等古典经济学家有关贸易的思想，将有助于了解国际贸易理论如何从现实的经济生活中产生和发展，经济学模型如何一步步突破理论局限性而完善自身，同时有助于了解国际贸易理论中的一些基本概念。

2.1 国际贸易理论的产生

早期的国际贸易理论起源于市场经济、商品交换和生产分工的思想，其研究对象从一国国内的生产分工和交换超越国界，扩大到不同国家之间的分工和交换。

2.1.1 早期的分工交换思想

从历史的角度看，国际贸易思想的起源和发展可以追溯到出现分工交换思想的古罗马、古希腊时代。著名的荷马史诗《伊利亚特》和《奥德赛》中就已经有过"一个女奴隶等于四条公牛""一个铜制的三脚鼎等于二十条公牛"等的记述，其中间接表现出来的经济思想，反映出当时人们已经意识到交换的好处。

最早提出分工学说的是古希腊思想家柏拉图（Plato）。在柏拉图的城邦国时代，每个城邦的经济都相对单一，需要与别的城邦进行交换以获取必要的资源和商品。柏拉图强调，每一个人都有多方面的需求，但是人们生来却只具有某种才能，因此一个人不能无求于他人而自足自立，而不得不相互帮助。他进一步指出，一人而为多数之事，不如一人专心于一事。如果一个人专门做一种和他能力相近之事，他所生产出来的产品必定较优和较多。所以，一国中应该有专门从事各行各业的人[①]。

柏拉图还认为，在社会分工中，每一个人应该从事哪种行业、担任何种职务取决于各人的秉性，而各人的秉性是先天决定的。古希腊人和古罗马人也意识到，农业的专业化分工取

---

① 柏拉图. 理想国：第 1 卷. 北京：商务印书馆，1957.

决于人们各自封地适合种植什么样的作物。这些思想都是后来贸易理论中的自然差别决定生产比较优势思想的最初表达。

早期国际分工思想还在宗教神学中有所表达。宗教中关于贸易的最早表述可以追溯到公元前 4 世纪的利巴涅斯（Libanius）。他在其著作中写道："上帝没有把所有的产品都赠给地球的一个部分，而是赠予不同的地区，到头来人们会力求建立起地区之间的社会关系，因为他们需要互相帮助。上帝使贸易产生，从而使所有的人都能共同享有地球上的果实，而无论这些果实是在何处生产的。"①

在西方早期经济学中，基督教教会的思想占有十分重要的地位，其中著名的代表人物是托马斯·阿奎那（Thomas Aquinas，1225—1274 年）。在阿奎那之前，教会对于以赚取利润为目的的商业是采取否定态度的，虽然阿奎那从道德上仍对商业贸易持怀疑态度，但他支持利巴涅斯的观点，承认即使再完美的城市也需要商人进口所需的产品和出口过剩的产品。

利巴涅斯和他的追随者提出了地理位置不同造成生产产品不同的观点，这种观点在 17 世纪以后被扩展为生产要素禀赋、气候、技能及偏好等的不同产生不同的优势。到了 20 世纪，则进一步发展成为赫克歇尔-俄林的贸易理论。

2.1.2　重商主义

重商主义（mercantilism）是古典贸易理论的一个重要组成部分，一般是指亚当·斯密的《国富论》出版前，即 16—18 世纪的经济政策体系和经济学说。学术界普遍认为大部分重商主义的文献出现在 17 世纪 20 年代至 18 世纪中叶的英国，其代表人物为托马斯·孟（Thomas Mun，1571—1641）和爱德华·米塞尔登（Edward Miselden）等，但詹姆斯·斯图亚特（James Steuart，1712—1780）的《政治经济学原理》通常被认为是重商主义者的最后著作。大多数重商主义者都是生意人、贸易商或政府官员，他们就诸如贸易、储运、关税与产业保护的经济效应等实践问题发表见解，其主要问题是如何获得国家财富与权力。对经济政策实践的争论并不能掩盖重商主义作为商业资本主义经济学说的光芒。

1. 产生背景

伴随着 15 世纪末的地理大发现，新的世界市场展现在人们眼前。商业、航海业、工业进入快速发展时期，随着封建社会自然经济体系的逐渐瓦解，资本主义生产关系开始萌芽和成长。期间商业资本发挥着突出的作用，促进各国国内市场统一和世界市场形成，推动对外贸易的发展。作为封建专制的中央集权国家，西欧主要发达国家运用国家力量支持商业资本发展。

2. 理论内容

1）基本观点

重商主义实际上是重商主义对外贸易学说。作为经济思想的重商主义，其基本主张可以归纳为以下几点。

① 重商主义的财富观。重商主义者认为，货币金银是财富的唯一形态，把货币的多寡

---

① VINER. The role of providence in the social order. Princeton：Princeton University Press，1972，36-37.

作为衡量一国财富的标准。因此，一切经济活动都是为了获取金银。

② 财富来源于流通领域。重商主义以流通领域为研究对象，考察"货币—商品—货币"的运动规律，认为利润或利益是从流通中产生的，是贱买贵卖的结果，而非生产过程。

③ 贸易顺差是财富增加的源泉。重商主义者认为，要增加金银贵金属有两种方法：一种是开采矿山，但是这受到各国资源状况和技术水平的限制；另一种则是通过对外贸易方式获得。一国的出口意味着贵金属的流入，进口则意味着贵金属的流出，因此只有多卖少买才能实现贵金属的净流入，从而使得一国财富增加。

④ 重商主义的静态观——世界资源是有限的。重商主义者把国际贸易看成是"零和博弈"，一国的所得必是另一国的损失。国际贸易只是财富在各国之间的重新分配，而不会使整个世界的财富增加。

⑤ 政府应该干预经济，实行贸易保护政策。政府应授予从事对外贸易的公司垄断特许权，控制国内商业活动的自由进入，以限制竞争。

2）发展阶段

重商主义的发展分为早期和晚期两个阶段。

① 早期重商主义（15 世纪—16 世纪中叶）即重金主义，其代表人物是威廉·斯塔福（William Stafford），主张国家采用行政或法律手段禁止货币出口以防止货币外流。它着眼于流通领域，强调多卖少买，保持贵金属的流入量大于流出量。这种保持贵金属差额出超的理论和政策也被称为货币差额论。

早期重商主义的观点反映了人们对贵金属和货币财富的渴望，但是这种对贵金属的追求客观上限制了一国对外贸易的行为，从长远的角度看，不利于一国获得更多的货币财富。

② 晚期重商主义（16 世纪中期—17 世纪）与早期重商主义不同，其认为一国的货币财富来自本国与外国之间的贸易，通过多卖少买，实现长期的贸易顺差和总体的贸易顺差。晚期重商主义的代表人物是托马斯·孟。从长远的观点看，晚期重商主义认为在一定时期内的外贸逆差是允许的，只要最终的贸易结果能保证顺差，保证货币最终流回国内就可以。从总体的观点看，晚期重商主义认为不一定要求对所有国家都保持贸易顺差，允许对某些国家的贸易逆差，只要在对外贸易的总额上保持出口大于进口（顺差）即可。因此，晚期重商主义也被称为贸易差额论。一国国内积累金银太多还会造成物价上涨，出口减少，从而影响贸易差额。因此最好的办法是将金银投入流通，从事更多的对外贸易，持续地为本国带来利益，即"货币产生贸易，贸易增加货币"。

无论是早期重商主义还是晚期重商主义，它们都强调货币是财富的唯一形式，一国可以从对外贸易中获得货币财富。

3）政策主张

重商主义者根据自己对财富和贸易的理解，提出了一系列关于贸易政策方面的主张。

（1）奖出限入的贸易政策

为了实现贸易顺差，重商主义大多提倡奖出限入的贸易政策，极力反对奢侈品进口，对一般制成品进口也采取限制政策，征收很高的关税，而对原材料则低税和免税进口。在出口方面，重商主义者主张阻止原料或半成品出口，奖励制成品出口，对本国商品的出口给予补贴，降低或免除对一些商品的出口关税。

31

（2）国家干预对外贸易

重商主义要求政府积极干预对外贸易。这种干预体现在两个领域：一是实行对外贸易垄断，少数大的贸易公司被国家授予垄断权力。例如英国给予东印度公司以贸易独占经营权。这种垄断还表现为国家直接掌管贸易，如16世纪，葡萄牙国王直接掌握并垄断对东方的贸易；二是控制贸易通道，通过制定发展本国航运业的法律，禁止外国船只从事本国沿海航运和本国与知名地之间的航运。

（3）以国内工业支持对外贸易

重商主义者主张政府对本国工业的发展进行严格管制，并采取保护关税等措施来扶持本国幼稚工业的发展。根据当时的制造业还是以手工劳动为主的情况，使本国工业发展服从对外贸易扩张的需要，重商主义者提出了一些鼓励工业发展的具体建议，如以免税、补贴、给予特权等措施来增加本国的竞争力等，促进制成品的出口，从而达到实现贸易顺差的目的。

（4）在制度和组织方面强化对外贸易

在体制的意义上，重商主义时期构建了一个"国家-垄断公司-一般贸易商-贸易支持部门（如航运、国内工业）"的贸易体系。在法国柯尔贝尔时期成立了贸易委员会，实施奖出限入的贸易保护政策，甚至不惜牺牲农业（降低农产品价格）来发展工商业和对外贸易。此外，重商主义的大多数理论和政策主张都是依靠国家干预和制定相关法令才得以实施的。

重商主义的政策主张属于以奖出限入为特征的保护贸易政策，其学说作为贸易保护理论的代表思想，也是贸易保护理论的重要组成部分。

3. **理论评述**

重商主义产生于资本原始积累时期，是西方经济学界对国际贸易最早的理论说明，它的理论为古典国际贸易理论的形成奠定了基础。重商主义认为对外贸易才能增加一国的财富，因此一国的全部经济活动应服从于对外贸易的需要。在当时特定的历史条件下，这些论点代表了当时处于上升时期的商业资本的利益，它加速了资本的原始积累，为资本主义生产关系的确立与发展提供了前提，具有历史进步意义。

重商主义的缺陷也是明显的，其在理论上还不成熟，没有形成完整的体系。

① 错误的财富观。重商主义把货币与真实财富等同起来，错误地认为货币是唯一的财富形式。一国真正的财富应该用生产产品与提供服务的人力与自然资源的多少来衡量。休谟论证说："无论在什么地方，只要君主拥有臣民，他就是强大的；而臣民，只要拥有大量的商品，就是富裕幸福的；这些都与贵金属之多寡无关。"

② 财富都是在流通领域中产生的，忽略了生产领域。它没有把生产当作财富的源泉，而是把商业当作增加财富的途径。

③ 国际贸易不是"零和博弈"，而是"正和博弈"。重商主义把对外贸易看作是零和博弈，没有看到国际贸易的互惠互利性。国际贸易可以通过分工和交换获得价值增值，从而获得财富增加，因此是一种双赢的正和博弈，而非此消彼长的"零和博弈"。

④ 狭隘的以邻为壑的保护贸易政策。重商主义的保护贸易政策是以损人利己为目的的奖出限入，其提倡的狭隘民族主义、鼓励拥有特权的贸易公司存在许多错误与局限性，这些对今天国际贸易的发展仍存在较大的负面效应。

重商主义的一系列政策主张，如强调国家应该干预对外贸易、运用关税等措施奖励出口限制进口，这在今天也有一定的理论和现实意义。事实上，当今各国对外贸易政策的制定和选择都自觉或不自觉地受到重商主义政策的影响。经济学家熊彼特（J. A. Schumpete）对重商主义的评价是：为 18 世纪末和 19 世纪初形成的国际贸易一般理论奠定基础。[①]

2.1.3　重农学派

重农学派是继重商主义之后，在法国出现的一个重要的经济学学派。重农学派的形成以 1756 年其代表人物魁奈在《百科全书》上发表的一篇经济学论文为标志，以 1776 年另一位代表人物杜尔哥失去政府高官地位为结束。这个学派活跃的时间并不长，但在经济学史上有着重要的地位。重农学派倡导顺应自然秩序，提出了著名的"自由放任"口号，他们重视农业，认为农业是唯一产生剩余的部门，同时他们也重视整体经济中各部门的联系。

1. 产生背景

17 世纪下半叶，首先在法国出现了反对重商主义的政策，主张经济自由和重视农业，从而逐渐形成了重农学派。重农学派的创始人是弗朗斯瓦·魁奈（Francois Quesnay，1694—1774），另两个重要人物是杜尔哥（A. R. J. Turgot，1727—1781）和布阿吉尔贝尔（P. Boisguillebert，1646—1714）。在他们的思想体系中，"自然秩序"的观念占有重要地位，是整个重农学派学说的基础。这个所谓的"自然秩序"，实际上是指经济社会中不以人的意志为转移的客观规律，因此重农学派的核心思想是主张自由经济，包括自由贸易。

2. 理论内容

18 世纪中叶法国的农业仍在经济中占有举足轻重的地位，大部分农村还处于封建经济阶段，柯尔培尔推行的重商主义政策对法国的农村经济造成很大破坏，国家的财源枯竭。以《经济表》一书闻名的法国经济学家魁奈等人总结了重商主义政策把国家致富之路放在流通领域的教训，重新提出以生产领域作为富国的根基。于是，重农主义逐步走上贸易理论舞台。

重农学派从"自由经济"的基本理念和法国农民的实际利益出发，反对重商主义对贸易进行干预的政策，提出了自由贸易的口号，尤其主张谷物自由出口。法国重农学派的先驱者之一布阿吉尔贝尔在他的《谷物论》一书中强调，"从法国运出小麦越多，对极端高价的畏惧越少"，认为反对小麦出口荒谬可笑。布阿吉尔贝尔用了整整 10 章的篇幅来说明为什么应当实行谷物的自由贸易。他认为，如果限制谷物（小麦）出口，一旦国内谷物丰收，就会出现可怕的跌价，而跌价的结果必然造成谷物销毁和生产削减，从而成为将来谷物价格高涨的主要原因。因此，布阿吉尔贝尔认为，"谷物的自由输出是平衡生产者与消费者利益或维持社会安定和公正的唯一方法"。从重农学派的观点来看，"自然秩序"（包括自由贸易）是保证市场均衡和物价稳定的重要机制。

3. 重农学派理论体系的评价

重农学派具有较先进的英国前古典学派的经济学家威廉·配第（William Petty，1623—1687）、理查德·康替龙（Richard Cantillon，1680—1734）等的长处，他们最终抛弃了重商主义的想法——认为财富及财富的增值是来自交换，把创造财富和可能用作积累的剩余转移到生产领域的同时，也放弃了重商主义的货币分析方法。他们分析的中心问题是探求这种剩余，即闻名的纯产品，转而建立了一种实物分析体系。这种转变从根本上影响了后来以斯密

---

① SCHUMPETE J A. History of economic analysis. New York：Oxford University Press，1954.

和李嘉图为代表的古典经济学者。

作为近代后期放任主义的经济学鼻祖，重农学派提出了自然秩序的观点。自然秩序是重农学派的哲学基础，重农学派的英文为"Physiocrate"，由希腊文"自然"和"主宰"两个字组成，意指自然的统治。自然秩序支配着自然界和人类社会，它是上帝赋予的，人们只能了解和遵循它。复苏经济的办法是使人为秩序符合自然秩序，实现与自然秩序一致的办法是自由放任，自然秩序的结果会走向以最少的支出获得最大的满足。重商主义在法国失败的原因在于它违反了自然秩序，魁奈主张取消一切干预政策，对个人和国家间的经济活动实行放任政策，这对法国当时的经济发展起到了一定作用。但重农学派对农业的过分重视和对商业的轻视使得其在国际贸易理论方面没有太多贡献，但其自由经济思想对后来的古典经济学家有很大的影响。

2.2 绝对优势理论

19世纪西方意识形态由争取个人权利转为维护个人自由。自由主义思想家突出强调个人自由，捍卫个人自由或个性的自由发展成为首先考虑的问题，国家应该是个人自由的保护者。个人开始"远离"国家，要求自由发展，经济按自己的规律运行，不需要政治权力的帮助。国家是社会的"守夜人""管得最少的政府是最好的政府"等观点代表了当时西方国家的主流国家观。随着这些思潮的出现，绝对优势理论也开始成为指导国家贸易发展的重要思想。

2.2.1 绝对优势理论的产生背景

1. 理论背景

17世纪中叶以后，首先在英国，然后在法国，工场手工业逐渐成为工业生产的主要形式，重商主义已经不适应日益壮大的产业资本的利益和要求。资产阶级面临的任务是与封建势力作斗争，这种斗争要求从理论上说明资本主义生产方式怎样使财富迅速增长，探讨财富生产和分配的规律，论证资本主义生产的优越性。由此，产生了由流通过程研究进入生产过程研究的古典经济学。

19世纪，西方主要国家的资产阶级政治体制差不多都建立起来了，这些国家的政治发展进入稳固资产阶级政权的阶段，这个阶段不需要再强化国家对社会和经济的介入，国家的介入被当作个人自由的一种阻碍。英国于19世纪中叶率先完成产业革命，其他欧洲大国也陆续开始产业革命。产业资产阶级的崛起，逐渐战胜封建残余势力和金融资产阶级，成为西方国家中的主导阶级。产业资产阶级的功利动机更为明显，其根本要求是取得"利润""快快发财"。产业资产阶级要求更多的个人自由，特别是经济活动方面的自由。他们认为国家是一个"不得不要的祸害"，要求国家"远离"自己。

2. 代表人物

亚当·斯密（Adam Smith，1723—1790）是公认的英国古典经济学的杰出代表和理论体系创立者。他处在从工场手工业向大机器工业过渡时期，在其代表著作《国民财富的性质和原因的研究》（*An Inquiry into the Nature and Causes of the Wealth of Nations*，1776年出版，简称《国富论》，是奠定古典经济学理论的著作）中提出了国际分工和自由贸易理论，并以此作为反对重商主义"贸易差额论"和保护贸易政策的重要武器，对国际分工和国际贸易理论做出了重要贡献。他的基本经济思想是"自由放任"，这一原则也被用于国际贸易，即绝对优势理论。亚当·斯密的绝对优势理论也称为绝对利益论（theory of absolute advantage）、地域分工说（theory of territorial division of labor）或绝对成本说（theory of absolute cost）。[①]

《国富论》一书把资产阶级经济学发展成一个完整的体系，批判了重商主义只把对外贸易作为财富源泉的错误观点，并把经济研究从流通领域转到生产领域。与此同时，亚当·斯密克服了重农学派认为"只有农业才创造财富"的片面观点，指出一切物质生产部门都创造财富。他分析了国民财富增长的条件及促进或阻碍国民财富增长的原因，分析了自由竞争的市场机制，把它看作是一只"看不见的手"支配着社会经济活动；他反对国家干预经济生活，提出自由放任原则。

专栏 2-1

2.2.2　理论阐述

1. 前提假设

任何经济理论都是建立在一定的假设前提之下的，亚当·斯密的理论有以下几个前提假定。

① 两个国家生产两种可贸易产品。

② 两种产品的生产都只投入劳动力要素。

③ 两国在不同产品上的生产技术不同，存在劳动生产率差异。

④ 生产要素（劳动）供给是给定的，且要素在国内不同的部门可以自由流动，但在国家之间则完全不能流动。

⑤ 规模报酬不变。

⑥ 完全市场竞争。

⑦ 无运输成本。

⑧ 两国之间贸易平衡。

2. 绝对优势的衡量标准

（1）绝对优势（absolute advantage）的概念

绝对优势是指一个国家生产 1 单位的某种商品所使用的资源少于另一个国家同类商品的生产。斯密认为一国生产上的绝对优势来源于该国的自然优势和获得性优势。一国最擅长生产什么东西、最具有哪个产业的优势，一方面是由该国的地理、环境、土壤、气候、矿产等自然条件造成的，另一方面是由于历史积淀，使得该国劳动者在生产某种商品上具有特殊技巧和工艺。

（2）衡量标准

绝对优势反映的是各国生产技术上的绝对差别。这种差别既可以用绝对劳动生产率来衡

---

① 当代经济学家称之为"内生比较优势理论"。内生比较优势是指如果一个国家选择专业生产某种产品，它可以创造出原来没有的比较优势和绝对优势。

量，也可以用绝对生产成本和商品价格来衡量。在亚当·斯密的论述中，由于劳动是唯一的生产要素，生产成本表现为生产单位商品所消耗的劳动（L/Q，Q 为产量，L 为投入的劳动量），劳动生产率是指单位时间内生产的某种商品的产量（Q/L），两者互为倒数。商品价格是生产成本的直接反映，它与劳动生产率成反比，而与生产成本成正比。

一国在生产某种商品上具有绝对优势就是说该国生产该商品的劳动生产率绝对高或生产成本及价格绝对低；相反，则该商品具有绝对劣势。

3. 主要内容

绝对优势理论是建立在亚当·斯密的分工学说基础之上的。该理论认为，交换是人类天然的倾向，而分工是由交换引起的。分工能提高效率、改进技术、增加生产总量。斯密在《国富论》中指出，由于自然与社会因素的差异，各国在生产同种商品时会有不同的劳动生产率。一国在某种商品的生产上基于劳动生产率占有绝对优势，各国就应各自集中生产具有优势的产品，继而进行交换，那么贸易双方都可以通过交换得到绝对利益，从而整个世界也可以获得分工的好处。斯密的绝对优势理论具体包括如下核心内容。

① 贸易基础：各国之间生产技术的绝对差别而导致的劳动生产率的差异。换句话说，绝对优势就是国际贸易发生的基础。在斯密看来，人们可能天生差别并不大，但是由于后天选择不同的专业，因而产生了不同产品的不同生产力，这种根源于劳动分工的绝对优势是贸易好处的根源。

② 贸易模式：每个国家应该专业化生产并出口其具有绝对优势的产品，进口其具有绝对劣势的产品。

③ 贸易利得：贸易对双方有利，是正和博弈，进而整个世界的福利也增加。斯密认为，进行对外贸易的国家可以得到两种利益，即输出本国不需要的剩余商品和输入本国需要的其他商品，从而使通商各国都能获得贸易利益。按照绝对优势理论进行国际分工和自由贸易，每个国家专业化生产本国具有绝对优势的商品，可以使世界资源得到最有效的配置，劳动生产率提高，增加两国的生产和消费总量。

④ 主张自由贸易，反对国家对对外贸易的干预。斯密认为自由贸易能有效地促进生产的发展和产量的提高，一切限制贸易自由化的措施都会影响国际分工的发展，并降低社会劳动生产率和国民福利。斯密认为，国家为了保护某一产业，限制某种外国产品的进口，这说明该产业没有国际竞争力，生产效率较低。这种保护从表面上看保护了本国的产业，但实质上是使本国的资源从效率高的部门转移到效率低的部门，从而造成了资源的不合理配置和使用。

2.2.3 举例说明

英国和葡萄牙两国均生产酒和棉布，分工前，在各自国内生产 1 单位的酒，英国需投入 120 人·年的劳动，葡萄牙需投入 80 人·年的劳动；生产 1 单位的棉布，英国需投入 70 人·年的劳动，而葡萄牙需投入 110 人·年的劳动，如表 2-1 所示。

表2-1 绝对优势理论表解

		酒产量/单位	投入劳动/(人·年)	棉布产量/单位	投入劳动/(人·年)
分工前	英 国	1	120	1	70
	葡萄牙	1	80	1	110
	合 计	2		2	
分工后	英 国			$\frac{70+120}{70}\approx 2.714$	$120+70=190$
	葡萄牙	$\frac{80+110}{80}=2.375$	$80+110=190$		
	合 计	2.375		2.714	
交换后	英 国	1		$2.714-1=1.714$	
	葡萄牙	$2.375-1=1.375$		1	

注：① 假定在英国和葡萄牙各国内部劳动同质，即劳动跨行业移动无效率损失，如在英国，生产酒的工人转移到棉布行业后，劳动生产率和成本就与生产棉布的工人的效率一样为1/70，但劳动在国家之间异质。② 没有贸易障碍，即自由贸易。③ x 人·年表示 x 人工作1年。④ 为了计算简单，假定酒和棉布的交换比例为1:1。

两国如果选择生产各自具有优势的产品，即耗费劳动少的产品进行分工生产，则英国会将其全部劳动190人·年投入棉布的生产，那么将生产2.7个单位棉布，而葡萄牙会将其全部劳动190人·年投入酒的生产，那么将生产2.375个单位酒。与分工前相比，两国的社会总财富增加了，即分工前两国共生产2单位棉布和2单位酒，而现在则多生产0.7单位棉布和0.375单位酒。这说明，通过国际分工可以使社会财富增加。

分工的最终目的是生产各国通过贸易得到其所需产品，这里英国将用1单位棉布去交换葡萄牙1单位酒，结果贸易双方既得到了分工前所需的产品又有一定的剩余，即社会总的财富增加。

2.2.4 理论评析

亚当·斯密以绝对优势为基础的自由贸易理论在18世纪的英国是具有进步意义的，它反映了新兴资产阶级的利益，成为反对闭关自守、自给自足的封建残余影响和重商主义贸易政策的有力武器，对发展和巩固资本主义生产方式起到了推动作用。

绝对优势理论的贡献在于：指出了分工可提高劳动生产率，阐明只要各国的分工建立在各自的绝对优势基础上，国际贸易使贸易双方都获得利益；反映和代表了当时英国工业资产阶级的利益，并成为反对封建残余、推动"资本主义自由贸易"、发展资本主义的重要理论武器，促进了人类社会的进步。

绝对优势理论的局限在于：认为交换产生于人类固有的天性，是出于利己心，主观为私利，客观为社会的活动；交换产生分工，分工是人类的自发行为等。这些都是资产阶级人性论和利己主义在经济学上的集中表现。至于完全撇开国际生产关系而只用自然条件或其他客观条件来说明国际分工和国际贸易的形成也是错误的。国际交换是生产力发展的必然结果，其性质是由生产关系决定的。斯密受时代的局限，未能正确地认识到这一点。斯密的绝对优

专栏2-2

势理论只限于说明国际贸易中的一种局部的特殊现象，而不具有普遍意义。因为它仅论述了在生产上各具绝对优势地位的国家，才能参加国际分工和国际贸易并从中得利。若不具备这个条件，如经济落后的国家在所有产品的劳动成本上都几乎居于劣势，而没有优势，那么该国能否参与国际分工并开展国际贸易？开展后能否得利？斯密无法回答。

2.3 比较优势理论

2.3.1 理论背景

亚当·斯密的绝对优势理论具有一定局限性，无法解释在两个国家两种产品模型中，如果其中一个国家在两种产品的生产上都处于绝对劣势，另一个国家在两种产品的生产上都处于绝对优势，那么这两个国家是否还能或有必要参与国际分工，并通过国际贸易获取贸易利益。斯密的理论于 1817 年受到大卫·李嘉图及他的比较优势学说[①]的挑战。

专栏 2-3

2.3.2 理论阐述

1. 前提假设

除了强调两国之间生产技术存在相对差异而不是绝对差异之外，比较优势理论的假设前提与绝对优势理论基本一致。

2. 比较优势的衡量标准

（1）比较优势（comparative advantage）的概念

如果一国生产某一产品所付出的机会成本（以等量资源所能生产的其他产品总和来衡量）比另一国生产同一产品所付出的机会成本小，那么该国在生产此种产品上具有比较优势。

（2）衡量标准

比较优势可以用以下指标来衡量。

① 相对劳动生产率。相对劳动生产率是不同产品劳动生产率的比率或两种不同产品的人均产量之比，用公式表示为

$$产品 A 的相对劳动生产率(相对于产品 B) = \frac{产品 A 的劳动生产率(人均产量:Q_A/L)}{产品 B 的劳动生产率(人均产量:Q_B/L)} = \frac{Q_A}{Q_B}$$

相对劳动生产率高，具有比较优势；反之，具有比较劣势。

② 相对成本。相对成本是指 1 单位一种产品的要素投入与 1 单位另一种产品的要素投入比例，用公式表示为

---

① 事实上，在李嘉图出版《政治经济学及赋税原理》（1817 年）的两年前，罗勃特·托伦斯（Robert Torrens）在他的《关于玉米对外贸易》的论文中就已提出了比较优势的概念。所以，托伦斯也是比较优势贸易理论的创始者，但李嘉图则是第一个用具体数字来说明这一原理的经济学家。当代经济学家萨缪尔森曾戏谑地称李嘉图"棉布和葡萄酒贸易"一例中的数字为"4 个有魔力的数字"。由于这 4 个数字，使得人们在讨论这一理论时只记住了李嘉图而不知道托伦斯。

$$产品\ A\ 的相对成本(相对于产品\ B) = \frac{单位产品\ A\ 的要素量(\alpha_{LA})}{单位产品\ B\ 的要素量(\alpha_{LB})} = \frac{L/Q_A}{L/Q_B} = \frac{Q_B}{Q_A}$$

相对成本高，具有比较劣势；反之，具有比较优势。相对生产成本又称比较成本。

③ 相对价格。相对价格是指商品间的价格比例关系，用公式表示为

$$产品\ A\ 的相对价格(相对于产品\ B) = \frac{单位产品\ A\ 的绝对价格}{单位产品\ B\ 的绝对价格} = \frac{W \cdot L/Q_A}{W \cdot L/Q_B} = \frac{Q_B}{Q_A}$$

相对价格一般体现为供求均衡价格发生变化引起商品间的比价发生变化，它与相对成本成正比。相对价格高，具有比较劣势；反之，具有比较优势。

④ 机会成本。机会成本是指为了多生产产品 A 而必须放弃的产品 B 的数量，也就是产品 A 对产品 B 的边际技术替代率，用公式表示为

$$产品\ A\ 的机会成本 = \frac{减少的产品\ B\ 的产量（\Delta Q_B）}{增加的产品\ A\ 的产量（\Delta Q_A）}$$

还可以从消费者角度进行考察，每增加一单位产品 A 的消费所放弃的产品 B 的消费数量，即产品 A 对产品 B 的边际替代率。用公式表示为

$$产品\ A\ 的机会成本 = \frac{减少的产品\ B\ 的消费（\Delta Q_B）}{增加的产品\ A\ 的消费（\Delta Q_A）}$$

机会成本低，具有比较优势；反之，具有比较劣势。

3. 主要观点

李嘉图的比较优势理论（也称为比较成本理论）可以概括为：在两个国家两种产品模型中，两个国家进行分工的依据不再是绝对优势，而是比较优势，即虽然一国在两种产品的生产上都处于绝对优势，另一国在两种商品的生产上都处于绝对劣势，但只要两种商品的优势或劣势程度有所不同，则该国在优势重、另一国在劣势较轻的商品上就具有比较优势；如果该国"两优取重"，另一国"两劣取轻"，利用这种比较优势进行专业化生产，然后将生产出的产品进行国际交换，贸易双方同样能从国际分工和国际交换中获得利益[①]，而且社会总财富会有所增加。

① 贸易基础：生产技术的相对差别（而非绝对差别），以及由此产生的相对成本差别。

② 贸易模式：每个国家应根据"两优取重，两劣取轻"的分工原则专业生产并出口那些它们具有比较优势的产品，进口那些它们具有比较劣势的产品。

③ 贸易利得：双方在贸易中均可获利。以比较优势为基础的国际贸易，可以获得产品生产和消费两个方面资源的有效配置。从生产角度看，本国的劳动力资源可以集中用于比较优势的产品生产，使得劳动生产率得到提高，获得专业化分工的利益；从消费角度看，贸易双方花费相同的劳动时间，本国消费者通过贸易能够消费的商品数量超出其生产能力，即要多于在自给自足经济下所能生产的产品。

专栏 2 - 4

---

① 当代经济学家称之为"外生比较优势理论"。其中外生比较利益是指人们天生条件的差别（生产技术或资源方面的差别）产生的一种特别的贸易好处。

④ 李嘉图也主张自由贸易。通过自由贸易，参与交换的国家可以节约社会成本，使得资源能够合理配置，增加产品的消费，世界也因为自由贸易而增加产量，提高劳动生产率。

2.3.3 举例说明

为了便于理解，仍使用前述例子作为背景，即英国和葡萄牙两国生产酒和棉布的例子修改一些条件加以说明。分工前，英国和葡萄牙两国在各自国内生产 1 单位的酒，英国需投入 120 人·年的劳动，葡萄牙需投入 80 人·年的劳动；生产 1 单位的棉布，英国需投入 100 人·年的劳动，而葡萄牙需投入 90 人·年的劳动，如表 2-2 所示。

分析两国各自生产产品的情况，发现葡萄牙无论是生产酒还是棉布都具有优势，而英国生产两种产品都处于劣势，如果按照斯密的绝对优势理论进行分工生产，是无法进行分工选择的。李嘉图进一步分析了两国生产两种产品的优劣情况，发现葡萄牙尽管生产两种产品都有优势，但优势的程度是有差别的，即生产酒的优势要大于生产棉布，相应地，英国的劣势也是有差别的，即生产棉布的劣势小于生产酒。这时，如果葡萄牙选择耗费劳动少得多的产品进行分工生产，将全部劳动 170 人·年都投入酒的生产，那么将生产 2.125 个单位的酒；而英国选择耗费劳动多得少的产品进行分工生产，将全部劳动 220 人·年投入棉布生产，那么将生产 2.2 个单位棉布，最后发现两国的社会总财富增加了，即分工前两国共生产 2 单位棉布和 2 单位酒，而现在多生产 0.2 单位棉布和 0.125 单位酒。可见，通过国际分工仍可使社会财富增加。

表 2-2 比较优势理论表解

	国家	酒产量/单位	所需劳动人数/(人·年)	棉布产量/单位	所需劳动人数/(人·年)
	英国	1	120	1	100
分工前	葡萄牙	1	80	1	90
	合计	2	200	2	190
	英国			$\frac{100+120}{100}=2.2$	220
分工后	葡萄牙	$\frac{80+90}{80}=2.125$	170		
	合计	2.125	170	2.2	220
国际交换	英国	1		$2.2-1=1.2$	
	葡萄牙	$2.125-1=1.125$		1	

注：对本表的理解请参考表 2-1。

分工的最终目的是生产各国通过贸易得到其所需产品，这里英国将用 1 单位的棉布去交换葡萄牙 1 单位的酒，结果贸易双方既得到了分工前所需的产品又有一定的剩余，即社会总的财富增加。

按照比较优势原则组织的国际专业化分工模式是李嘉图发展斯密学说的又一个方面。李嘉图认为，各国集中生产和出口的产品可以是优势产品，也可以是劣势产品，只需遵循"两优取重，两劣取轻"的原则，双方就都可以从中获利。在上述的例子中，葡萄牙在两种商品上均处于优势，但酒的优势更大，所以葡萄牙应集中生产具有最大优势的酒；相反，英国在两种商品生产上都处于劣势，但棉布的劣势较小，所以英国应集中生产具有最小劣势的棉布。然后，两国相互交换，都能获得贸易利益。这样，李嘉图的国际分工模式不仅不同于斯密的国际分工模式，而且实际上包含了斯密的国际分工模式的内容。因为在"择优"这点上是相同的，只不过"优"要择"重优"。显然，李嘉图的国际分工模式更为合理和完善，它能使各国资源得到充分的利用，以同样的资本和劳动创造尽可能多的商品量。

2.3.4　理论评述

李嘉图是英国古典经济学的完成者。他在 1817 年提出了以劳动价值论为基础、以分配论为中心的严谨的理论体系，强调经济学的主要任务是阐明财富在社会各阶级间分配的规律，认为全部价值都是由劳动产生的，工资由工人必要生活资料的价值决定，利润是工资以上的余额，地租是工资和利润以上的余额。由此，他阐明了工资和利润的对立，工资、利润和地租的对立。此外，李嘉图还论述了货币流通量的规律、对外贸易的比较优势学说等。古典经济学到李嘉图时达到了顶峰，对后来的经济学发展有着深远的影响。

国际贸易发生的原因，不是双方绝对优势的差异，而是比较优势的差异。在这种情况下，国际贸易的范围显然扩大了，即在国与国之间，不论生产成本绝对高或绝对低，只要有程度上的比较差异存在，就有可能发生贸易。这是李嘉图发展斯密学说的一个重要方面，同时使绝对优势理论成为比较优势理论的一个特例。

李嘉图的比较优势理论在历史上曾起过较大的进步作用，它为废除《谷物法》、促进英国工业资本的发展提供了有力的理论武器。但其理论的分析方法是静态的、短期的，他把比较优势理论建立在一系列简单的假设前提基础上，把多变的经济世界抽象成静止的、均衡的世界。此外，李嘉图的劳动价值理论是不彻底的，他无法科学地解释为什么葡萄牙的 80 日劳动能与英国的 100 日劳动相交换，而且这种交换是等价的。马克思由于吸取了这个理论中的合理部分，摒弃了其缺陷之处，因而创立了科学的国际价值理论。马克思正确地指出："不同国家的工作日相互间的比例，可能像一个国家内熟练的复杂劳动、不熟练的简单劳动的比例一样。"所以，"一个国家的三个工作日可能同另一个国家的一个工作日交换，价值规律在这里有了重大变化"。问题的存在也为后来的理论发展提供了新的研究方向。

2.4　相互需求原理

2.4.1　理论背景

古典国际贸易理论体系的建立，不但批判了重商主义的理论谬误，而且揭示了贸易天生的互利互惠性质，第一次将贸易理论建立在了科学的基础之上。特别是大卫·李嘉图更是成功地说明了基于各国生产不同商品时的生产效率，即劳动成本的相对差异进行国际分工，相互提供各自具有比较优势的商品，即便是处于全面劣势的国家也能从贸易中获取可观的利益。但无论是斯密还是李嘉图，在论及贸易利益时都没有从正面回答涉及贸易双方根本利益的国际交换比率或者说国际贸易条件（terms of trade，TOT）究竟应如何确定、总体贸易利益究竟将如何在贸易双方之间分割。人们只能猜度，在这些对贸易双方都是至关重要的问题上，必有一番激烈的竞争，这样才能使现实的国际交换比率落在介于两国的国内交换比率之

专栏 2-5

间的某一水平之上。直到约翰·穆勒提出"相互需求原理"（principle of reciprocal demand），这些问题才有了较为明确的答案。

2.4.2　穆勒的相互需求原理

1. 主要内容

作为比较优势理论的拓展，英国经济学家约翰·穆勒在其《政治经济学原理》中提出了相互需求原理，并以此解释国家间商品交换比价的确定。其理论是以两个国家等量劳动投入而产出商品数量不同作为研究起点，认为国家间商品的交换比例是由两国对彼此商品的需求强度决定的，交换比价或贸易条件是否有利，应视贸易双方对另一国出口商品需求强度的强弱而定。相互需求原理的要点如下。

第一，国际贸易条件，即用本国出口商品数量表示的进口商品的相对价格，其水平高低取决于两个因素：一是外国对本国商品需求的数量及其增长同本国对外国商品需求的数量及其增长之间的相对关系；二是本国可以从服务于本国消费需求的国内商品生产中节省下来的资本数量。因而，在国际贸易中享有最为有利的贸易条件的国家正是那些外国对它们的商品有着最大需求，而它们自己对外国商品需求最小的国家。

第二，一个国家向其他国家出口商品的意愿取决于它因此能从外国获得的进口商品数量，即一国的出口规模随其国际贸易条件而变化。基于国际贸易条件由两国间的相互需求决定，在某一特定贸易条件下，一国愿意提供的出口商品的数量正好等于其贸易伙伴国在同一贸易条件下所愿意购买的进口商品的数量，或一国的出口总额恰为其愿意支付的进口总额。也就是说，某一特定的贸易条件为贸易双方共同遵守。在这样的贸易条件下，两国的进口需求与出口供给对等，国际贸易处于均衡状态。

第三，在双边贸易中，对对方出口商品的需求，以及贸易双方共同遵守的国际贸易条件，随着由各国消费者的消费偏好等因素决定的对对方出口商品的需求强度的相对变动而发生变化。倘若外国对本国出口商品的需求大于本国对外国出口商品的需求，外国的相对需求强度较大，本国的相对需求强度较小，则外国在同本国的竞争中就不得不做出某些让步，本国就可以享有比较有利的国际贸易条件。

具体来说，对对方出口商品的相对需求强度较小的国家，在贸易双方的相互竞争中占有较为有利的位置，最终决定的国际贸易条件比较靠近外国的国内交换比率，因而本国可以获得相对较大的贸易利益。简言之，贸易双方之间的相对需求强度决定着国际贸易条件的最终水平，进而决定了国际贸易总利益在交易双方间的分割。

2. 举例说明

（1）国际商品交换比例的上下限

穆勒在比较成本理论的基础上，用两国商品交换比例的上下限来说明两国贸易利益的范围。

假设在英国和德国投入等量的劳动和资本后，两国生产的两种商品的数量见表 2-3。

表 2-3 两种商品的数量

国 别	毛呢/码	麻布/码
英国	10	15
德国	10	20

从表 2-3 可以看到，英国和德国在毛呢生产上劳动生产率是相同的，但是在麻布生产上，德国的劳动生产率高于英国。在没有分工前，英国国内的交换比例是 10：15，德国国内交换比例是 10：20。如果两国进行贸易，则英国将生产毛呢，德国将生产麻布。假如英国用 10 码毛呢能换得 15 码以上的麻布，则对英国有利；德国用 20 码以下麻布换取 10 码毛呢，则对德国有利。这就是说，两国的交换比例是由两国国内交换比例来决定的。对英国来讲，交换比例的上限为 20 码麻布，下限是 15 码麻布。如果英国能用 10 码毛呢换取 20 码麻布，则对英国最有利，但对德国最不利，因为德国国内也可按此比例交换，无须再参加贸易；相反，如果国际交换比例是 10 码毛呢只换取 15 码麻布，则对德国最有利，对英国不利，双方贸易不能达成。所以，当国际交换比例在上限（10：20）或下限（10：15）时，必有一方不利，从而退出贸易。因此，国际交换比例只能在其上限与下限之间（即 10：15～10：20 之间）的范围内变动。

（2）贸易利益的分配取决于国际交换比例的大小

比较利益决定于两国交换比例的上下限，但在这个上限与下限之间的所有交换比例都可能发生贸易，不同的交换比例给两国带来不同的贸易利益。如果这个比例是 10：19，则英国得利多，德国得利少；如果是 10：16，则德国得利多，英国得利少。由此可见，国际交换比例越是接近于本国国内交换比例对本国越不利；相反，越是接近对方的国内交换比例则对本国越有利。

（3）国际需求方程式

为了下文叙述方便，下面以 A 代表英国，以 B 代表德国，以 F 表示麻布，以 C 表示毛呢。设 A、B 两国就 F、C 两种商品展开互利贸易，如果用 M_C^A 表示 A 国 C 商品的进口需求，用 X_F^A 表示 A 国 F 商品的出口供给，用 M_F^B 表示 B 国 F 商品的进口需求，用 X_C^B 表示 B 国 C 商品的出口供给，则有以下国际需求恒等式。

$$M_C^A = X_C^B, \quad M_F^B = X_F^A$$

约翰·穆勒的相互需求原理可以用以下假设的相互需求表（见表 2-4）得到比较直观的说明。

表 2-4 A、B 两国对 F、C 两种商品的相互需求情况

国际交换比率 R_i	A 国		B 国	
	M_C^A	X_F^A	X_C^B	M_F^B
10C：15F	20 000	30 000	0	0
10C：16F	13 000	20 800	6 000	9 600
10C：17F	10 000	17 000	10 000	17 000
10C：18F	8 000	14 400	11 000	19 800
10C：19F	4 000	7 600	13 000	24 700
10C：20F	0	0	16 000	32 000

资料来源：根据约翰·穆勒的《政治经济学原理》第 18 章有关资料编制。

表2-4实际上反映了国际贸易中在两种商品的一定价格水平上，A、B两国对F、C两种商品供求关系的变化情况。从第一栏可见，随着C商品的相对价格上升和F商品的相对价格下降，A国C商品的进口需求（M_C^A）由20 000单位逐渐减至0，A国F商品的出口供给（X_F^A）由30 000单位逐渐减至0；反观B国则不然，B国C商品的出口供给（X_C^B）从0逐渐增至16 000单位，B国F商品的进口需求（M_F^B）从0逐渐增至32 000单位，致使一国退出贸易的国际交换比率即为该国的国内交换比率。

随着国际市场上两种商品相对价格的变动，两国间的相互需求同时也是两国间向对方提供本国出口商品数量的相对变化，那么国际交换比率越接近本国的国内交换比率，本国参与贸易的积极性越低；反之，国际交换比率越远离本国的国内交换比率，本国参与贸易的积极性越高。然而，国际贸易天生地要求互利互惠，因此在现实的国际市场贸易中，两国间围绕贸易利益展开的竞争必然使国际交换比率进入一个自动调整的过程，在这一过程中，必有某一个国际交换比率的实际水平，使A国对B国出口F商品的意愿恰好等于B国从A国进口F商品的意愿，同时使A国从B国进口C商品的意愿恰好等于B国向A国出口C商品的意愿。一旦国际交换比率的自动调整使两国的进口需求和出口供给相等，国际贸易即处于均衡状态，这一自动调整过程即告结束。

如表2-4所示，当R_i自10C：15F和10C：20F自动调整至10C：17F时，A国愿意按此价格"购买"的C商品的数量恰为B国愿意按此价格"售卖"的数量；B国愿意按此价格"购买"的F商品的数量恰为A国愿意按此价格"售卖"的数量。A、B两国的相互需求（reciprocal demand）两两对等，有以下国际贸易恒等式。

$$M_C^A = X_C^B = 10\,000$$
$$M_F^B = X_F^A = 17\,000$$

由贸易双方的相互需求决定的均衡国际贸易条件给A、B两国都带来了可观的贸易利益。同它们各自的国内交换比率相比，A国进口10单位C商品可以少支付3单位F商品，或者说只需出口17单位F商品就能换回10单位C商品；B国进口17单位F商品只需要支付10单位C商品，或者说B国出口10单位C商品可以多换回2单位F商品。

3. 评价

相互需求论是西方庸俗经济学派在20世纪30年代前的国际贸易理论。约翰·穆勒承上启下，对李嘉图的比较优势理论进行了重要的发展，提出了相互需求原理。之后马歇尔又把几何方法引入国际贸易的理论分析中，对相互需求原理做了进一步的均衡分析。

穆勒的相互需求理论抛弃了劳动价值论，庸俗了李嘉图的理论，集中表现在他用交换价值代替价值，而且在逻辑上还犯了十分明显的循环论证的错误。他认为，本国商品的价值决定于它的生产成本，而外国商品的价值则决定于国际交换比率，而国际交换比率决定国际价值。

穆勒的国际需求方程式缺乏充分的说服力，因为它的假定前提是物物交换下供给等于需求，这是萨伊定律的搬用。实际上出口和进口不是以物易物同时进行的，而是彼此分离的，因此用相互需求强度决定贸易条件有很大的缺陷。而且，即使这一论点有一定的合理性，它也只能适用于经济规模相当，双方的需求对市场价格有显著影响的两个国家。如果两个国家经济规模相差悬殊，小国的相对需求强度远远小于大国的相对需求强度，那么大国的交换比例将是国家间的贸易条件。

2.4.3　马歇尔的相互需求理论

虽然穆勒的相互需求原理解释了均衡贸易条件的决定问题，但它只是一般性陈述。阿尔弗雷德·马歇尔（Alfred Marshall，1842—1924）用几何方法对穆勒的相互需求原理做了进一步的论证和分析。

1. 主要内容

在研究国际贸易相关问题时，马歇尔并没有将重点放在分析比较优势及其由来上，只是将贸易中各国的比较优势作为既定前提。马歇尔的观点是：在这一既定前提下，供给和需求在决定国际贸易条件和国际贸易结构的问题上具有同等重要的地位。他认为，国际贸易中每一个国家的需求源于其国民想从国外获得某些商品的意愿，每一个国家的供给源于该国生产别国居民想要获得的产品的能力。强调需求导致贸易仅仅是因为这种需求是建立在该国为别国供给适宜产品的基础之上，而该国之所以积极地向别国供给商品，也仅仅是因为它对外国商品也存在需求。

根据马歇尔的观点，一国的需求刺激了另一国的供给，而且各国的需求只有通过它自己的供给才能成为现实，从而把国际贸易问题描绘成"国际需求"问题是正确的。其实国际贸易问题本来也可以说成是"国际供给"问题，因此国际需求的变化可能是影响国际贸易的决定因素，但是供给导致了需求和实际需求引起供给同样是理所当然的。

马歇尔的国际供需理论既区别于斯密和李嘉图的"供给派"，又不同于穆勒的"需求派"，而是将供给和需求两个相互关联的方面加以综合研究，故而国际经济学理论界将马歇尔的国际贸易理论称为"国际供需理论"。

2. 举例说明

（1）贸易条件的互利范围

穆勒已经论证了两国贸易条件互利的范围是在两国商品国内交换比率的上下限之间。马歇尔则用图形做了进一步的说明，例子仍是表 2-3。

从图 2-1 中可知，OK 表示英国国内交换比率 10：15，是毛呢交换麻布的下限，OL 为 10：20，表示德国国内交换比率，为毛呢和麻布交换比例的上限。OY 和 OK 之间是英国不愿参加贸易的范围，OX 和 OL 之间是德国不愿参加贸易的范围，因为都无贸易利益所得。

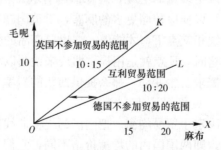

图 2-1　两国互利贸易条件区域

英国和德国双方只有采用 OK 和 OL 之内的交换比率才有利可图，因此 OL 和 OK 正是代表穆勒所指的交换比率的上、下限。

（2）贸易利益的分配

从图2-1中可得出与穆勒相同的另一种结论，即斜率为10∶15的OK和斜率为10∶20的OL之间都是英国和德国互利贸易的范围，只是越接近OK，则对英国越不利，越接近OL，则对德国越不利。

（3）提供曲线

提供曲线（offer curve）也称相互需求曲线（reciprocal demand curve），它表示一国想进口的商品数量与所愿意出口的本国商品数量之间的函数关系，表明一国进出口的贸易意向随着商品的相对价格（交易条件）的变化而变化。各国的提供曲线凸向代表本国具有比较优势的产品的坐标轴，表示相对价格对本国越来越有利。用马歇尔的理论解释这一现象，其原因有二：一是出口产品边际机会成本递增；二是进口产品边际效用递减。

穆勒用相互需求方程式来解释贸易条件的均衡点，即两国商品交换比率必须等于相互需求双方产品的总量的比。对此，马歇尔运用提供曲线来加以证明，即用代表一个国家贸易条件的曲线，来表示一国用多少数量的本国出口产品换取他国一定数量的进口商品。

仍以前述例子来说明，如图2-2所示。

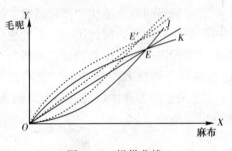

图2-2 提供曲线

对德国来讲，OX轴表示德国出口麻布的数量，OY轴表示进口英国毛呢的数量；相反，对英国来讲，OX轴表示进口德国麻布的数量，而OY轴表示英国出口毛呢的数量。OJ表示德国的提供曲线，OK表示英国的提供曲线。这两条提供曲线上的任何一点都表明两国愿意以一定量的出口商品换取一定量的进口商品。对德国来讲，提供曲线越是往上弯曲，表示德国用一定量的麻布可以换取更多量的毛呢，对德国越有利；相反，提供曲线越往下弯曲，则表明英国用一定量的棉布可以换取德国更多的麻布，对英国越有利。但是，当两国正式开展贸易时，只有两条提供曲线相交点E，才能使一方出口商品的数量等于另一方进口商品的数量，使双方进出口平衡。这时，E点就是用提供曲线来说明以相互需求决定的贸易交换条件的均衡点。如果双方相互需求发生变动，那么提供曲线的斜率就会改变，两条提供曲线交点的位置也随之移动，如由E点移到E'点。

因此，商品的相对价格决定于贸易均衡。把两国的提供曲线置于同一坐标图中，只要两条曲线在原点有不同的斜率，即两国国内的均衡价格不同，它们总会在某处相交，为贸易提供了基础。一旦贸易可能，它们便将相互交换商品。在交点上，满足了贸易均衡的三个条件：一是一方出口的数量等于另一方进口的数量，使双方的进出口平衡；二是各国贸易收支平衡；三是为各国提供了最大的生产和满足。除此之外，没有其他点满足贸易均衡条件。

本章要点

重商主义是资本主义原始积累时期商业资本家的世界观，他们把流通领域看成是发财致富的源泉，奉行以邻为壑的商业政策，突出了资本增值的目的，强调了国际贸易的重要性。

重农学派从"自由经济"的基本理念和法国农民的实际利益出发，反对重商主义对贸易进行干预的政策，提出了自由贸易的口号。作为近代后期放任主义的经济学鼻祖，重农学派提出了自然秩序的观点。

亚当·斯密是第一个建立起市场经济分析框架的经济学家，《国富论》一书把资产阶级经济学发展成一个完整的体系。亚当·斯密批判了重商主义只把对外贸易作为财富源泉的错误观点，把经济研究从流通领域转到生产领域，同时克服了重农学派认为只有农业才创造财富的片面观点，指出一切物质生产部门都创造财富。

大卫·李嘉图的"比较优势理论"认为贸易的基础是生产技术的相对差别及由此产生的相对成本的不同。比较优势理论可以概括为：在两个国家两种产品模型中，虽然一国在两种产品的生产上都处于绝对优势，另一国在两种产品的生产上都处于绝对劣势，但只要"另一国"两种产品的劣势程度有所不同，则该国在劣势较轻的产品上就具有相对比较优势；如果该国"两劣取轻"，利用这种相对比较优势进行专业化生产，另一国"两优取重"，从事优势较大的产品的专业化生产，然后将它们的产品进行国际交换，双方同样能从国际分工和国际交换中获利。

约翰·穆勒认为国家间商品的交换比率是由两国间的相互需求决定的，且两国间具体的商品交换比率是由两国对彼此商品的需求强度决定的。交换比率或贸易条件是否有利，应视贸易双方彼此对另一国出口商品需求强度的强弱而定。

马歇尔在对国际贸易产生的原因、国际贸易的结构和商品流向、国际贸易利益的来源及其分割等重大问题的研究上第一次将供给方面的因素和需求方面的因素综合起来，加以全面系统的考察，其理论将国际贸易理论推至一个新的高度。

复习思考题

一、名词解释

重商主义　绝对优势　比较优势　机会成本　相互需求原理　提供曲线　贸易条件　贸易所得

二、简答题

1. 重商主义的主要观点有哪些？
2. 什么是比较优势理论？

3. 相互需求原理在哪些方面补充和完善了古典贸易理论？

4. 单一要素下两国是怎么样进行贸易的？

5. 国际贸易会给参加贸易各国带来什么好处？

三、计算分析题

1. 英国可能处于这样的状况：生产 1 000 码布可能需要 100 个人劳动一年；酿造 1 000 瓶酒需要 120 个人劳动同样的时间。在葡萄牙，酿造同样数量的酒需要 80 个人劳动同样的时间，生产同样数量的布则需要 90 个人劳动一年。

(1) 英国在布和酒产业的边际劳动产出是多少？葡萄牙在布和酒产业的边际劳动产出是多少？哪个国家在布和酒生产上具有绝对优势？为什么？

(2) 用公式 $P_w/P_c = MPL_c/MPL_w$ 计算每个国家的酒无贸易相对价格。哪个国家在酒上具有比较优势？为什么？

2. 假设母国有 4 个工人，每个工人能生产 3 辆汽车或 2 台电视机；外国同样也有 4 个工人，每个工人能生产 2 辆汽车或 3 台电视机。

(1) 分别画出母国和外国的生产可能性边界；

(2) 分别算出母国和外国汽车的无贸易相对价格；

(3) 判断外国在哪个产品上具有比较优势？为什么？

3. 假设母国和外国生产电视机和汽车两种产品，用下列信息回答以下问题。

母国		外国	
工资$_{TV}$=12	工资$_c$=？	工资$^*_{TV}$=？	工资$^*_c$=6
MPL_{TV}=2	MPL_c=？	MPL^*_{TV}=？	MPL^*_c=1
价格$_{TV}$=？	价格$_c$=4	价格$^*_{TV}$=3	价格$^*_c$=？

注：下标 TV 指电视机，下标 c 指汽车；上标 * 代表外国，无上标代表本国。

(1) 在母国，电视机和汽车的边际劳动产出是多少？电视机的无贸易相对价格是多少？

(2) 在外国，电视机和汽车的边际劳动产出是多少？电视机的无贸易相对价格是多少？

(3) 假设处于贸易均衡时电视机的世界相对价格为 $P_{TV}/P_c = 1$，那么每个国家会出口什么产品？简要说明理由。

(4) 当处于贸易均衡时，在母国以电视机和汽车衡量的实际工资价格各是多少？相较于无贸易均衡时以任何一种产品衡量的实际工资，这些数字有何变化？

(5) 当贸易处于均衡时，在外国以电视机和汽车衡量的实际工资价格各是多少？相较于无贸易均衡时以任何一种产品衡量的实际工资，这些数字有何变化？

(6) 当处于贸易均衡时，用工人购买产品的能力来衡量，外国工人比母国工人挣得多还是少？说明其理由。

四、论述题

1. 假定有许多国家都能生产两种商品，并且每个国家都只有一种生产要素——劳动。这种情况下，贸易模式和生产模式会怎样？（提示：构造实际相对供给曲线）

2. 运输成本的存在对一国的国际贸易会产生什么影响？

3. 举例说明国际贸易会给参加贸易的各国带来的好处。

第 **3** 章

要素禀赋理论及拓展

在国际贸易理论中，瑞典经济学家赫克歇尔和俄林做出了巨大贡献。根据赫克歇尔和俄林的资源禀赋贸易模型，各国倾向于集中生产并出口密集使用本国充裕生产要素的产品，以换取需要密集使用本国稀缺生产要素的产品。作为要素禀赋理论的拓展，斯托尔珀-萨缪尔森定理、价格均等化定理、雷布津斯基定理对其做了必要的补充或修正。经济学家里昂惕夫在 20 世纪 50 年代用美国的数据对 H-O 理论进行检验，发现结果并不符合要素禀赋理论，这一发现被称为"里昂惕夫之谜"，于是各国经济学家开始致力于对"谜"的解释。与古典贸易理论相比，这一时期贸易理论的发展主要表现在以下两个方面：一是在两种或两种以上生产要素的框架下分析产品的生产成本；二是运用总体均衡的方法分析国际贸易与要素变动的相互影响。

3.1 要素禀赋理论

李嘉图的比较成本理论是以劳动价值论为基础的，它以耗费在商品中的劳动时间，即劳动生产率的差异来论证比较成本。由于该理论是单一生产要素的理论，因而推断产生比较成本差异的原因是各国生产要素生产率的差异。但是，如果假定各国之间生产要素的生产率相同，即一单位生产要素的效率到处都一样，那么产生比较成本差异的原因是什么呢？要素禀赋理论回答了这一问题。

3.1.1 理论背景

古典贸易理论主流学派的观点是：国际贸易的基本原因是贸易各国之间存在差异，当各国利用其自身的优势从事自己擅长的生产时，就能取长补短，从而在贸易中获益。国际贸易的直接原因是商品相对价格的差异，而商品的相对价格由供求两方面决定，在模型里需求方都是假定无差别的，因此价格由供给方决定。

在认可李嘉图理论的同时，经济学家们尝试不断地放宽李嘉图理论中的假设条件来发展李嘉图模式，其中最为著名的是赫克歇尔和俄林的"要素禀赋说"。赫克歇尔（Eil Filip Heckscher，1879—1952）和俄林（Beltil Gotthard Ohlin，1899—1979）均是瑞典著名的经济学家，俄林是赫克歇尔

专栏 3-1

的学生。赫克歇尔在 1919 年发表的论文《外贸对收入分配的影响》中提出了要素禀赋理论的基本论点，他的学生俄林接受并发展了这些论点，于 1933 年出版了其代表作《区间贸易和国际贸易》，在该书里俄林全面地论证了要素禀赋理论。由于他采用了老师赫克歇尔的主要观点，因此又将该理论称作赫克歇尔-俄林原理（Heckscher – Ohlin theorem），或简称赫-俄原理（H－O 理论）。俄林曾因此贡献于 1977 年获得诺贝尔经济学奖。

专栏 3－2

3.1.2　理论内容

要素禀赋理论的前提是各国生产要素禀赋的相对比例不同（国家具有不同的要素充裕程度），以及生产不同产品所需要素比例不同（或产品具有可区别的要素密集度）。该理论假设两个国家生产两种产品技术相同、生产函数相同，在不同国家间劳动同质，排除了规模经济，也不考虑各国对产品偏好的差异，同时还假设市场是完全竞争的、自由贸易、没有运输成本及生产要素在国家间完全不流动。在以上条件下，要素禀赋理论论述了国际贸易产生的原因和结果。

1. 国际贸易产生的原因

① 各国所生产的同一产品价格的国际绝对差异是国际贸易发生的直接原因。产品价格的国际绝对差异是指将同种产品在不同国家用该国货币表示的价格都换算成同一种货币表示时价格不同。当两国间同一产品的价格差异大于产品的运输费用（不考虑其他交易成本）时，则从价格较低的国家输出产品到价格较高的国家是有利的。

② 各国产品的价格比例不同是国际贸易产生的必要条件。产品价格的国际绝对差异是国际贸易产生的直接原因，但并不充分，还需具备一个必要条件，即交易双方的国内价格（成本）比例不同（在完全竞争市场条件下，商品价格等于生产成本）。也就是说，必须符合比较成本优势的原则。

③ 各国产品的价格比例不同是由要素的价格比例不同决定的。所谓要素价格，是指土地、劳动、资本、技术知识管理等生产要素的使用费用或称为要素的报酬。俄林假设各国进行生产的物质条件相同，或者说各国生产函数（指生产某种产品所投入的各种生产要素的比例关系）相同，但各国生产要素的价格比例不同，而各国产品价格等于生产要素价格乘以相同的生产函数，所以各国产品的价格比例不同。

④ 要素的价格比例不同是由要素的供给比例不同决定的。所谓要素的供给比例不同，是指要素的相对供给不同。也就是说，同要素需求相比，各国所拥有的各种生产要素的相对数量是不同的。俄林认为，在要素的供求决定要素价格的关系中，要素供给是主要的。在各国要素需求一定的情况下，供给丰裕的生产要素价格便宜，相反，稀缺的生产要素价格就昂贵。

2. 国际贸易的结果

一个国家在国际分工中应该出口密集地使用本国相对丰裕的生产要素生产的产品，进口密集地使用本国相对稀缺的生产要素生产的产品。此即要素禀赋理论所确定的一国进出口商品结构，也称为 H－O 理论。

如果一个国家劳动丰裕、资本稀缺，则应出口劳动密集型产品，进口资本密集型产品；相反，如果一个国家劳动稀缺、资本丰裕，则应出口资本密集型产品，进口劳动密集型产品。所谓要素密集型产品，是指按照产品里投入的比例最大的生产要素种类把产品分成不同的种类，即哪种生产要素在这种产品中所占的比例最大，就把这种产品叫做这种生产要素密集型产品。例如，生产纺织品，劳动所占的比例最大，就称纺织品为劳动密集型产品；生产小麦投入的土地所占的比例最大，就称小麦为土地密集型产品。如果用 X、Y 表示两种产品，K、L 分别表示资本和劳动，若 $\dfrac{K_X}{L_X} < \dfrac{K_Y}{L_Y}$，则相对地称 Y 产品为资本密集型产品，X 产品为劳动密集型产品，不论 $\dfrac{K_X}{L_X}$ 是否小于 1。

国际分工及国际贸易的结果会消除贸易国之间商品价格的差异，使生产要素收入趋于均等，实现生产要素在两国间的间接移动，从而弥补生产要素在国际间不能移动的缺陷。

3.1.3　要素禀赋理论的数学证明

对 H－O 理论，萨缪尔森和琼斯给出了它的数学证明。假设世界上只有本国和外国这两个国家，只有电视机和衣服两种产品，并且衣服为劳动密集型产品，电视机为资本密集型产品，只有劳动力和资本两种生产要素，这两种生产要素不能在国际间流动，但可以在国内各部门流动，并且各国都满足充分就业的条件。

设 Q_T 和 Q_T^* 分别为本国和外国电视机的产量，a_{TL} 与 a_{TL}^* 是本国和外国生产一单位电视机的劳动投入量，a_{TK} 与 a_{TK}^* 是本国和外国生产一单位电视机的资本投入量；Q_C 和 Q_C^* 分别为本国和外国衣服的产量，a_{CL} 与 a_{CL}^* 是本国和外国生产一单位衣服的劳动投入量，a_{CK} 与 a_{CK}^* 是本国和外国生产一单位衣服的资本投入量，L 与 L^* 为本国和外国劳动要素的总供给，K 与 K^* 为本国和外国资本要素的总供给。在生产要素不能跨国流动及充分就业的条件下，有以下等式：

$$a_{TK}Q_T + a_{CK}Q_C = K, \quad a_{TK}^*Q_T^* + a_{CK}^*Q_C^* = K^* \tag{3-1}$$

$$a_{TL}Q_T + a_{CL}Q_C = L, \quad a_{TL}^*Q_T^* + a_{CL}^*Q_C^* = L^* \tag{3-2}$$

由于 H－O 理论旨在从宏观上证明国家间相对要素丰裕程度对相对生产优势与专业化分工的作用，即证明 $d(Q_T/Q_C)$ 与 $d(K/L)$ 之间存在同向变动的关系。下面仅以本国为例证明。

$$a_{TK}Q_T + a_{CK}Q_C = K \tag{3-3}$$

$$a_{TL}Q_T + a_{CL}Q_C = L \tag{3-4}$$

对式(3-3)和式(3-4)两边同时除以 L，得到

$$a_{TK}Q_T/L + a_{CK}Q_C/L = K/L \tag{3-5}$$

$$a_{TL}Q_T/L + a_{CL}Q_C/L = 1 \tag{3-6}$$

根据式(3-5)和式(3-6)解出 Q_T/L 和 Q_C/L，得

$$Q_T/L = \frac{a_{CK} - a_{CL}K/L}{a_{CK}a_{TL} - a_{TK}a_{CL}} \tag{3-7}$$

$$Q_C/L = c\,\frac{a_{TL}K/L - a_{TK}}{a_{CK}a_{TL} - a_{TK}a_{CL}} \tag{3-8}$$

式(3-7)除以式(3-8)，得

$$Q_T/Q_C = \frac{a_{CK} - a_{CL}K/L}{a_{TL}K/L - a_{TK}} \tag{3-9}$$

对式(3-9)求关于 K/L 的导数，有

$$\frac{\mathrm{d}(Q_T/Q_C)}{\mathrm{d}(K/L)} = \frac{a_{CK}a_{TK}}{(a_{TL}K/L - a_{TK})^2} = a_{CL}a_{TL}\frac{\theta_T - \theta_C}{(a_{TL}K/L - a_{TK})^2} \qquad (3-10)$$

其中，$\theta_T = a_{TK}/a_{TL}$，$\theta_C = a_{CK}/a_{CL}$，分别表示电视机和衣服的要素密度。由于式(3-10)中分母为正，因此 $\mathrm{d}(Q_T/Q_C)/\mathrm{d}(K/L)$ 的符号就取决于分子，由于衣服为劳动密集型产品，电视机为资本密集型产品，所以 $\theta_T > \theta_C$，因而有 $\mathrm{d}(Q_T/Q_C)/\mathrm{d}(K/L) > 0$，即资本资源的相对增加会提高资本密集型产品的产量，也即资本资源相对充裕的国家，应该专业化生产电视机。

3.1.4 要素禀赋理论评价

李嘉图的模型里重点考虑的是要素生产率差异，由于是从劳动价值论的角度出发，劳动是唯一的生产要素，因而产生比较优势的原因被归结为劳动生产率不同，即生产同种产品所需的劳动量不同，从而产品成本不同，要比较各国之间的产品价格只要比较劳动生产率即可。区别于李嘉图模型，要素禀赋理论除了将生产要素扩充为两种，还继承了新古典学派和边际学派的供求价格论，对影响要素价格的供求因素做了进一步分析，得到了决定比较利益的一系列因素中的关键——各国之间的资源禀赋差异。

要素禀赋理论的一些假设条件似乎并没有反映国际经济现实。例如，由于规模经济的原因，一国可能已决定坚持生产本国并没有比较优势的某一特殊产品，直到产量累积到足以体现规模经济效益，而且规模经济收益大于放弃专业化生产具有比较优势产品的损失，从而建立新的比较优势。相关的规模经济可能是企业内部规模经济，也可能是外部规模经济，如某一产业的规模经济或相互依赖的某些产业的规模经济。又例如，该理论假定国家间拥有相同的技术，即在一个国家可能发生的经验与技术方面的发明创新在另一个国家也同样（同时）可能发生。但弗农（Raymond Vernon）和威尔士（Louis T. Wells）认为发明创新在确定贸易格局方面起着重要作用，而且对某些产品的发明创新往往在一些国家发生而在另一些国家则不然，这些发明至少在短时间内导致了一些国家的比较利益。

多数学者认为要素禀赋理论是静态的，理由是该理论暗指生产资源是在当地被发现而不是被创造出来的。根据这一观点，一些国家如果坚持它们的"天然"优势，那么这些国家就会陷于"次佳"和"二等"的经济。另外，该理论没有包括由于经济结构变化所导致的调整。要素禀赋理论主张一国应充分利用它现有的资源而不是在即将到来的经济结构变化前抢先行动，并在即将出现的新产业中建立竞争实力，而实际上许多政府的产业政策正是特别地瞄准这些目标，特别是在高新技术领域。

专栏 3-3

3.2 要素禀赋理论的拓展

3.2.1 斯托尔珀-萨缪尔森定理

从长期来看，劳动和资本都可以在一国国内各行业之间流动。各行业的生产和投资会由于贸易的发展而进一步调整。在达到新的均衡点之前，出口行业的生产会继续扩大，进口行

业的生产会进一步缩小，各行业使用的生产要素也会继续在行业之间流动。其结果是整个社会的丰裕要素会由于出口产品生产的扩大变得相对不足，稀缺要素则因为进口产品生产的萎缩而变得相对过剩。

在一些假设[①]下，可以得出如下结论：在出口产品生产中密集使用的生产要素（本国的充裕要素）的报酬提高；在进口产品生产中密集使用的生产要素（本国的稀缺要素）的报酬降低，而不论这些要素在哪个行业中使用。这一个结论是由斯托尔珀（Wolfgang Stolper）和萨缪尔森（Paul Samuelson）论证的，因此在国际经济学中被称为"斯托尔珀-萨缪尔森定理（Stolper-Samuelson theorem）"。

在完全竞争条件下，产品的价格等于产品的成本，因此就有式（3-11）

$$p_i = a_{iL} \cdot w + a_{iK} \cdot r, \quad i = \text{T, C （电视，衣服）} \tag{3-11}$$

其中，w 为劳动要素的报酬，即工资；r 为资本要素的报酬，即利率。其他符号含义同前。

对式（3-11）求导，得

$$\mathrm{d}p_i = a_{iL} \cdot \mathrm{d}w + a_{iK} \cdot \mathrm{d}r \tag{3-12}$$

对式（3-12）两边除以产品价格 p_i，得

$$\frac{\mathrm{d}p_i}{p_i} = \frac{a_{iL} \cdot \mathrm{d}w}{p_i} + \frac{a_{iK} \cdot \mathrm{d}r}{p_i} = \frac{a_{iL} \cdot \mathrm{d}w}{c_i} + \frac{a_{iK} \cdot \mathrm{d}r}{c_i} = \frac{a_{iL} \cdot w \cdot \mathrm{d}w}{c_i \cdot w} + \frac{a_{iK} \cdot r \cdot \mathrm{d}r}{c_i \cdot r} \tag{3-13}$$

令 $\theta_{iL} = \dfrac{a_{iL} \cdot w}{c_i}$，$\theta_{iK} = \dfrac{a_{iK} \cdot r}{c_i}$，$\hat{p}_i = \dfrac{\mathrm{d}p_i}{p_i}$，$\hat{w} = \dfrac{\mathrm{d}w}{w}$，$\hat{r} = \dfrac{\mathrm{d}r}{r}$，则有

$$\hat{y}_i = \theta_{iL}\hat{w} + \theta_{iK}\hat{r}, \quad \text{且} \ \theta_{iL} + \theta_{iK} = 1 \tag{3-14}$$

将式（3-14）写成矩阵形式，得

$$\begin{bmatrix} \hat{p}_C \\ \hat{p}_T \end{bmatrix} = \begin{bmatrix} \theta_{CL} & \theta_{CK} \\ \theta_{TL} & \theta_{TK} \end{bmatrix} \begin{bmatrix} \hat{w} \\ \hat{r} \end{bmatrix} \tag{3-15}$$

反解出 $\hat{w}$ 和 $\hat{r}$，得

$$\begin{bmatrix} \hat{w} \\ \hat{r} \end{bmatrix} = \frac{1}{|\theta|} \begin{bmatrix} \theta_{TK} & -\theta_{CK} \\ -\theta_{TL} & \theta_{CL} \end{bmatrix} \begin{bmatrix} \hat{p}_C \\ \hat{p}_T \end{bmatrix} \tag{3-16}$$

其中，$|\theta| = \theta_{CL}\theta_{TK} - \theta_{CK}\theta_{TL} = \theta_{CL} - \theta_{TL} = \theta_{TK} - \theta_{CK}$。

假定衣服价格上涨，电视机价格保持不变，即 $\hat{p}_C > \hat{p}_T = 0$，得到

$$\hat{w} = \frac{1}{|\theta|}(\theta_{TK} \cdot \hat{p}_C - \theta_{CK} \cdot \hat{p}_K) = \frac{\theta_{TK}}{|\theta|} \cdot \hat{p}_C = \frac{\theta_{TK}}{\theta_{TK} - \theta_{CK}}\hat{p}_C > \hat{p}_C \tag{3-17}$$

$$\hat{r} = \frac{-\theta_{TL}}{|\theta|} \cdot \hat{p}_C < 0 = \hat{p}_T \tag{3-18}$$

$$\hat{r} < \hat{p}_T < \hat{p}_C < \hat{w} \tag{3-19}$$

如果衣服的相对价格上升，则生产衣服比生产电视机更有利可图，那么生产要素将从要素报酬低的电视机生产部门流向报酬高的衣服制造部门。衣服为劳动密集型产品，电视机为资本密集型产品，在生产过程中劳动和资本的配合比例不同，K_C/L_C 小于 K_T/L_T。因此在

---

① 假设包括：一个国家以两种要素（如土地和劳动）生产两种商品（如小麦和布）；这两种商品各自都不是另一种商品的投入品；要素供给既定；两种要素被充分利用；无论有无贸易，一种商品（小麦）是土地密集型产品，另一种商品（布）是劳动密集型产品；两种要素在部门间（不是国家间）可流动；开放贸易提高了小麦的相对价格。

生产过程中，电视机制造部门释放出的劳动供给不能满足衣服制造部门对劳动的需求（超额需求），而电视机制造部门释放的资本供给超过了衣服制造部门对资本的需求（超额供给）。由于供求关系的变化，在要素市场上劳动的价格将上涨，资本的价格将下跌。由于资本和劳动的价格发生变化，各部门生产的资本与劳动的比例也会随之调整，即厂商将采用便宜的要素替代更昂贵的要素。因此，一种生产要素相对价格的变化，会导致其密集使用的要素的名义价格变化，而另一要素的名义价格发生相反变化。

斯托尔珀-萨缪尔森定理最早出现于斯托尔珀与萨缪尔森 1941 年发表的《贸易保护与实际工资》一文中。尽管赫克歇尔和俄林都已经提到了贸易对收入分配的影响，但他们并没有明确地将要素收益与产品价格直接联系起来。而斯托尔珀和萨缪尔森首次使用总体均衡分析（general equilibrium analysis）方法揭示了为什么本国稀缺资源的收益可以通过保护而得到提高，充裕要素的收益也可以通过自由贸易而增加。斯托尔珀-萨缪尔森定理成为赫克歇尔-俄林贸易理论最重要的结果之一。

专栏 3-4

3.2.2 生产要素价格均等化定理

关于生产要素价格均等化定理（the factor price equalization theorem，FPE）的最初证明出现在萨缪尔森 1948 年 6 月发表在 *Economic Journal* 上的论文 "International Trade and the Equalization of Factor Prices"。在赫克歇尔-俄林模型的基本假设[①]下，萨缪尔森证明了以下结论：自由贸易不仅使两国的商品价格相等，而且使两国生产要素的价格相等，以致两国的所有工人都能获得相同的工资，所有的资本（或土地）都能获得同样的利润（或租金），而不管两国生产要素的供给与需求模式如何。

由于这一定理是建立在赫克歇尔-俄林模型基础上，并由萨缪尔森发展的，所以生产要素价格均等化定理又被称为"赫克歇尔-俄林-萨缪尔森定理（H-O-S theorem）"。

3.2.3 雷布津斯基定理

H-O 理论是建立在要素禀赋基础上的，所有的分析都假定每个国家拥有的要素总量是固定不变的。然而事实上，资本的积累、人口的增长、自然资源的开发等因素都会使一个国家拥有的要素数量发生变化。1955 年，英国经济学家雷布津斯基（T. M. Rybczynski）对要素增长的生产效果和对国际分工模式的影响进行了研究。

例如，当一国商品价格保持不变时，如果劳动力增加，则该国的劳动密集型产品的产出将以更大的比例扩张，而资本密集型产品的产出将下降。这是因为当劳动力 L 增加时，要使产品价格不变，要素价格也必须保持不变。而只有当要素比例（K/L）及 K 和 L 在两种商品 X（劳动密集型产品）、Y（资本密集型产品）中的生产力保持不变时，要素价格才能保持不变。使新增劳动力实现充分就业，以及使 K/L 保持不变的唯一途径就是使资本密集

---

① 假设包括：$2 \times 2 \times 2$；竞争在所有市场存在；各种要素供给是固定的，在国家间不存在要素流动；无论有无贸易，各种要素在各国都被充分利用；不存在运输成本与信息成本；无贸易壁垒；国家间任一产业的生产函数是相同的；生产函数是线性齐次的（投入、产出同比例变化）；无"要素密集度逆转"；无论有无贸易，两国都将生产两种商品。

型产品 Y 的产出下降，释放出足够的资本 K（和少量的劳动 L）以吸收所有新增的 L 来共同生产 X。因此，X 的产出量将会上升，而 Y 的产出量将会下降。由于从 Y 产品中释放出部分劳动力 L，它和从 Y 中释放出的 K 共同生产了部分 X 产品，因此 X 产出量的扩张比例会高于劳动力数量的扩张，这也被称之为"放大效应"。同理，如果只有资本 K 增加，并且商品价格保持不变，那么 Y 产品的产出量将以更大的比例扩张，X 产品的产出量将会下降，最后达到如下状态，即同时满足

$$\frac{K_X}{L_X} = \frac{K_X + \Delta K_Y + \Delta K}{L_X + \Delta L_Y}$$

$$\frac{K_Y}{L_Y} = \frac{K_Y - \Delta K_Y}{L_Y - \Delta L_Y}$$

如图 3-1 所示，OX、OY 直线的斜率分别表示均衡时两个部门的要素使用比例。X 部门偏向于 K 坐标轴，为资本密集型产品；Y 部门偏向于 L 坐标轴，为劳动密集型产品。E 点表示一国要素变化前的禀赋点。根据要素充分利用的假设，OYEX 为一个平行四边形。X、Y 点所对应的资本和劳动量代表两个产品部门的要素投入量。假定劳动供给不变，资本增加，则图中的要素禀赋 E 点转变为 E′ 点。在商品价格不变时，要素禀赋点移动，但 X、Y 两产品生产的要素比例仍保持原来水平不变。由于要保证所有要素的充分利用，图中四边形 OYEX 发生变化，新的四边形为 OY′E′X′。根据几何图示可以看到，X 产品产出量增加，Y 产品产出量减少。

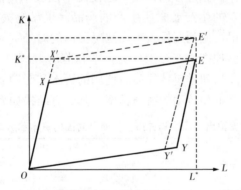

图 3-1　雷布津斯基定理

因此，如果商品和生产要素的相对价格不变，在两种生产要素中，其中一种要素的数量增加，而另一种的数量保持不变，那么密集使用前一种生产要素的产品其绝对产量将增加，而密集使用另一种生产要素的产品其绝对产量将减少，这个结论即雷布津斯基定理（Rybczymski theorem）。例如，中国资本的增加会使资本密集型产品如汽车、钢铁、高技术产品的生产增加，使劳动密集型产品如大米、服装、鞋类等的生产减少。雷布津斯基定理背后的经济学原理是简单明了的。在小国的假设前提下，因为产品的相对价格没有变化，同时由于技术也是不变的，要素的相对价格也就无法改变，那么两个行业在新均衡点上的 K/L 比率就与增长前的比率是一样的。在劳动数量增加的前提下，这种情况发生的唯一途径就是，只有资本密集型部门释放出部分资本，与新增的劳动共同用于劳动密集型部门的生产。当这种情形发生时，资本密集型产品的产出就会下降，而劳动密集型产品的产出就会上升。

开发新的出口资源有时也会带来问题，一个例子是"福利恶化型增长"，即对一个出口

国来说，出口的扩张会使世界市场价格下跌，并最终使该国的福利恶化，这被通称为"荷兰病"。雷布津斯基定理恰可解释其中的原因，即新出现的资源部门从原来的制造业部门夺走了资源。具体地说，新部门通过施加工资上涨的压力夺走了劳动力，通过市场利率上涨的压力夺走了资本。在这样的成本压力中，原有的工业部门萎缩了。但也可以有相反的情形，如自然资源价格下降，而这又是重要的工业原料，这就会使工业生产增加而不是减少，或者是新资源可能被征税，用于刺激工业发展。

专栏 3 - 5

3.3　里昂惕夫之谜及解释

第二次世界大战后，在第三次科技革命的推动下，世界经济迅速发展，国际分工和国际贸易都发生了巨大变化，传统的国际分工和国际贸易理论更显得脱离实际。在这种形势下，一些西方经济学家力图用新的学说来解释国际分工和国际贸易中存在的某些问题，这个转折点就是里昂惕夫反论（the Leontief paradox），或称里昂惕夫之谜。

3.3.1　里昂惕夫之谜

按照 H-O 理论，一个国家应该出口密集地使用本国较丰裕的生产要素所生产的产品，进口密集地使用本国较稀缺的生产要素所生产的产品。里昂惕夫（Wassily Leontief）对此确信不疑。基于以上的认识，他利用投入产出法对美国的对外贸易商品进行具体计算，目的是对 H-O 理论进行验证。他把生产要素分为资本和劳动力两种，对 200 种商品进行分析，计算出每百万美元的出口商品和进口替代品所使用的资本和劳动量，从而得出美国出口商品和进口替代品中所包含的资本和劳动的密集程度。其计算结果如表 3-1 所示。

表 3-1　美国出口商品和进口替代商品对国内资本和劳动的需要量

	1947 年		1951 年	
	出口	进口替代	出口	进口替代
资本/美元	2 550 780	3 091 339	2 256 800	2 303 400
劳动/（人/年）	182.313	170.004	173.91	167.81
人均年资本量	13 991	18 184	12 977	13 726

从表 3-1 可以看出，1947 年平均每人进口替代商品的资本量与出口商品的资本量相比是 18 184∶13 991＝1.30∶1，即高出 30％；而 1951 年的比率为 1.06∶1，即高出 6％。尽管这两年的比率的具体数字不同，但结论基本相同，即这两个比率都说明美国出口商品与进口替代品相比，前者更为劳动密集。据此显然可以认为美国出口商品具有劳动密集型特征，而进口替代商品更具有资本密集型特征。这个验证结论正好与 H-O 理论相反。正如里昂惕夫的结论所说："美国参加分工是建立在劳动密集型生产专业化基础上的，而不是建立在资本密集型生产专业化基础上的。"[①] 换言之，这个国家是利用对外贸易来节约资本和安排剩

---

① 里昂惕夫. 国内生产与对外贸易：美国资本状况的再检验. 美国哲学学会会议录，1953.

余劳动力的,而不是相反。里昂惕夫把以上结论以《国内生产与对外贸易:美国地位的再审查》为题在 1953 年发表,其后他又在 1956 年验证得出相同的结果。

里昂惕夫发表其验证结果后,西方经济学界大为震惊,将这个不解之谜称为里昂惕夫之谜,并掀起了验证探讨里昂惕夫之谜的热潮。

里昂惕夫之谜也称为里昂惕夫反论或悖论,它的内容可以概括如下:根据 H-O 理论,一个国家应该出口密集地使用本国相对丰裕的生产要素生产的产品,进口密集地使用本国相对稀缺的生产要素生产的产品。第二次世界大战后,人们认为美国是一个资本丰裕而劳动稀缺的国家,按照 H-O 理论,美国应该出口资本密集型产品,进口劳动密集型产品。里昂惕夫对美国出口商品和进口替代品的资本和劳动比率进行了计算,目的是验证 H-O 理论,结果发现美国出口的是劳动密集型产品,进口的是资本密集型产品,与理论推理结果正好相反。上述矛盾即为里昂惕夫之谜。

3.3.2　里昂惕夫之谜的其他验证

里昂惕夫对于 H-O 理论的验证结果引起了整个西方国际经济学界的巨大震惊。有人怀疑他进行统计的方法和对统计资料的处理不合理,于是对美国或其他国家有关国际贸易结构进行类似研究,从而掀起了验证里昂惕夫之谜的高潮。

1. 对美国情况的验证

里昂惕夫于 1956 年再次利用投入产出法根据美国 1951 年的数据对美国的贸易结构进行验证,结论是:美国 1951 年竞争性进口替代品和出口品的资本密集度之比是 1.06:1,结论不变。

鲍德温利用 1958 年的投入产出表和美国 1962 年的数据于 1971 年进行计算分析,结果和里昂惕夫的一致。

威特尼用投入产出法于 1968 年对美国 19 世纪末的贸易结构进行验证,结果是里昂惕夫之谜不存在,但是人们并不认为美国在 1899 年之前就是资本密集型国家。如果这一点成立,那么"谜"还是存在的。

里昂惕夫和其他人用多种方式在这个结果上纠缠许久。他的方法被复查了好几次,证明确实无误。众所周知,相对于世界其他国家来说,美国的确是资本充裕的。然而,对美国从第二次世界大战到 1970 年间的更多研究还是证实了里昂惕夫之谜的存在,其中一些结果如表 3-2 所示。

表 3-2　经济学者对美国进出口产品中资本与劳动之比的研究

学　者	数据年份	$(K_x/L_x) / (K_m/L_m)$
威特尼 (Whitney, 1968)	1899	1.12
里昂惕夫 (Leontief, 1954)	1947	0.77
里昂惕夫 (Leontief, 1956)	1951	0.94 (或不包括自然资源行业, 1.14)
鲍德温 (Baldwin, 1971)	1958	0.79 (或不包括自然资源行业, 0.96)
斯特那得和马斯克斯	1972	1.05 (或不包括自然资源行业, 1.08)

注:K_x/L_x、K_m/L_m 分别表示出口品和进口品的资本与劳动比例。

2. 其他国家情况的验证

建元正弘、市村真一于 1959 年验证了日本在 20 世纪 50 年代的贸易结构。验证结果是：就整体而言，其出口资本密集型产品，进口劳动密集型产品；就双边贸易而言，如对美国则正好相反，向美国出口劳动密集型产品，从美国进口资本密集型产品。而事实是当时日本是人口相对过剩。

他们认为，因为日本的资本和劳动的供给比例介于发达国家和不发达国家之间，日本与美国的贸易在劳动密集型产品上占有优势，而与不发达国家的贸易则在资本密集型产品上占有优势。

对苏联 20 世纪五六十年代的贸易结构进行分析，证明"谜"不存在。苏联在与东欧及不发达国家的贸易中，出口资本密集型产品，进口劳动密集型产品，与发达国家的贸易情况则相反。

1961 年，加拿大经济学家沃尔对美加贸易进行分析，证明"谜"是存在的，因为加拿大相对美国而言是资本相对稀缺的国家，但结果表明，加拿大出口的是资本密集型产品，进口的是劳动密集型产品。

印度学者巴哈德瓦奇在 1962 年对印度 20 世纪 50 年代的贸易结构进行分析，得出了令人大惑不解的结论，即印度对美国的贸易中，印度出口资本密集型产品而进口劳动密集型产品，而与其他国家则相反。

诸多的验证并没有得出一个统一的结论，因为里昂惕夫之谜时隐时现，特别是在验证美国的贸易时更是如此。既没有证实里昂惕夫之谜，也没有驳倒它，所以经济学家又把精力放在解释"谜"为什么存在上。这里需要强调的是，尽管有里昂惕夫之谜存在，H‑O 理论到 20 世纪 80 年代一直是国际贸易理论大厦的基石。

专栏 3‑6

3.3.3 里昂惕夫之谜的解释

赫克歇尔‑俄林的要素禀赋理论阐明了一国的进出口商品结构，即一国应该出口密集地使用本国相对丰裕的生产要素生产的产品，进口密集地使用本国相对稀缺的生产要素生产的产品。但里昂惕夫之谜引起了人们对该理论的怀疑，导致许多经济学家做了许多研究工作去寻求解释为什么会出现这种意想不到的结果。本节将简要阐述一些主要解释的内容，从而探讨以下问题：国际贸易与生产格局如果不是由要素比例决定，那么是由什么决定的呢？

1. 熟练劳动说

里昂惕夫认为美国工人的劳动生产率大约是其他国家工人劳动生产率的 3 倍。在以劳动效率为单位的条件下，美国就成为劳动丰裕而资本稀缺的国家了，因此美国出口劳动密集型产品，进口资本密集型产品。也可以这样理解，即美国生产的进口替代品的 K/L 在国外实际为 $K/3L$，因此美国从国外进口的产品就具有劳动密集型了。至于美国工人劳动生产率高的原因，他的解释是来自美国企业科学的管理、高水平的教育、优良的培训、可贵的进取精神等。但是，一些研究表明实际情况并非如此。例如，美国经济学家克雷宁（Krelnin）经过验证，认为美国工人的效率和欧洲工人相比，最多高出 1.2～1.5 倍。因此，里昂惕夫的这个论断通常不为人们所接受。

在此基础上，美国经济学家基辛对这个问题进一步加以研究。他利用美国 1960 年的人口普查资料，将美国企业职工区分为熟练劳动和非熟练劳动（指不熟练工人和半熟练工人）。他根据这两大分类对 14 个国家的进出口商品结构进行了分析，得出了以下结论：资本较丰裕的国家往往也是熟练劳动较丰裕的国家，倾向于出口熟练劳动密集型商品；资本较缺乏的国家往往也是熟练劳动稀缺而非熟练劳动丰裕的国家，倾向于出口非熟练劳动密集型商品。他的解释是，美国出口商品中的熟练劳动含量要多于进口替代品[①]的熟练劳动含量。

2. 人力资本说

凯南（P. B. Kenen）等人认为，劳动是不同质的，这种不同质表现为由劳动熟练程度决定的劳动效率的差异。劳动熟练程度的高低取决于对劳动者进行培训、教育和其他的相关开支，即决定智力开支的投资。因此，高劳动效率和熟练程度归根到底是投资的一种结果，是资本支出的一种产物，所以在计算国际贸易商品的资本/劳动比率时，资本应包括有形资本和无形资本，无形资本即人力资本。所谓人力资本，是指投资于人的劳动技能训练所花费的费用，包括政府投资、个人投资及个人接受教育、训练的机会成本。但是，人力资本的量化是比较困难的。

凯南对人力资本的估价方法是把熟练劳动的收入高出简单劳动的收入的部分资本化。他认为，在计算美国出口商品的资本/劳动比率时，不能仅考虑物质资本（即有形资本），也要考虑人力资本。如果以 K、K'、L 分别表示物质资本、人力资本和劳动，美国出口商品的资本/劳动比率应为 $(K+K')/L$。经过这样的处理，美国出口商品就相对具有资本密集性了，里昂惕夫之谜就消失了。这种解释的困难在于现实中还存在受教育程度和所得报酬之间的不对应现象。

3. 自然资源说

关于一些国家的贸易中出现里昂惕夫之谜，还有的经济学家认为是由于没有考虑自然资源禀赋这个因素。实际上有些产品既不属于劳动密集型，也不属于资本密集型，而是自然资源密集型。例如，美国进口商品中初级产品占 60%～70%，而这些初级产品大部分是木材和矿产品，是自然资源密集型产品，把这类产品归为资本密集型产品就是里昂惕夫之谜产生的原因之一。如果考虑自然资源在美国进出口贸易结构中的作用，就可以解释里昂惕夫之谜的存在。里昂惕夫把投入产出表中的 19 种自然资源密集型产品去除，结果成功地解开了"谜"，取得了与要素禀赋理论一致的结果。这个原因也可以解释加拿大、日本、印度等国贸易结构中的"谜"。

4. 要素密集度逆转

有些经济学家认为，在 H-O 理论中，一种商品在一个工资/租金比率较高的国家，相对而言是资本密集型的产品，但是在工资/租金比率较低的国家将会是劳动密集型的产品，这种密集要素反向在现实世界里是确实存在的。如将美国和一些亚洲国家的农业生产进行比较，美国在农业生产中使用大功率的机械设备，投入大量的资本，其农业产品相对而言可以说是资本密集型的。然而许多亚洲国家的农业生产基本上是手工劳动，其产品可以说是劳动

---

① 指在美国生产的与进口产品直接或间接竞争的产品。

密集型的。因此，同是农产品，却存在要素密集反向。可见，美国进口产品，如果用美国与进口竞争产品的数据计算结果是资本密集型的；如果使用出口国的实际数据计算，相对而言则可能是劳动密集型的。

5. 关税结构

以鲍德温为首的经济学家认为，美国关税结构对贸易形式的扭曲是造成里昂惕夫之谜的原因之一。由于美国对其国内的劳动密集型行业采取关税保护政策，阻碍劳动密集型产品进口，而国外的资本密集型产品却相对容易输入。外国如果采取相反措施，为了维护本国工业的发展，对资本密集型产品的进口征收高关税，那么美国资本密集型产品就会难以进入外国市场，劳动密集型产品却相对容易出口。这样就人为地增加了美国进口货物中资本密集型产品的比重，以及美国出口产品中劳动密集型产品的比重，这样国内贸易保护也成为比较优势的来源之一。

本章要点

赫克歇尔和俄林的"资源禀赋贸易模型"的理论前提是各国生产要素禀赋的相对比例不同（国家具有不同的要素充裕程度），以及生产不同产品所需要素比例不同（或产品具有可区别的要素密集度）。该理论假设所有国家都拥有相同的技术、相同的生产函数，在不同国家间劳动同质，排除了规模经济，也不考虑各国对产品偏好的差异，完全竞争的市场、自由贸易、没有运输成本，以及生产要素在国家间完全不流动，从而得到了两个重要结论：一是一个国家在国际分工中应该出口密集地使用本国相对丰裕的生产要素生产的产品，进口密集地使用本国相对稀缺的生产要素生产的产品；二是国际分工及国际贸易的结果会消除贸易国之间商品价格的差异，使生产要素收入趋同，实现生产要素在两国间的间接移动，从而弥补生产要素在国家间不能移动的缺陷。

作为要素禀赋理论的拓展，要素价格均等化定理的内容是：在特定条件和假设前提下，自由贸易不仅使商品价格均等化，而且使两国间的各种要素价格均等化，以至于即便在要素不能在各国间流动的情况下，两国工人也将得到相同的工资，单位面积的土地将得到相同的地租收益。

雷布津斯基定理总体可以概括为：在商品相对价格不变的前提下，某一要素的增加会导致密集地使用该要素部门的生产增加，而另一部门的生产则下降。

经济学家里昂惕夫在 20 世纪 50 年代用美国的数据对 H-O 理论进行试验，发现其结果并不符合 H-O 理论，被称为"里昂惕夫之谜"。里昂惕夫之谜也称为里昂惕夫反论或悖论。

复习思考题

一、名词解释

H-O 理论　要素密集度　要素充裕度　劳动密集型产品　生产要素价格均等化定理　雷布津斯基定理　里昂惕夫之谜　贫困化增长（荷兰病）

二、简答题

1. 简要评述要素禀赋理论。

2. 在两要素经济中，国际贸易对收入分配会产生什么影响？

3. 在两要素经济中，国际贸易对要素价格相对价格会产生什么影响？

4. 经济增长对贸易条件会产生什么影响？

5. 里昂惕夫之谜的解释有哪些？

三、计算分析题

假设在母国的鞋子生产中发生了巨大的技术改进，以致鞋厂几乎完全可以用计算机辅助机器进行运作。考虑母国的下列数据。

计算机：销售收入＝$P_C \cdot Q_C$＝100

  给劳动的支付＝$W \cdot L_C$＝50

  给资本的支付＝$R \cdot K_C$＝50

  价格上涨百分数＝$\Delta P_C / P_C$＝0%

鞋子：销售收入＝$P_S \cdot Q_S$＝100

  给劳动的支付＝$W \cdot L_S$＝5

  给资本的支付＝$R \cdot K_S$＝95

  价格上涨百分数＝$\Delta P_S / P_S$＝50%

(1) 哪个产业是资本密集的？假若某些产业在某些国家是资本密集的，而在另一些国家是劳动密集的，这是一个理性的质疑吗？

(2) 给定所提供数据中的产出价格变化百分数，计算资本租金变化的百分数。

(3) 与劳动工资相比较，上述变化的程度如何？

(4) 以实际收入衡量，哪种要素受益了？哪种要素受损了？这些结果与斯托尔珀-萨缪尔森定理一致吗？

四、论述题

1. 发达国家的工人运动传统上总是支持政府限制从发展中国家进口产品。从工会成员利益的角度看，这是一种短视政策还是理性政策？

2. 美国国内的工资水平存在着很大的差异，要素价格均等化理论为什么不能用来解释上述现象？这个例子和美国与墨西哥的工资率差异有何不同？

3. 以下是 2019 年一些国家的大豆产量、生产和贸易的数据。

	产量/（t/公顷）	生产/t	出口/t	进口/t
澳大利亚	1.13	15 136	1 656	4 136
巴西	3.18	114 269 392	74 073 074	144 242
加拿大	2.66	6 045 100	4 012 915	600 439
中国	1.87	15 728 776	115 570	91 288 240
法国	2.62	428 530	135 381	600 817
意大利	3.82	1 042 830	19 890	2 049 873
墨西哥	1.60	232 680	287	4 851 030

续表

	产量/（t/公顷）	生产/t	出口/t	进口/t
日本	1.52	217 800	85	3 392 153
俄罗斯	1.57	4 359 956	894 087	2 028 519
美国	3.19	96 793 180	52 388 397	422 481

数据来源：联合国粮食及农业组织。

（1）哪些国家的土地得益于大豆自由贸易？解释其理由。

（2）哪些国家的土地从大豆自由贸易中受损？解释其理由。

（3）哪些国家的大豆自由贸易行动对地租的影响很小或没有？解释其理由。

第 **4** 章

特定要素理论

在微观经济学中，关于供给面的分析通常有短期和长期之分，短期和长期的划分是由生产要素的流动性决定的。在长期条件下，假设生产要素是同质的，可以在不同部门互相替代，另外厂商所使用的所有生产要素投入量都可以自由调整。也就是说，在长期条件下，生产要素在不同部门间可以完全自由流动。因此，从这个意义上讲，要素禀赋理论实际上是一种长期分析，即在长期条件下，从供给面来讨论要素禀赋与国际贸易的关系。要素禀赋理论出现后，随着时间的堆移，经济学家又将短期因素引入要素禀赋理论中，进一步丰富了要素禀赋理论。特定要素的基本模型可以追溯到 20 世纪 30 年代的一些经济学家，包括哈伯勒（Haberler）、哈罗德（Harrod）、俄林（Ohlin）和维纳（Viner），但真正建立起模型并进行系统分析的是萨缪尔森和琼斯。在 20 世纪 70 年代后期，经济学家尼瑞（Neary）和马萨（Mussa）又做了进一步分析，并将"特定要素模型"看作是短期内某些要素不能流动的赫克歇尔-俄林模型。本章着重介绍这种要素禀赋理论的短期分析——特定要素理论。

4.1　特定要素模型框架

在国际贸易理论中，特定要素模型（specific-factors model）主要用于解释在短期内国际贸易对收入分配的影响。长期内，国际贸易对收入分配格局的影响是基于商品要素密集度的差异，而短期内，国际贸易对收入分配格局的影响则是因为要素的特定性或不流动性。

4.1.1　生产函数

在这个模型中，假设有两种产品：小麦（W）和钢铁（S）。但有三种要素投入：劳动（L）、资本（K）和土地（T），其中资本和土地是特定要素，资本只能用于钢铁生产，土地只能用于小麦生产，劳动是公共要素或普通要素，是同质的，可在两个部门间自由流动，并且在生产过程中规模收益是不变的（constant return to scale），所有商品市场和要素市场都是完全竞争的。

假设所有要素都被充分利用，即所有土地都被用于生产小麦，所有资本都被用于生产钢材，而两个部门使用劳动之和等于劳动资源总量（L），用等式表示为

$$L = L_W + L_S$$

其中 L_W 是用于生产小麦的劳动，L_S 是用于生产钢材的劳动。则小麦的生产函数可以写成

$$Q_W = f(T, L_W)$$

钢铁的生产函数可以写成

$$Q_S = f(K, L_S)$$

根据前面假设可知 T 和 K 为常数，分别等于两种特定要素的总量，劳动在两个部门间分配，但两个部门分配的具体比例不确定。因此在特定要素不变的情况下，小麦和钢铁的产量分别是用于这两种产品生产的劳动投入的函数。

4.1.2 生产可能性边界

特定要素模型假设每一种特定要素只能被用于一个生产部门：土地只能用来生产小麦，资本只能用来生产钢铁，只有劳动可以用于各部门的生产。因此，要分析一国的生产可能性边界，只需知道当劳动从一个部门转移到另一个部门时，小麦和钢铁的产出组合是怎样变化的，这个问题可以用画图的方法解决。

图 4-1 表明了劳动投入与小麦产出之间的关系。给定一个土地投入量，劳动投入越多，小麦的产出就越大。在图 4-1 中，曲线 $Q_W = f(T, L_W)$ 的斜率表示边际劳动产出，即增加一单位劳动时所增加的小麦的产出。但是，如果只增加劳动投入而不增加资本投入，会产生边际报酬递减效应。边际报酬递减可以从生产函数的形状上反映出来。随着劳动的增加，曲线 $Q_W = f(T, L_W)$ 变得逐渐平缓，即投入的劳动越多，边际劳动产出就越小。图 4-2 以不同的方式体现了上述内容：在图中，我们直接将边际劳动产出表示为劳动投入量的函数。

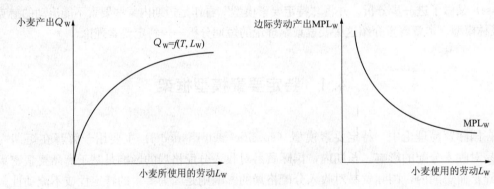

图 4-1 小麦的生产函数   图 4-2 边际劳动产出

将小麦和钢铁这两个产业组合在一起，可以导出一国的生产可能性边界（见图 4-3）。在图 4-3 中，生产可能性边界说明在给定小麦产出的情况下能生产多少钢铁，反之亦然。

图 4-3 是一张四象限图。第四象限中的曲线就是前面图 4-1 中的小麦的生产函数曲线，但是在这里，将图 4-1 顺时针旋转了 90°：沿纵轴向下表示在小麦生产中投入劳动的增加，沿横轴向右表示小麦产出的增加。第二象限中是相应的钢铁的生产函数曲线：沿横轴向左表示在钢铁中投入劳动的增加，沿纵轴向上表示钢铁产出的增加。

第三象限表示一国的劳动力资源配置情况。劳动投入的衡量与平常的方向相反：沿纵轴向下表示在小麦生产中投入劳动的增加，沿横轴向左表示在钢铁生产中投入劳动的增加。由于劳动力总量是固定的，所以一个部门的劳动投入增加意味着另一部门的劳动投入减少，因

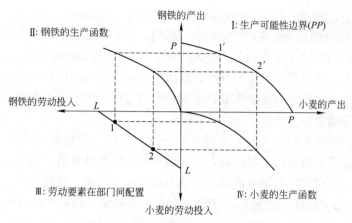

图 4 - 3 特定要素模型中的生产可能性边界

此劳动力资源配置的可能情况可以用一条向下斜倾的直线来表示。这条直线与两轴成 45 度角向下倾斜。

现在来看在劳动配置情况一定时,如何确定各产品的产出。假定第三象限的点 2 表示过去的配置情况,然后采用各部门的生产函数曲线来确定产出,并将产出和第一象限的点相对应,第一象限的点 2′就表明了小麦和钢铁的最后产出情况,要描画出整条生产可能性边界,只需在不同劳动配置情况下重复上述过程。因此第一象限的曲线 PP 表明在给定土地、劳动和资本总量时,一个国家的生产可能性。

在李嘉图模型中,劳动是唯一的生产要素,生产可能性边界是一条直线,即用钢铁衡量的小麦的机会成本是不变的。然而在特定要素模型中,其他生产要素的加入使生产可能性边界 PP 变为一条曲线。曲线 PP 的弯曲反映了各部门劳动的边际报酬递减规律。边际报酬递减是特定要素模型与李嘉图模型的关键区别。

在绘制曲线 PP 时,假定劳动从钢铁生产转向小麦生产。如果将单位劳动从钢铁生产转向小麦生产,这一额外投入会使小麦的产出增加,增加的量就是小麦生产的劳动边际产量 MPL_W。同时,从钢铁生产中每转移出 1 单位的劳动,将使钢铁的产出减少,减少的量等于钢铁生产的劳动边际产量 MPL_S。因此要增加 1 单位小麦的产出,就必须减少 MPL_S/MPL_W 单位的粮食产出。所以曲线 PP 的斜率也就是用钢铁衡量的小麦的机会成本,也就是为增加 1 单位小麦的产出所必须牺牲的钢铁产量:生产可能性曲线斜率 $=-MPL_S/MPL_W$。

4.1.3 生产要素的行业间配置

我们知道,在竞争性市场中,企业会一直雇用劳动直到单位劳动的成本(工资)等于单位劳动在生产中创造的价值为止。相应地,单位劳动成本等于边际劳动产出乘以该产品的价格。因此在小麦生产中,劳动会一直被雇用,直到工资(w)等于小麦的价格(P_W)乘以小麦工人的边际劳动产出(MPL_W)为止,即

$$w = P_W \cdot MPL_W$$

类似地,在钢铁生产中劳动会一直被雇用直到工资(w)等于钢铁价格(P_S)乘以钢铁工人的边际劳动产出(MPL_S)为止,即

$$w = P_S \cdot MPL_S$$

由于假设劳动在两个部门间可以自由流动，因此这两个等式中的工资必然是相等的。如果工资在两个部门不相等，劳动就会流向工资较高的部门。高工资部门劳动力的增加使其工资降低，低工资部门劳动力的减少使其工资提高，因此这种流动会一直持续到两个部门的工资相等。

但究竟劳动力在两个部门间如何分配，取决于劳动力市场的供给与需求。根据完全竞争和充分就业的假定，在市场均衡工资下，本国劳动的总供给等于小麦生产中使用的劳动与钢铁生产中使用的劳动之和。

当两个部门的劳动报酬相等时，劳动在两个部门间的分配便达到均衡。在图4-4中，当两个部门的劳动需求曲线相交时，两个部门面对相同的劳动价格，为w，既然这两个部门的工资是相等的，劳动就没有理由流动，劳动力市场处于均衡。此时生产小麦的劳动投入量为L_W，生产钢铁的劳动投入量为L_S。劳动的分配一旦确定，两种产品的产量也随之确定。

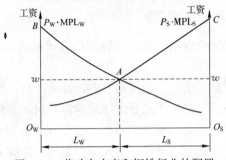

图4-4　劳动在小麦和钢铁行业的配置

在图4-4中，画出了封闭经济条件下工人、土地所有者和资本所有者的收入状况。图4-4中生产小麦所使用的劳动量是沿着横轴从左往右衡量的，生产钢铁所使用的劳动量是从右往左衡量的，劳动力均衡点在A，劳动工资为w，长方形$O_W O_S w w$衡量了工人工资总额wL，三角区域BwA衡量了土地所有者的收入状况，另一个三角区域CwA衡量了资本所有者的总收入。在特定要素模型中，一个国家内部的收入分配由图4-4中的这三个部分直观明确地表示了出来。

4.2　国际贸易与收入分配

李嘉图模型揭示了基于比较优势的国际贸易会给所有贸易国带来贸易利益。如果贸易开放如此美妙，那么为什么有那么多反对贸易自由化的声音呢？李嘉图模型没有办法解释这个现象。在李嘉图模型中只有劳动力一个生产要素，贸易收益全部变成工人增加的工资，所有人都从贸易开放中获益，因此不会有人反对贸易开放。但是在特定要素模型中，一共存在三种要素，贸易利益如何在三种要素所有者之间分配呢？

4.2.1　小麦价格的上升对工资的影响

根据劳动需求曲线的定义，某个行业的产品价格或边际劳动生产率的变动会造成该行业劳动需求曲线的上下移动，一个行业的劳动需求曲线上移表示该行业厂商愿意支付更高的工资。小麦的相对价格P_W/P_S的上升，要么是由于P_W的相对提高，要么是由于P_S的相对降低。为方便起见，假设开展贸易以后，该国出口小麦，进口钢铁，小麦的价格P_W上升，而

钢铁的价格 P_S 不变。

如图 4-5 所示，随着小麦价格提高，$P_W \cdot \mathrm{MPL_W}$ 曲线上移到了 $P_W^* \cdot \mathrm{MPL_W}$，均衡从 E 点移到了 E^* 点。小麦所使用的劳动量从 $O_W L$ 增加到 $O_W L^*$，钢铁所使用的劳动量从 $O_S L$ 下降到 $O_S L^*$。工资从 w 提高到 w_1，但其提高的幅度小于上移幅度 $\Delta P_W \cdot \mathrm{MPL_W}$[①]。

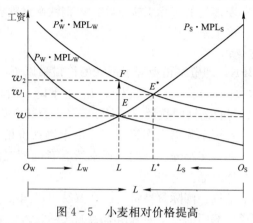

图 4-5　小麦相对价格提高

4.2.2　小麦价格上升对实际工资的影响

工资提高了，工人的实际购买力是否也上升了呢？这就需要考虑小麦和钢铁的价格变化。

由于 P_W 上升，所以生产小麦的劳动报酬超过生产钢铁的劳动报酬，这将导致劳动由钢铁部门转移到小麦部门，这将导致生产小麦的劳动投入增加，生产钢铁的劳动投入减少。根据边际收益递减规律，生产小麦的劳动边际产出下降，生产钢铁的劳动边际产出上升。

$$w_W = P_W \cdot \mathrm{MPL_W} \Rightarrow \frac{w_W}{P_W} = \mathrm{MPL_W} \downarrow \tag{1}$$

$$w_S = P_S \cdot \mathrm{MPL_S} \Rightarrow \frac{w_S}{P_S} = \mathrm{MPL_S} \uparrow \tag{2}$$

随着劳动在两部门间的流动，两个部门的劳动报酬又重新趋于一致，最后达到均衡 E^*。

由于两个部门土地和资本分别固定，所以当 P_W 上升，导致 L_W 上升时，$\mathrm{MPL_W}$ 下降；L_S 下降，$\mathrm{MPL_S}$ 上升，即 w_W/P_W 下降，w_S/P_S 上升。所以，对劳动者来说，若其收入全部来自工资，则其实际收入水平在贸易后是否提高取决于其消费结构，若偏重于消费小麦，其实际水平可能会下降，如果偏重于消费钢铁，则其实际水平可能会上升。

4.2.3　贸易对特定要素的影响

1. 实际地租的变化

有一个一般的结论是：一个产业所使用的劳动量的增加会提高该产业特定要素的边际产出，劳动量的减少会降低特定要素的边际产出。

我们知道地租等于小麦的价格乘以土地的边际产出，即 $r_T = P_W \cdot \mathrm{MPT}$，随着生产小麦的工人的增加，土地的边际产出上升，所以 r_T/P_W 也上升。由于 r_T 是地租，因此 r_T/P_W 是

---

①　FEENSTRA R C. 国际贸易. 北京：中国人民大学出版社，2011：73.

用这笔租金所能买到的小麦的数量。r_T/P_W 上升，意味着以小麦衡量的实际地租上升了。

土地所有者所能购买的钢铁数量是 r_T/P_S。由 P_W 和 MPT 都上升可知 r_T 是上升的。又由于前面假设 P_S 是不变的，因此 r_T/P_S 必然提高。换句话说，以钢铁衡量的实际地租也提高。由于土地所有者买得起更多数量的两种商品，所以小麦价格上涨时，土地所有者的境况得到改善。不像劳动，以小麦衡量的实际工资下降，以钢铁衡量的实际工资却是上升的，土地所有者显然从小麦相对价格上涨中获益。

2. 实际资本租金的变化

我们知道 $r_K = P_S \cdot MPK$，即资本租金等于钢铁的价格乘以资本的边际产出。随着生产钢铁的工人减少，资本的边际产出下降，所以 r_K/P_S 也下降。由于 r_K 是资本租金，因此 r_K/P_S 是用这笔租金所能买到的钢铁的数量。r_K/P_S 下降，意味着以钢铁衡量的实际资本租金也下降了，所以资本所有者买不起那么多钢铁了。由于钢铁价格不变，而小麦价格上升，资本所有者也没有能力购买那么多小麦。因此，资本所有者的境况因小麦价格上升而恶化，因为他们只能买到更少的两种产品。

综合以上分析得出如下结论：国际贸易将会提高贸易出口国出口部门特定要素所有者的实际收入，降低与进口相竞争部门的特定要素所有者的实际收入，而对于可自由流动要素所有者的实际收入的影响则不确定，可自由流动要素所有者的实际收入是否提高取决于所有者的消费结构[①]。

4.2.4　利益集团与贸易政策

特定要素模型有特别重要的政策含义，因为它揭示了不同部门或行业对贸易政策所持的态度。

自由贸易将会使出口部门特定要素所有者受益，进口部门特定要素所有者受损，因此两个部门特定要素所有者对自由贸易将持相反的态度。对于两个部门的劳动者来说，他们对自由贸易的态度是不确定的。因此，在制定贸易政策时，常常会有来自不同部门的势力干扰。来自出口部门的利益集团，会鼓动政府采取更为自由的贸易政策，而来自进口替代部门的利益集团，则会极力鼓动

专栏 4-1　　专栏 4-2

政府采取严厉的贸易限制政策。所以说，利益集团的存在会左右贸易政策的制定[②]。

4.3　要素禀赋的变化

4.3.1　特定要素禀赋的变化

现在保持产品价格不变而允许要素禀赋变动。假设土地的供给增加，小麦的价格不变，由于土地专用于小麦行业，土地的增加导致小麦行业的边际劳动产出增加，即 MPL_W 上升

---

① 薛敬孝，李坤望，张伯伟. 国际经济学. 北京：高等教育出版社，2010：73.

② 同①.

为 MPL_W^*，则小麦行业的劳动需求曲线上移至 $P_W \cdot MPL_W^*$。

我们发现，土地增长的影响和小麦价格上升的影响有相似之处：小麦行业劳动投入增加，由原来的 L_W 增加至 L_W'，土地增长，所以小麦产量增加；钢铁行业劳动投入量减少，由原来的 L_S 减少至 L_S'，资本不变，所以钢铁产量下降。由于 $r_K = P_S \cdot MPK$，钢铁行业劳动投入减少，资本不变，所以 MPK 下降，资本的名义收益和实际收益都下降。

但土地增加又有不同于小麦价格增长的地方。由于商品价格没变化，如图 4-6 所示，可以看出土地增加，导致工人工资上升，劳动的名义收益与实际收益都有所提高。土地的名义总收益和实际总收益增加，但由于土地总量比以前多，土地的平均收益是否提高却无法确定。

相应地，如果资本增加，钢铁行业的劳动生产率上升，钢铁行业的工人工资上升，从而使劳动力从小麦行业转移至钢铁行业，钢铁产量增加，小麦产量下降，劳动收益增加，土地收益下降，资本总收益增加，但单位资本收益是否提高则无法确定。

4.3.2 流动要素禀赋的变化

如果劳动力总供给增加，如图 4-7 所示，由于产品价格和劳动生产率都没变化，因此两个行业的劳动需求曲线都没有变化。又由于劳动力市场扩大，劳动力边界外移至 O_S'，钢铁部门的劳动需求曲线向右平移，两条劳动需求曲线间的距离扩大了。

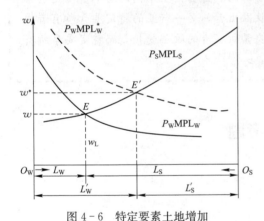

图 4-6 特定要素土地增加

*表示土地增加后的状况，w 表示工资，L 表示劳动。

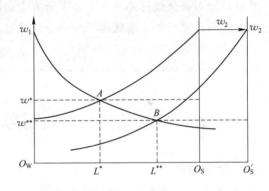

图 4-7 流动要素劳动力的增加

如果工资水平不变，劳动力需求就不会有变化，而劳动力供给增加，就会出现劳动力过剩，失业人数正好等于增加的劳动力人数 $O_S O_S'$。为了得到工作，失业劳动力愿意以较低的工资参加工作，由于工资降低，使得劳动力需求增加，当工资下降到 w^{**} 时，小麦工人和钢铁工人人数均有所增加，劳动力市场重新达到均衡，均衡点为 B。

由于两种产品价格不变，而再次均衡时，工资水平下降，所以劳动力名义工资和实际工资都下降，即流动要素的收益率都下降。由于两个行业劳动力人数都有所增加，而土地和资本的禀赋没有变化，则 MPT 和 MPK 都增大，根据公式 $r_T = P_W \cdot MPT$ 和 $r_K = P_S \cdot MPK$ 知 r_T 和 r_K 均增加，而两种产品价格不变，所以土地和资本的实际收益有所增加，也就是两个行业特定要素的实际收入有所增加。

本章要点

　　特定要素理论包含多种生产要素，并区分了所有生产部门的流动要素和只用于某个生产部门的特定要素。它揭示了要素行业间的配置，如果工资在两个部门不相等，劳动就会流向工资较高的部门。高工资部门劳动力的增加使其工资降低，低工资部门劳动力的减少使其工资提高，因此这种流动会一直持续到两个部门的工资相等。当两个部门的劳动报酬相等时，劳动在两个部门间的分配便达到均衡。

　　特定要素理论清晰地展示了不同生产要素集团之间的收入分配状态，因而可以用来探讨国内收入分配问题。国际贸易将会提高贸易出口国出口部门特定要素所有者的实际收入，降低与进口相竞争部门的特定要素所有者的实际收入，而对于可自由流动要素所有者的实际收入的影响则不确定。可自由流动要素所有者的实际收入是否提高取决于所有者的消费结构。

　　特定要素理论揭示了贸易利益在不同生产要素所有者之间的分配，因而可以推导出不同部门或行业对贸易政策所持的态度，因此该理论有较强的政策含义。

　　要素禀赋变动对于国内不同生产要素所有者的利益会产生不同的影响。特定要素禀赋的增加会使该特定行业各要素所有者的收益上升，另一行业的特定要素所有者的收益受损；流动要素禀赋的增加则会使流动要素所有者的收益受损，而特定要素所有者受益。

复习思考题

一、名词解释

特定要素　流动要素　特定要素模型

二、简答题

1. 根据本章所建立的特定要素模型，试分析劳动增加对要素实际收入和两个部门的生产会产生什么影响。

2. 试比较特定要素理论和要素禀赋理论的差异。

三、分析论述题

1. 假设有加拿大和墨西哥两个国家，生产小麦和计算机两种产品。假设土地是小麦所特有的，资本是计算机所特有的，劳动可以在两个产业间自由流动。当加拿大和墨西哥从事自由贸易时，在加拿大计算机相对价格下降，在墨西哥小麦相对价格下降。

（1）在一个类似图4-3的图形中，表示出在加拿大，工资如何因计算机相对价格下降和木材相对价格不变而变化。能预见实际工资的变化吗？

（2）开放贸易对加拿大的资本和土地租金有何影响？能预见实际资本和土地租金的变化吗？

（3）开放贸易对墨西哥的资本和土地租金有何影响？能预见实际资本和土地租金的变化吗？

（4）在每个国家，出口产业的特定要素是受益还是受损？进口产业的特定要素是受益还是受损？

2. 在特定要素模型中，劳动 L 是公共要素，资本 K 是生产汽车的特定要素，石油 N 是生产汽油的特定要素。已知汽车的生产函数为 $f_M(K, L) = K^{1/2} \cdot L^{1/2}$，国内需求函数为 $P_M = 392/Q_M$，汽油的生产函数为 $f_G(N, L) = N^{1/2} \cdot L^{1/2}$，国内需求函数为 $P_M = 8/Q_G$。另外，三种投入要素的禀赋分别为：劳动 200 单位，资本 4 单位，石油 16 单位。国际市场上汽车的价格为 8，汽油的价格为 4。

（1）求封闭经济情况下的均衡工资水平，以及汽车与汽油的产量、价格。

（2）求开放后的均衡工资及两部门的产量、贸易量（假设小国，不影响世界价格）。

第 **5** 章

国际贸易新理论

第二次世界大战后，特别是 20 世纪六七十年代以来，国际经济出现了一些新的现象，主要表现在：产业内贸易的蓬勃发展，要素禀赋相同的发达工业国家之间的贸易量大大增加，以及产业领先地位不断转移。这些新的倾向是以比较优势理论和要素禀赋理论为核心的传统贸易理论无法解释的。国际贸易新理论正是顺应了这样的历史需要而逐渐地产生和发展的。现代国际经济学家围绕上述现象和问题提出了种种解释，从而形成了现代国际贸易新理论。

之所以把这些新出现的贸易理论称之为新贸易理论，是因为这些贸易理论改变了传统贸易理论的假设条件，而且分析框架也不同，与传统的贸易理论相比有很多鲜明的特点：一是理论前提贴近现实；二是研究方法强调动态性和多维思维；三是理论研究注重实用性；四是把实证研究放在重要的位置上。

国际贸易新理论发展迅速，而且一直处在发展中，其理论众多，结构庞杂。本章将介绍和分析国际贸易新理论中最具代表性的、影响较大的若干理论。

5.1　技术与贸易

可以看到，世界市场上主要出口国的领先和主导地位在不断变化。有许多产品曾经由少数发达国家生产和出口，在国际市场上占有绝对的领先地位，其他国家不得不从这些国家进口。然而，第二次世界大战后这种产业领先地位在不断地发生变化。一些原来进口的国家开始生产并出口这类产品，而最初出口的发达国家反而需要进口。例如，纺织业、机电业，甚至汽车制造业，都出现这种情况。纺织品是欧美最早向其他国家大宗输出的产品，20 世纪初"洋布"占领我国市场，挤垮了"土布"。几十年后情况则相反，纺织品的主要出口国变成了发展中国家，尤其是我国的纺织品，充满欧美市场，而欧美成了纺织品的净进口国。家用电器是另一个例子。美国于 1923 年发明了第一台电视机，但到了 20 世纪 90 年代以后，美国国内连一台电视机都不生产了，全部靠进口。日本在 20 世纪 60 年代后成为电视机的主要生产国和出口国，20 世纪 90 年代以来，韩国和我国也逐渐成为电视机的生产国和出口国。再比如汽车行业，美国是最早的汽车生产国和出口国，而现在则大量进口日本汽车。最近几年，韩国也成为重要的汽车出口国了。因此，不禁要问：在资源禀赋的模式基本没有变化的情况下，为什么某些制造品的比较优势会从发达国家逐渐转移到发展中国家呢？

5.1.1 技术差距论

美国经济学家波斯纳（M. A. Posner）首先运用技术创新理论对赫克歇尔－俄林模型进行修正，并于1961年在《国际贸易与技术变化》一文中提出了技术差距论（technological gap theory）。[1]

技术差距论认为，贸易国之间技术差异的存在是解释某类贸易发生（比较利益的差别）的原因。波斯纳的看法是，技术也是一个独立的生产要素，因为它可以改变土地、劳动和资本等生产要素在生产中的投入比例，并提高它们的生产率，因此技术进步也决定着一国生产要素禀赋状况及其在国际贸易中的比较利益。由此可见，该理论只是对 H-O 理论的补充和扩展。不过，强调技术进步和技术领先对国际贸易比较优势的决定作用，实际上也是强调"研究与开发"（R&D）要素的作用。

技术进步一般有两种方式：一种是发展出新的更富效率的方法来生产现有的产品；另一种则是发明出崭新的产品或改进现有的产品。在第一种方式下，技术进步提高了要素的生产率，同时又导致各国之间出现技术差距；在第二种方式下，获得新技术的国家能够出口新产品，并在一段时间里垄断出口优势。简言之，技术进步使得一国能享有特殊的贸易利益。

一般来说，各国技术革新的进展情况很不一致。技术革新领先的国家发展出一种新技术、新工艺、新生产流程或新产品时，由于尚未被国外所掌握，因而产生了国家间的技术差距。技术革新领先的国家就有可能享有出口技术密集型产品的比较优势，这时技术落后国家虽然想对新技术和新产品进行模仿，但由于技术差距的存在，使得技术落后国家只能在国际贸易中处于比较劣势地位。经过一段时间以后，技术落后国家逐渐掌握了这种技术，从而消灭了（这项技术的）技术差距。技术革新领先国家的比较优势也逐渐丧失，促使其不断地改进技术、工艺，开发出新产品，创造出新一轮的技术差距。

图 5-1 描述了上述情况。A 国为技术创新国，B 国为技术落后国或称为模仿国，创新国 A 在 T_0 生产新产品，在 T_1 时模仿国 B 出现对该产品的需求，开始进口，T_2 之后模仿国开始生产，当到 T_3 时，模仿国 B 达到自给自足，超过 T_3 后，模仿国 B 开始出口，创新国 A 开始进口。波斯纳指出，$T_0 \sim T_1$ 这一段为"需求滞后"，表明一种新产品出现后到被外国消费者所接受也会有一段时间间隔，它的长短取决于模仿国消费者对新产品的认识与了解；$T_1 \sim T_2$ 这一段为"反应滞后"，它是指从新产品进口后到本国生产者意识到它的竞争性威胁，进而模仿生产加以抵制所需要的时间，其长短取决于模仿国的规模经济、产品价格、收入水平、需求弹性、关税、运输成本、市场大小等诸多因素；$T_2 \sim T_3$ 这一段为"掌握滞后"，即在 T_3 时，模仿国 B 完全掌握了该种产品的生产，不需要再进口（本国产量可满足国内需求）。一般认为，掌握滞后期间的长短取决于技术传播渠道是否畅通，模仿国是否具有消化新技术的能力等。T_3 之后，就会出现模仿国以低成本为基础的出口，即在该点之后技术差距消失，生产成本的差异将成为导致贸易发生的主要原因（$T_1 \sim T_3$ 之间两国贸易的基础为技术差距）。整个 $T_0 \sim T_3$ 段称为"模仿滞后"，是新产品在创新国诞生到在创新国完全丧失技术优势为止。需求滞后越短，反应滞后越长，技术创新国获得的贸易利益越

---

① POSNER M A. International trade and technical change. Oxford economic paper，1961（13）.

大；反之，则相反。

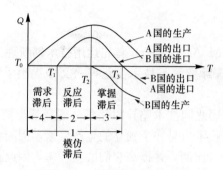

图 5-1　技术差距论图解

技术差距论表明：即使在要素禀赋和需求偏好相似的国家之间，技术领先也会形成比较优势，从而产生国际贸易。这也较好地解释了实践中常见的技术先进国与落后国之间技术密集型产品的贸易周期，但它只解释了技术差距会随着时间的推移而消失，并未解释其产生和消失的原因，因而在技术差距论基础上发展起来的生命周期理论正好弥补了这一缺陷。

5.1.2　产品生命周期理论

在许多西方学者看来，用技术差距来解释技术要素对于国际贸易的重要性，还没有清楚地说明模仿滞后的具体演变过程，也未指明技术进步所创造的新产品会对国际贸易产生哪些影响。为了解答这些问题，1966 年美国经济学家弗农在其《产品周期中的国际投资和国际贸易》一文中建立了国际贸易的产品生命周期理论（product life cycle theory），分析了产品技术的变化及其对贸易格局的影响。之后许多经济学家（如威尔斯（L. T. Wells）、赫希哲（Hirsch）等）对该理论进行了验证，并进一步充实和发展了这一理论。

产品生命周期是市场学的概念，指的是产品要经历投入、成长、成熟和衰退等时期。国际贸易的产品生命周期，是将周期理论与国际贸易理论结合起来，使比较利益从静态发展为动态。

1. 新产品的技术周期

产品生命周期理论认为，一个新产品的生命周期要经历三个阶段：产品创新阶段、产品成熟阶段、产品标准化阶段。

（1）产品创新阶段

创新阶段（the phase of introduction）是指新产品开发与投产的最初阶段。少数在技术上领先的创新国家的创新企业凭借其雄厚的研究与开发实力进行技术创新，首先开发出新产品并投入本国市场。除了发明国外，其他国家对这一项新产品、新技术知之不多，而且生产者对于新产品的生产技术根据市场反应不断摸索和改进。在这一阶段，发明国垄断该产品的生产，满足国内外消费者的需求。该时期，企业竞争的关键不是生产成本，而是知识和技术，因此创新阶段产品的主要特征是知识和技术密集度高。

（2）产品成熟阶段

成熟阶段（the phase of maturation）是指新产品及其生产技术逐渐成熟的阶段。随着技术的成熟，对生产企业来说，资本要素成了产品成本和价格的决定性因素，产品由技术密集型转向资本密集型。与此同时，外国生产者开始仿制新产品。这样一来，创新国家企业的竞争加剧。在这种情况下，企业若想保持和扩大对国外市场的占领就必须选择对外直接投资，即到国外建立子公司，当地生产、当地销售，在不大量增加其他费用的同时，由于利用了当地各种廉价资源，减少了关税、运费、保险费的支出，因而大大降低了产品成本，增强了企业产品的竞争力，巩固和扩大了市场。

（3）产品标准化阶段

标准化阶段（the phase of standardization）是指产品及其生产技术的定型化阶段。生产技术的进一步发展使产品和生产达到了完全标准化，研发费用在生产成本中的比重降低。此时，劳动力成本则成为决定产品是否具有比较优势的主要因素。许多技术都已包含在生产该商品的机器（如装配线）中了，任何国家只要购买了这些机器也就购买了技术，技术本身的重要性已经消失，创新国逐渐丧失了垄断优势。至此，新产品的技术完成了其生命周期。

2. 产品生命周期和国际贸易

弗农等人最初提出该理论主要是用于解释美国的工业制成品生产和出口变化情况，根据美国的实际情况，提出了产品生产周期的四阶段模型，如图 5-2 所示。

第一阶段，创新国美国垄断新产品的生产和出口阶段。这个阶段又可分为两个时期：导入期（$t_0 \sim t_1$）和成长期（$t_1 \sim t_2$）。由于生产一种新的高级产品需要进行大量的研究与开发，因此在导入期，产品生产主要集中在具有技术水平领先、物质资本丰富及人力资本发达的技术创新国。美国进行技术创新推出的新产品，首先供应国内市场，满足国内需求。经过一段时间后，创新国根据市场反应对技术产品不断加以完善，使产品生产进入成长期。在这个时期，一些收入水平和消费结构同创新国较为类似的工业发达国家（如加拿大、日本、欧盟等）开始产生对该类新产品的需求，但生产技术尚未扩散到这些国家，美国仍处于垄断地位。

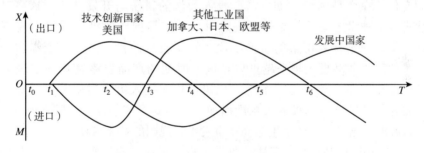

图 5-2　产品生命周期贸易模式

第二阶段，外国厂商开始生产并部分取代该产品进口阶段。美国有关加工方法的知识或产品的知识趋向贬值并被传播开来，但美国仍控制新产品市场，并开始向发展中国家出口新产品。外国厂商（往往是先驱国的子公司）开始生产并部分取代该产品进口（美国），表现为进口减少，但同时美国向发展中国家的出口在增多（$t_2 \sim t_3$）。

第三阶段，美国以外的国家（欧洲）参与新产品出口市场的竞争阶段。随着新产品的技术差距进一步缩小，美国垄断地位逐渐丧失，出口大幅度下降，外国产品在第三国生产取代了美国产品（$t_3 \sim t_4$）。

第四阶段，外国产品在美国市场上与美国产品的竞争阶段。此时，美国成为该产品的净进口国。但是，随着美国对这些产品的优势日渐消失，美国的新产品、新部门及新产业又涌现出来并取代它们（t_4 以后）。

图 5-2 中，t_0 表示美国开始生产；t_1 表示美国开始出口，欧洲开始进口；t_2 表示发展中国家开始进口，欧洲开始生产；t_3 表示欧洲国家开始出口；t_4 表示美国开始成为净进口国；t_5 表示发展中国家开始出口；t_6 表示欧洲净进口。$t_1 \sim t_2$ 为美国出口到欧洲；$t_2 \sim t_3$ 为欧洲仿制，进口减少，美国向发展中国家出口；$t_3 \sim t_4$ 为欧洲和美国在发展中国家市场竞争；$t_4 \sim t_5$ 为发展中国家实行部分进口替代，美国成为净进口国；$t_5 \sim t_6$ 为发展中国家出口，欧洲出口量减少，并最终成为净进口国。

当 4 个阶段结束之后，该产品的生命周期在美国基本完结，但在仿制国中仍继续着。当它们大量出口该种产品时，有一些后起的国家也会开始仿制它们的产品，进而同它们展开各种市场的竞争，即按照产品生命周期不断演进，直到它们的市场也被后起国家的同类产品所占据为止。总之，新产品的传播和其进出口的消长犹如海涛奔腾，一浪又一浪地向前推进。

3. 国际贸易产品生命周期理论的动态意义

必须看到，产品生命周期理论是一种动态理论，产品在不同的阶段和不同的情况下会有各自的特点（见表 5-1）。

表 5-1 产品生命周期贸易理论基本观点

阶段	产品特征	比较优势	贸易方向
创新	技术密集	技术	创新国家　其他发达国家
成熟	资本密集	资本	其他发达国家　发展中国家
标准化	劳动密集	劳动	发展中国家　创新国家

从产品的要素密集程度来看，在产品生命周期的不同时期，其生产要素的比例会发生规律性的变化。在产品创新时期，需要投入大量的科研与开发费用，这一时期的产品要素密集性表现为技术密集性；在产品成熟时期，产品创新国已经采用大规模生产的方式来制造该产品，即已转入正常的生产阶段，知识技术的投入减少，资本和管理要素投入增加，高级的熟练劳动投入越来越重要，这一时期的产品要素密集性表现为资本密集性；在产品标准化时期，产品的技术趋于稳定，技术投入更是微乎其微，资本要素投入虽然仍很重要，但非熟练劳动投入大幅度增加，产品要素密集性也将随之改变。

从产品的需求状况来看，整个生命周期也发生有规则的变化。在新产品时期，生产者数目很少，产品缺乏相近的替代品，又主要是满足高消费水平的需要，所以产品的价格昂贵，其需求面狭窄。到了产品成熟时期，市场不断扩大，参与竞争的生产者大量增加，生产成本也趋于下降，此时只有降低价格才能扩大产品销路，这样比较便宜的价格又刺激了该产品的需求。进入产品标准化时期，该产品已经标准化，各国的技术差距拉平，大规模生产已普遍化，于是生产者之间展开激烈的价格竞争。

从不同类型国家的相对优势来看，它们在产品生命周期的各个阶段也有不同特点。第一种类型是以美国为代表的最发达国家。它们工业先进，技术力量雄厚，资本和自然资源相对丰富，国内市场广阔，因此，它们研制新产品有明显优势，生产成熟产品也获益甚多。第二类是较小的发达国家。它们同样有丰富的人力资本和科技力量，国土虽小但发达，可是它们国内市场狭小，过分依赖出口，致使其生产优势到了产品成熟时期就减少了，进入标准化阶段更是完全丧失，因此，它们主要适合于研究开发新产品。第三类是经济后起的国家。它们拥有相对丰富的熟练劳动力，资本比技能和科研力量相对丰裕，因此，生产成熟产品占有优势。况且成熟产品的国际市场比较健全，出口也比较健全。可见，不同国家应该只生产那些在生命周期中处于本国具有相对优势阶段的产品。

总之，产品生命周期理论从产品的生命运动过程出发，结合要素禀赋理论，说明了比较优势是一个动态的发展过程。它随着产品生命周期的变化从一种类型国家转移到另一种类型国家，因而不存在那种一国能永远拥有比较优势的产品。显然，它比传统的贸易理论前进了一大步，而且还可以用来解释工业品的国际贸易格局，而且它对确定进出口贸易的方向和重点同样颇具启发意义。

在该理论的基础上，20 世纪 70 年代又出现了一种解释原料贸易格局的原料产品周期理论。该理论指出，原料生命周期恰好同产品周期相反，在原料生产的"生命"初期，发展中国家占据很重要地位，是原料的净出口国；在原料生命的后期，原料生产的优势逐渐转移到发达国家，其原因在于发达工业国家用高级技术不断生产出原料的合成替代品。具体地说，原料周期可以划分为 3 个阶段。第一阶段是派生需求上涨阶段。因为某种产品的需求大量增加，导致有关的原料需求随之猛涨，从而导致原料价格大幅度上升。第二阶段是需求和供给来源出现替代的阶段。由于天然原料的供给出现了越来越多可供选择的来源，生产者会用较便宜的替代品来替换天然原料。于是原料价格的上涨速度会减缓，甚至出现实际的下降。第三阶段则是研究与开发起着重大作用，最终导致人工合成替代品的广泛使用和发现了节约使

专栏 5-1

用原料的重要方法，从而天然原料的重要性进一步下降。该理论实际上告诉人们，一国的技术进步可以代替天然原料的国际贸易活动，因此全球天然原料供给的完全耗竭并不意味着它的供给全部断绝，天然原料的世界市场价格必然随着人工合成原料或其他替代品的广泛出现而不断下降。不难看出，这些论述同样具有借鉴、参考作用。

5.2　需求决定的贸易模式

商品价格的差异是产生贸易的重要原因，至此贸易理论都是从生产或供给方面来分析这种差异的。由于商品的价格是由供求两方面决定的，在同样的生产条件下，商品的相对价格会由于需求的不同而不同。这一节从需求的角度来看产生贸易的可能性。

5.2.1　决定需求的因素

在以前的分析中，都假定需求是给定的，而没有探讨过各国的需求有什么差别，以及这种差别是怎样决定的。事实上，各国对各种商品的需求是很不同的。亚洲人喜欢吃大米，欧美人偏爱吃面包；中国人过年要放鞭炮，美国人过圣诞节则要点彩灯，装饰圣诞树；俄国人一年中有将近一半的时间戴皮帽、穿大衣，越南人却整年一件无领衫，因此各国对大米、面包、鞭炮、圣诞树、皮帽和无领衫的需求肯定不会相同，即在同样的价格下，各国消费者愿意并且有能力购买的数量会不同。

那么，造成各国对同一商品不同需求的原因是什么呢？决定需求的因素主要包括以下几种。

（1）实际需求

所谓实际需求，指的是地理、气候等环境的差别造成的不同需求。越南人当然不会有对皮衣、皮帽的需求，因为他们那里一年四季都不冷；蒙古人大概不会需要很多船，因为他们那里基本上没有江河湖海；而皮毛衣服对于位于寒冷地区的国家，船对于沿海或有江河的国家来说，则是必不可少的商品。

（2）喜爱偏好

对商品的不同喜爱偏好主要是由不同的历史文化、宗教信仰和风俗习惯造成的。中东大部分国家信奉伊斯兰教，当然没有对猪肉的需求，而猪肉是中国市场的主要肉食之一。日本人爱吃生鱼片，别的国家大概不太习惯那个味道。欧美人过圣诞节要买圣诞树，而多数中国人暂时还不会有这个需求。可见，各国消费者喜爱偏好的差异会造成对同一商品需求的不同。不过与实际需要不同，偏好改变的可能性比较大。随着各国经济文化的交流，喜爱偏好也会互相影响。现实中，美国人喜欢吃中餐的越来越多，中国人穿西装的越来越普遍，日本欧美化倾向则更加浓厚。随着喜爱偏好的转移，对商品的需求也会发生变动。

（3）收入水平

实际上，各国对同一商品的需求不同，很大程度上是因为收入水平不同。中国人对汽车的相对需求量不如美国和日本，不是因为中国人不能开汽车，也不是因为中国人不爱开汽车，而是在中国的收入水平上许多人还买不起汽车。同样，对耐用消费品、医疗保健、旅游度假、高档住宅等商品的需求，发达国家都远远高于发展中国家，而对粮食尤其是基本谷物的需求，发展中国家则相对比较高。这种需求上的差别是由收入水平不同造成的。

各国对各种商品的需求除了受到上述因素的影响外，还与各种商品本身的属性有关。例如需求的收入弹性，当收入增加时，增加的收入中主要用于购买奢侈品（手机、彩电、汽车等），较小的比例用于购买必需品（食品等）[①]。当经济不断增长，国民收入水平不断提高时，各国对商品的需求会逐渐从农副产品转移到工业消费品。这不仅说明了为什么发达国家与发展中国家有不同的需求模式，也说明了整个世界的贸易为什么会从以初级产品为主发展到以工业产品为主。

5.2.2 需求偏好不同产生的贸易

下面来考察单纯由于需求差别产生的贸易。如果两国在技术及要素禀赋等各方面都相同，但只要两国的需求偏好不同，就仍然存在通过贸易共同获利的可能。比如说，对某种商品偏好较弱的国家，该种商品的无贸易相对价格就会较偏好强的国家低，该国对这种商品就具有比较优势，从而会发生与前几部分所描述的一样的国际分工和交易过程。举例来说，美国用世界标准衡量并不是一个大米生产国，但却是大米的主要出口国之一，这是因为美国食用大米很少。也就是说，虽然美国不具有生产大米的比较优势，但由于美国对大米的需求偏好较差，最终形成了美国出口大米的贸易模式。

为了集中说明单纯基于不同偏好的贸易，假定各国在生产方面的能力是完全一致的，即同样的生产技术、同样的资源比例、同样的生产规模等。如果用生产可能性曲线来描述，各国的生产可能性曲线应该是相同的。下面用图 5-3 来说明这一现象。

---

① 随着人均收入的增长，人们花费在食品上的支出占收入的比重会越来越少，这一论断被称为"恩格尔法则"。

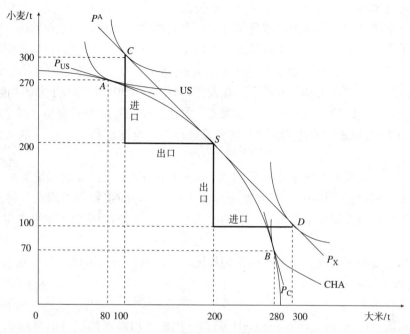

图 5-3　需求偏好不同所产生的贸易

　　假设中国和美国在小麦和大米上有相同的生产能力（用同一条生产可能性曲线表示），但有不同的需求偏好。中国人喜欢大米，美国人喜欢面食，因此美国的无差异曲线与生产可能性曲线相切于点 A，中国的无差异曲线与生产可能性曲线相切于点 B。在双方没有贸易的情况下，中国人根据需求不得不多种大米，甚至不惜在不适合作水田的土地上种大米，生产和消费都在点 B 上（70 t 小麦和 280 t 大米）。美国人不得不多种小麦，也可能把本来应该用来种大米的土地改种小麦，其生产和消费点在点 A（270 t 小麦和 80 t 大米）。贸易前，中国大米的机会成本和相对价格（用 P_C 表示）比较高，小麦的相对价格低；而美国正好相反，大米相对便宜（用 P_{US} 表示），而小麦的成本价格较高。故美国在大米上有比较优势，中国在小麦上具有比较优势。

　　两国大米和小麦市场价格的差异带来的套利空间会产生贸易的可能性。如果贸易发生，美国会增加成本较低的大米生产并向中国出口以换取小麦，中国也不必人为地将旱地改种水稻，而将这些土地有效地用来多生产小麦然后跟美国换大米。贸易和分工的结果是两国的生产都移向 S 点，各自生产 200 t 大米和 200 t 小麦。在新的国际市场价格（P_X）下，中国向美国出口 100 t 小麦，换回 100 t 大米；美国则进口 100 t 小麦，出口 100 t 大米。贸易在 S 点达到均衡，使得美国的出口刚好等于中国的进口，反之亦然。两国新的消费点分别为 C（300 t 小麦和 100 t 大米）和 D（100 t 小麦和 300 t 大米），通过分工和贸易，中美两国的小麦和大米的消费量都增加了，达到了超出自己生产能力的新水平。需要注意的是，在基于不同偏好的贸易中，两个国家均脱离了自给自足状态，其生产模式也是一样。这样，只要两个国家之间存在对商品的不同偏好，互利贸易就可以发生。

5.2.3　需求偏好相似（重叠）说

　　按照 H-O 理论，国际贸易的基础是比较成本的差异，而比较成本的差异来自各国生产要素禀赋的相对比例的不同和生产不同产品所需的要素比例的不同。因此，生产要素禀赋的差异越大，发生贸易的机会越大，贸易量越大，大量的国际贸易应是工业发达、资本存量丰富的国家和土地或劳动丰裕的非工业国家之间以工业品交换初级产品的贸易。但现实是，第二次世界大战后，国际贸易主要是发达工业国家之间工业品与工业品的交换。统计资料显示，在 20 世纪 50 年代，大部分贸易发生在发达国家与发展中国家之间（即"南北贸易"）。到了 20 世纪 60 年代以后，这种格局逐渐改变，发达国家相互之间的贸易（即"北北贸易"）不断增加。到 20 世纪末，发达国家之间的贸易已经接近全球贸易的 50%，成为国际贸易的重要部分。

针对这一矛盾，瑞典经济学家林德尔（Linder）在 1961 年出版的《论贸易与转变》中提出了需求偏好相似论（theory of overlapping demand），即重叠需求理论。林德尔理论假定消费者的偏好在很大程度上受制于他们的收入水平，一国的人均收入水平决定了该国特定的偏好模式。[①]

其核心思想是两国之间贸易关系的密切程度，是由两国的需求结构与收入水平决定的。

1. 相关概念

（1）代表性需求

代表性需求（representative demand）是指一国的平均需求档次（消费量最大的需求）。代表性需求产品在国内有旺盛的需求，而且有技术上的比较优势及生产上的规模经济。任何一个国家的消费者都可以依据其收入水平差距分为高、中、低三个群体。同理，消费需求也可以分为高、中、低三个基本层次。一个国家处于中等收入水平的人群是基本的收入群体，对各类产品的需求量最大，代表着这个国家的需求水平，如美国对汽车的需求。

（2）重叠需求

重叠需求（overlaping demand）是指在收入水平相近的国家之间，消费者对同一档次产品的共同需求。显然，重叠需求在收入水平差距很大的国家之间很少发生。

2. 主要内容

（1）消费者行为的假设

① 需求偏好不同。假设一国之内，不同收入阶层的消费者偏好不同。

② 有效需求重叠。不同国家的消费者如果收入水平相同，其消费偏好和需求结构也相同，由此可以推断两国收入水平越接近，消费结构也就越相似；反之，平均收入水平不同的国家，其需求结构也不同。

（2）国内需求是出口贸易的前提

一国的新产品首先必须满足本国的需求，然后再出口到国外，满足外国的需求，原因如下。

① 出口是市场扩大的结果。根据林德尔的理论，"出口是在一条典型的市场扩展小路的尽头，而不是这条小路的开端"[②]。因为企业家对国外市场不可能像对国内市场那样熟悉，不可能想到一个国内不存在的需求。一个企业生产规模扩大后，感到本地市场狭小，开始扩大销售范围时，才会想到出口赚取国外利润。

---

① 注意，林德尔仅考虑制成品的情况，他认为 H—O 理论足以解释初级产品的贸易。

② 依据林德尔理论，如果获得国外的需求信息很容易，满足需求的发明不需依靠创造性的努力，很少或完全不需要开发工作，那么这条"典型的小路"可能会改变。

②　产品发明来自国内市场需求。一项发明很可能是为解决本身环境中所遇到的切身问题而产生的。一国本身的需求才是技术革新和发明创造的推动力。如果所要解决的问题不是发明者所处环境的一部分，那么发现和解决这个问题都是困难的。

③　出口的工业品必须先有一个国内市场，这样才能获得相对优势。在国内市场上，消费者与生产者之间的关键性信息容易沟通。当某种产品进入开发与改进阶段时，这种信息实际上对任何产品的推出都是必要的。企业家不大可能想到去满足一个国内不存在的需求，即使看到了国外的需求，也很难想象出满足这种需求的合适产品；即使设想出基本合适的产品，但不花费高昂的代价，也不可能生产出适合于本国企业家所不熟悉的外国市场情况的产品。因为要使一种新产品最终适合市场需要，在生产者和消费者之间必须反复地交流信息，如果消费者和市场在国外，取得信息的成本将是高昂的。

（3）贸易流向与规模取决于两国的需求重叠程度

①　需求结构是影响国际贸易规模的重要因素。也就是说，两个国家的需求结构越相似，它们之间的贸易量也就越大。如果两个国家的需求结构完全相同，这就意味着两国的进出口商品结构也相同。在这种情况下，一国的国内需求也就是外国的进口需求。

②　决定一个国家需求结构的是该国的平均收入水平。平均收入水平相似可以作为需求结构相似的指标，不同收入水平的国家，其需求结构是不同的。因此，两国人均收入水平和收入分配方式越相近，两国的需求结构越相似，相互需求就越大，贸易量也就越多，越会成为特别牢固的贸易伙伴。[①]　例如，欧、美一些高收入国家收入水平比较接近，打高尔夫球是一项比较普及的运动，但非洲一些低收入国家，虽有少数富人有能力从事这种运动，但是打高尔夫球不是代表性的需求，这些国家的人普遍大量需要的可能是食品等生活必需品。

③　人均收入水平相同的国家之间的贸易范围可能是最大的，而人均收入水平的差异是贸易发展的障碍。

林德尔对制成品断言，"可出口产品的范围是由国内需求决定的。一种产品在国内被消费（或投资），对于这种产品成为潜在的出口产品是一个必要但不充分的条件"。在这里，国内需求必须是一国需求的"代表"，即一国首先应该专业化于国内大多数人所需求的产品的生产。这一观点暗含着这样一个结论，即一国企业家将生产他们所最了解的、代表国内需求的产品，对发明创造的开发利用首先被用来迎合国内市场需求。当本地的市场潜力不足，企业家们意识到可以从国外获利时，他们开始出口产品，出口到那些与本国需求结构相似的国家。因此，两国的需求结构（需求偏好）越相似，两国开展贸易的可能性就越大。

（4）需求重叠的程度取决于两国的平均收入水平

两个国家人均收入水平越接近，重叠需求的范围就越大，贸易发生的可能性也越大。

那么，收入水平相似的两个国家相互开展贸易，它们之间将交换哪些商品呢？贸易将发生在那些具有"重叠需求"的商品上。例如，假设国家Ⅰ的人均收入水平使消费者

---

①　如何用偏好相似理论解释以下贸易格局：就消费品而言，中国的主要贸易伙伴是美国、欧盟和日本，而不是发展中国家？林德尔的回答是，在一国内不平均的收入分配会扩大两国之间进出口物资的范围，增加两国之间需求的一致程度，因为贫穷国家的高收入者和富有国家的较低收入者可能需求同一产品。例如，20 世纪 90 年代到 21 世纪头 10 年富康、捷达等中低档小轿车在中国和发达国家都有一定程度的需求。

产生了对商品 A、B、C、D、E 的需求，这些商品按照其"质量"和复杂性由低到高排列。国家Ⅱ的人均收入水平较国家Ⅰ略高一些，需求结构为商品 C、D、E、F、G。商品 F 和 G 可能是质量级别较高的产品，它们是国家Ⅰ的低收入者所无法购买的。显然商品 C、D、E 是两个国家的重叠需求，成为两国开展贸易的可贸易商品。这样，可以在需求偏好相似理论的框架下总结出贸易发生的条件：两国的平均收入水平有差距，这样两国的代表性需求不一致；但差距不能太大，否则两国无重叠需求，就没有了贸易发生的基础。

3. 需求偏好相似理论的适用性及评价

需求偏好相似理论适用于解释工业制成品的贸易在具有相同和相近发展水平的国家间更易于开展的现象，至于初级产品的贸易是由要素禀赋差异而引起的，所以初级产品的需求与收入水平无关，而且就算生产国缺少对初级产品的国内需求，它也可以成为出口品。因此，初级产品可以在收入水平相差很大的国家之间进行，而工业制成品的品质差异较明显，其消费结构与一国的收入水平有很大关系，从而工业制成品的贸易主要发生在收入水平比较接近的发达国家之间。由此，林德尔进一步指出，人均收入水平的差异是贸易发展的潜在障碍。其含义是即使一国拥有比较优势产品，但由于与其他国家收入水平的差别，这种比较优势产品就不能成为贸易商品。

同时，可以看到林德尔并没有否认富国和穷国之间发生工业制成品贸易的可能。由于国民收入分配的不均衡，不同国家的需求结构总会有某些重叠的地方。毕竟，穷国也存在一部分富人，而富国也会有穷人。但不论怎样，当需求重叠较少时，国与国之间开展工业制成品贸易的潜力就较小。

最后，对于林德尔理论，有必要强调的是，在前文的例子里，只是指出了商品 C、D、E 可以在两国间开展贸易，并没有指明其中任何一种特定商品的贸易流向。即当谈到国家Ⅰ和国家Ⅱ相互交换商品 C、D 和 E 时，并没有指明哪个国家将出口哪一种或哪些商品。这并不是林德尔疏忽了，他明确指出，商品可以在两个方向上移动，即同一个国家既出口又进口该商品。这种出口和进口同类产品的贸易是产业内贸易。下一节将分析有关产业内贸易的相关理论。

需求偏好相似论将需求因素引入贸易格局，对于解释第二次世界大战后迅速发展的发达国家之间的贸易做出了积极的贡献，但它过于强调收入在消费结构中的作用。事实上，消费结构不仅与收入水平相关，而且还受气候、风土人情、文化和消费嗜好等因素的影响。

5.3　基于不完全竞争与规模经济的产业内贸易理论

20 世纪 60 年代以来，国际贸易的发展产生了新的特点，即绝大多数国际贸易是在要素禀赋相似的国家之间进行，而且大部分贸易具有在同一产业内进行的特点，甚至还出现相同产品的互相买卖。此外，第二次世界大战后国际贸易虽有巨大发展，但对资源重新配置和收入分析的变化不见得有很大影响。这些都是传统贸易理论无法解释的，不少人对此进行了探讨分析。20 世纪 70 年代中期，格鲁贝尔、劳埃德、克鲁格曼等人进一步系统地阐述了产业内国际贸易理论，并指出产业内贸易发生的主要依据是产品的异质性、规模经济、需求偏好，这引起了西方国家国际贸易理论界的广泛兴趣。

5.3.1 产业内贸易

1. 产业内贸易的概念

（1）产业内贸易的定义

从产品内容上看，可以把国际贸易分成两种基本类型：一种是国家进口和出口的产品属于不同的产业部门，比如出口初级产品，进口制成品，这种国际贸易称为产业间贸易（inter-industry trade）；另一种被称为产业内贸易（intra-industry trade），是指一个国家在一定时期内（一般为 1 年）既出口又进口同一种产品，同时同一种产品的中间产品（如零部件和元件）大量参加贸易，也称双向贸易（two way trade）或重叠贸易（over-lap trade）。例如，日本出口丰田汽车到德国，同时又进口德国的奔驰汽车；瑞士出口劳力士手表到日本，而又从日本进口精工手表；美国出口汽车的零部件到英国，又从英国进口汽车的零部件；韩国出口计算机中的各种零部件到日本，同时又从日本进口半导体芯片及计算机的其他零部件等。

从统计意义上来讲，联合国国际贸易标准分类（Standard International Trade Classification，SITC）将产品分为类、章、组、分组和基本项目 5 个层次，每个层次用数字编码来表示，产业内贸易的产品指的是至少前三个层次分类编码相同的产品。

（2）产业内贸易与产业间贸易的比较

具体比较产业间贸易与产业内贸易模式（见图 5-4），主要呈现出以下特点。

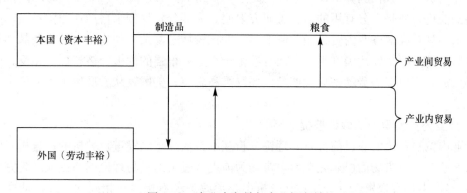

图 5-4 产业内贸易与产业间贸易

① 产业间贸易是建立在国家间要素禀赋差异产生的比较优势之上，而产业内贸易则是以产品的差异性和规模经济为基础。国家间要素禀赋差异越大，产业间贸易的可能就越大；国家间要素禀赋越相似、经济规模越接近，产业内贸易的机会就越大。可以说，产业间贸易反映了自然形成的比较优势，而产业内贸易反映的是可获得的比较优势。

② 产业间贸易的流向可以根据贸易前同种产品的价格差来确定。如果在规模经济条件下进行差异产品的生产与产业内贸易，贸易前相对商品价格就不能准确地预测贸易模式。因为无论是大国还是小国，所有国家利用规模经济降低成本的机会是相同的，很难事先预测哪个国家将生产哪种产品。

③ 按照 H - O 理论，产业间贸易会提高本国丰裕要素的报酬和降低本国稀缺要素的报酬，而基于规模经济的产业内贸易可以使所有要素都获得收入。这可以解释为何第二次世界大战后制成品的自由化进程没有遭到各种利益集团的阻挠，而发达国家向发展中国家开放市场却遭到了本国劳工力量的强烈抗议。

④ 在以要素禀赋差异为基础的产业间贸易条件下，要素的国际流动在一定程度上是贸易的一种替代品；而在要素禀赋相似的国家间产业内贸易条件下，要素流动带来了作为产业内贸易主要载体的跨国公司的兴起。从这一点来说，产业内贸易与要素流动之间存在一定的互补关系。

2. 产业内贸易指数

经济学家通常用产业内贸易指数（index of intra-industrial trade）来测度一个产业的产业内贸易程度。这一指数的计算公式为

$$T = 1 - \frac{\lfloor X - M \rfloor}{X + M}$$

式中，X 和 M 分别表示某一特定产业或某一类商品的出口额和进口额，T 的取值范围为 $0 \sim 1$。当一个国家只有进口或出口（$X=0$ 或 $M=0$），即不存在产业内贸易时，$T=0$；当对某一类商品的进口等于出口，即 $X=M$ 时，产业内贸易达到最大，即 $T=1$。如果 $T>0$，意味着该国同时出口和进口这一行业的产品，T 越大，表示产业内贸易的程度越高。当然，产业内贸易指数的大小在很大程度上取决于如何定义一个产业或产品，产业或产品定义得越宽泛，T 值就会越大，否则就比较小。

产业内贸易指数在测算不同产业间的产业内贸易的差异及同一产业中随着时间推移产业内贸易的变化时还是十分有用的。有关研究表明，大部分贸易额来自产业内贸易而非产业间贸易，那些具有高额产业内贸易额的制造品一般比较精密复杂，如化工产品、药品和发电设备。这些产品主要由发达国家出口，而且在生产上具有很强的规模经济特征。相反，产业内贸易额低的多为典型的劳动密集型产品，如鞋类和服装，美国就从发展中国家大量进口这些产品。

3. 产业内贸易理论的假设前提

产业内贸易理论的假设前提是：理论分析基本是从静态出发进行分析的；分析不以完全竞争（垄断竞争）市场而以非完全竞争市场为前提（过去的贸易理论的前提大多为完全竞争市场）；经济中具有规模经济效应；在分析中要考虑需求不相同与相同的情况。从这些假设前提可以看出，产业内贸易理论的出发点与其他传统贸易理论是不同的。

造成产业内贸易现象的主要原因是产品差别、规模经济、消费者偏好差别，以及国家之间产品层次结构和消费层次结构的重合。由此构成了产业内贸易理论，具体包括三大支柱：同类产品的异质性是产业内贸易的动因；需求偏好相似性是产业内贸易的保证；规模经济是产业内贸易的利益源泉。

5.3.2 不完全竞争与国际贸易

传统贸易模型假定市场是完全竞争的，但随着工业化的发展，在很多行业（特别是制造业）非完全竞争的市场特征越来越明显。

1. 不完全竞争的市场结构

依据垄断程度的大小，市场结构可分为完全竞争、垄断竞争、寡头垄断和完全垄断 4 种。不完全竞争是同时包含竞争和垄断因素的市场状态，或者说是处于完全竞争和完全垄断之间的市场状态。不完全竞争具有两个主要特征：一是同行业中只有为数不多的几家主要厂商，即它们是价格的决定者而不是价格的接受者；二是各厂商生产的产品互有区别，即具有差异性。

2. 不完全竞争条件下的价格歧视行为

不完全竞争作为贸易的起因之一，是与垄断企业或垄断竞争企业的价格歧视行为紧密联系的。价格歧视是指厂商虽然出售同样产品，但在不同市场上或对不同消费者收取不同的价格。国际贸易中的价格歧视行为通常称为"倾销"。在研究当代国际贸易现象时，经济学家也将倾销给企业所带来的收益看成是一种出口激励，以解释在不完全竞争条件下企业的出口动力和贸易原因。要实现价格歧视必须具备 3 个条件：第一，不是完全竞争企业，企业有能力决定其销售价格；第二，市场必须是分割的，产品无法随意由低价市场向高价市场倒卖；第三，在不同的市场上，厂商所面临的需求曲线价格弹性不同。一般来说，国外市场需求比本国市场需求更有弹性，对价格变动更敏感。

在不完全竞争条件下，拥有一定定价权力的厂商面对弹性不同的各国市场，实行价格歧视以获得利润最大化。这也是为什么厂商会以低价将产品销往国外市场的原因。与完全竞争企业不同，不完全竞争企业面对的不是一条水平的需求曲线（或者说，不是一个给定的价格），而是一条斜率为负、价格随数量增加而下降的需求曲线。在完全竞争的情况下，每个厂商都只能按照国内市场价格出售商品。因此，只有当外国市场上的价格超过本国市场价格时，企业才有出口的动机。垄断竞争市场的情况就不同了。企业并不能在国内无限制地销售。由于企业每增加一个单位的产品销售，所有单位产品价格都会下降，边际收益随之下降更快，因此垄断或垄断竞争企业为了保证利润最大化，就不得不将国内市场销售量控制在一定的范围内。这时，这些企业就有在国外市场上增加产品销售的动力。只要在国外市场上的价格超过产品生产的平均成本，企业出口就有利可图，而不论其价格是否高于本国市场。

3. 价格歧视与行业内贸易

可以用不完全竞争下的价格歧视行为来解释产业内贸易，只要一个产品的国内外市场满足价格歧视的条件，即使外国市场价格低于本国市场价格，企业为追求利润的最大化，仍有出口的动力，因为出口倾销的结果比将这些产品在国内市场销售要好。外国的同类企业如果在其他产品上也采取类似的行为，就会出现相互低价销售，从而形成产业内贸易。

5.3.3　产业内贸易理论的主要观点

1. 产品差异论

产业内贸易是一国同时存在进口和出口同类产品的贸易活动。格鲁贝尔和劳埃德系统地研究了产业内贸易，将同类产品划分为：同质产品和非同质产品（即差异产品）。同质产品是指性质完全一致因而能够完全相互替代的产品，如同样的水果、砖等。这类商品在一般情况下大多属于产业间贸易的对象，但由于市场区位不同，市场时间不同，也存在一定程度的产业内贸易现象。产品的差异性或差异产品是指从实物形态上看，产品的品质、性能、造型、设计、规格、商标及包装等方面的差异①。

（1）同质产品的产业内贸易

国际贸易中出现同质产品的买卖，往往来自如下原因。

① 两国边境大宗产品的交叉型产业内贸易。许多原材料（如黄沙、水泥等）单位价值低而运输成本相对很高，消费者应该尽可能靠近原料供应地来获得它们，所以一国可能同时进口和出口大宗原材料。例如，我国在东北出口水泥而在华南进口水泥便属于这种情况。

② 季节性贸易。一些国家和地区（如新加坡、中国香港）大量开展转口贸易和再出口贸易，其许多进出口商品的形式自然基本不变。这时同类产品将同时反映在转口国的进口项目与出口项目中，便会形成统计上的产业内贸易。

③ 有一些产品（如水果、蔬菜）的生产和市场具有季节性特点，一个国家会有时进口而有时出口这类商品，以满足国内需求。例如，欧洲一些国家之间为了"削峰填谷"而形成的电力进出口。

④ 政府干预产生的价格扭曲，尤其是相互倾销，会使一国在进口的同时，为了占领其他国家的市场而出口同种产品，从而形成产业内贸易。另外，在存在出口退税、进口优惠时，国内企业为了与进口货物竞争，就不得不出口以得到退税，再进口以享受进口优惠，造成产业内贸易。

⑤ 政府的外贸政策。出于经济合作或特殊技术条件的需要，有些国家也进行某些同质产品的交易，如各国银行业、保险业"走出去，引进来"的情况。例如，我国吸引外国银行在华投资，却又在世界其他国家投资建立分行。

⑥ 跨国公司的内部贸易（intra-firm trade）也会形成产业内贸易，因为同种商品的产品与中间产品和零部件大都归入同组产品，因而形成产业内贸易。

这些同质产品贸易只要加入运输成本等因素的分析，仍然能用H-O理论加以说明。因此，差异产品贸易分析是产业内贸易理论的主要内容。

（2）差异产品的产业内贸易

在人民日益追求生活质量的时代，在科技进步的作用下，出口产品要真正跻身于世界市场，已不再仅仅依赖其生产要素禀赋的优势，而是凭借它的某些特色来满足消费者的欲望，因此同一类商品也会有差异性。应该看到，正是这种差异性构成了产业内贸易的基础。生产要素相同或相似的国家之间同样可以进行贸易活动。

资料表明，大多数的产业内贸易发生在差异化产品之间。在制造业中，产业内贸易商品明显偏高的是机械、药品和运输工具。属于同一产品大类的差异化产品在现代经济中有着很高的占有率。在汽车产业，福特不同于本田、丰田或是雪佛兰。因此，在一大类的不同品种的产品之间，也会发生双向的贸易流动。

国际产品差异性是产业内贸易发生的基础，这体现在产品的水平差异、技术差异和垂直差异三个方面。

① 水平差异（horizontal differentiation）。水平差异是指产品特征组合方式的差异。在一组产品中，所有的产品都具有某些共同的本质性特征，即核心特征。这些特征不同的组合

---

① 这里的差异性产品是格鲁贝尔所坚持的观点意义上的产品，即仅仅是由于产品风格、质量、使用特点上的细微变化或品牌名称上存在差异，但性能十分相似的替代品，如汽车和香烟品牌。

方式决定了产品的差异性，从差异内部一系列不同规格的产品中可以看出水平差异的存在，如烟草、香水、化妆品、服装等。这类产品的产业内贸易大多与消费者偏好的差异有关。差异产品在牌号、规格、服务等特点上的不同，也正是由于差异产品的这种不完全可替代性使得人们对同类产品也产生了不同需求。在人们日益追求生活质量的时代，在科技进步的作用下，厂商能够提供的差异产品日益繁多，但一国国内厂商很难满足国内消费者的所有需求。如果一国消费者对外国产品的某种特色产生了需求，它就可能出口和进口同类产品。

② 技术差异（technological differentiation）。技术差异是指新产品出现带来的差异。处于产品生命周期不同阶段的同类产品（如不同档次的家用电器）在不同类型国家进行生产，继而进行进出口贸易，便会产生产业内贸易。在本章讲到的产品生命周期理论中提到美欧和其他发展中国家的例子中，如果欧洲开始生产该新产品，与美国生产的该产品形成差异，那么在整个周期过程中可能会出现欧美之间的产业内贸易或是出现欧洲从美国进口的同时向发展中国家出口的贸易现象。

③ 垂直差异（vertical differentiation）。垂直差异是指产品质量方面的差异。为了占领市场，人们需要不断地提高产品质量，而一个国家的消费者不能全部都追求昂贵的高质量产品，因此在出口高质量产品的同时往往也会从其他国家进口一些中低质量的同类产品，从而产生产业内贸易。在需求偏好相似论中，我们讲到一国厂商会生产其国内具有代表性需求的产品，那么处于该国国内需求结构两端的产品就可能会通过进口来解决。

以上三类情况，都有着"从供给看存在"的规模经济、"从需求看存在"的需求偏好方面的重叠。当然也要注意到，基于产品差异的产业内贸易是建立在不完全竞争的基础上的（传统贸易理论一般都假设市场是完全竞争的）。

2. 规模经济论

（1）规模经济的含义

要理解规模经济，必须先搞清楚一个概念，这就是规模报酬。规模报酬（returns to scale）是指所有投入要素同比例增加时，即生产规模扩大时，总产量的变化情况。根据产出变化的程度，规模报酬可以分为 3 种情况，即规模报酬递增、规模报酬不变和规模报酬递减。

规模报酬递增（increasing returns to scale）是指所有投入的增加导致了产出水平更大比例的增加。规模报酬不变（constant returns to scale）表示所有投入的增加导致产出水平的同比例增加。规模报酬递减（decreasing returns to scale）则表示所有投入的增加导致产出水平较小比例的增加。图 5-5 描述了规模报酬的 3 种情况。

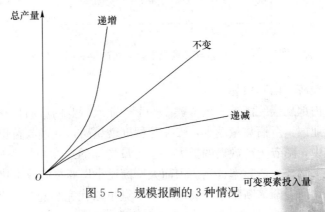

图 5-5　规模报酬的 3 种情况

下面用数学方式表示这 3 种情况。假设生产一种产品需投入 n 种可变要素，生产函数为

$$Q = f(x_1, x_2, \cdots, x_n)$$

若 x_1，x_2，$\cdots$，x_n 同时增加至 α 倍，产量增加至 λ 倍，即

$$\lambda Q = f(\alpha x_1, \alpha x_2, \cdots, \alpha x_n)$$

若 $\lambda > \alpha$，表示规模报酬递增；若 $\lambda = \alpha$，表示规模报酬不变；若 $\lambda < \alpha$，则表示规模报酬递减。在规模报酬的 3 种情况中，规模经济通常与规模报酬递增这一概念联系在一起。规模经济是指在产出的某一范围内，平均成本随着产量的增加而递减。换言之，规模经济是指随着生产规模扩大，单位生产成本降低（即成本递减）而产生的生产效率提高（边际收益递增）。当生产过程遵循规模报酬递增规律时，自然存在规模经济；但反过来，规模经济并不要求规模报酬递增一定存在。规模经济是引起产业内贸易的另一个原因。规模经济通常可分为内部规模经济（internal economies of scale）和外部规模经济（external economies of scale）。内部规模经济指的是单位产品成本取决于单个厂商的规模而非行业规模；外部规模经济则指的是单位产品成本取决于行业规模而非单个厂商的规模。内部规模经济和外部规模经济对市场结构具有不同的影响，因此它与国际贸易模式的决定也可以分为两种情形。

规模经济指厂商进行大规模生产使成本降低而产生的经济效益。规模经济产生的原因有两个：一是能更好地利用交通运输、通信设施、金融机构、自然资源、水利、能源等良好的企业环境（即企业外部规模经济）；二是能充分地发挥各种生产要素的效能，更好地组织企业内部分工和提高厂房、机器设备等固定设施的利用率（即企业内部规模经济）。在图 5-6 中，甲、乙两国技术水平一样，某一产品在两国的长期平均成本曲线完全一样，为 cc'；甲国产量为 $Q_甲$，乙国产量为 $Q_乙$。乙国因产量大于甲国而具有规模经济，从而形成比较优势，可以低价出口到甲国。

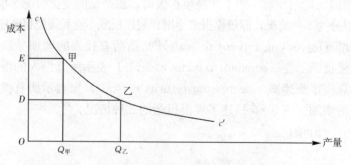

图 5-6　产量差异导致成本差异而产生的规模经济

（2）内部规模经济与国际贸易

一般情况下，内部规模经济的实现依赖于一个产业或行业内厂商自身规模的扩大和产出的增加。在一个行业内，厂商数量越少，专业化程度就越高，规模收益也就越高。在具有内部规模经济的产业中，随着生产规模的扩大，总产量增加的速度超过要素投入的增加速度，这意味着平均成本下降，生产效率提高。因而大厂商比小厂商更有成本优势，随着小厂商被挤出市场，少数大厂商逐渐垄断整个市场，不完全竞争取代完全竞争成为市场的基本特征。

在封闭经济情况下，这会导致一系列负面现象发生，如经济中的竞争性下降、消费者支付的成本上升、享受的产品多样性减少等，而解决这些矛盾的办法之一便是国际贸易。

一个国家享有规模经济的优势，它的成本就是随着产量的增加而减少，从而得到生产的优势。这样它的产品在贸易活动中的竞争力必然大大提高，占据贸易优势，取得贸易利益。具体来说，假设在参与国际贸易以前，垄断竞争企业面对的只是国内的需求，需求量有限；参与国际贸易后，外国需求增加，从而总需求增加，企业的生产相应扩张。在短期内，需求的突然扩张使得企业的平均成本比产品价格下降得更快，形成超额利润。超额利润会吸引更多的国内企业进入该行业，新进入的企业生产的产品对原有企业的产品具有很大的替代性，使得市场对原有企业的需求下降，所以长期内超额利润消失。不过，由于企业在进行贸易后面对更富有弹性的需求，使得其获得了更低的长期平均成本，从而获得了比较优势，形成贸易发生的基础。可见，规模经济既是贸易形成的基础，同时贸易也推动规模经济的实现。

下面借助一个简单的生产可能性曲线来描述基于内部规模经济的产业内贸易。实现了内部规模经济的产业，具有机会成本递减的特点。机会成本递减的生产可能性曲线应当是一条凸向原点的曲线。假定有 A、B 两个国家，生产 X、Y 两种产品。再假定两国规模、消费偏好等其他条件完全一致，则规模经济下的两国生产可能性曲线将完全重合且凸向原点。在图 5-7 中，进行贸易前，两国的均衡相对价格相同，$P_X/P_Y = P_A$。贸易发生后，两国各自实现专业化生产，A 国可以在 C 点生产商品 X，B 国可以在 C' 点生产 Y。A、B 两国可以相互交换产品，A 国 X_1 数量的 X 产品换取 B 国 Y_1 数量的 Y 产品，使各自的效用达到无差异曲线 Ⅱ 上的 E_1 点，高于贸易发生前 E_0 的效用，表明两国都增加了福利。

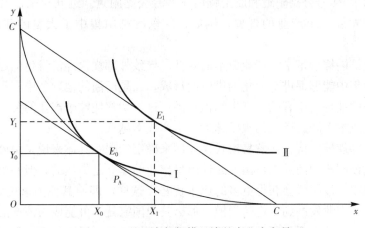

图 5-7　基于内部规模经济的产业内贸易

在规模经济较为重要的产业，国际贸易可以使消费者享受到比封闭经济条件下更多种类的产品。因为规模经济意味着在一国范围内企业只能生产有限的产品种类，如果允许进口，则在国内市场上就可以购买到更多种类的产品，这也是福利增加的表现。

举例来说，在 20 世纪 60 年代美加汽车自由贸易协定达成之前，由于加拿大对从美国进口的汽车课以重税，使得美国几乎所有的汽车生产厂商都在加拿大境内设厂，但由于市场容量有限，使得美国在加拿大的汽车生产厂商生产的汽车成本较高，而且种类较少。20 世纪 60 年代中期以后，美、加之间扩大了汽车及零部件的贸易，因而在加拿大境内的消费者可以购买到美国生产的多种型号的汽车。这样，加拿大的美国汽车生产厂商就集中生产几种类型的汽车，部分用于出口，实现了规模生产，大幅度削减了生产成本。

对于研究和开发费用等成本支出较大的产业来说，规模经济更重要，如果没有国际贸易，这类产业就可能无法生存。研究和开发费用可以说是一种固定的成本费用，随着产量的增加，单位产品的固定成本降低。如果这种产品仅局限在国内市场上销售，则由于产量有限，单位产品的固定成本就较高，因而平均成本较高，厂商难以实现规模经济甚至无法收回投入的研究和开发费用。如果允许国际贸易，使产品在世界市场上销售，产量就会增加，厂商就能够实现规模经济下的生产。

（3）外部规模经济与国际贸易

经济学家 Kemp 讨论了两国行业存在外部规模经济时的贸易基础和贸易模式。解释了为什么两个技术相同、产品同质、资源禀赋相同，甚至需求条件完全相同的国家，也能进行贸易。

外部规模经济主要来源于行业内企业数量的增加所引起的产业规模的扩大。存在外部规模经济的产业，其特点可以归结如下。

① 由许多生产规模相对较小的厂商构成。

② 厂商地理位置集中。

③ 整个产业的规模较大，处于完全竞争状态。

目前，世界各国形成产业规模的现象十分普遍。例如，在瑞士集中了大量生产手表的企业。美国研制半导体芯片的企业聚集在加利福尼亚的硅谷，研制机器人设备的企业聚集在底特律以西的密歇根 94 号公路附近和波士顿的 128 号公路附近。近几年来，我国出现了许多县、乡、镇集中发展一个产业的现象。例如，广东的佛山集中了大量的建筑陶瓷的生产企业。

外部规模经济同样会带来该产业成本的降低。导致外部规模经济发生的原因主要有 3 个方面：一是厂商集中能够促进专业化的供应商形成；二是厂商的地理集中有利于劳动力市场共享；三是厂商的地理集中有助于产生知识外溢。这一切都使整个产业的劳动生产率得到提高，所有厂商的成本下降。产业的规模越大，生产成本越低。

那么，在外部规模经济下，贸易模式是如何来确定的呢？具体来说，由外部经济所带来的成本优势能使该国成为商品出口国。或许出口产业的建立是偶然的，但一国一旦建立起大于别国的生产规模，该国就会获得更多的成本优势。这样，即使其他国家更具有比较优势，如果该国已先行将产业发展到一定的规模，那么其他国家就不可能成为该产品的出口国。在外部规模经济存在的情形下，贸易模式并不能根据比较优势而加以确定，强烈的外部经济会巩固现有的贸易模式，可能导致一国被"锁定"在某种以无比较优势的专业化分工模式中，甚至可能导致该国因国际贸易而遭受损失。这方面最典型的例子就是瑞士的钟表业，可以用图 5-8 来说明这个问题。

假设在钟表市场上存在瑞士与韩国两个国家，两国平均成本曲线分别为 AC_S 和 AC_K，且 $AC_S > AC_K$，D 为钟表的需求曲线。再假设韩国在技术上领先瑞士，能以更低的成本生产钟表，但是由于历史原因，瑞士先生产并发展到一定规模，规模经济效应使得瑞士钟表业的成本迅速下降至 C^*，此时若韩国想进入该市场，其成本是 C_K，可见虽然韩国较瑞士有生产钟表的比较优势，但由于 $C^* < C_K$，外部规模经济会锁定在现有的贸易模式上，这使得韩国

无法进入钟表市场。

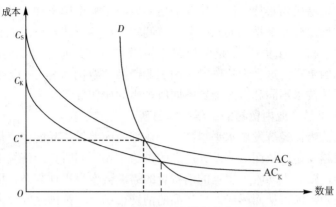

图 5-8　外部规模经济锁定的分工模式

　　若考虑产业知识随时间推移而积累导致的劳动生产率提高而非单纯成本下降，则外部规模经济就是动态的。一般情况下，知识积累最初由个别产生突破，然后通过各种形式的"外溢"与模仿传播至整个产业，导致整个产业整体知识积累的增加，由此使产业平均成本不断下降。例如，飞机产业装配 100 架飞机要耗费 1 000 个小时，由于工人经验的积累，再装配另外 100 架飞机时可能只要 700 个小时了。这个过程与单个企业的边干边学（learning by doing）极其相似，实际上是单个企业边干边学的放大，因此也可以借助学习曲线予以描述。学习曲线反映的是随着产业累计产量的增加，生产平均成本下降的过程。如图 5-9 所示，横轴表示随时间推移该产品的累计产量，纵轴仍然表示平均成本。曲线 L_1 表示 A 国的平均成本随着累计产量的增加而下降，当累计产量为 Q_1 时，平均成本为 C_1，而当产出量达到 Q_2 时，平均成本则下降为 C_2。曲线 L_2 表示 B 国的学习曲线，当 B 国的产量为 Q_2 时，其平均成本为 C_3。但与外部规模经济的分析类似，如果此时 B 国还未生产该产品，其初始成本将为 C_0，而 C_0 要高于 C_1 或 C_2，这是市场所不能接受的，因而 B 国不可能进入该产业。在动态外部经济的条件下，贸易模式也是不确定的；B 国为了进入该产业，政府必然会提供贸易保护，即所谓的保护幼稚工业。

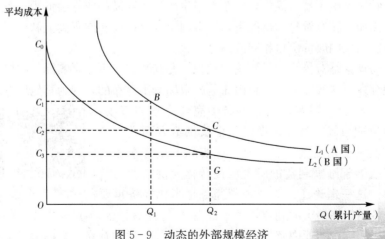

图 5-9　动态的外部规模经济

由于工业品的多样性，任何一国都不能囊括一个行业的全部产品，从而使工业制成品生产上的国际分工和贸易成为必然。国际贸易的格局取决于哪个国家在某种产品的生产上率先达到规模经济。这种规模经济推动的国际分工有两种实现的形式：一是先起步并发展较快的国家最先实现规模经济（自发）；二是两个起步相同的国家为避免资源的浪费，互相协调，分别发展两种产品的生产。这种发达国家之间工业产品"双向贸易"（产业内贸易）的基础是规模经济，而不是技术不同和资源配置不同所产生的比较优势。

3. 经济发展水平是产业内贸易的重要制约因素

西方经济学家认为，经济发展水平越高，产业部门内差异产品的生产规模也就越大，产业部门内部分工就越发达，从而形成差异产品的供给市场。同时，经济发展水平越高，人均收入水平也就越高，较高人均收入层上的消费者的需求会变得更加复杂、更加多样化，呈现出对差异产品的强烈需求，从而形成差异产品的消费市场。在两国之间收入水平趋于相等的过程中，两个国家之间的需求结构也趋于接近，最终导致产业内贸易的发生。林德尔在其提出的需求偏好相似理论中就指出，贸易国之间收入水平和国内需求结构越相似，相互贸易的倾向就越强。

5.3.4 对产业内贸易理论的评价

作为对第二次世界大战后国际贸易新格局的理论解释，产业内贸易理论的发展可以分为两个层次：一是对统计现象直观推断的理论解释，主要是在20世纪70年代以前出现的大量的经验性研究；二是20世纪70年代中期以后对统计现象的理论解释。

关于1979年以来赫尔普曼（Helpman）、克鲁格曼（Krugman）、兰卡斯特（Lancaster）等人提出的产业内模型，还有一些有趣的地方需要指出。

第一，赫-俄模型中的贸易是基于各国比较优势或要素禀赋（劳动力、资本、自然资源及技术）差别的，而产业内贸易是基于产品差别和规模经济的。这样，要素禀赋差别较大的国家之间基于比较优势的贸易额也较大，而产业内贸易则在具有相同的经济规模和要素比例的国家（如工业化国家）之间较大。

第二，如果在规模经济条件下进行差异产品的生产，贸易前相对商品价格就不能准确预测贸易模式。特别是由于规模经济，一个大国生产某一商品的成本会低于一个小国生产同一商品的成本。然而，在有贸易的情况下，所有国家都可以在相同程度上利用规模经济，可以想象，小国也能向大国廉价出口相同的商品。

产业内贸易理论是对传统贸易理论的批判，尤其是假定更符合实际。如果产业内贸易的利益能够长期存在，这实际上说明自由竞争的市场是不存在的，因为其他厂商自由进入这一具有利益的行业将受到限制，因而不属于完全竞争的市场，而是不完全竞争的市场。另外，理论不仅从供给方面进行了论述，而且更从需求角度进行了考察，这实际上是将李嘉图理论中贸易利益等于国家利益的隐含假设转化为供给者与需求者均可受益。这一理论还认为，规模经济是当代经济重要的内容，它是各国都在追求的利益，而且将规模经济的利益作为产业内贸易利益的来源，这样的分析较贴近实际。产业内贸易理论是对比较优势学说的补充，它揭示了李嘉图的比较利益学说和传统的 H-O 理论用于解释初级产品和标准化产品的合理性，但产业内贸易发生的

专栏5-2　　　专栏5-3

原因应该从其他的角度予以说明。产业内贸易理论仍然是静态分析，但在政策建议上该理论赞同动态化的建议。

5.4　国家竞争优势论

20 世纪 80 年代，当贸易经济学家们将研究产业组织的分析工具和方法应用于国际贸易并建立起数学模型时，哈佛大学商学院的迈克尔·波特（Michael Porter）教授也将对产业组织和商业战略的深入了解应用于国际贸易领域，这就是他的《国家竞争优势》。波特主要研究的问题是：为什么一国的某些公司能够在国际竞争中获得成功？他的著作旨在为那些在国际市场上寻求竞争优势并负责决策的经理们和试图创造有利商业环境的政府官员的政策制定提供指导。他既不打算证实，也未计划驳斥任何特定的理论，只是试图超越传统的比较利益观点。

波特在 20 世纪 80 年代到 90 年代以《竞争战略》《竞争优势》《国家竞争优势》3 本书震动了西方学术界和企业界。前两本著作主要对产业如何在竞争中获得优势进行了深入研究，而《国家竞争优势》则在此基础上提出，一国兴衰的根本在于该国在国际竞争中是否能赢得优势，而国家竞争优势取得的关键又在于国家是否具有合宜的创新机制和充分的创新能力。

5.4.1　国家竞争优势及其决定因素——钻石理论

波特说的国家竞争优势是指一国产业和企业能够持续地以较低价格向国际市场提供高质量产品、占有较高市场份额并获取利润的能力。其理论从微观企业竞争优势、中观产业竞争优势和宏观国家竞争优势三个层面上进行讨论，既探讨了要素、技术及其他因素对国际贸易的影响，又反映了竞争优势与国际贸易的动态变化。

国家整体竞争优势的获得取决于 4 个基本因素和两个辅助因素的整合作用，由此构成了"波特菱形"或"钻石系统"。

国家被放在这一由 4 个基本因素构成的框架下面进行评估，以决定它们形成和维持具有国际竞争优势产业的可能性（这一框架在图 5－10 中有具体说明）。一个有利的国内环境为国内产业在全球市场上的成功提供了基础。

（1）要素条件

要素包括物质资源、人力资本、气候条件、知识资源、地理位置、资本资源和基础设施等，它们不仅包括数量，还包括要素质量，以及获得这些要素的成本高低。

从要素的产生机制和所起作用看，要素可分为基础要素和推进要素。前者是指一国先天拥有或不需太大代价就能得到的要素，如自然资源、非熟练劳动力及地理位置等；后者则指必须要通过长期投资和培育才能创造出来的要素，如高质量人力资本、高精尖技术等。对于国家竞争优势的形成，后者更为重要，因为随着科学技术的发展，对基础要素的需求减少，靠基础要素获得的竞争优势难以持久，推进要素才是竞争优势的长远来源。在特定条件下，一国某些基础要素上的劣势反而有可能刺激创新，使企业在可见的瓶颈、明显的威胁面前为提高自己的竞争地位而奋发努力，最终使国家在推进要素上

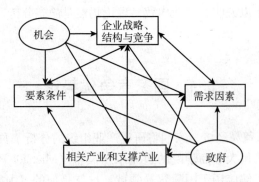

图 5-10   一国竞争优势的决定因素

更具竞争力，从而创造出动态竞争优势，如日本和瑞士自然资源的劣势刺激了其推进要素的发展。但基础要素的劣势转化为推进要素的优势需要一定的条件，如企业从环境中接收到正确的信息，从而知道挑战的严重性；企业所面对的市场需求、国家政策及相关产业的条件要相对有利。就推进要素本身而言，通过努力创造，而不是继承或购买所得到的推进要素，更有价值，而创造新要素的速度与效率也比一定时点上既有要素的存量来得重要。

要素根据其作用和专门性又可分为一般要素和专门要素。一般要素是指适用范围广泛的要素，可能被利用于广泛的产业种类中（如公路系统、资本市场）。专门要素则是指专门领域的专业人才、特殊的基础设施、特定领域的专门知识等专业性很强的要素，如专门供集装箱装卸的港口、研究所毕业的专业人才等。专门要素更有可能为持续的竞争优势提供基础，因为它们更显得稀缺，更难培养，更不易得到。

波特认为，一国的产业要在国际竞争中保持优势地位，就必须进行要素创造。国家需要开发新的推进要素库和新的专门要素库，以此帮助以国内需求为基础的产业。这样，要素创新方面的更新投资就需要不断地进行，尤其是当产业必须克服基础要素劣势时，那些以国内市场为基础的产业就显得更加重要，他们能为其他竞争激烈的产业获得足够资源提供长期支持。考虑到这些因素，以国内市场为基础的产业就会积极寻找高于当地竞争对手的可持续优势，设法拥有必要的从事发明创新的刺激因素，并将它们留在这一产业中而不是转移到另一产业。

（2）需求因素（特别是国内市场的需求状况）

波特认为，国内需求直接影响一国企业和产品的竞争优势。其作用表现如下。

① 本国市场的需求量大，将有利于本国企业迅速达到规模经济。

② 老练、挑剔的国内买主有助于产品高标准的建立。买方的高质量要求会使国内企业在买方压力下努力改进产品质量、性能和服务。

③ 领先于世界的国内买方需求有助于国内企业在国际竞争中获得领先地位，因为在一国的买方需求领先于其他国家的情况下，国内企业将率先意识到新的国际需求的来临，并积极从事新产品的研究与开发，使企业的产品不断升级换代。此外，领先的国内需求还会使企业的新产品更容易在国内找到市场，使企业的新产品和企业得到发展的机会。

④ 对于国内并非处于世界领先水平的产业来说，如果本国消费者有强烈的攀比心理，则会迫使本国企业不断跟踪国际水平，否则就会被淘汰出局。

（3）相关产业和支撑产业

相关产业是指共用某些技术、共享同样的营销渠道和服务而联系在一起的产业或具有互补性的产业，如计算机设备和计算机软件、汽车和轮胎等。支撑产业是指某一产业的上游产业，主要指作为生产原料和中间产品供应者的国内企业。相关产业和支撑产业的价值不仅在于它们能以最低价格为主导产业提供投入品，更重要的是，它们与主导产业在地域范围上的邻近，将使得企业相互之间能频繁、迅速地传递产品信息、交流创新思路，从而极大地促进企业的技术升级，形成良性互动的"地方化经济"。

（4）企业战略、结构与竞争

波特认为，现实经济生活中，企业皆有各自的规模、组织形式、产权结构和竞争目标，但这并不是说存在一种普遍适用的、能使企业在任何情况下都能应付自如的企业管理体制。企业良好的管理体制的选择，不仅与企业的内部条件和所处产业的性质有关，而且取决于企业所面临的外部环境。例如，消费品资料部门，为满足客户多变的需求，要精干灵活；而制造大型和精密机械的生产资料部门则要保持组织管理上的严格有序。

波特强调，强大的本国竞争对手是企业竞争优势产生并得以长久保持的最强有力的刺激。在激烈的国内竞争下，国内企业间产品、市场的细分可以阻碍外国竞争者的渗透；正常竞争状态下的模仿效应和人员交流效应可提高整个产业的创新速度，促进产业升级；国内的激烈竞争还迫使企业尽早向外扩张，力求达到国际水准，占领国际市场。鉴于此，波特反对"国内竞争是一种浪费"的传统观念，认为国内企业之间的竞争在短期内可能会损失一些资源，但从长远看则利大于弊。国内竞争对手的存在，会直接削弱国内企业可能享有的一些优势，从而迫使它们苦练内功，努力提高竞争力。这方面在我国有很多实例，如我国的冰箱、洗衣机、彩电。相反，国内竞争不激烈的产业往往不具有国际竞争力，如我国的邮政行业。

除了上述 4 个基本因素之外，波特指出，一国所面临的机遇和政府所起的作用对国家整体竞争优势的形成也具有辅助作用。机遇是指重要的新发明、重大技术变化、投资成本的巨变、外汇汇率的重要变化、突然出现的世界或地区性需求、战争等偶然事件。机遇的作用在于它可能打断事物发展的正常进程，使原来处于领先地位的企业丧失竞争优势，落后国家的企业则可借此获得竞争优势，并后来居上。[①] 但一国能否抓住并有效地利用机遇则取决于上述 4 个基本因素，因而它属于辅助因素。

政府作用表现在它可以通过对 4 个基本因素施加影响，从而影响国家竞争优势。例如，政府可以通过教育政策影响劳动力要素，通过产业政策为产业、企业竞争力的提高创造良好的环境，通过对消费者权益的保护来培育国内需求……不过，政府政策仅在那些决定国家竞争优势的主要因素已存在的产业中才能有效。波特注意到政府政策可以加速或增加获得竞争优势的可能性（当然也可以迟延或减少这些可能性[②]），但在没有其他有利条件的情况下，政府政策缺少创造国家竞争优势的力量。显然，政府作用也属于辅

---

① 如美国的禁酒令促进了加拿大酒业的诞生。

② 政府的这种作用可能更大一些。美国著名的经济学家约翰·肯尼斯·加尔布雷思提出过如下观点："环视当今的世界，一个好的、诚实的政府是经济发展的最必要的条件，正如过去一个世纪在欧洲、美国所认识到的。经济发展所遇到的最大障碍之一便是政府不为自己的人民服务，同时又受到主权承诺的庇护。我们需要认识到（当然渠道是联合国而不是具体国家），主权在有些时候'保护'的是惨不忍睹的煎熬。"

助因素。

一国所面临的机遇和政府作用通过对 4 个基本因素施加影响会对一国的竞争优势产生巨大作用。例如日本"二战"后在朝鲜战争期间成为美国军需品的供应基地；日本在"二战"后技术兴国、贸易兴国等政策的确立，极大地促进了日本经济的发展和国家竞争优势。

5.4.2 竞争优势产业阶段理论

波特还提出了一个分阶段的发展模型，表明尽管不是严格的连续，但一国产业国际竞争一般历经以下 4 个发展阶段。

第一阶段：要素推动（factor driven）阶段。在要素推动阶段，基本要素（即丰富的自然资源和廉价的劳动力）成本上的优势是获取竞争优势的主要源泉。产业竞争主要依赖于国内自然资源和劳动力资源的拥有状况。具有竞争优势的产业一般是那些资源密集型产业。

第二阶段：投资推动（investment driven）阶段。在投资推动阶段，竞争优势的获得和产业价值链的延续主要来源于资本要素，持续的资本投入可以大量更新设备、引进技术并提高人员素质，具有竞争优势的一般是资产密集型产业。

第三阶段：创新推动（innovation driven）阶段。在创新推动阶段，竞争优势的持续需要整个价值链的创新，特别要依靠企业将高科技转化为商品的努力以赢得竞争优势的持续。产业竞争依赖于国家和企业的技术创新愿望和技术创新能力，具有竞争优势的产业一般是技术密集型产业。

第四阶段：财富推动（wealth driven）阶段。在财富推动阶段，产业竞争依赖于已获得的财富，这一阶段产业的创新、竞争意识和竞争能力都会出现明显下降的现象，经济缺乏强有力的推动，企业更注重保持地位而不是进一步增强竞争力。这就提示人们要居安思危，通过促进产业结构的进一步升级来提高价值链的增值水平，防止被淘汰的厄运。

产业竞争优势经历了由弱至强再减弱的周期，即前三个阶段是国际竞争优势的增长时期，而第四个阶段则是国家竞争优势的下降时期。

5.4.3 产业集聚理论

产业集聚理论是波特于 1998 年在《集群与新竞争经济学》一文中提出的。产业集聚（clustem）是指同一产业在某个特定地理区域内高度集中，产业资本要素在空间范围内不断汇聚的一个过程。产业集聚作为新的空间产业组织形式，从 4 个方面加强了企业的竞争优势。

（1）外部经济效应

集聚区域内企业数量众多，大多数属于中小企业，但集聚区域内的企业彼此实行高度的分工协作，生产效率高，产品不断出口到区域外的国内市场和国际市场，从而使整个产业集聚区域获得一种外部规模经济。

（2）学习和创新效应

产业集聚是培育企业学习能力与创新能力的温床。一家企业的知识创新很容易外溢到区内的其他企业，因为这些企业通过实地参观访问和经常性的面对面交流，能够较快地学习到新的知识和技术。这种知识创新的外部效应是产业集聚获得竞争优势的一个重要原因。此外，产业集聚也刺激了企业家才能的培育和新企业的不断诞生。

（3）空间交易成本的节约

产业集聚区域内的企业地理位置邻近，容易建立信誉机制和相互信赖的关系，从而大大减少了机会主义行为。

（4）品牌与广告效应

产业集聚的影响力不断扩大以后，会在消费者中间形成一个良好的品牌形象，增强消费者的购买欲望。有时这种形象会影响到一些相关互补性产品，由此产生一个个优势产业群。

根据这个理论，形成产业集聚需要相应的条件，这些条件主要包括钻石理论涉及的 4 个基本因素和 2 个辅助因素。与此同时，一个地方好的制度、习俗等社会环境的非集聚因素，必然会对企业的生存、发展产生重要影响，进而对企业的地域选择趋向产生影响，而这种企业的地域选择趋向又是产业地理集聚的重要诱因。产业集聚是工业化进行到一定阶段的必然产物，也是区域经济竞争力的重要来源和集中体现，能够有效地促进产业集聚地区的经济发展。

5.4.4　政策的含义

波特关于政府政策的观点是建立在若干个与一般经济分析有所不同的前提之上的。第一，他认为竞争是企业之间而非国家之间的事情，政府不宜实施直接的干预行动，而应该制定政策来促进环境的改善，这种环境能够产生竞争机会并对持续的发明创造形成一种压力。第二，保持一国的竞争优势需要持续不断的发明创造与变革。所以，政府不应该采取那些导致短期静态优势的政策而削弱产生发明与活力的基础。第三，一些国家竞争优势的基础比另一些国家的基础更具有可持续发展性。为此，政府应发展专门要素和推进要素的生产，发展产品差异较大和供给不足的市场部门。第四，一国的竞争优势要经过几十年而不是一两年的商业循环周期就可以产生，因而最有益的政府政策应该着眼于长期计划，而不是短期的经济波动。最后，并非所有的企业和劳动力都能理解它们长期的自身利益。这就意味着政府要选择一种不考虑其公民即时享受和愿望的政策，避免"得利于眼前，遗患于长远"。

5.5　贸易引力模型

前述的比较优势理论和要素禀赋理论，重点解释了国际贸易产生的原因和贸易模式；本章前四节对国际贸易新理论的介绍重点在于不完全竞争市场中国际贸易产生的原因，对于贸易模式并未深入解释，对于国际贸易量和双边贸易规模没有涉及。在国际贸易领域，引力模型是研究双边贸易量的重要工具，最早由丁伯根（Tinbergen）引入，他认为两个国家之间的单项贸易流量与它们各自的经济规模成正比，与它们之间的距离成反比，一般用 GDP/GNP 来表示各国的经济规模。

5.5.1　贸易引力模型的基本模式

贸易引力模型（trade gravity model）的简化公式为

$$M_{ij} = k \frac{v_i v_j}{D_{ij}}$$

其中，M_{ij} 为贸易量；k 为常数（通常也称为引力系数）；v_i 和 v_j 为两国的 GDP/GNP，是内生变量；D_{ij} 为两国之间的空间距离，一般指两国经济中心或主要港口之间的距离，反映了包括运输成本和贸易壁垒在内的两国间贸易成本。

简而言之，国际贸易引力模型认为两个国家之间的贸易量和这两个国家的 GDP/GNP 之积成正比，与它们之间的距离成反比。因此，经济规模大的国家之间潜在的贸易量将会较大，相对距离较接近的国家之间潜在的贸易量将会较大。

5.5.2 贸易引力模型的理论拓展

贸易引力模型的出现并不是源自贸易理论的推导，而是以对现实贸易关系的直观判断为依据建立起来的，因此贸易引力模型的实证研究在先，理论研究在后。安德森（Anderson）指出，"不识别模型的性质就会妨碍其在政策研究方面的运用，比如在模型中加入诸如边境税之类的政策变量就很难在理论上找到合理性"。伯格斯特兰德（Bergstrand）也提及，"尽管引力模型很成功地从计量角度解释了贸易量流动，但由于其缺乏强有力的经济基础，其对潜在贸易量的预测受到很大局限"。因此，20 世纪 70 年代末以来，国际经济理论界对引力模型实证和理论基础的推导进入高潮。

引力模型的理论基础研究一般可分为两个流派：一派是以 Anderson、Bergstrand 和 Wincoop 为代表的不基于任何贸易理论基础推导引力模型；另一派是以 Bergstrand、Deardorff、Evenett 和 Keller 为代表的基于国际贸易理论推导引力模型[1]。

5.5.3 贸易引力模型的实证应用

（1）对国家间贸易量的验证

赫尔普曼推导出规模离散系数，并用经济合作与发展组织（OECD）成员的数据验证该系数与贸易量和 GDP 之比的关系。赫尔普曼认为：如果所有国家的生产是完全专业化的，消费者偏好相同且是同位的，那么在自由贸易的背景下，地区 A 的国家间的贸易总量与它们的 GDP 之比为

$$\frac{\text{地区 A 的国家间的贸易总量}}{\text{地区 A 的 GDP}} = s^A \left[1 - \sum_{i \in A} (s^{iA})^2 \right]$$

其中，$s^A = Y^A / Y^W$，表示地区 A 相对于世界的 GDP 之比，$s^{iA} = Y^{iA} / Y^A$，表示国家 i 相对于地区 A 的 GDP 之比。赫尔普曼的实证结果证实了上式，也就是说，随着时间的推移，OECD 成员的大小越来越接近，贸易量也在扩大[2]。

但是，2002 年德巴拉用 1970—1989 年 OECD 成员和非 OECD 成员的数据进行验证的结果表明，对于 OECD 成员而言，赫尔普曼的研究结果得到证实，但是非 OECD 成员的数据却基本不支持这一结论。

（2）边界效应的验证

贸易引力模型最引人注目的实证分析结论就是验证了国际贸易中存在的边界效应。麦卡勒姆利用 1988 年的数据对加拿大省际的国内贸易和加拿大各省与美国各州之间的国际贸易

---

[1] 对贸易引力模型的理论推导，一般在高级国际贸易理论课程中涉及，感兴趣的读者可以阅读相关参考文献。

[2] 欲对赫尔普曼和德巴拉的实证分析进一步了解，建议阅读芬斯特拉的《高级国际贸易理论》。

量进行了比较研究。其因变量为加拿大各省到其他省或美国各州的出口，自变量为贸易涉及的省或州的 GDP、两地的距离及贸易类型的虚拟变量（加拿大省际贸易取 1，其余为 0），其结论是：加拿大 1988 年的省际贸易量比跨境贸易量大约 22 倍。当在麦卡勒姆的模型的因变量中加入美国各州之间的贸易，数据更改为 1993 年时，得到的结论是：加拿大 1993 年的省际贸易量比跨境贸易量大 15.7 倍，美国 1993 年的州际贸易量仅比跨境贸易量大 1.5 倍。

贸易引力模型的这一实证结论引发了经济学家的思考：在美国和加拿大之间存在什么因素导致二者间的贸易被屏蔽了如此大的比重？所有可能影响或阻碍两国（实证中指美国和加拿大两国）之间贸易的全部因素被统称为边界效应。在边界效应中，最重要的影响因素是运输成本和贸易壁垒。

边界效应为何有如此明显的影响呢？安德森和范·温库帕在贸易引力模型中加入运输成本自变量时，加拿大 1993 年的省际贸易量比跨境贸易量大 10.5 倍，美国 1993 年的州际贸易量仅比跨境贸易量大 2.6 倍，也就是说边界效应对于经济规模不同的国家的影响不同，经济规模小的国家受边界效应的影响大。

（3）本地市场效应的验证

克鲁格曼提出，两个国家进行贸易，规模大的国家将生产更多数量的产品而且会成为差异化产品的净出口国。这就是国际贸易的"本地市场效应"，也就是说经济规模大的国家会吸引更多的企业，最终可能成为净出口。

戴维斯和温斯坦运用 OECD 成员产业数据进行了本地市场效应的实证分析，他们得到的结论是：需求差别的系数为 1.6，也就是说一国 10％ 的需求增加将会导致该国产出增加 16％，也就意味着出现了净出口的增加。在对日本各县的产业数据进行分析时，他们发现，日本大约一半的产业显著地存在本地市场效应。

本章要点

技术差异论证明了即使两国在要素禀赋和需求偏好上都相似，技术领先的国家就拥有比较优势，从而产生国际贸易。

产品生命周期理论说明了比较利益是一个动态的发展过程，它会随着产品生命周期的变化从一种类型国家转移到另一种类型国家，因而不存在一国能永远具有比较优势。

产业内贸易理论解释了"二战"以后大量存在的产业内贸易情况，其从产品差异、规模经济及需求相似三个方面说明了产业内贸易发生的原因。

波特试图超越传统的比较利益观点，提出了国家竞争优势理论，其认为一国兴衰的根本在于该国在国际竞争中是否能赢得优势，而国家竞争优势取得的关键又在于国家是否有合宜的创新机制和充分的创新能力。

国际贸易引力模型认为两个国家之间的贸易量和这两个国家的 GDP/GNP 之积成正比，与它们之间的距离成反比。贸易引力模型的实证结论证实了边界效应和本地市场效应的存在。其中，边界效应是指所有可能影响或阻碍两国之间贸易的全部因素，本地市场效应是指两个国家进行贸易，规模大的国家将生产更多数量的产品而且会成为差异化产品的净出口国。

复习思考题

一、名词解释

技术差距论　产品生命周期理论　需求偏好相似说　产业内贸易　水平差异　技术差异　垂直差异　规模经济　外部规模经济　国家竞争优势论　贸易引力模型　边界效应　本地市场效应

二、简答题

1. 简要比较技术差距论与产品生命周期理论的异同。
2. 为什么外部规模经济可以成为国际贸易产生的原因？
3. 简述国家竞争优势理论的基本思想。
4. 简要分析竞争优势与比较优势的异同。
5. 简述贸易引力模型的基本内容。

三、论述题

1. 试述产品生命周期理论的动态意义。
2. 试述产业内贸易理论的主要观点。
3. 产品差异性是产业内贸易发生的基础，这体现在产品的哪些方面？

第 **6** 章

贸易保护理论

从对外贸易政策的发展历史来看，基本上可以将各国的贸易政策划分为两类：自由贸易政策和保护贸易政策。所谓自由贸易政策，是指政府取消对对外贸易的限制，不对本国商品和服务企业提供特权和优惠，力图消除各种贸易壁垒，使商品与服务尽可能地自由流动。从贸易政策的历史发展进程来看，自由贸易政策并不是绝对的自由，即使是在英国经济最强大的时候，尽管有亚当·斯密和大卫·李嘉图的理论指导，英国也没有实行完全的自由贸易政策。换言之，自由贸易政策一般都是相对的、部分的。所谓保护贸易政策，是指政府采取各种措施限制商品和服务的进口，以保护本国的产业和市场不受或少受外国商品和服务的竞争，同时对本国的商品与服务的出口采取促进措施，以鼓励出口。

从贸易政策的历史发展进程来看，保护贸易政策不是绝对的保护，也不是完全地保护本国的市场和产业。因为任何一个国家总有部分产业或商品在国际上具有竞争力，需要自由地参与竞争。大多数贸易理论支持自由贸易政策，但现实中从未有过纯而又纯的自由贸易政策。自由贸易虽会给世界带来经济利益，但也会引起经济利益在不同国家及不同利益集团间的重新分配。一国政府出于某种目的，可以并且必须采取某种手段来干预这种经济利益的分配过程，这正是保护贸易理论的出发点。本章专门介绍贸易保护理论及其发展。

6.1　保护幼稚工业说

早在汉密尔顿的保护关税说及李斯特的保护幼稚工业说之前，重商主义者已经为保护贸易提出了理论依据。重商主义从增加一国的财富出发，认为只有贸易顺差才能使得金、银等贵金属流入国内，从而增加本国财富。保证本国实现贸易顺差的政策措施就是限制进口、鼓励出口这种最直接的保护贸易政策手段。有关重商主义的详细内容见第 2 章，这里从重商主义之后出现的保护关税说开始。

6.1.1　汉密尔顿的保护关税说

保护关税说是由汉密尔顿提出的，他是美国贸易保护主义的鼻祖。亚历山大·汉密尔顿（Alexander Hamilton，1757—1804）是美国的政治家和金融家，美国独立后的首任财政部长。

1. 理论背景

美国独立以前一直受到英国的殖民统治，美国实际上是英国经济上的原材料供应市场和工业品销售市场，美国的经济发展尤其是工业的发展受到严重制约，经济发展水平十分落后。1776年，美国宣告独立，英国极力反对，派军队进行镇压，于是一场独立和反独立战争爆发并持续了7年之久。美国虽然取得了战争的最后胜利，但经济却遭到了严重的破坏，加之战后英国的经济封锁，使其经济更加凋敝，工业处于落后状态。当时摆在美国面前有两条路：一条是实行保护关税政策，发展本国的制造业，减少对外国工业品的依赖，以彻底摆脱西欧殖民主义的经济束缚和经济控制；另一条是实行自由贸易政策，继续向西欧国家出口农产品，用以交换这些国家的工业品。前者反映了北方工业资本家的要求，后者符合南方种植园主的利益。

2. 主要论点

汉密尔顿代表当时美国工业资产阶级的利益，极力主张美国实行保护关税政策。他于1791年12月向国会递交了一份《关于制造业的报告》(*Report on manufacture*)。在报告中，他阐述了保护和发展制造业的必要性，以及一个相当大的非农业消费阶层对于一个稳定而繁荣的农业的重要性，并提出了以加强国家干预为主要内容的一系列措施。

汉密尔顿的保护关税论主要围绕制造业展开分析。首先，他认为，制造业在国民经济发展中具有特殊的重要地位。保护和发展制造业有利于提高整个国家的机械化水平，促进社会分工的发展；有利于扩大就业，吸引移民流入，加速国土开发；有利于提供更多的创业机会，使个人才能得到更充分的发挥；有利于消化农产品原料和生活必需品，保证农产品的销路和价格稳定，刺激农业发展，等等。其次，他还指出，保护和发展制造业对维护美国经济和政治独立具有重要意义。一个国家如果没有工业的发展，就等于失去了经济发展的基础，其结果不但不能使国家富强，而且很难保持其独立地位。况且，美国工业起步晚，基础薄弱，技术落后，生产成本高，效率低下，难与英国、法国、荷兰等国的廉价商品相抗衡。在这种条件下，实行自由贸易政策将断送美国工业，进而威胁美国经济和政治上的独立地位，因此美国必须实行保护关税制度以使新建立起来的工业得以生存、发展和壮大。最后，保护和发展制造业的关键在于加强国家干预，实行保护关税制度。他提出的具体措施有：

① 向私营工业发放政府信用贷款，扶持私营工业发展；

② 实行保护关税制度，以高关税来限制外国工业品输入，保护国内新兴工业；

③ 限制重要原材料出口，同时采用免税的办法鼓励进口本国急需的原材料；

④ 为必需品工业发放津贴，给各类工业发放奖励金；

⑤ 限制改良机器及其他先进生产设备的输出；

⑥ 建立联邦检查制度，保证和提高工业品质量；

⑦ 吸引外国资金，以满足国内工业发展的需要；

⑧ 鼓励外国移民迁入，以增加国内劳动力供给。

3. 简评

① 具有历史进步意义。汉密尔顿递交《关于制造业的报告》时，自由贸易学说在美国占上风，因而他的主张遭到不少人的反对。随着英、法等国工业革命的不断发展，美国工业遇到了国外越来越强有力的竞争和挑战，汉密尔顿的主张才在美国的外贸政策上得到反映。1816年，美国提高了制成品的进口关税，这是美国第一次实行以保护为目的的关税措施。

1828 年，美国再度加强保护措施，工业制成品平均关税（从价税）率提高到 49%。汉密尔顿的主张虽然只有一部分被美国国会采纳，但却对美国政府的内外经济政策产生了重大而深远的影响，促进了美国资本主义的发展，具有历史进步意义。恩格斯在《保护贸易与自由贸易》中指出："假如美国也必须变为工业国，假如它不仅有赶上它的竞争者的机会，而且有超过它的竞争者的机会，那么美国面前摆着两条道路，即或者以比它先进一百年的英国工业为对手，在自由贸易之下，用 50 年的工夫，作极大牺牲的竞争战；或者实行保护贸易，在 25 年之内拒绝英国工业品进口，在 25 年之后，美国工业在世界公开市场上能够居于强国的地位，是有绝对把握的。"

② 对落后国家寻求经济发展和维护经济独立具有普遍的借鉴意义。与旨在增加金银货币财富、追求贸易顺差而主张采取保护贸易政策的重商主义不同，汉密尔顿的保护贸易思想和政策主张反映的是经济不发达国家独立自主地发展民族工业的愿望和正当要求，它是落后国家进行经济自卫并通过经济发展与先进国家进行经济抗衡的保护贸易学说。汉密尔顿的关税保护论实际上回答了这样一些问题：落后国家应不应该建立和发展自己的工业部门？如何求得本国工业部门的发展？对外贸易政策如何体现本国经济发展战略？这对落后国家赶超先进国家来说，不无借鉴意义。

③ 汉密尔顿保护关税的提出，标志着从重商主义分离出来的西方贸易保护理论和自由贸易理论两大流派已经基本形成，因而具有重要的理论意义。受历史局限，汉密尔顿在当时没能进一步分析其保护措施的经济效应和经济后果，也没有注意到其制约本国经济发展的消极一面。

6.1.2 李斯特的保护幼稚工业论

在欠发达国家中，贸易保护最重要、最流行的依据是保护幼稚工业（infant industry）论，也称阶段保护论。该理论是由德国经济学家弗里德里希·李斯特（Friedrich List，1789—1846）提出的。李斯特在其名著《政治经济学的国民体系》中详细阐述了后起国家推行贸易保护政策的历史与理论。

专栏 6-1

1. 理论提出背景

李斯特所处时代的德国是一个政治上分裂割据、经济上十分落后的农业国。在政治上，拿破仑战争后的德国仍保持着中古时代的封建制度，全境分裂为 38 个小邦，每个小邦都拥有自己的政府、军队、法庭、货币及外交。这种状况一直持续到 1848 年革命后才由于完成政治统一而结束。在经济上，各邦之间实施封锁政策，存在不同的地方税率，关税壁垒林立，严重阻碍了商品流通和国内统一市场的形成。德国 19 世纪 30 年代才开始工业革命，到 1848 年革命爆发时，它甚至还没有建立起自己的机器制造业，工场手工业和分散的小手工业仍占主导地位。在对外贸易经济方面，由于没有统一的保护国内工业成长的关税制度和贸易政策，致使英国等国的廉价商品涌入德国国内市场。贸易商品结构则是出口原料和食品，进口本国所需的半制成品和制成品。德国经济发展实际上受到了来自外国强大经济力量的冲击。因此，对于对外贸易政策的选择问题，德国国内产生了激烈的辩论：一派主张实行自由贸易，认为任何保护税制在理论上都是站不住脚的，这种观点占主导地位；另一派主张实行保护关税制度，德国经济才会发展，这种观点受到排挤。李斯特积极倡导并参与了取消德意志各邦之间的关税、组建全德关税同盟的活动，因此触犯了德国政府当局，1825 年初流亡美国。李斯特移居美国以后，受到汉密尔顿关税保护论的启发和影响，并目睹美国实行保护贸易政策的成效，因而使得他从当时德国的实际情况出发，强烈呼吁实行保护贸易。

2. 保护幼稚工业论的主要观点

保护幼稚工业论的主要观点是：后起国家的新兴工业起步时如同幼儿一样没有自立能力，在自由贸易环境下必然会被国外有竞争力的同类工业所摧毁而永无长大的可能，因此在欠发达国家中，政府必须通过征收关税限制国外同类产品的进口，以保护本国的幼稚工业。所谓幼稚工业，是指处于成长阶段尚未成熟、但具有潜在优势的产业。

1）生产力论

李斯特反对"比较成本论"关于当外国能用较低的成本生产并出口某种产品时，本国就不必生产该产品，而是通过对外贸易获得，双方都能从贸易中获益的主张。因为贸易只是既定财富的再分配，它虽然使一个国家获得了短期的贸易利益——财富的交换价值，却丧失了长期的生产利益——创造物质财富的能力。他认为，"财富的生产力比财富本身，不晓得要重要多少倍；它不仅可以使已有的和已经增加的财富获得保障，而且可以使已经消失的财富获得补偿"。[1] 有了生产力的发展就有了财富本身。"生产力是树之本，可以由此产生财富的果实，因为结果子的树比果实本身价值更大。"[2] 从国外进口廉价的商品，短期看来是要合算一些，但是这样做的结果是，本国的工业得不到发展，以致长期处于落后和依附的地位。如果采取保护关税政策，开始时国产工业品的成本要高些，消费者要支付较高的价格；但当本国的工业发展起来之后，生产力将会提高，生产商品的成本将会下降，本国商品的价格就会下降，甚至会降到进口商品的价格以下。古典学派的自由贸易理论只单纯追求当前财富交换的短期利益，而不考虑国家和民族的长远利益。正如李斯特所说："保护关税也许使价值有所牺牲，但它却使生产力有了增长，足以抵偿损失而有余。由此使国家不但在物质财富的量上获得无限增进，而且一旦发生战事，也可以保证工业的独立地位。工业独立及由此而来的国内发展，使国家获得了力量。"[3] 因此，李斯特认为生产力是决定一个国家兴衰存亡的关键问题，这里的生产力应是国家综合生产力，而国家综合生产力中最具有决定意义的是国家的工业生产力。

2）经济发展阶段论

李斯特反对不加区别的自由贸易，主张一定条件下的保护政策。他认为，古典学派的国际贸易理论忽视了各国历史和经济发展的特点，所宣扬的是世界主义经济学，把将来世界各国经济高度发展之后才有可能实现的经济图式作为研究现实经济问题的出发点，因而是错误的；各国的经济发展必须经过 5 个阶段，即"原始未开发时期，畜牧时期，农业时期，农、工业时期和农、工、商业时期"。他认为，处于不同经济发展阶段的国家应实行不同的对外贸易政策：处于农业时期的国家应实行自由贸易政策，以利于农产品的自由输出，并自由输入外国的工业产品，以促进本国农业的发展，并培育工业化的基础；处在农、工业时期的国家，由于本国已有工业发展，但并未发展到能与外国产品相竞争的地步，故应实施保护关税

---

① 李斯特．政治经济学的国民体系．北京：商务印书馆，1961．

② 同①．

③ 同①．

制度，使它不受外国产品的冲击；而处于农、工、商时期的国家，由于国内工业产品已具备国际竞争能力，国外产品的竞争威胁已不存在，故应实施自由贸易政策以享受自由贸易的最大利益，刺激国内产业进一步发展。

李斯特提出上述主张时，认为英国已达到第五个阶段，法国在第四个阶段与第五个阶段之间，德国和美国均在第四个阶段，葡萄牙和西班牙则在第三个阶段。因此，李斯特根据其经济发展阶段论，认为德国在当时必须实行保护贸易政策。

3）国家干预论

李斯特认为，要想发展生产力，必须借助国家的力量。同将国家视为"消极警察"、只负担国家安全与公共安全的保障工作，主张实行自由放任经济政策的英国自由贸易论者相反，李斯特将国家比喻为国民生活中如慈父般的有力指导者。他认为，国家的存在比个人存在更为重要，国家的存在是个人和人类全体安全、幸福、进步及文化发展的第一条件，所以个人的经济利益应从属于国家真正财富的增进与维持。因此，在培植国家生产力，尤其是发展民族工业方面，国家应当做一个理性的"植树人"，采取主动而有效的产业政策。他以风力和人力在森林成长中的不同作用做比喻，来说明国家调控在经济发展中的作用。他说："经验告诉我们，风力会把种子从这个地方带到那个地方，因此荒芜原野会变成稠密森林；但是要培植森林就要静等风力作用，让它在若干世纪的过程中来完成这样的转变，世上岂有这样愚蠢的办法？如果一个植树者选择树秧，主动栽培，在几十年内达到同样的目的，这不算是一个可取的办法吗？历史告诉我们，有许多国家，就是由于采取了那个植树者的办法胜利实现了它们目的。"[①] 李斯特还以英国经济发展的历史为证，论述了英国经济之所以能够快速发展，主要是由于当时政府实行扶植政策的结果。因此，李斯特主张在国家干预下实行保护贸易政策，并指出德国正处于类似英国发展初期的状况，应实行国家干预下的保护贸易政策。

李斯特的保护幼稚工业论以生产力理论为基础，以经济发展阶段论为依据，以英国、荷兰、西班牙等国的兴衰为佐证，猛烈地抨击了古典学派的自由贸易学说，建立起了一套以保护关税为核心、以阶段保护为特点的为落后国家提供保护贸易政策依据的国际贸易理论体系。

3. 保护幼稚工业论的政策主张

1）保护的对象

虽然李斯特主张落后国家实行保护贸易，但其目的是促进生产力的发展，而不是所有的产业。李斯特提出作为保护对象的应当是新兴的（幼稚的）、面临国外强有力竞争的并具有发展前途的工业，并具体指出：农业一般不需要保护，因为工业发展以后，农业自然跟着发展；无强有力的外国竞争者的幼稚工业不需要保护；有强有力的外国竞争者的幼稚工业需要保护。

有关幼稚产业的判定标准如下。

① 穆勒标准——潜在竞争力标准。穆勒认为当某一产业规模较小，其生产成本高于国际市场价格时，如果任由自由竞争，该产业必然会亏损。如果政府给予一段时间的保护，使该产业能够发展壮大，以充分实现规模经济、降低成本，以致最终该产业能够完全面对自由

---

① 李斯特. 政治经济学的国民体系. 陈万煦，译. 北京：商务印书馆，1961.

竞争，并且获得利润，那么该产业就可以作为幼稚产业来加以扶植。

② 巴斯塔布尔标准——现值标准。该标准引进经济分析的现值概念，认为被保护的产业不仅要具有潜在的国际竞争力，并且它在未来所获利润的现值一定要大于保护它时所付出的社会成本。如果这个条件不被满足，就不能列入幼稚产业。

③ 肯普标准——外部经济标准。该标准在包括前两个标准的同时，又提出外部经济的内容。他认为，前两种标准所界定的企业，即使没有政府的保护，企业利润最大化目标也会促使企业发展这些产业，因此政府不需要保护。只有具有外部规模经济的产业，如产业的知识可以被其他企业模仿或无偿使用，这类的企业政府应该扶植和保护。

④ 小岛清的标准——总体经济发展标准。日本经济学家小岛清认为，穆勒、巴斯塔布尔、肯普的标准都是根据个别企业的利弊得失来寻求保护正当合理的标准，这种研究方法是不正确的。最重要的是，要根据要素禀赋比率和比较成本的动态变化，从国民经济的角度选择应该发展的幼稚产业，只要是这样的幼稚产业，即使不符巴斯塔布尔或肯普的标准，也是值得保护的。

⑤ 莜原三代平标准——产业基准标准。这一标准包括收入弹性基准和生产率上升基准。收入弹性基准是指将收入弹性高的产业作为优先发展产业。这是因为这类产业具有广阔的市场，可以为其提供成长的空间。生产率上升基准是指选择优先发展生产率上升快、技术进步率高的产业作为受保护的幼稚产业，提高其在整个产业结构中的比重。

2）保护的目的

李斯特的保护幼稚工业论着眼于一国的长远利益，其目的是促进和保护生产力的发展，而发展国内工业是提高一个国家生产力的唯一途径。对于农产品及本国还发展不了的技术和机器不能进行保护，不限制进口，这样才能从国外得到廉价的粮食和原料，有利于国内工业的发展。

3）保护的手段

李斯特认为，保护本国工业的发展有众多的手段可以选择，但保护关税制度是建立和保护国内工业的主要手段，不过应根据具体情况灵活地加以运用。比如，为保护幼稚工业，"对某些工业品可以实行禁止输入，或规定的税率事实上等于全部或至少部分地禁止输入"。同时，"对凡是在专门技术与机器制造方面还没有获得高度发展的国家，对于一切复杂机器的输入应当允许免税，或只征收轻微的进口税"。一般来说，在从自由竞争过渡到保护阶段初期，绝不可把税率定得太高，因为税率过高会中断与外国的经济联系，如妨碍资金、技术和企业家精神的引进，这必然对国家不利。正确的做法是从国内工业起步开始逐步提高关税，并且应当随着国内或从国外吸引来的资本、技术和企业家精神的增长而提高。在从禁止政策变到温和的保护制度的过程中，采取的措施则恰恰相反，应当由高税率逐渐降低而过渡到低税率。总之，一国的保护税率应当有两个转折点，即由低到高后再由高到低。税率的升降程度是不能从理论上来决定的，而要看比较落后国家在它对比较先进国家所处关系中的特殊情况及相对情况来决定。

4）保护的程度

不同对象给予不同程度的保护。保护关税的税率可以高到实际上等于完全禁止进口，也可以低到只对进口数量稍加限制。对国内需求量大、对国计民生有重大影响的制成品征收高关税，严格限制进口；对奢侈消费品征收较高关税，一般限制进口；对复杂的机器设备、技术等征收较低的关税或免税，鼓励进口。

5）保护的时间

保护的时间不宜过长，最多为 30 年。在此期限内，如果受到保护的工业还发展不起来，表明其不适宜成为保护对象，就不再予以保护。换言之，保护贸易不是保护落后的低效率。

6）保护的最终归向

保护关税并不是永久性的政策，它随着国内工业国际竞争力的逐渐提高而逐步降低，乃至取消。李斯特原则上承认自由贸易的合理性，他承认国内自由贸易的必要性，否认国际范围内自由贸易的现实可能性，即在国家间经济实力与地位极不均衡的条件下，贸易自由化不仅使落后国失去长期的经济利益——国家财富的生产力，而且动摇了长期的政治利益——国家的政治自主性和国防安全。基于此种认识，李斯特重视关税保护的适度性和暂时性。他认为，禁止性与长期性关税会完全排除外国生产者的竞争，但助长了国内生产者的不思进取、缺乏创新的惰性。如果被保护工业生产出来的产品，其价格低于进口同类产品且在其能与外国竞争时，应当及时取消关税保护；当国家的物质与精神力量相当强盛时，应实行自由贸易政策。

4. 对保护幼稚工业论的评价

李斯特的保护幼稚工业论的许多观点是有价值的，整个理论是积极的，对经济不发达国家制定对外贸易政策有较大的借鉴意义。他的关于"财富的生产力比财富本身不晓得要重要多少倍"的思想是深刻的，具有较强的理论说服力；他的关于处于不同经济发展阶段的国家应实行不同的对外贸易政策的观点是科学的，为经济落后国家实行保护贸易政策提供了理论依据；他的关于以保护贸易为过渡时期和仅以有发展前途的幼稚工业为保护对象，其保护也是有限度的而不是无限期的主张是积极的和正确的，说明了他对国际分工和自由贸易的利益也予以承认；他对保护贸易政策得失的分析是实事求是的，揭示了建立本国高度发达的工业是提高生产力水平的关键。李斯特的保护幼稚工业论和政策主张在德国资本主义工业的发展过程中起了积极的促进作用。在保护政策的影响下，德国于 1843 年和 1846 年两次提高关税，有效地保护了德国工业的发展，使德国在较短的时间内就赶上了英国和法国。

李斯特理论在逻辑和实践上都证明是正确和有效的，但在具体操作中存在困难，主要体现在以下两个方面。一是保护对象的选择。正确地选择保护对象是保护幼稚工业政策成败的关键，为此，许多经济学家提出了各种选择保护对象的标准和方法。例如，成本差距标准将保护对象定位于具有成本下降趋势且国内与国际的差距越来越小的产业；要素动态禀赋标准则提出若一国对某种产业的保护，使该国的要素禀赋发生有利于该产业发展或获得比较利益的变化，则该产业是有前途的。二是保护手段的选择。保护幼稚工业的传统手段主要是征收进口关税，但很多经济学家认为，既然保护的目的是增加国内生产，而不是减少国内消费，最佳的策略应是采取生产补贴而不是关税。由于采用关税手段政府可以得到关税收入，而采取生产补贴政府既失去关税收入又要增加财政开支，因而欠发达国家更多地倾向于采用征收关税限制进口的手段来保护本国工业。

另外，通过限制进口的手段来保护幼稚工业还可能付出一种常常不被人注意的社会代价，即推迟接受和普及先进技术和知识所造成的损失，尤其是在大多数欠发达国家处于幼稚阶段的新兴工业或高科技工业领域。最明显的例子是对计算机工业的保护。为了保护国内幼稚的计算机工业，一些国家对国外的计算机实行进口管制。结果是，在发达国家计算机已普及到家庭的电子时代，这些国家的计算机仍因价格昂贵而使大多数人望而却步。与彩电、冰箱等不同，计算机不是一般的消费品，它的普及价值是整个社会生产效率的提高和先进技术的外溢与普及，限制计算机进口，保护的只是一个行业，拖延的却是整个社会的进步，其损失是远远超过所得的。

需要注意的是，李斯特并不否认自由贸易政策的一般正确性。他认为，当一个国家解决了落后问题，即实现了工业化后，是可以选择自由贸易政策的。这是幼稚工业保护理论与重商主义及后面提到的贸易乘数理论的一个不同之处。

专栏 6-2

保护幼稚工业理论，在一些国家的经济发展过程中起到了积极的作用。例如，19 世纪，在美国和德国工业发展的最初阶段，不可否认地起到了重要的作用。20 世纪，保护幼稚工业理论在日本和东亚一些国家和地区的经济发展中同样起到了积极的作用。当然，也有一些发展中国家，对本国的幼稚工业保护了几十年，而这些国家的工业至今仍然没有成长壮大。保护幼稚工业理论的主要问题或者说是关键点，是贸易保护政策可以使得一些低效率、无效益的企业幸存下来。但是，它并不能保证这些企业会自然而然地成长壮大，变成高效率和有效益的企业。相反，政府的保护常常使得一些低效率和无效益的企业长期不求上进地"活"下来。因此，保护幼稚工业并非万灵药，并非保护就能保证企业自然而然地成长壮大。在保护期间，幼稚企业能否成长壮大，还取决于其他许多因素，这并非保护所能解决的。

6.2　超保护贸易理论

凯恩斯主义的超保护贸易学说是由凯恩斯及其追随者马克卢普、哈罗德共同创立的。凯恩斯（John Maynard Keynes，1883—1946）是著名的英国经济学家，并且是同其前辈李嘉图一样的集经商、从政与治学于一身的成功的经济学家。他既是凯恩斯主义的创始人，也是现代宏观经济学的奠基人，一生著作很多，其中最有名的是 1936 年出版的《就业、利息和货币通论》（*The General Theory of Employment，Interest and Money*）。

马克卢普（F. Machlup）是出生于奥地利的美国经济学家，美国普林斯顿大学教授，凯恩斯的主要追随者之一，其代表作是《国际贸易与国民收入乘数》（1943 年出版）。

哈罗德（Roy F. Harrod）是英国著名经济学家，牛津大学教授，凯恩斯的主要追随者之一，其代表作是《国际经济学》和《动态经济学导论》，分别于 1933 年和 1948 年出版。

虽然凯恩斯并没有一本系统地论述国际贸易的专著，但是他和他的追随者们有关国际贸易的观点却对各国对外贸易政策的制定产生了深远的影响。由于凯恩斯的对外贸易政策与重商主义政策相似，因而被称为新重商主义。又由于这种政策代表了垄断资产阶级的利益，在保护的内容、范围、采用的保护手段等方面均大大超过了传统保护贸易政策，因而称为超保护贸易政策。凯恩斯的贸易保护是一种完全不同于处在经济发展过程中的国家建立在走向工业化基础上的贸易保护，而是建立在已经实现了工业化的国家试图寻求经济稳定增长基础上的贸易保护。

与第一次世界大战前的保护贸易政策相比，超保护贸易政策在实践中具有以下一些新的特点。

① 保护的目的不再是培养自由竞争能力，而是对国外市场的垄断能力。

② 保护的对象不仅是幼稚工业，更多的是国内高度发达的或出现衰退的垄断工业。

③ 采取的手段由保守的限制进口扩展到倾销、出口补贴等。

④ 保护的后果是，不仅没有提高本国的劳动生产率和出口商品的竞争力，反而妨碍了社会生产力的发展。

6.2.1　理论背景

凯恩斯所处的时代是资本主义进入垄断阶段的时代。科学技术的进步促进了国际分工和世界市场的迅速发展。在新的历史条件下，传统的经济贸易理论失去了昔日的威风。由于对新情况、新问题不能做出合理的和科学的说明，传统经济贸易理论实际上已经陷入困境，而1929—1933 年资本主义历史上最深刻的经济危机则更是给古典学派和新古典学派以当头一棒。1936 年，凯恩斯出版了他的主要代表作《就业、利息和货币通论》。在这本著作中，凯恩斯批判了传统经济贸易理论，以有效需求不足为基础，以边际消费倾向、边际资本效率和灵活偏好为核心，以国家对经济生活的干预为政策目标，把对外贸易和国内就业结合起来，创立了取代传统经济贸易理论的新学说。

凯恩斯贸易理论的基本思想是主张国家干预对外经济，利用贸易顺差保持国内充分就业。由于凯恩斯及其追随者极力推崇重商主义的追求贸易顺差的理论观点，他们的保护贸易理论也因此被称为"新重商主义"。

6.2.2　凯恩斯对经典理论的批判

1. 凯恩斯对古典自由贸易理论的批判

在 1929—1933 年大危机以前，凯恩斯是一个坚定的自由贸易论者，他坚决反对那种认为实行保护主义可以增加国内就业和维持经济增长繁荣的观点。他指出："若保护主义者认为可以医救失业，则保护主义之谬误可以说是到了最荒唐、最赤裸裸之地步。"[①] 但是，20世纪 30 年代的大危机彻底改变了凯恩斯的立场。他开始批评自己以前所信奉的自由贸易学说，认为传统的自由贸易理论缺乏牢固的理论基础，而且已不适用于当代社会经济贸易发展的新情况和新问题。

首先，凯恩斯及其追随者认为传统贸易理论所说的在自由贸易条件下包括劳动和资本在内的一切生产要素都能得到充分使用的假设，在现实生活中并不存在。事实上，大危机期间，美国等发达国家的失业率高达 25%。

其次，他认为，古典自由贸易理论者忽略了"国际收支自动调节说"在调节过程中对一国国民收入和就业所产生的影响。按照国际收支自动调节说，顺差国国内支付手段将由于顺差而增加，导致国内价格提高，出口减少而进口增加；相反，逆差国将由于逆差，国内支付手段减少，国内价格降低，于是出口增加而进口减少，如图 6-1 所示。凯恩斯认为，顺差国将由于国内支付手段增加而利率降低，从而投资增加，就业和国民收入增加；相反，逆差国则由于国内支付手段减少而利率提高，导致投资减少，就业和国民收入减少，从而带来痛苦的影响，如图 6-2 所示。

顺差→支付手段↑→国内价格↑→出口↓&进口↑

---

① 凯恩斯.就业、利息和货币通论.徐毓枬，译.2 版.北京：商务印书馆，1983.

逆差→支付手段↓→国内价格↓→出口↑&进口↓

图 6-1 国际收支自动调节图

顺差→支付手段↑→利率↓→投资↑→就业↑&收入↑
逆差→支付手段↓→利率↑→投资↓→就业↓&收入↓

图 6-2 国际收支自动调节对就业和收入的影响

2. 保护就业论

保护就业论主要为西方发达国家所普遍应用。每当经济不景气、失业率上升时，西方国家的一些政治家和工会领袖就归罪于来自外国的尤其是发展中国家的竞争，纷纷主张以限制进口来保障本国工业的生产和就业。20 世纪八九十年代的西方贸易保护主义的一个重要理论依据，就是保护国内的生产和就业。

保护就业论可以从微观和宏观两方面来解释。从微观上说，某个行业得到了保护，生产增加，工人就业也就增加；从宏观上说，保护就业论是建立在凯恩斯主义经济学说基础之上的。

在 1929 年至 1933 年的西方大萧条中，凯恩斯看到了古典经济学完全依赖市场机制和只重视供给方面的不足，认为一国的生产和就业主要取决于对本国产品的有效需求。如果有效需求增加，就会带动生产和就业的增加；反之，如果有效需求不足，就会出现生产过剩、经济衰退，造成失业增加。因此，要达到充分就业，就要对商品有足够的有效需求。

什么是有效需求呢？有效需求包括消费需求和投资需求，其中投资需求对有效需求的影响是很大的。投资需求有国内投资需求和国外投资需求，国内投资需求主要决定于利息率，国外投资需求则和贸易收支状况相联系。贸易顺差就相当于是对国民经济的"注入"，国外投资增加，并因此导致国内货币供给增加，利率下降，刺激国内投资增加，进而增加有效需求；相反，如果贸易逆差，则减少有效需求。因此，贸易对整个社会就业水平的影响过程可以表述为

增加出口，减少进口 ⇨ 增加有效需求 ⇨ 增加国民生产和就业水平

因此，保持贸易顺差，就可以不断扩大国外投资，增加投资需求和有效需求，解决就业问题，促进经济繁荣。

凯恩斯根据这样的认识，提出政府应放弃自由贸易政策，采取"奖出限入"的政策措施来干预对外贸易，实现贸易顺差，以增加就业，刺激经济繁荣。凯恩斯主义的保护就业论带有超保护贸易的特征，与以前的贸易保护主义相比，这种政策主张将贸易保护的对象从幼稚产业转向了国内高度发展了的或出现衰落的产业，保护的目的从培养自由竞争能力转向加强对国内外市场的垄断，保护的措施也日益多样化，出现了关税以外的各种"奖出限入"的措施，并建议通过组建货币集团来争夺世界市场。

如何对保护就业论进行评价呢？从理论上说，贸易保护无论在微观还是在宏观上，对增加就业都有积极作用，但是也不能不看到保护就业理论的局限性。

第一，怎样才能做到限制进口同时不伤害出口呢？我们知道，任何的贸易活动都是双方的事，一国只出口不进口是不可能的事。这样，希望通过扩大出口减少进口来保护就业的做法在现实中会遇到困难。首先，要考虑到别国的报复。因为一国限制进口，其实就是限制别国的出口，那么别国同样也出于增加就业的考虑而以限制本国进口作为回报，其结果可能是该国的出口减少。其次，要考虑别国的购买能力。若别国长期存在大量的贸易逆差，势必会

影响其经济发展和国际支付能力，最终会影响到该国对本国出口商品的需求，直接导致实行贸易保护国家的出口减少。因此，从总体均衡或长期均衡的角度来看，要想限制进口而不伤害出口或扩大出口而不增加进口都是不大可能的。

第二，发达国家的实践证明，采用关税或非关税壁垒限制进口、保护就业，其结果是成本高、效果差。美国经济学家戴维·塔（David Tarr）1989 年给联邦贸易委员会的报告中，对美国三大行业贸易保护的结果做了分析。据其估计，美国对其纺织品、汽车、钢铁行业所作的进口限额并没有提高整个就业水平，对钢铁行业就业的保护还造成钢铁价格上升，汽车生产成本上升，汽车行业的就业人数下降，而由此带来的各种明显的或隐含的经济损失则高达 209 亿美元。表 6-1 显示的是贸易保护造成的各行业的就业变化。

表 6-1　美国纺织品、汽车、钢铁业进口限额造成的就业变动

就业增加的行业和人数估计/万人		就业减少的行业和人数估计/万人	
纺织业	15.756	汽车制造业	-0.195
钢铁业	1.622	服务业	-5.588
农业、矿业	1.989	制造业	-7.862
		消费品生产工业	-1.745

根据上述资料可以看出，美国政府实施保护就业的政策，成本高昂，效果却普遍不佳。原因在于：从需求方面来看，无论实施关税或非关税壁垒都会使进口产品和国内同类产品的价格上涨，那么消费者会寻求其他代替品以减少对该产品的需求，导致国内进口替代产品行业的萎缩，减少就业机会；从供给方面来看，在美国劳动力成本相对较高，而厂商会从追求利润最大化的目标出发降低成本，有效的办法就是用便宜的资本替代相对昂贵的劳动力（这里假设在生产中资本与劳动是可以相互替代的）。当保护使得国内厂商得以生存并获得保护带来的超额利润时，他们就有能力以机器设备替代劳动力，这样就减少了就业机会。可以说，贸易保护主义政策是这种生产要素转换的催化剂。

3. 对外贸易乘数论

为了更好地理解对外贸易乘数论（Foreign Trade Multiplier），下面先来回顾凯恩斯的投资乘数理论。

1）投资乘数理论

凯恩斯提出了投资乘数理论。投资乘数是指投资增长与国民收入扩大之间的依存关系。他指出，投资增加（无论是建立新的企业还是已有企业扩大生产规模）会导致对生产资料需求的增加，而生产资料需求的增加会引起从事生产资料生产的企业主和工人的收入增加（包括新增就业人数的收入和原来就业者的收入增加），这导致对消费品的需求增加；消费品需求的增加又会引起从事消费品生产的企业主和工人的收入增加，并进一步增加对消费品的需求；为满足增加的需求又进一步增加投资……结果，国民收入的增加量将是初始投资的若干倍。用 K 表示这个倍数，用 ΔY 表示国民收入增量，$\Delta \mathrm{Inv}$ 表示投资增量，则存在以下关系

$$\Delta Y = K \cdot (\Delta Inv)^①$$

其中

$$K = \frac{1}{1-C} \quad (C \text{ 为边际消费倾向}^②)$$

2) 对外贸易乘数理论

凯恩斯的追随者将凯恩斯的一般乘数理论引入对外贸易领域，建立了对外贸易乘数理论。对外贸易乘数是指贸易顺差增量与国内投资增量之和与国民收入增量之间的依存关系。他们把进口看成是一国收入流量的"漏出"，把出口看成是外国人的收入直接注入国内收入流的结果。他们认为，进口会对本国国民收入产生倍减效应，而出口则会产生倍增效应，所以只有当贸易顺差时，对外贸易才能增加一国的国民收入，而且国民收入的增量是贸易顺差增量的若干倍。原理如下：出口增加，则出口部门的收入增加，出口部门对其他部门的产品需求增加；进一步，其他部门的收入和就业增加……相反，进口增加，则进口竞争部门收入减少，进而对其他部门生产的产品需求减少，导致其他部门的收入和就业减少……用 ΔX 表示出口增量，ΔM 表示进口增量，ΔY 表示国民收入增量，ΔInv 表示投资增量，K 表示对外贸易乘数，则有

$$\Delta Y = [\Delta Inv + (\Delta X - \Delta M)] \cdot K$$

其中，

$$K = \frac{1}{1-C} = \frac{1}{S+M}^③$$

3) 对该理论的评价

从理论上看，凯恩斯主义的国际贸易理论在一定程度上揭示了对外贸易与国民经济发展之间的内在规律性，具有一定的科学性。国民经济是一个完整的庞大系统，各个子系统之间存在着密切的相互联系。投资、储蓄、进口和出口的任何变动都会对其他部门产生影响，并把这种变动所产生的影响传递到其他部门。乘数论就是反映这种相互联系的内在规律之一。只要条件具备，成熟的经济机制作用就会直接或间接地影响到经济增长。

从方法论上看，把经济学的分析从微观扩展到宏观是一种进步。传统的贸易理论侧重要素分析、价格分析和利益分析等，因而属于微观经济分析。凯恩斯及其后来者应用乘数理论，注意将贸易流量与国民收入流量结合起来，分析出口额的增加对国民收入的倍数起到了促进作用，从而将贸易问题纳入宏观分析的范围，这在贸易理论上是一种突破。

---

① 说明：（1）Y、Inv、C 等均为总量概念；（2）此公式产生了所谓的"节俭悖论"。"悖论"的含义是指在 $C_1 < C_2$ 时，$\Delta Y_{C_1} < \Delta Y_{C_2}$（$C_1$ 表示某一个时期的边际消费倾向，C_2 则表示下一个时期的边际消费倾向）；不是指如下的"合成谬误"：个人的边际消费倾向变小，个人的收入不变；但所有的"个人"边际消费倾向变小时，相对收入减少。

② 即增加的收入中用于消费的部分与增加的收入的比值。由 $\Delta Y = \Delta S + \Delta C$（$\Delta S$ 表示增加的收入中用于储蓄的部分，ΔC 表示用于消费的部分），则 $\frac{\Delta Y}{\Delta Y} = \frac{\Delta S}{\Delta Y} + \frac{\Delta C}{\Delta Y}$。令 $S = \frac{\Delta S}{\Delta Y}$（即边际储蓄倾向），令 $C = \frac{\Delta C}{\Delta Y}$，则 $1 = S + C$，从而 $\frac{1}{1-C} = \frac{1}{S} = K$。

③ 由 $\Delta Y = \Delta S + \Delta C + \Delta M$，可得 $1 = S + C + M$（推理同上），于是 $1 - C = S + M$，进一步可得 $\frac{1}{1-C} = \frac{1}{S+M}$。

从实践上看，出口贸易的增加对国民收入的提高是非常重要的。日本"贸易立国"政策的成功和韩国、新加坡及我国的香港和台湾地区以出口为主导带动经济起飞的实绩完全证实了这一点，因而重视对外贸易乘数论的研究是有现实意义的。

但是，对外贸易乘数论又存在很大的局限性。首先，不应夸大乘数的作用。因为乘数要起作用，社会再生产过程的各个环节必须运转顺畅，但实际情况却是经常处于不平衡状态。同时，新增投资部分不可能全部转化为收入，收入也不可能全部用来吸收就业，因而投资乘数的作用往往是有限的。其次，如果在国内已经或接近实现充分就业的情况下，出口的继续增加将会造成需求过度，从而推动生产要素价格上涨。生产要素价格上涨不仅会削弱本国商品的国际竞争力，而且可能迫使政府采取反通货膨胀政策。所以，在这种情况下出口继续增加实际上并不会推动国民收入的连续增长。再次，乘数作用还要受出口商品的供给和需求弹性的影响，因此乘数论在工业化国家适用性较强，而在农业比重大的国家则适用性较弱。最后，对外贸易乘数论把贸易顺差视为同国内投资一样，是对国民经济体系的一种"注入"，能对国民收入产生乘数效应。其实，贸易顺差与国内投资是不同的，投资增加会形成新的生产能力，使供给增加；而贸易顺差增加实际上是出口相对增加，它本身并不能形成生产能力。投资增加和贸易顺差增加对国民收入增加的乘数作用并不等同。

6.3　战略性贸易政策

20 世纪 80 年代，经济学家们在围绕贸易政策的争论中提出了一种新的观点——战略性贸易政策理论。贸易环境的变化，助长了人们对贸易理论的关注。贸易经济学家们将产业组织理论中关于规模经济[①]、范围经济[②]、学习效应[③]、研究与开发竞争[④]、技术外溢[⑤]等的分析方法用于分析国际贸易问题，产生了战略性贸易政策理论。

战略性贸易政策理论（strategic trade policy theory）是 20 世纪 80 年代初期由加拿大经济学家布兰德（Brander）和斯潘瑟（Spencer）首次提出来的，后来经过巴格瓦蒂（Bhagwati）、赫尔普曼和克鲁格曼等人的进一步研究，现已形成比较完善的理论体系。

6.3.1　战略性贸易政策的主要观点

1. 战略性贸易政策的含义

所谓战略性贸易政策，是指一国政府在不完全竞争和规模经济条件下，可以凭借生产补

[①]　当规模经济处于稳定状态时，平均成本会随着产量的扩大而降低。规模经济同规模收益的递增紧密相连，但两者还是有区别的。规模收益递增是规模经济的技术基础，但契约性的融资和价格效应也同样会产生规模经济。

[②]　它存在于这样一种情况，即把一个企业中两条或多条生产线连接起来进行生产的成本要比单独生产的成本更低。

[③]　当单位成本随着累积产量的不断增加而下降时，学习效应就产生了。这种效应的暂时性特点使它区别于静态的规模经济。

[④]　通常认为企业为保证获得超额利润，都会加入研究与开发竞争。在这种竞争中，企业为首先取得专利而向市场推出新产品，会增加它们在研究与开发上的费用支出。

[⑤]　是指一种产品线上发生的技术革新能够被其他产品线利用。这种外溢效果可以发生在企业内部、行业内部，也可以发生在国家内部或国家之间。企业越是能够抑制这种外溢并使其独家利用，则这项技术革新越具有专用性，企业从中获得的经济收益越大。

贴、出口补贴或保护国内市场等政策手段，扶持本国战略性产业的成长，增强其在国际市场上的竞争能力，从而谋取规模经济之类的额外收益，并借机劫掠他人市场份额和工业利润。即在不完全竞争环境下，实施这一贸易政策的国家不但无损于其经济福利，反而有可能提高自身的福利水平。[①] 简单地说，战略性贸易政策就是通过政府政策干预，把市场竞争构造成市场"博弈"。

战略性贸易政策论者认为传统国际贸易理论是建立在规模收益不变和完全竞争的理想境界上的，他们用国家之间在自然环境、技术、劳动生产率和要素禀赋等方面的差异来解释国际贸易的发生。由于贸易能改善贸易双方的资源配置状况并使双方的国民福利得以提高，所以自由贸易政策是最优选择。但现实的情况是不完全竞争（包括寡头市场），市场结构和规模收益递增成为经济中的常态，这种对传统自由贸易理论前提的背离，使市场本身运行结构处于"次优"境地。适当的政策干预有可能改进市场运行的结果，使自由贸易政策失去最优的地位。适当的政策干预，指的是战略性的政策干预，由于国际市场上不完全竞争和规模经济普遍存在，市场份额对各国企业变得更加重要。市场竞争变成一场少数企业之间的"博弈"，谁能占领市场，谁就能获得超额利润。根据贸易对手的行为调整自己的战略，可以达到本国经济福利的最大化。

2. 战略性贸易政策的扶持对象及选择原则

战略性贸易政策通过对重点战略性产业的保护，利用这些产业极强的带动效应，推进国家内部相关产业的成长，促进国家的整体经济发展。战略性产业是指那些承担巨大风险，需要大规模生产以获取规模经济，并能产生外部经济的高新技术产业和对本国未来发展至关重要的行业，如高附加值产业、高科技产业。

战略性产业的选择通常依据如下原则：具有广泛外部经济效应的产业，也就是一般所说的带动效应巨大的产业，如产业链条非常宽长的汽车制造业等；具有巨大内部与外部规模经济效应的产业；具有可获取的潜在垄断地位的产业，如中国的稀土产业；重大的尖端产业，如航空航天、卫星导航产业。

3. 战略性贸易政策的理论基础

根据对贸易利益的着眼点不同，可以将战略性贸易政策理论分为两个分支：一个分支是认为政府干预性的贸易政策可以将利润从他国转移到本国来，因此称其为利润转移理论；另一个分支是将政府战略性的贸易干预政策看作是追求外部经济的手段——外部经济理论。

（1）利润转移理论

利润转移理论指的是某些产业在规模经济和不完全竞争的市场结构下，存在因产品价格高于边际成本而形成的租金或超额利润。一国政府可以通过关税、配额等保护措施限制进口，同时利用出口补贴、研发补贴等来促进出口，增强本国厂商的国际竞争力，扩大其在国际市场的份额，实现垄断利润从外国向本国的转移，提高本国福利。

（2）外部经济理论

该理论将政府战略性的贸易干预政策看作是追求外部经济的手段，于是认为政府应该对那些能够产生巨大外部经济的产业进行扶持与保护。通常具有巨大外部规模经济的产业就是

---

① 夏申. 论战略性贸易政策. 国际贸易问题，1995（8）.

具有战略意义的产业。这些产业由于具有外部性，而这个外部性不能被企业所享有，因此单凭企业的自我决策不能使企业发展到令社会福利最大化的规模。如此，政府就要通过补贴等保护行为使企业发展到令社会福利最大化的规模，进而在外部经济的自我强化作用下获得更强的国际竞争优势。

6.3.2　战略性贸易政策的政策主张

（1）战略性进口关税政策

该政策也可称为"关税抽取租金论"，最早也是由布兰德和斯潘瑟提出的。在不完全竞争市场上，当外国出口垄断厂商和本国厂商在本国市场竞争的情况下，政府应采用进口关税政策以抽取外国垄断厂商的垄断租金以提高本国福利。高关税限制外国厂商的定价反应，使他们被迫执行一种吸收部分关税的定价，从而达到阻止这类厂商进入的战略目的。只要关税被部分吸收，价格上涨的幅度就会低于关税的幅度。消费者剩余的损失就会被征收到的关税所抵消且有余。在特殊情况下，如果外国垄断厂商将关税全部吸收，则本国既可以拿到经济租金，又不会造成额外的扭曲。其政策目的是抽取外国垄断厂商利润，令外国垄断厂商利润下降，提高本国福利，限制外国产品进口，以扶持本国企业的进入成长，其实质是"新幼稚产业保护理论"。

（2）战略性出口补贴政策

政府可以通过出口补贴或研发补贴本国厂商政策工具，达到把外国生产者的垄断利润转移到国内生产者手中，从而增加本国福利的目的。其实质是想实现国外厂商垄断利润向国内厂商转移，这样易引起对方国的报复而陷入"囚徒困境"。为避免"囚徒困境"，最优的贸易政策是两国都征收出口税，从而形成一个利润最大化的卡特尔结构。该理论通常以波音与空客之间的竞争性博弈为例来分析。这方面的贸易政策往往要和产业政策相结合，才能达到预期效果。

（3）进口保护促进出口政策

克鲁格曼认为，政府通过贸易保护，全部或局部地封闭本国市场，阻止国外产品进入本国市场，可使国外竞争者由于市场份额缩小、边际成本上升，达不到规模经济；与此同时，使得本国原本处于追随地位的厂商快速扩大市场份额，获得静态规模经济效应而降低边际成本，从而增强进军国际市场的竞争力，达到"以保护进口市场而扩大出口"的目的。

在动态规模经济条件下，进口保护也能达到促进出口的目的。当某产业处于研究开发牵引增长或边干边学的动态发展过程中时，规模经济表现为生产的边际成本随研究开发支出的增加或生产销售经验的积累而趋于下降。因此，为本国厂商保护或保留国内市场将有助于实现本国厂商边际成本的相对降低和外国厂商边际成本的相对增加，而本国厂商一旦在边际生产成本的竞争中处于优势地位，便可达到促进出口的目的。

（4）对高新技术产业的战略支持

西方国家经济学者认为，在技术、知识密集程度最高、与国家利益和声望关系最大的高新技术产业中，战略性贸易政策是最有用武之地的，政府的人为干预政策也是最值得的。而这与高新技术产业特有的积极的外部经济效应密不可分。该种观点的核心思想是：保护具有重要战略地位的高新技术产业，不仅有利于该产业的扩展，而且能通过该产业的前后联系，带动相关产业的发展和出口的扩大，并最终提高本国产业的国际竞争力，获得长远的战略利益。在当前世界产业结构和贸易结构调整的过程中，各国政府竞相通过补贴、增加研究开发经费和组织实施大型科研计划等手段，大力扶持高科技产业的成长，增强本国战略性工农业在国际市场上的竞争地位，以谋取规模经济、外部经济之类的额外收益。

6.3.3 战略性贸易政策的例证

为了说明这一道理，经济学家常常用美国波音（Boeing）公司和欧洲空中客车（Airbus）公司作为例子。现实中，它们也确实是飞机制造业中最主要的公司。

假定这两家公司生产技术和能力相近，都可生产大型客机。这种大型客机具有规模经济，且世界市场容量有限。如果两家公司都生产，则两家公司都亏损；如果两家公司都不生产，则都不亏损，也都没有利润。只有在一家生产的情况下，生产的那家公司才会有足够的市场和产量，从而获得利润。表6-2列出了波音和空中客车公司在各种情况下假设的收益（"＋"表示利润，"－"表示亏损）。每对数字左下角数字表示波音的利润或亏损，右上角数字表示空中客车公司的利润或亏损。纳什均衡的结果是：谁先进入生产，另一家就不再进入。假定在没有政府干预的情况下，波音公司由于历史原因而先于空中客车公司生产并占领了世界大型宽体客机市场，此时均衡结果是波音公司生产并获得100亿美元利润，空中客车公司不生产。若空中客车公司硬要挤入这个市场，则结果是两败俱伤，两家公司都亏损5亿美元，空中客车公司的理性决策是不生产。

表6-2 美国波音公司和欧洲空中客车公司相同情况下的利润或亏损

单位：亿美元

		欧洲空中客车	
		生产	不生产
美国波音	生产	－5 (右上)　－5 (左下)	0 (右上)　＋100 (左下)
	不生产	＋100 (右上)　0 (左下)	0 (右上)　0 (左下)

现在假设欧洲政府采取战略性贸易政策，补贴空中客车公司10亿美元，则会出现表6-3所示的收益矩阵。这样空中客车就会选择生产并获得利润，而不管波音如何选择。事实上，波音也只能选择不生产或退出竞争，因为它没有获得利润的可能。这样，欧洲政府以10亿美元的补贴，换来了110亿美元的收益，净得利润100亿美元。

表6-3 欧洲政府进行补贴后波音公司和空中客车公司的利润或亏损

单位：亿美元

		欧洲空中客车	
		生产	不生产
美国波音	生产	＋5 (右上)　－5 (左下)	0 (右上)　＋100 (左下)
	不生产	＋110 (右上)　0 (左下)	0 (右上)　0 (左下)

从这个例子可以看到，在某种不完全竞争的市场结构条件下，政府的干预政策可以改变不完全竞争厂商的竞争行为和结果，使本国企业在国际竞争中获得占领市场的战略性优势，并使整个国家获益。这也是战略性贸易政策主张者说明政府干预重要性的经典案例，但是这一理论也受到了一些情况的挑战。

首先，美国政府也可能采取战略性措施，向波音补贴 10 亿美元。这样，虽然两家公司都生产并都能从中获利 5 亿美元，但各国政府的支出大于企业所获利润，出现了"双输"局面，如表 6-4 所示。

表 6-4　欧美政府都补贴的利润或亏损

单位：亿美元

美国波音		欧洲空中客车		
		无补贴的生产	有补贴的生产	不生产
	无补贴的生产	−5　　　−5	+5　　　−5	0　　+100
	有补贴的生产	−5　　　+5	+5　　　+5	0　　+110
	不生产	+100　　0	+110　　0	0　　0

其次，如果空中客车在生产成本上高于波音公司，如表 6-5 所示，在都无补贴地生产的情况下，波音可获得 5 亿美元的利润，而空中客车则会亏损 5 亿美元。此时，若欧洲政府补贴空中客车 10 亿美元，并不能使波音退出，只是使其利润减少而已；但空中客车只能获得 5 亿美元的利润，整个国家亏损 5 亿美元。而且，无论欧洲政府补贴多少，这一结果都不会改变。

表 6-5　波音公司和空中客车公司成本不同情况下的利润或亏损

单位：亿美元

美国波音		欧洲空中客车	
		无补贴的生产	不生产
	无补贴的生产	−5 5	0 105
	不生产	100 0	0 0

虽然存在上述挑战，但由于采用明了、直观的数学公式表述方法，新贸易理论家们使战略性贸易政策理论获得了在学术上令人尊敬的地位。但是，贸易模型的前提假设狭窄，脱离实际，减少了战略性贸易政策出台的实用性。为了鉴别哪些模型或多或少更有说服力，经济学家转向了经验研究。在不完全竞争条件下，模型的研究面临着缺少数据等令人气馁的障碍，因此理论家们把建立模型和根据一定经验的猜测结合起来，确定缺少的参数。起初的经验研究结果是，使用战略性贸易政策时应谨慎小心。在贸易保护主义情况下，即使其他国家不报复，来自以邻为壑的战略性贸易政策的获益也可能是非常小的；如果导致贸易战，则两国都成为净损失者。就自由贸易来说，其获益要大于用传统模型计算的获益，这种增长来自

竞争加剧和产业结构的合理化，这一合理化变革的作用被传统模式中完全竞争假设忽略掉了。

最后，对模型的这些经验研究结果使得理论家们在把战略性贸易政策理论应用于现实问题时格外谨慎。究其原因，首先是政府一般缺乏赖以制定政策的无偏数据资源，即使能得到，其真实性也有很大的不确定性，错误的估计可能导致误导性的政策。其次是很少有人相信构成这些贸易模型的关键因素是以充分的现实为基础的，从而能提供令人满意的决策指导。再次，模型关于外国企业和政府反应的假设条件的敏感性，削弱了政策制定者和学者在制定规则时对模型的信任。旨在抢占优先权的研究与开发投资，如上述飞机生产的例子，可能引发一场研究与开发的补贴战而不是阻止市场进入。最后，模型的复杂性使政策制定过程的透明度降低，因而监督其公平就更加困难。

6.3.4　战略性贸易政策的评价

战略性贸易政策理论是国际贸易新理论在国际贸易政策领域的反映和体现。该理论强调了政府干预的重要性，摆脱了纯粹自由主义的阴影，为一国政府发展本国经济与对外贸易提供了有益的指导，因而具有一定的积极意义。

战略性贸易政策理论及政策措施虽不乏支持者和实践者，但它又有着难以克服的弊端。这使得理论家们认为，政府遵守一条"有条件的、合作性的"贸易主动性规则是明智的，无条件的合作战略是鼓励外国政府免费搭车。采用"胡萝卜（自由贸易）加大棒"（报复）的有条件战略被认为是最可能诱使外国政府做出合作反应的办法。合作性战略避免了因错误估计外国政府对不合作行动的反应而可能产生的严重后果。

专栏 6-3

6.4　中心-外围论

第二次世界大战以后，民族国家纷纷取得了政治上的独立。摆在这些国家面前最紧迫的任务就是迅速发展民族经济，实现经济上的自主。但是，民族经济的发展受到了旧的国际经济秩序特别是旧的国际分工和贸易体系的严重阻碍。普雷维什[①]代表广大发展中国家的利益，提出了著名的"普雷维什命题"，"建立国际经济新秩序"的口号，"发展中国家贸易条件长期恶化"的论点及加强国际合作特别是发展中国家之间的合作的建议等一系列理论政策观点，反对实际上并不平等的自由贸易原则，强调发展中国家只有采取保护主义政策，才能求得经济的自主发展和政治独立的稳定性。

6.4.1　中心-外围论的主要观点

1950 年，阿根廷经济学家普雷维什向联合国提交了一篇题为《拉丁美洲的经济发展及

---

① 普雷维什（R. Prebisch, 1901— ）是当代著名的阿根廷经济学家。1964—1969 年担任联合国贸发会议第一任秘书长，1981 年成为第一届"第三世界基金奖"的获得者。普雷维什的理论政策主张反映了拉丁美洲及其他地区发展中国家战后经济贸易发展的要求，是公认的当今发展中国家的理论代表。

其主要问题》的报告，即著名的"拉丁美洲经委会宣言"。在这个报告中，他试图说明作为中心的发达国家与作为外围的发展中国家在按照比较优势开展国际贸易时，大多数利益都被处于中心地位的发达国家所占有，而发展中国家在这种贸易体系中失去了发展本国工业的机会，因此发展中国家应该采取贸易保护政策，实现本国经济的工业化。

1. 国际经济体系分为中心和外围两部分

普雷维什把世界看成是由中心国家和外围国家构成的结合体系，提出了以建立国际经济新秩序为目标的富有更丰富内涵的保护贸易理论。他认为，当今世界是由两大类国家组成。一类是以西方七国集团为代表的高度工业化国家，它们的经济增长是全面的、自主性的，它们出口工业品或高附加值产品，而进口原材料或初级产品，它们是技术创新的源头，但也占有了技术进步所带来的几乎全部利益，甚至借技术进步进一步掠夺外围国家；在政治上，它们实行帝国主义政策，"一旦外围有意无意地损害了这种经济和政治利益时，中心——特别是主要中心——往往就会采取惩罚的措施"，另一类是没有实现工业化或畸形工业化的发展中国家，它们的经济往往有增长而无发展，是技术的模仿者和接收者，严重受制于前者的经济周期，而且常常是出口单一的原材料，换回各种工业制品。前者处于世界体系的中心，后者处于外围。中心与外围进行着严重不平等的交换，中心存在以外围的存在为前提，中心的发展以损害外围的发展为代价。中心和外围在经济上是不平等的，中心国家在整个国际经济体系中居于主导地位，外围国家则处于依附地位，并受中心国家控制和剥削。普雷维什深刻地指出，在这个相对稳定的经济发展秩序中，中心国家长期地和大量地侵吞外围国家的利益，造成中心国家和外围国家经济发展水平的差距越拉越大。这就是著名的"普雷维什命题"。

2. 旧的国际分工格局是外围国家经济落后的主要原因

普雷维什认为，发展中国家陷入了一种受工业中心国家剥削和控制的境地，这种局面的出现并不是国际分工造成的，而是由于旧的国际分工格局不合理所产生的。

之所以造成上述情况，原因主要有三个：一是资本输出国家获得了投资收益的绝大部分。中心国家除了采用一般的方式进行资本输出获取利润外，还通过建立跨国公司的途径进行直接资本输出，最大限度地剥削外围国家。它们可以凭借其技术优势和管理优势，获取高额垄断利润，也可以利用其产品优势和消费取向，影响外围国家的消费结构和消费水平，造成"消费早熟"，破坏正常的投资比例和经济发展，强化外围国家对中心国家经济上的依赖关系。二是经济结构的单一性和出口生产的专业化扭曲了外围国家正常的经济发展道路。传统的国际分工体系造成了外围国家单一的经济结构和专业化的出口生产，使外围国家实际上成为专门为工业发达国家提供食品和原料的机器。因此，外围国家的经济发展并不等于民族经济的发展，而不过是中心国家工业发展的辅助。三是外围国家贸易条件长期恶化。

普雷维什指出："在这个格局中，拉美作为世界经济的外围部分，其专门职务是为大工业中心生产粮食和原料。""在这个格局中，并无新兴国家工业化的地位。"

3. 外围国家贸易条件不断恶化

普雷维什认为，在比较优势基础上的国际贸易不利于发展中国家，而有利于发达国家，其结果体现就是发展中国家贸易条件的恶化。为了证明这一点，普雷维什考察了1876—1938年间英国进出口产品的平均价格指数。由于英国进口的多是初级产品，出口的多是制成品，故可分别近似代表原材料和制成品的世界价格。研究结果表明，如果以1876—1880

年间世界原材料和制成品价格之比为 100，此后绝大部分时间里该比价一直呈递减趋势，到 1936—1938 年间已降到 64，即表明同量制成品可以交换到更多的初级产品，即贸易条件对初级产品出口国越来越不利。普雷维什由此得出结论，贸易条件的变动趋势越来越不利于外围地带，发展中国家贸易条件长期地恶化了。这是很奇怪的现象，因为按照"看不见的手"的调节，商品的价格取决于劳动生产率，劳动生产率高的商品价格低，反之则高；相应地，劳动生产率提高得快的商品价格应该下降得快，反之则慢。根据这一规律，劳动生产率提高得慢的初级产品与制成品的价格之比应该上升才对，为什么不升反降呢？普雷维什认为，发展中国家贸易条件长期恶化的原因有以下几个。

（1）技术进步的利益不能平均分配

技术进步造成了商品生产成本因劳动生产率的提高而下降的结果。因此，技术进步的利益集中表现为国际市场商品价格下降幅度与商品生产成本下降幅度的比较。如果初级产品和制成品的价格比例严格按照生产率增长比例而下降，那么外围国家和中心国家的收入就会按各自的生产率增长的比率而增加。一般来说，制成品的生产率提高比初级产品的生产率提高要快，因此其价格下降幅度就更大，初级产品和制成品的价格比率的变动将对发展中国家有利。但是现实的情况是，初级产品和制成品的价格并没有严格按照各自生产率的变动而变动。技术进步实现后，制成品的价格并不一定随之下降，或下降幅度小于生产率增长幅度。在企业家的收入和生产要素的报酬增加幅度超过生产率增长幅度的条件下，制成品价格不但不会下降反而会上涨。普雷维什指出，中心国家保有由于技术进步而产生的全部利益，而外围国家则将其技术进步的利益转移一部分给中心国家，外围国家的贸易条件自然要趋于恶化。

（2）制成品的市场结构具有垄断性

在经济繁荣时期，制成品和初级产品价格都上涨，但后者上涨的幅度往往较小，这是正常的；在经济萧条和危机时期，正常情况就应该是需求弹性大的制成品价格下降幅度更大，但由于制成品市场结构具有垄断性质，其实际价格下降幅度要比初级产品小得多。这样，随着经济危机的周而复始，初级产品的相对比价自然就下降了。

（3）中心国家的工资具有刚性

由于中心国家工会力量强大，繁荣时期工资上涨，在危机时期却不易下降，于是中心国家的资本家就将危机的压力转移到外围国家。相反，从事初级产品生产的工人缺乏工会组织，没有谈判工资的能力，经济繁荣时，工资上涨不多，危机到来时，工资下降的幅度却很大，结果同样促成初级产品的比价下跌。

这 3 个原因归结起来是，中心国家利用强势地位占有了技术进步而产生的全部利益，而外围国家则还得将技术进步的"果实"转移一份给中心国家，这样外围国家的贸易条件恶化就不难理解了。

曾在联合国任职的美国经济学家辛格从需求方面论证了初级产品贸易条件恶化的论点。他认为，初级产品贸易条件的恶化是由以下两个原因造成的。一是不同类型产品需求的收入弹性存在差别。初级产品需求的收入弹性远比制成品小。根据恩格尔定律可知，人们实际收入水平的增加会引起制成品需求的更大程度的增加，且收入水平提高越快，制成品需求强度就越大，其结果必然是制成品需求越来越旺盛，初级产品需求越来越疲软，初级产品贸易条件随之恶化。二是技术进步对不同类型产品的市场供求关系的影响是不同的。技术进步直接导致了原材料的节约和新的合成材料及代用品的出现，使初级产品的供给量绝对地增加了。由于初级产品的需求不像制成品需求那样可以自动扩大，加之其需求的收入弹性又比较低，因此初级产品价格必然下降。这种价格下降不仅是周期性的，而且是结构性的。初级产品贸易条件具有长期恶化的趋势。

4. 中心-外围论的政策主张

在上述分析的基础上，普雷维什等人认为，外围国家必须实行工业化，从而独立自主地发展民族经济。为了实现工业化，普雷维什主张外围国家实行保护贸易政策，但这首先要从传统国际贸易理论的束缚中解脱出来。在普雷维什看来，传统国际贸易理论在逻辑上是正确的，但问题是其理论的前提条件与当代国际贸易现实极不吻合，因而不能用来说明中心国家与外围国家之间的贸易关系。他认为，传统国际贸易理论只适用于说明中心国家之间的贸易关系。由于中心国家技术结构相似，技术水平差距较小，通过国际分工和国际贸易，无论是制成品生产国还是初级产品生产国，都能获得技术进步的利益，因此贸易具有互利性。但是，当这种理论面对中心-外围体系时，原来的理论结论就不再成立。因为在这个体系中，中心国家控制着外围国家，外围国家没有应有的地位，贸易的互利性无从谈起，因此传统国家贸易理论必须抛弃。

（1）利用保护贸易政策改善贸易条件

发展中国家贸易条件恶化的重要原因之一，是初级产品的需求弹性低于工业制成品。如果采取有效的鼓励出口和限制进口的政策，可以在一定程度上改变这两类产品的需求弹性。一方面通过高关税和数量限制等措施，降低进口工业制成品的需求弹性，削弱进口产品的出口能力和竞争能力；另一方面通过出口补贴、出口退税、低估本币汇率等措施使出口产品获得价格优势，增强其竞争优势，从而可以提高初级产品的需求弹性，进而改善贸易条件。

（2）外围国家工业化程度的提高需要保护贸易政策的支持

在国际经济体系中，"中心国"与"外围国"的划分标准取决于各国的工业化程度。发展中国家要想彻底改变自己在旧的国际分工格局和旧的国际经济秩序的被动地位，关键还是在于实现本国的工业化。

因此，发展中国家应该只把少量的资源用于初级产品的生产和出口上，而将更多的资源集中到建立和扩大其现代化的工业上。同时，工业化的进程应该安排得有条不紊。第一步是加快建立现代化工业所需资金的积累。具体办法是在建立工业化初期继续扩大初级产品出口，增加外汇收入，为进口工业化必需的资本货物创造条件。第二步是建立和发展国内进口替代工业。通过进口的国内替代，扶持国内工业的发展。第三步是逐步建立和发展国内出口导向工业。通过大量出口国内生产的工业制成品，改善贸易条件，最大限度地获得国际贸易利益。

但是，要保证发展中国家工业化的顺利实施，就必须抛弃传统国际贸易理论所鼓吹的自由贸易主张，实行保护贸易政策。普雷维什认为，保护贸易政策至少有以下几个好处：一是限制进口可以减少外汇支出，改善国际收支状况；二是提高进口商品关税可以削弱外国商品的出口能力和竞争能力，相对增强本国出口商品的竞争优势，有利于贸易条件的改善；三是对与本国幼稚工业产品相竞争的外围产品设置贸易壁垒，能有效扶持本国新兴工业部门的发展，推动工业化进程；四是对国内市场的保护可以引导国内消费商品国别结构的调整，扩大国内工业产品的国内需求，刺激本国工业的发展。从保护贸易的政策措施来看，普雷维什认为，既要采用传统的关税手段，也要通过外汇管制、进口配额等非关税办法，实行对本国工业和市场的保护。在出口导向阶段，还应实行有选择的出口补贴等鼓励出口政策，增强国内产品的国际市场竞争能力。他还特别强调保持高水平的积累率的重要意义，主张通过政府采取紧缩财政、发挥私人企业作用、优先扩大工业品生产和出口、合理选择进口替代工业等具体办法来扩大生产性投资在国民收入中所占的比重。

（3）主张中心国家向外围国家开放市场

普雷维什还强调指出，发展中国家和发达国家实行的保护贸易在性质上是不同的。发展中国家实行贸易保护主义源于其经济发展的内在要求，是为了发展本国工业。但其保护贸易政策并不会妨碍世界贸易的增长速度。而中心国家的保护贸易政策不仅不是必需的，而且还产生了减缓世界贸易增长速度的严重后果。因此，普雷维什认为中心国家应该向外围国家开放市场，减少对外围国家工业品的进口歧视，为外围国家的工业品提供在世界市场平等竞争的机会。中心国家向外围国家开放市场，会起到一种实际上的互惠作用：外围国家向中心国家的出口增长后，随之而来的便会是增加从中心国家的进口。因为外围国家外汇收入增加后，便会从工业国进口机器设备以提高本国的劳动生产率。

（4）建立区域性共同市场，以利于外围国家的工业化发展

普雷维什主张发展中国家建立区域性共同市场，认为这会带来两方面的好处：一方面是科研使几个发展中国家联合起来共同抵御工业化国家的商品入侵，共同市场成员相互提供市场则有利于幼稚工业产品的销售；另一方面是共同市场内部的商品流动和商品竞争，有利于提高幼稚工业效率，可以弥补实施保护贸易政策所产生的某些负效应。

6.4.2 理论论争

中心-外围论提出后，遭到了以美国经济学家范纳（Jacob Viner）和奥地利经济学家哈伯勒（Gottfried von Haberler）为代表的中心国家经济学家的猛烈抨击。

1）不承认旧的国际分工体系和旧的国际经济秩序是发展中国家经济落后的主要原因

哈伯勒认为，基于传统的比较优势理论，贸易会赋予参与国以直接的静态效益和间接的动态效益。贸易使参与国获得经济发展所必需的物资、技术知识、诀窍及技能和管理经验等；贸易是不发达国家从发达国家获得资金的渠道，而且自由贸易还是最好的反垄断措施。哈伯勒指出："国际分工与国际贸易，由于它们能使每个国家专门从事它能生产出更廉价的商品，并以之换取他国能以较低成本供应的其他商品，过去与现在都是增进每一个国家经济福利及提高国民收入的基本因素之一。……贸易既能提高收入水平，它也就能促进经济发展。所有这些对于高度发达的国家与不发达国家同样适用。"发展中国家主要从事农业和矿业的问题，他们认为，普雷维什武断地把农业和矿业等同于贫困是缺乏依据的。农业不等于贫困，工业不等于富裕。一个国家在国际分工体系中的地位取决于其工业或农业或矿业上的比较优势状况，而不是取决于其所从事的产业部门的特性。他们还列举了新西兰、澳大利亚、丹麦等国家为证，说明农业并不意味着贫困。又以意大利和西班牙为例，证明工业也不一定就意味着富裕。因而，亚非拉国家不应发展多种产品，否则会影响资源分配，不能取得最大的经济利益。

2）质疑"发展中国家贸易条件长期恶化论"

① 数据不完整。普雷维什以英国进口价格指数代替发展中国家出口价格指数，并用一

个发达国家的贸易条件来推算不发达国家整体的贸易条件，这些推算数据不能为一般理论结论提供坚实的统计基础。而且，普雷维什所列统计数据中，英国的出口产品价格按不包括运费在内的离岸价格计算，而进口产品价格则按包括运费在内的到岸价格计算。根据 T. 摩根的估计，第二次世界大战以前的 100 年间，运输成本由占国际贸易商品到岸价格的 30％～70％下降到 10％。因此，1876 年到第一次世界大战前后英国进口商品价格的下降，很大程度上源于这段时期的技术进步，特别是蒸汽机的运用和铁路的扩展推动下的运输成本的下降。另一个值得注意的问题是，普雷维什的统计资料并不具有代表性。英国的统计资料开始于 1801 年，如果 1900 年英国的进出口商品价格为 100，那么从 1801 年到 1876 年以前，初级产品的贸易条件是显著改善的；如果 1972 年的价格为 100，那么从 1972 年到 1976 年，初级产品的贸易条件也没有下降趋势，1974 年后反而有显著改善。

② 把初级产品与制成品之间的交换关系等于发展中国家与发达国家之间的关系，这存在逻辑上的矛盾。普雷维什把初级产品出口国等同于发展中国家、把工业制成品出口国等同于发达国家是错误的。事实上，发展中国家也出口工业制成品，而不少发达国家也是初级产品出口大国。不仅如此，这种做法还导致了难以自圆其说的逻辑矛盾。一方面，如果说初级产品贸易条件恶化了，那么那些大量从事初级产品出口的发达国家的贸易条件也就恶化了。这又不符合普雷维什的基本结论。另一方面，普雷维什认为，发达国家的垄断力量和工会组织等因素推动了制成品价格的上涨或相对上涨，因此这些使发达国家制成品价格上涨的因素同样也应该作用于发达国家的初级产品，但是普雷维什又认为初级产品价格是下降的。这显然是矛盾的。

③ 用进、出口商品价格之比表示贸易条件，把复杂问题简单化了，因而不能准确地说明一个国家的贸易地位。西方经济学家认为，普雷维什使用的贸易条件实际上是最简单的商品贸易条件，这种贸易条件并不能确切地反映一国贸易利益的大小。他们提出了新的贸易条件概念。一是收入贸易条件。收入贸易条件概念充分考虑一国出口的总收入状况。在其他条件不变的情况下，如果出口商品价格下降，以商品贸易条件概念来判断，就是贸易条件恶化。但是，如果出口商品价格下降引致出口数量的增加并使出口总收入大于原有水平，即用收入贸易条件概念来判断，则是贸易条件的改善。二是要素贸易条件。要素贸易条件充分考虑要素生产率的变动对贸易条件的影响，具体又分为单要素贸易条件和双要素贸易条件。

要素贸易条件表明，出口商品生产率的提高可能导致出口商品价格下降，而国外进口商品生产率的下降则会造成进口商品价格的上升。用商品贸易条件衡量贸易利益的大小不能说明任何问题，因为在这种情况下贸易利益的大小不是取决于进出口商品价格的比率，而是取决于生产率的变动幅度与商品价格变动幅度的比较。由此可见，即使普雷维什的"发展中国家贸易条件长期恶化"的论点是正确的，那它也不一定就能得出贸易不利于发展中国家的结论，相反，还可能是有利的。

④ 对发展中国家贸易条件长期恶化的原因的分析是站不住脚的。普雷维什认为，正是由于发达国家垄断势力和工会力量的作用，发达国家才获得了技术进步的大部分利益，表现为利润和工资水平的不断提高。但是，发展中国家独立以后的发展表明，发展中国家的工会力量已迅速加强，政府也一直都在努力提高出口商品价格。事实上，工会的力量不足以提高商品价格。而且，大企业的垄断权力的行使需要企业对产品市场有足够的垄断程度，这在目前的世界市场上并不多见，因此缺乏说服力。至于辛格提出的初级产品需求疲软的论点，也

难以令人信服。西方经济学家认为，并不是所有初级产品的需求弹性都很低，如咖啡、茶叶、水果及各种高蛋白高营养食品等的需求收入弹性就很高。而且，有不少初级产品的销售更多地取决于其需求的价格弹性。从技术进步对初级产品需求的影响来看，技术进步的确有节约原料的一面，但并不一定意味着对原料需求的减少，相反也可能导致某些原料需求的增加。第二次世界大战以来，石油、天然气、铀、铜及其他稀有金属需求的迅速增加就是证明。

在上述对"发展中国家贸易条件长期恶化论"的诸多批评中，西方经济学家其实主要在于强调两点：一是分析一个包括所有初级产品在内的总的贸易条件是没有多大意义的；二是大多数初级产品的贸易条件近百年来经常在变动，但并没有长期恶化的趋势。

3）反对普雷维什的实行贸易保护主义、走工业化道路的主张

范纳、哈伯勒等人认为，发展中国家应该按照比较利益原则来慎重考虑其经济发展，而不要把仅有的一点人力和物力浪费在浪漫的工业化的幻想上。因为从经济发展的观点来看，特别是从发展中国家的观点看，自由贸易是极端令人希求的。范纳等人还批评了普雷维什主张贸易保护主义的主要理由。他们认为，发展中国家企图通过关税影响进出口商品价格来改善贸易条件的努力会受到现实中其较小的进出口规模的限制而不能实现。而限制进口措施实施的后果，一方面与其说是保护幼稚工业，倒不如说是产生幼稚工业；另一方面它将导致国内生产的高成本和低效率。

6.4.3　中心-外围论的简要评价

普雷维什的保护贸易理论是对有关发展中国家国际贸易的开拓性的理论探讨。建立在古典经济学基础上的西方国际贸易理论实际上是以发达工业国的对外贸易为主要研究对象的，而以李斯特、汉密尔顿为代表的保护贸易论则是把一般意义上的不发达国家作为自己的主要研究对象。第二次世界大战以来，不发达国家无论在政治上还是在经济上都有着和以往的不发达国家全然不同的含义，普雷维什的研究正是以这种新的意义上的不发达国家作为自己理论的研究对象。这一开拓性的研究，丰富了国际贸易理论体系。

普雷维什的保护贸易理论代表着发展中国家的利益。普雷维什的理论从分析发展中国家在现存国际分工体系中的不公平地位开始，进一步探讨了发展中国家贸易条件长期恶化的趋势，提出了实行贸易保护主义，走发展本国工业化的道路，打破传统国际分工体系，建立国际经济新秩序的一整套理论政策主张。其出发点是积极的，主要论点在方向上是正确的，基本政策主张也是有意义的。拉丁美洲及其他地区的发展中国家在 20 世纪 60 年代后掀起的工业化浪潮和所采取的政策措施不能不认为是在一定程度上受到了普雷维什理论的影响。

普雷维什的保护贸易理论的突出贡献在于第一次从理论上和实践上初步揭示了发达国家和发展中国家之间贸易关系不平等的本质。以比较优势理论为基础的西方国际贸易理论的共同的根本缺陷就是撇开生产关系、生产方式对国际贸易的深刻影响，因而难以揭示国际贸易关系的本质特征。普雷维什从发展中国家利益出发，猛烈抨击了传统国际贸易理论的错误观点，揭示了在当代国际分工和国际贸易体系中，发达国家控制和剥削发展中国家的实质，以及现存国际分工格局和国际经济秩序的不合理性。也正是由于这一点，普雷维什的理论才引来了范纳、哈伯勒等人的极力攻击。很显然，他们对普雷维什的批评出于对传统贸易理论的

维护，而归根到底则是对现存国际分工格局和国际经济秩序的庇护。这是由他们的阶级立场所决定的。

但是，也应该看到，普雷维什的理论也有其局限性和错误，集中表现在他对资本主义世界经济体系批评的不彻底性和对西方传统国际贸易理论一定程度上的依赖性。例如，发达国家工会组织对产品价格的影响、技术进步利益不公平分配的原因、以资本主义工业化的模式对发展中国家工业化的解释等，以及辛格用需求收入弹性对收入间接转移的分析等，都有不科学的方面。至于发展中国家贸易条件长期恶化的论点，则应做具体的分析。首先应该承认，发展中国家贸易条件的确有恶化的现象，尽管不一定有持续上百年的长期趋势，但是近年来国际市场许多初级产品价格严重下跌则是无法否认的事实。更为严重的是，这些产品价格的下跌并没有出现像西方经济学家所指出的那样会导致需求增加的情况。其次，从原因看，除了国际分工格局不合理这一根本原因外，发展中国家贸易条件恶化虽然和初级产品供求本身有关，但最主要的则在于发达国家长期实行保护本国初级产品生产的贸易政策。这种政策人为地压缩了对发展中国家初级产品的需求。当然，初级产品的技术含量少、加工程度低、替代品增加，以及发达国家对初级产品自我供应的重视和世界性经济周期的影响等因素也促成了发展中国家贸易条件的恶化。

6.5　其他的贸易保护理论

6.5.1　管理贸易论

管理贸易论（managed trade theory）者主张一国政府应对内制定各种对外经济贸易法规和条例，加强对本国进出口贸易有秩序发展的管理，对外签订各种对外经济贸易协定，约束贸易伙伴的行为，缓和与各国间的贸易摩擦，以促进出口，限制或减少某些产品进口，协调和发展与各国的经济贸易关系，促进对外贸易的发展。

管理贸易论是适应发达国家既要遵循自由贸易原则，又要实行一定的贸易保护的现实需要而产生的。它介于自由贸易与保护贸易之间，其实质是协调性的保护，有人称之为"不完全的自由贸易"和"不断装饰的保护贸易"。管理贸易论具有如下基本特点：管理贸易论将贸易保护制度化、合法化，通过各种巧妙的进口管理办法和合法的协定来实现保护。国际贸易领域中，商品综合方案、国际商品协定、国家纺织品协定、多种纤维协定、"自愿"出口限制协定、有秩序的销售安排、发达国家的进出口管制、欧盟共同农业政策等都是管理贸易措施的具体反映。

各发达国家通过跨国公司的跨国经营活动来贯彻其对外贸易政策，跨国公司逐渐成为各国实行管理贸易的主角。它体现为发达国家许多高科技、高层次、大规模的投资贸易活动都围绕跨国公司来进行，有时政府还特别参与到公司具体的贸易活动中。管理贸易不仅盛行于发达国家，也为发展中国家所采用，并运用于区域性贸易集团。

6.5.2　公平贸易论

公平贸易论（fair-trade argument）是许多国家特别是西方发达国家用来进行贸易保护

的重要依据。公平贸易论最初是用来反对国际贸易领域中因为政府参与而出现的不公平竞争行为的。所谓不公平竞争，是指凡是由政府通过某些政策直接或间接地帮助企业在国外市场上竞争，并造成对国外同类企业的伤害的行为。其不公平性主要表现在发展中国家的低工资/劳动生产率比率与发达国家的高工资/劳动生产率比率的竞争，造成了发达国家与发展中国家大量的贸易逆差。具体来说，出口补贴、低价倾销等都算不公平竞争，将监狱中犯人或其他奴工制作的产品或使用童工制作的产品出口到国外，也是不公平贸易行为。通过不同的汇率制度人为地降低出口成本、对外国知识产权不加保护等也包括在不公平竞争的范围之内。

近年来，不公平竞争的定义扩大到不对等开放市场。随着国际经济一体化程度的加深，贸易摩擦和国际市场竞争更加激烈，发达国家强调对等开放市场、平等竞争、双边互惠的公平贸易立场。公平贸易论是发达国家以一种受害者的姿态出现来进行贸易保护的，这种保护似乎是迫不得已的，保护的目的是更好地保证国际上的公平竞争，以推动真正的自由贸易。发达国家指责发展中国家市场开放不够，指责中央计划经济没有按市场经济的原则实行自由竞争。发达国家要求政府加强干预和对本国企业进行支持与保护，借用各种维护贸易公平的"合理"和"合法"的手段达到保护本国就业，维持其在国际分工与国际交换中的支配地位的目的。美国是以公平竞争为由实施保护贸易的最主要国家之一，采取的主要手段包括：反补贴税、反倾销税或其他惩罚性关税、进口限额、贸易制裁等。

实际上，对经济发展水平落后的国家来说，在国际经济交往中没有真正的公平可言，发达国家以公平或互惠的理由对发展中国家的要求本身就是不公平的。因此国际多边协调组织（世界贸易组织）的目标是力争建立起公平合理的国际经济新秩序，使各种类型的国家都能够从国际经济贸易交往中获得应有的利益，从而推动世界经济稳定、有序地发展。

6.5.3 贸易保护的其他传统依据

除对上述贸易保护理论的探讨外，本节还将介绍 18 世纪以来比较流行的其他贸易保护理论 。这些理论除了有经济方面的考虑外有时还涉及政治、文化、社会等因素，至今仍对许多国家有较大的影响。

1. 促进产业多元化及产业结构转换论

单一的产业结构不利于国家综合竞争优势的确立及独立发展经济目标的实现，不利于经济稳定，不利于产业结构的多样化和高级化，从而限制了国民经济各部门的平衡发展和经济增长，而且难以适应外部环境的变化并进行及时调整，严重的甚至会对国家的经济安全保障体系的健全构成威胁。因此该理论主张实施贸易保护政策，保护和促进国内落后产业的发展，形成产业多样化格局，消除国民经济结构的脆弱性。发达国家通过贸易保护对其传统工业部门、垄断行业进行保护，而发展中国家通过贸易保护对其新兴工业部门进行扶持，从而在当前的政治经济背景下实现产业结构的转换和高级化发展。

2. 改善国际收支论

改善国际收支论（balance-of-payment arguments）主张以关税、配额等贸易保护措施限制进口，从而减少外汇支出，增加外汇储备，以达到迅速、有效地改善国际收支的目的。但在实施时必须考虑以下问题：第一，减少进口并不能保证国际收支一定获得改善。若在本国限制进口的同时，别国报复或本国资源由出口部门转移至进口部门生产而使本国出口减少；或本国对进口品的需求缺乏弹性，关税也无法有效减少进口；或用于出口品生产的中间投入物进口减少或者价格上涨而削弱了出口能力；或本国进口减少导致外国的进口能力也随着下降；或本国进口减少导致本国货币汇率上升等。这些情况的发生均会使本国无法达到改善国际收支的目的。第二，有没有更好的办法来改善国际收支。改善国际收支更有效的办法应该是改善经济结构、提高出口产业的劳动生产率，挖掘更多的出口潜力，以增强本国产品的国际竞争力，使出口增加，吸引外汇流入。

3. 改善贸易条件论

改善贸易条件论（terms-of-trade arguments）主要是针对发展中国家而言的，它主张用增加关税等贸易保护手段限制进口，减少需求，以降低进口商品的价格。由于贸易条件是出口商品国际价格与进口商品国际价格的比率，所以进口商品价格的降低可以使贸易条件得到改善。以改善贸易条件为依据进行贸易保护的最终目的是想从中获利。能否有效改善贸易条件依赖于以下条件：第一，该国对国际市场的影响力。如果是一个大国，它在某种商品的世界进口总量中占有相当大的份额，那它就成为一个具有垄断优势的购买者。但在实践中，由于发展中国家对世界市场价格水平的影响力较小，往往是世界市场价格的接受者，而且提高关税又会招致贸易对象的报复，所以为改善贸易条件而采取关税保护手段并不具备有效性。第二，不引起别国相应的报复措施。贸易是互相的，这种以改善贸易条件为目的而实行的保护，很容易引起别国相应的报复，其结果是：不仅贸易条件没有得到改善，贸易量还因此下降。总之，为改善贸易条件所进行的贸易保护会造成国际市场价格扭曲，不利于资源的有效利用。

4. 增加政府收入论

不管消费者和整个社会所付出的代价如何，征收的关税是实实在在的收入，这是政府实行保护贸易政策的动力之一。因此，与其说这一理论是一种政策理论，还不如说是一种利益行为。征收关税的好处如下：第一，比增加国内税容易得多。因为关税在外国商品进入本国市场前就征收了，由此产生的商品价格上涨似乎就不是政府的原因。第二，可以将部分关税负担转嫁到外国生产者或者出口商身上，但其必要条件是该国必须是进口大国。虽然征收关税可以增加政府财政收入，但由于大部分关税会转嫁给给国内消费者，使消费者福利受损，因此在现实中，大部分国家尤其是发达国家不将关税作为增收的主要途径。

6.5.4 贸易保护的非经济理论

从非经济目标论的观点来看，作为独立利益体的国家以贸易保护政策来促进国内生产的发展，缩减对国外产品需求，可以达到获得民族自豪感、实现社会收入再分配及维护国家安全的目的。

1. 民族自尊论

进口商品并不仅仅是一种与国内产品无差别的消费品，进口商品的品种、质量常常反映了别国的文化和经济发展水平，而且进口的商品上通常都带有"某某国制造"的标签，以示与进口国商品的区别。民族自尊论通过号召本国消费者消费本国企业生产的产品以达到限制进口的目的。一方面，它把消费国货同爱国等价起来，认为购买外国货将损害民族自尊心和自信心；另一方面，宣传购买本国产品可以支持本国产业和经济的发展，通过贸易保护政策减少外来冲击，发展本国工业，其实质是使本国消费者减少对进口商品的需求甚至抵制进口商品。

2. 收入再分配论

收入再分配论（income-redistribution arguments）也叫社会公平论。该理论主张通过贸易限制对一国的收入进行重新分配，以保护国内生产，或矫正不利的收入分配后果，或缩小贫富差距。出口集团因为出口商品的相对价格高于国内市场商品的价格而增加了企业和个人的收入，进口竞争集团则会因进口商品的增加而受损，使某些企业和个人的收入减少，有些企业甚至会因此破产、工人失业。很明显，自由贸易会引起本国经济结构的调整，从而导致社会的收入分配格局发生变化，进而可能衍生出一系列的社会矛盾。不少国家利用贸易保护来调节国内各阶层的收入水平，以减少社会矛盾和冲突，因此为了"公平的收入分配"，这种保护就被认为是正当和合理的。

3. 国家安全论

贸易保护主义有时还以国家安全为依据，主张限制进口，以保持经济的独立自主。国家安全论者认为，一个国家如果过度依赖外国供给，那么一旦爆发国际危机或战争，贸易停止，供给中断，该国将处在危险中。因此，即便国内生产者不是很有效率，也应给予关税保护，让他们继续生存下去。特别是那些有关国家安全的重要战略物资必须以自己生产为主，不能依靠进口。在这些行业面临国际市场竞争时，政府应加以保护。这些重要商品包括粮食、石油等。但实际上，经济越是相互依赖，越不会发生战争，正所谓"你中有我，我中有你"。

6.6　贸易保护理论的新发展

自20世纪90年代以来，随着国际贸易的扩大和经济全球化的发展，各国在贸易领域的竞争日趋激烈。在这种形势下，各种形式的保护主义纷纷出现。目前，比较有代表性的新贸易保护主义包括地区经济主义新贸易保护论、国际劳动力价格均等化新贸易保护论和环境优先新贸易保护论。

1. 地区经济主义新贸易保护论

地区经济主义新贸易保护论是指1994年英国学者蒂姆·朗和科林·海兹在《新贸易保护主义》一书中提出的新贸易保护论。该理论的主要内容是：以地区经济优先发展为核心，实现贸易平衡，强化贸易规则；强调加强地区间合作，实施新型的地区主义自力更生应该成为国家内部及特定地区或国家之间的一个共同目标，这样可以使它们在力所能及的范围内最大限度地满足需要和提供服务。如果经济活动是为自力更生提供服务，那么它们对国际贸易的依赖程度就会降低，经济增长受到的竞争影响也会减少，当生产和就业都为满足地方需要而服务时，就应该重新定位经济活动，使其摆脱出口导向的模式。

蒂姆·朗和科林·海兹认为自由贸易政策存在自身固有的缺陷，在当今世界环境下，自由贸易政策所带来的问题比其期望解决的问题更多。因此要实现经济、公平和环境的持续协调发展，就必须放弃自由贸易政策，由新的贸易保护主义政策所取代。实行地区性贸易保护主义后，既可以利用本地资源，促进经济发展、增加福利，又可以改变发展中国家在国际贸易结构中的不利地位，同时也可以保护环境，促进人类社会可持续发展。新贸易保护论还主张：为了使地区经济发展、实现贸易平衡和保护世界环境，需要一国根据预期的出口量控制进口量并且要使两者严格平衡，并制定高标准的进出口限制规则。

2. 国际劳动力价格均等化新贸易保护论

20 世纪 90 年代还有一种具有广泛影响的新贸易保护理论，是将国际劳动力价格均等化理论应用于保护贸易中，其基本观点是：由于西方发达国家的工资水平远高于发展中国家的工资水平，如果西方发达国家不对其与发展中国家的贸易实行限制，将会造成发达国家工人的工资水平向低收入国家的工资水平看齐，从而导致发达国家生活水平的下降。因此，发达国家应对来自发展中国家的劳动密集型产品实行限制。

要素价格均等化定理的提出最初并未在贸易保护方面得到运用。然而进入 20 世纪 90 年代后，由于东亚及东南亚新兴工业化国家及一些发展中国家经济持续增长，出口贸易发展迅速，某些传统贸易产品的国际竞争力有显著提高，对西方发达国家的同类产品造成了竞争压力。在西方发达国家中出现了要求对亚洲新兴工业化国家及发展中国家实行贸易保护主义的呼声，并且日趋高涨。据美国经济政策协会估算，仅北美自由贸易区协议的签订就使美国失去了 50 万个就业机会。进入 20 世纪 80 年代后，发达国家受到低增长和高失业率的困扰，因而增加了对大工业的保护，抵制发展中国家的进口。1993 年，发展中国家将近 1/3 的出口产品受到发达国家的配额制和其他非关税壁垒的限制。

3. 环境优先新贸易保护论

由于近 20 年来全球工业化加速，致使生态平衡遭到破坏，人类的生存环境日趋恶化。国际社会对环境问题及全球经济可持续发展问题的关注和重视导致诸多国际公约的产生。各国政府也相继制定了一系列法律、法规和政策措施，希望政府通过对自由贸易政策的干预，实现保护自然环境、改善生态环境的目的。在此背景下产生了环境优先新贸易保护论，它主要表现为借保护环境为名来限制商品的进口。

发达国家的环保主义者主张尽快采取严格的贸易限制条件，抵制破坏环境的产品进出口，进而抵制破坏环境的生产活动。环境优先新贸易保护论的基本观点如下。

① 国际贸易应优先考虑保护环境。20 世纪 90 年代以来，人类生态系统面临巨大威胁，环境的污染和破坏已威胁到人类的生存和发展，为了社会经济的可持续发展，环境优先新贸易保护论者强烈呼吁国际贸易应优先考虑保护环境问题，应减少、消除污染和破坏环境的产品的生产及销售，鼓励环保产品的生产和销售，推动环保市场的扩大。

② 任何国家都有权采取关税和非关税措施，控制甚至禁止污染环境的产品的进出口。为了保护环境和维护居民的身体健康，环境优先新贸易保护论者在 20 世纪 90 年代提出，在遵循非歧视原则、市场开放原则和公平原则的基础上，任何国家都有权采取关税和非关税措施，控制甚至禁止污染环境的产品的进出口。

③ 任何产品都应将环境和资源费用计入成本，使环境和资源成本内在化。发达国家主张的"环境成本内在化"，其主要内容是：为了保护全球的环境和生态资源，任何产品都应将环境和资源费用计入成本，使环境和资源成本内在化，其计算标准应为国际标准。这可减少企业生产对环境的污染和资源的浪费，有利于解决企业消除污染的资金来源，真正反映产品的价值。在环境和资源成本内在化中，任何国家不能以自己的环境标准计算成本，应以国际环境标准确定产品的成本。

④ 任何国家都不能对企业进行"环境补贴"。为了使世界贸易在公平的基础上进行，环境优先新贸易保护论者在其理论中强调，任何国家都不能以任何理由为借口，对企业进行

"环境补贴"，发展中国家也不能享受特殊待遇。

事实上，进口国主要采用以技术壁垒为核心的非关税壁垒措施，以保护环境、保护人类、保护动植物的生命健康安全为名，行贸易保护之实。

本章要点

最早的贸易保护理论是从保护关税说开始的，它强调落后国家要想发展民族工业振兴经济，就应该采用关税来阻止外国商品对本国的冲击。在此基础上，李斯特提出保护幼稚工业论，同样强调的是要发展民族工业。只是与保护关税说有所区别的是，它保护的对象仅限于幼稚工业，并提出了他的生产力论、国家发展阶段论、国家干预论。

超保护贸易理论是发达国家在战后为了保护自身原有优势制定保护贸易政策的依据，它建立在凯恩斯的有效需求理论和投资乘数理论的基础上，认为出口就如同国内投资一样对国民经济具有"注入"效果，会增加有效需求，进而提高就业水平，并且还会对国民收入有倍增效应。

战略性贸易政策是指一国政府在不完全竞争和规模经济条件下，可以凭借生产补贴、出口补贴或保护国内市场等政策手段，扶持本国战略性产业的成长，增强其在国际市场上的竞争能力，从而谋取规模经济之类的额外收益，并借机劫掠他人市场份额和工业利润。

普雷维什的中心-外围论更多地强调了发展中国家相对于发达国家在国际分工体系中处于劣势地位，并进一步探讨了发展中国家贸易条件长期恶化的趋势，提出了实行贸易保护主义、走发展本国工业化的道路，打破传统分工体系，从而要求建立国际经贸新秩序。

进行贸易保护还有许多政治、经济、文化、社会的因素，诸如国际安全、社会公平等。

复习思考题

一、名词解释

自由贸易　保护贸易　关税保护说　保护幼稚工业论

超保护贸易理论　对外贸易乘数　战略性贸易政策　贸易条件恶化论　中心-外围论

二、简答题

1. 各国制定对外贸易政策的目的是什么？

2. 作为发展中国家，中国应该选择自由贸易政策还是保护贸易政策？

3. 战略性贸易政策的主要观点有哪些？试对其进行评价。

4. 为什么进口替代政策在较大的发展中国家比较小的发展中国家更容易成功？

5. 产业具有哪些特点?

6. 幼稚产业有哪些?

三、论述题

1. 保护幼稚工业论的主要观点有哪些? 其政策主张是什么?

2. "许多发展中国家试图通过对资本密集型的工业制成品实施进口配额, 并对机器设备的进口给予补贴, 来创造制造业的就业机会。不幸的是, 它们往往加剧了城市失业问题。"请对此论点进行解释。

3. 如果一国政府能够确定哪些产业在未来的 20 年里增长最快, 为什么这不能自动地意味着该国应当实施支持这些产业增长的政策。

4. "战略性贸易政策论揭示了像韩国这样的国家采取出口补贴政策的明智之处。这种补贴给了每个产业在世界竞争中所需要的战略优势。"请讨论上述判断。

第**7**章

出口鼓励措施与出口管制

鼓励出口是国际贸易政策措施的重要内容。无论是以世界市场为背景的发达国家，还是奉行外向型发展战略的新兴工业化国家和广大的发展中国家，都十分重视通过各种鼓励出口措施，促进出口贸易的发展。本章首先介绍鼓励出口的主要措施种类，之后以出口补贴为例分析鼓励出口措施的经济效应，最后介绍出口管制。

7.1 鼓励出口措施的主要种类

鼓励出口措施有很多种，不同的国家采取的具体措施也不完全相同。本节介绍几种主要的鼓励出口措施，包括出口信贷、出口信用保险、出口补贴、对出口产业的生产补贴、外汇倾销、商品倾销、促进出口的组织措施、经济特区措施。

7.1.1 出口信贷

出口信贷（export credit）是出口国为促进本国商品尤其是大型机械设备和船舶的出口，加强其国际竞争能力，以对本国的出口给予利息补贴并提供信贷担保的方式，鼓励本国银行对本国出口商或外国进口商（或其银行）提供较低利率的贷款，以解决本国出口商资金周转的困难，或满足国外进口商对本国出口商支付货款需要的一种融资方式。出口信贷按其贷款对象不同可分为卖方信贷和买方信贷两种形式。

1. 卖方信贷

卖方信贷（supplier's credit）是指由出口方银行直接向本国出口商提供贷款，一般用于成套设备、船舶等的出口。这种大型机械、设备的出口所需资金较多、时间长，买方一般要求采用延期付款的支付方式，卖方要很长时间才能把全部货款收回。因此，出口商为了资金周转，往往需要取得银行贷款的便利。卖方信贷就是出口国银行直接资助出口商向外国进口商提供延期付款，以促进商品出口。进口商以这种方式购入商品的价格比现汇购入的商品价格可高出 30％。卖方信贷的优点是手续简便，缺点是将商业利润、银行利息、手续费、附加费混在一起，买方不易了解进口商品的真正价格，而且卖方报价较高。图 7-1 是卖方信贷图解。

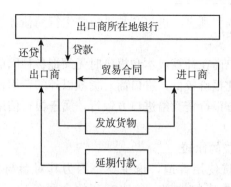

图 7-1　卖方信贷图解

卖方信贷的基本做法是：进、出口商先签订贸易合同，约定采用延期付款的支付方式；出口商与其所在地银行签订出口卖方信贷融资协议，获得贷款；出口商依据合同组织生产发货，进口商延期付款；进口商分期偿还货款，出口商偿还贷款（最常见的做法是进口商直接向贷款银行支付贷款）。

2. 买方信贷

在大型机械设备和船舶贸易中，由出口商所在地银行向外国进口商或进口方银行提供贷款，给予融资便利，以扩大本国设备的出口，这种出口信贷称为买方信贷（buyer's credit）。在买方信贷下，进口商必须将其所得贷款的全部或大部分用于购买提供贷款的国家的商品，所以又称为约束性贷款。这种措施的本质是通过借贷资本的输出带动商品的输出。图 7-2 是买方信贷图解。

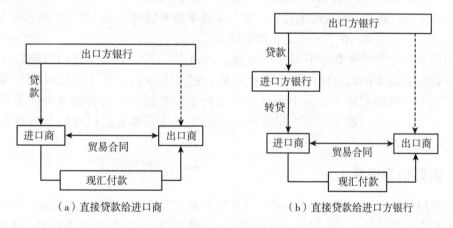

（a）直接贷款给进口商　　　　　　　　（b）直接贷款给进口方银行

图 7-2　买方信贷图解

买方信贷的基本做法是：签订进、出口商之间的贸易合同后，如果是贷款行直接贷款给外国进口商，进口商要用自身资金，以即期付款的方式向出口商支付买卖合同金额的 15% 的现汇定金，其余货款以即期付款的方式将银行提供的贷款付给出口商（实际上是出口商所在地银行直接把款项划拨给出口商，视为进口商已经提款，见图 7-2(a)中的虚线），然后按贷款合同规定的期限，将贷款和利息还给供款银行。

如果是出口方银行向进口方银行贷款，出口方银行也以即期付款的方式代进口商向出口商支付应付的货款（现汇实际上并未出境，见图 7-2(b)中的虚线），进口方银行按照贷款规定期限向供款行归还贷款和利息。进口商与进口方银行的债务关系按双方商定的办法在国内结算。

买方信贷的优点是出口商在计算成本和报价时无须把各种因信贷业务而发生的各项费用计算在成本和报价内，因此报价较低，进口商对货款以外的费用比较清楚。

多数买方信贷是出口方银行贷款给进口方银行，属于银行信用（进口方银行再贷给进口商）。

3. 卖方信贷与买方信贷的比较

买方信贷要比卖方信贷使用普遍，这主要是因为其对参与各方都有明显的好处。对进口方而言，可以提高贸易谈判效率，争取有利的合同条款。一方面，进口方集中精力于自己熟悉的领域，如技术、质量等级、包装、价格和有关的贸易条件等，而将自己比较陌生的方面（如信贷手续和有关费用）交给银行处理，这样在谈判过程中就可以有更充足的时间争取有利的贸易条件；另一方面，买方信贷费用由进口方银行和出口方银行双方商定，并由进口方银行支付给出口方银行，这笔费用往往少于卖方信贷下由出口方支付给出口方银行的费用。

对出口方而言，买方信贷可简化手续和改善财务报表。一方面，因为出口方出口货物时收的是现汇，制定出口价格时无须考虑附加的信贷手续费等费用，只需根据同类商品的国际市场价格制定价格；另一方面，由于是现汇，没有卖方信贷形式下的应收账款，一定程度上改善了出口商年末的财务报表状况。

对出口方银行而言，买方信贷是向进口方银行提供的，一般而言，银行信用大大高于商业信用（企业信用），出口方银行贷款的安全收回较为可靠。

对进口方银行而言，在金融业特别是银行业竞争越来越激烈的环境下，承做买方信贷可拓宽与企业联系的渠道，扩大业务量，增加收益。

我国的出口信贷原来都由中国银行办理，1994年7月1日中国进出口银行（直属国务院领导的、新设立的政策性银行）开业以后，它与中国银行等外汇银行在办理出口信贷业务方面做了明确的分工，即中国进出口银行主要办理机电设备和成套设备等资本商品的出口信贷，而中国银行等外汇银行则办理除了上述资本商品以外的其他商品的出口信贷。

7.1.2 出口信用保险

出口信用保险（export credit insurance）是国家为了推动本国的出口贸易，保障出口企业的收汇安全而制定的一项由国家财政提供保险准备金的非营利性的政策性保险业务。它旨在鼓励发展出口贸易，并保证出口商因出口所受到的损失能得到绝大部分补偿，从而使本国出口商在世界市场上与其他国家的出口商处于同等的竞争地位。

中国设有中国出口信用保险公司，用于对出口提供信用保险。投保出口信用保险可以给企业带来以下利益。

① 出口贸易收汇有保障。在出口商出口贸易发生损失时，出口信用保险能给予经济补偿，维护出口企业和银行权益，避免呆坏账发生，保证出口商和银行业务稳健运行。

② 有出口信用保险保障，出口商可以放心地采用更灵活的结算方式，开拓新市场，扩大业务量，从而使企业的竞争能力更强。

③ 出口信用保险可以为企业获得出口信贷融资提供便利。资金短缺、融资困难是企业共同的难题，在投保出口信用保险后，因为收汇风险显著降低，融资银行更愿意提供资金融通。

案例 7-1

④ 得到更多的买家信息，获得买方资信调查和其他相关服务。出口信用保险有利于出口商获得多方面的信息咨询服务，从而使其加强信用风险管理，避免和防范损失发生。

⑤ 有助于企业自身信用评级和信用管理水平的提高。

7.1.3　出口补贴

出口补贴（export subsidies）又称出口津贴，是一国政府为了使出口商品在价格方面具有较强的竞争能力，在出口商品时给予出口商的现金补贴或财政上的优惠待遇。出口补贴可分为两种：一种是直接补贴（direct subsidies），即出口某种商品时，直接付给出口商的现金补贴；另一种是间接补贴（indirect subsidies），指政府对某些出口商品给予财政上的优惠，如政府退还或减免出口商品的直接税、超额退还间接税（增值税、消费税、关税等）、提供比在国内销售货物更优惠的运费等。

一方面，许多国家为了扩大出口，纷纷采用补贴这种较为隐蔽的方式实施对本国的贸易保护；另一方面，许多国家纷纷出台反补贴法抵制补贴行为，其中不少国家滥用反补贴措施，使其从一种保证公平贸易的手段蜕化为贸易保护主义的工具。其结果是：补贴与反补贴措施损害了贸易各国的利益，影响了国际贸易的健康发展。为了约束、规范补贴和反补贴措施，乌拉圭回合经过艰苦的谈判，在东京回合《补贴与反补贴规则》的基础上，达成了《补贴与反补贴协议》。该协议将补贴分为禁止使用的补贴、可申诉的补贴和不可申诉的补贴。

1. 禁止使用的补贴

禁止使用的补贴又称"红灯补贴"，是形式上或实际上依出口情况而定或用于使本国货物压倒进口货物的补贴。红灯补贴分为出口补贴和进口替代补贴两类，主要是指出口补贴。红灯补贴具体包括的内容很多，如政府按出口实绩对某一企业或产业提供的直接补贴、与出口或出口实绩相联系的特殊税收减让等。

2. 可申诉的补贴

可申诉的补贴又称"黄灯补贴"，是指允许使用的补贴，但若该补贴对 WTO 成员产生了不利影响，则可对其采取磋商手段或动用争议解决程序或对其采取反补贴措施。黄灯补贴也有多种，如政府部门对某些特定企业或产业实施的各种收入保证或价格支持政策；政府部门以特别优惠的条件向某些特定企业提供货物（如原材料、设备、中间品等）和服务（如运输、技术、各种生产和销售服务等）；政府部门给予企业特殊的优惠安排，如实行差别税率、缓征税收或注销拖欠税款、减免税收等。

3. 不可申诉的补贴

不可申诉的补贴又称"绿灯补贴"，是合法的补贴，不受反补贴制裁。它包括所有非专门补贴，即那些不是主要使某个企业、某个产业或某个产业集团受益的补贴。补贴的非专门性要求补贴的分配标准必须是中立的、非歧视的和以整个经济为基础的，不对部门加以区分。但对某些专门补贴

专栏 7-1

也是不可申诉的，如研究与开发、对落后地区的帮助、帮助工厂适应新的环保规则（以上补贴均有一定限制）。

7.1.4　对出口产业的生产补贴

与出口补贴密切相关的出口鼓励措施是对出口产品进行生产补贴，这属于鼓励出口的产业政策内容。根据世界贸易组织的规定，"除出口补贴以外的补贴"都是生产补贴。生产补贴与出口补贴不同，生产补贴对某些产业生产的所有产品都进行补贴，不管该产品是在国内市场销售还是出口到国际市场。生产补贴包括政府对商业企业的资助、税收减免、低息贷款等直接的方式，也包括对某些出口工业生产集中的地方给予区域性支持（如以优惠价提供土地或电力支持、加强交通、通信等基础设施的建设等）、资助研究与开发项目等间接的方式。所有这些政策措施虽然看上去只是对具体企业或行业的支持，但实际上降低了这些出口企业的生产成本，提高了出口竞争力，起到了鼓励出口的作用。

由于生产补贴的形式多种多样，不像出口补贴那样明显，因此在出口补贴受到《补贴与反补贴协议》限制的情况下，不少国家通过生产补贴等产业政策支持本国的出口行业。例如，日本政府在 20 世纪七八十年代就投入大量资金支持计算机和半导体行业的发展。1976—1980 年，日本通产省为富士、日立、三菱、NEC 和东芝等企业的计算机集成技术开发补贴了 300 亿日元，占整个研发费用的 43%。欧洲空中客车的生产也得到了法国和德国政府的大量补贴。据计算，这些补贴高达飞机价格的 20%。出口行业的国有企业也通常直接得到政府的生产补贴。不过，发达国家对其农业的补贴是最明显和最普遍的生产补贴。[①]

7.1.5　外汇倾销

外汇倾销（exchange dumping）是指通过降低本国货币对外国货币的比价，降低本国商品以外币表示的价格，增强本国商品的竞争力，从而达到扩大本国商品出口的目的。由于本币对外贬值还会引起进口商品价格的上涨，减少进口，所以外汇倾销在一定条件下可起到促进出口和限制进口的双重作用。

一国要想通过外汇倾销成功地扩大出口、限制进口，改善贸易收支，必须满足"马歇尔－勒纳条件"（Marshall-Lerner condition），即出口需求弹性（D_x）与进口需求弹性（D_i）之和大于 1（$D_x+D_i>1$）。"马歇尔－勒纳条件"假定：

① 当本币对外贬值导致国外市场需求扩大后，本国要能增加供给，且增加供给的产品数量与结构和增加的需求相适应；

② 有"闲置资源"，能保证增加供给所需要的资源投入。

7.1.6　商品倾销

乌拉圭回合签订的《反倾销协议》第 2 条明确规定，如果一商品自一国出口至另一国的出口价格低于在正常贸易中出口国国内消费的同类商品的可比价格，即以低于"正常价值"的价格进入另一国市场，则该产品被视为倾销（dumping）。

---

① 海闻，林德特，王新奎. 国际贸易. 上海：上海人民出版社，2003：311.

按照《反倾销协议》，对于市场经济成员来说，商品正常价值的确定有 3 种方法。第一种是同类商品在本国国内市场通常贸易过程中确定的价格。如果长期（通常为一年）以低于平均总成本（总成本指固定成本与可变成本加上销售费用、一般开支及管理成本的总和）的价格销售大量商品，则该价格不被视为通常贸易中的价格。第二种是如果在出口国国内市场的正常贸易过程中不存在该同类商品的销售，或由于出口国国内市场的销量太小，以至于不能进行价格比较，则用同类商品出口至适当第三国的最高可比出口价格。第三种是原生产国的生产成本加合理金额的管理、销售和一般费用及利润之和，即结构价值。一般情况下，应优先采用第一种方法；只有在不能采用第一种方法时，才能采用第二种或第三种方法。

1. 商品倾销的分类

按照倾销的目的不同，商品倾销可分为以下几种。

（1）偶然性倾销（sporadic dumping）

偶然性倾销是指企业因商品过季或改营其他业务，需要处理库存商品，但国内市场容量有限而以低于成本或较低的价格在国外市场抛售。这种倾销虽然会对进口国国内同类商品的生产与销售造成一定程度的冲击，但由于持续时间短，进口国家通常较少采用反倾销措施。

（2）周期性倾销（periodic dumping）

在需求萎缩期间，如果企业预期未来有更好的行情，并认为与收不回全部成本而继续生产相比，解雇工人和降低生产能力的成本更高，企业就可能倾销，以便在整个商业周期内稳定生产。

（3）防御性倾销（defensive dumping）

即以低于生产成本的价格出口，以利于阻止潜在的竞争者进入进口国市场。

（4）间歇性倾销或掠夺性倾销（intermittent or predatory dumping）

它是指一国出口商为了将进口国国内生产商挤出市场，获得其在进口国国内市场的垄断地位后再制定垄断高价，获取垄断利润，而以低于本国国内市场价格甚至低于成本的价格在某一外国市场销售商品。这是仅有的一种潜在地危害到进口倾销商品国家福利的倾销，它是 20 世纪初美国反倾销立法的最初原则。美国担心外国企业（或卡特尔）可能会故意使商品价格低得足以把现有的美国企业赶出市场而形成垄断。一旦形成垄断，垄断者会利用其市场力量超额弥补低价造成的损失。不过，垄断者（卡特尔）要实现垄断目的，不仅要消除进口国国内的竞争，而且还必须能够阻止新竞争者的进入。为了使这种情况成为可能，垄断者要么必须具有全球性垄断力量，要么说服进口国政府实施或容忍对进入市场的限制。

从实践上来看，20 世纪 20 年代和 30 年代的国际混乱期间，工业制成品的掠夺性倾销曾普遍存在。但是，在现代竞争性市场上，掠夺性倾销可能变得越来越少了。试图消灭所有竞争者而暂时降低价格的厂商会发现，一旦他再度提高价格，许多跨国企业就会作为竞争者以有效率的大规模生产重新进入市场。实际上，第二次世界大战后一直没有关于掠夺性倾销的成功案例记载。

（5）持续性倾销（persistent dumping）

它是指一国出口商在较长时期内以低于国内市场价格的低价在某一外国市场销售商品，

打击竞争对手，以挤进该国市场或提高在该国市场的份额。持续性倾销要想获得成功，需要具备以下几个条件。

① 能够成功地实施严格的市场分割，防止出口商品再被进口到国内，从而能够维持国内市场的高价。

② 企业能够实现规模经济或使生产能力得到充分利用，或企业需要尽可能快地沿其学习曲线下移，即随着产量增加，生产工人们不断提高效率，从而使单位生产成本逐渐下降。

③ 倾销价格必须高于边际成本①。

④ 出口商认为国外市场的需求弹性②大于国内市场，即随着价格的降低，外国消费者对出口产品需求的增加大于国内消费者。

2. 商品倾销与出口补贴的比较

出口补贴是"鼓励出口措施"，但商品倾销是否属于"鼓励出口措施"却有争议。逻辑上讲，"鼓励出口措施"属于政府政策措施，实施主体应为政府，而商品倾销却是企业行为。正因为如此，WTO——作为国家与政府的组织，并不处理公司的事务——仅订有《反倾销协议》，以规范政府对倾销可以采取的行动，却订有《补贴与反补贴协议》，既规范政府补贴，又规范政府对补贴做出的反应。③ 商品倾销之所以被作为鼓励出口措施看待，原因是有的经济学家认为，出口商背后如果没有所在国政府的支持，根本不可能长期从事亏损的出口倾销。但是这种观点又使得商品倾销与出口补贴难以区别。

企业商品倾销与政府提供出口补贴的结果一般都表现为低价出口，但二者存在不同之处。

① 如上所述，二者行为主体不同。商品倾销是企业行为，出口补贴是政府行为。

② 低价出口期间造成的损失补偿来源不同。商品倾销来源于掠夺性倾销的垄断高价或长期性倾销的国内高价和规模经济，出口补贴则来源于政府的补偿。

③ 当低价出口给进口国造成"实质性危害"或有"实质性危害"威胁时，进口国政府谈判、调查的对象不同。前者是出口企业，后者是出口国政府。

④ 进口国针对低价出口采取的措施不同。前者征收反倾销税，后者征收反补贴税。对我国而言，美国和欧盟等国家（集团）在过去仅征收反倾销税。

⑤ 低价出口损失能否得到补偿的风险不同。商品倾销的降价损失有可能因垄断高价落空或国外需求弹性小而得不到补偿，出口补贴则无此风险。

⑥ 从目的来看，掠夺性倾销的出发点或目的是恶意的垄断高价，而出口补贴仅是为了增加产品竞争力，以挤进国际市场或扩大市场份额，是无恶意的，尽管出口补贴也会对进口国国内市场造成冲击。

7.1.7 促进出口的组织措施

为了鼓励出口，各国政府还普遍采取各种组织措施，具体做法主要有以下几种。

① 边际成本表示生产最后一单位产量的额外的或增加的成本。短期内，当生产商面对较大的规模经济和学习曲线，成本随着生产的增长而暴跌时，引来"远期价格"，就可能将价格定得低于当前的成本，无论是平均成本还是边际成本。
② 需求弹性被定义为价格变化导致的需求量变化百分比与价格变化百分比的比率。
③ 世界贸易组织秘书处. 贸易走向未来. 北京：法律出版社，1999：57.

（1）重视本国驻外经济商务代表的工作

驻外经济商务代表的主要目标是尽最大努力，在最广泛的意义上增加国家的出口净收入。他们要寻找贸易机会，识别并评估所在国影响本国出口的各种贸易壁垒，组织贸易宣传活动，为本国出口商参加所在国的促销活动提供建议和支持，鼓励所在国的投资者到本国投资，搜集所在国的经济贸易信息等。

（2）设立权威性的综合协调机构

为了有效地促进出口，一些国家和地区很重视设立权威性的综合协调机构。例如，日本政府于 1954 年专门设立了由内阁总理担任委员长的"最高出口会议"，负责制定出口政策，为实现出口目标而在各省厅之间进行综合协调。韩国从 1965 年起建立了每月召开一次且由总统亲自主持的"出口扩大振兴会议"制度，专门研究扩大出口的问题。

（3）设立专门的为促进出口服务的机构

为了促进出口，许多国家成立了专门机构，为出口商提供各种服务。例如，为了促进英国的出口贸易，英国于 1972 年建立了境外贸易委员会，它的主要任务有两项：一是提供信息；二是在资金方面对出口商提供资助。

（4）组建贸易中心和贸易展览会

贸易中心是永久性设施，在贸易中心内可提供陈列展览场所、办公地点和咨询服务等。贸易展览会是流动性的展出，许多国家十分重视这项工作。例如，意大利对外贸易协会对它发起的展出支付本国公司 80％的费用，对参加其他国际贸易展览会的本国公司给予 30％～35％的补贴。

（5）组织贸易代表团出访和接待来访

许多国家为了发展出口贸易，经常组织贸易代表团出国访问，费用大部分由政府补贴。例如，加拿大政府组织的经贸代表团出访，政府支付大部分费用。还有许多国家设立专门机构接待来访团体。例如，英国境外贸易委员会设有接待处，专门接待官方代表团、社会团体、工商界协会等，以密切贸易活动。

（6）组织出口商的评奖活动

第二次世界大战后，对出口商给予精神奖励的做法在许多国家日益盛行。例如，美国设立了总统"优良"奖章，得奖厂商可以把奖章样式印在公司的文件、包装和广告上；日本政府把每年的 6 月 28 日定为贸易纪念日，在每年的贸易纪念日，由通商产业大臣向出口贸易成绩卓著的厂商颁发奖状。

（7）发挥商会的作用

商会是企业之间一种自愿的、长期的、可以不断调整合作关系的组织，可以促进信息的交流，加大对涉及影响声誉事件的处理，降低解决贸易争端的成本等。无论是在发达国家还是在发展中国家，商会已成为普遍的现象。

7.1.8　经济特区措施

一些国家或地区为了促进出口，在其领土上的部分经济区域内实行特殊政策。在这个区域内，政府通过降低地价、减免关税、放宽海关管制和外汇管制、提供各种服务等优惠措施，吸引外国商人发展转口贸易，或鼓励和吸引外资，引进先进技术，发展加工制造业，以达到开拓出口货物、增加外汇收入、促进本国或本地区经济发展的目的。目前，各国设置的经济特区主要分为以下 4 种。

（1）自由贸易区

自由贸易区（free trade zone）[1] 是划在关境[2]以外的一个区域，对进出口商品全部或大部分免征关税，并且准许在区内进行商品的自由储存、展览、加工和制造等业务活动，以促进地区经济及本国对外贸易的发展。

国际上通行的自由贸易区内基本上没有关税或其他贸易限制，实施贸易与投资自由化的政策与法规，贸易区内人、财、物及信息的流动都比较自由，办事程序简便、透明，政府部门办事效率高，通关速度快，资金融通便利。自由贸易区通常还有完善的海、陆、空交通基础设施，有发达的、国际化的多式联运体系和物流体系，有满足现代化大型集装箱船舶需要的深水港务体系，有通向世界各地的航线及发达的国内支线。[3]

虽然自由贸易区本身是对进出口的双向鼓励，但多数国家在本国境内设立自由贸易区的目的是促进出口。

（2）出口加工区

出口加工区（export processing zone）是一国专门为生产出口商品而开辟的加工制造区域。在此区域内，一些以出口为导向的经济活动受到一系列政策工具的刺激和鼓励，而这些政策工具通常不适用于其他经济活动和其他经济区域。加工区生产的产品全部出口或大部分供出口。

在不发达国家建立的大部分出口加工区内，生产活动占统治地位；加工区内的大部分公司是跨国公司的子公司，而这些公司生产的商品均销往国外。东道国提供各种鼓励措施以吸引外国公司进入出口加工区，这些措施包括免税、提供廉价的劳动力和土地租金、放宽管制、限制工会活动等。对跨国公司来说，所有这些特权（优惠政策）均可通过出口加工区转化成比向其他地方投资来得更高的盈利潜力。[4]

（3）保税区

保税区（bonded area）是海关所设置的或经海关批准注册的特定地区和仓库。外国商品存入保税区内，可以暂时不缴纳进口税；如果再出口，不缴纳出口税。运入区内的商品可进行存储、改装、分类、混合、展览、加工和制造等。设置保税区主要是为了发展转口贸易，增加各种费用收入，并给予贸易商经营上的便利。

我国借鉴国外自由贸易区、出口加工区的成功经验，结合我国国情创办了保税区，其主要功能与自由贸易区和出口加工区相似。截止到 2020 年 1 月 8 日，全国共设立了 100 个综合保税区。

（4）自由边境区

自由边境区（free perimeter）一般设在本国的一个省或几个省的边境地区，其目的和功能都与自由贸易区相似，只是在规模上小一些。对于在区内使用的生产设备、原材料和消费

---

① 此处的自由贸易区是设在一国境内的区域，不同于国家之间的自由贸易区。

② 关境是一国海关所管辖和执行有关海关各项法令和规章的区域。一般情况下，关境和国境范围是一致的，但是也有不同的情况。有些国家在本国的国境内设有属于关境之外的自由贸易区、自由港、出口加工区等，则其关境小于国境；有些国家组成关税同盟甚至更高水平的区域经济一体化形式（如欧盟），则其关境大于国境。

③ 海闻，林德特，王新奎. 国际贸易. 上海：上海人民出版社，2003.

④ 同③.

品可以免税或减税进口；如果从区内转运到本国其他地区出售，则须照章纳税。外国货物可以在区内进行存储、展览、混合、包装、加工和制造等业务活动。设置自由边境区的目的在于利用外国投资，开发边境地区的经济，也可通过这些地区自由出口一些商品。美洲的一些国家设有自由边境区，我国在中俄边境、中越边境也有少量的自由边境区。

7.2 鼓励出口措施的经济效应

从理论上看，出口鼓励政策有其积极的一面，但同时也可能有与之相伴随的不利影响。下面分析出口补贴和生产补贴两种出口鼓励政策措施实施的经济效应。

7.2.1 出口补贴的经济效应

出口补贴的影响远不限于其引起的直接后果——出口扩大，而是会对出口国的生产者和消费者、进口国的生产者和消费者，乃至对进、出口国的经济发展和收入分配都产生一系列的深刻影响。这些影响也因各国在国际市场上的份额大小而不同。

1. 出口小国出口补贴的经济效应

在图 7-3 中，没有出口补贴时，出口小国的国内生产为 S_1，需求量为 D_1，出口 X_1 面临着国际市场价格 P_w。假定该国政府实施出口补贴，每单位商品出口的补贴为 100 元，出口商每出口一单位商品的实际所得为 P_w+100 元。在这一价格下，生产者愿意扩大生产，增加出口，新的生产量为 S_2。

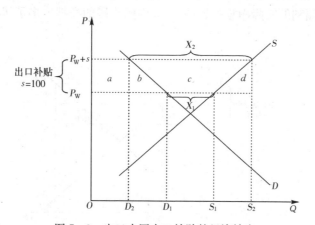

图 7-3 出口小国出口补贴的经济效应

国内消费面临的市场价格与消费量是否会发生变动呢？由于出口补贴使得出口比在国内销售获利更多，在政府没有限制出口数量的情况下，企业当然要尽量扩大出口，除非生产商在国内市场也能获得与出口同样多的收入。正是因为补贴限于出口商品，生产商要想在国内获得与出口同样多的收入，除了提价别无他法，所以国内市场价格上涨。价格上升后，消费自然减少，下降到 D_2。从另一个角度来看，消费者也只有付出与出口者出口所能得到的收入一样的价格，才能确保一部分商品留在国内而不是全部出口。供给在满足了国内需求之后的剩余即为出口，用 X_2 表示。可见，出口补贴的结果是：国内的生产增加，出口增加，国内价格上升，消费减少。

国内价格上涨使消费者剩余减少（$a+b$）；生产者剩余[①]增加（$a+b+c$），其中 a 是由消费者剩余转移过来的；政府出口补贴的总支出为（$b+c+d$），其中（$b+c$）转变为生产者剩余；国民福利的净影响为 $-(b+d)$，即净损失，其中 b 为消费者减少消费而带来的福利下降，d 为生产者增加产量而带来的效率损失。

2. 出口大国出口补贴的经济效应

如果是出口大国，出口补贴对国内价格、生产、消费及国民福利的影响在性质上是一样的，但国民福利净损失更多。如图 7-4 所示，大国出口补贴的结果是国际市场上的供给大大增加，国际市场价格下跌（假定从 P_W 降到 P_W'）。所以，虽然生产者每出口一单位商品同样从政府那里得到了 100 元的补贴，但每出口一单位商品从进口国所得到的收入要低于补贴前，即与补贴前相比，单位商品出口的实际收入增加不到 100 元，比在小国情况下要少。因此，同是每出口一单位商品得到 100 元的补贴，大国生产和出口增长的情况要小于小国。国内价格等于新的出口产品国际市场价格（P_W'）加上 100 元，其低于小国的（P_W+100）元，从而使国内商品消费量的下降幅度也小于小国。

大国的出口补贴除了造成生产的扭曲和消费的扭曲外，还会造成出口商品的国际市场价格下降，使出口国的贸易条件恶化，国民福利的净损失大于小国出口补贴造成的国民福利净损失。在图 7-4 中，消费者剩余减少（$a'+b'$）；生产者剩余增加（$a'+b'+c'$），其中 a' 是由消费者剩余转移过来的；政府出口补贴的总支出为（$b'+c'+d'+e+f+g$），其中（$b'+c'$）转变为生产者剩余，（$e+f+g$）转变为进口国的收入；国民福利的净损失是（$b'+d'+e+f+g$）。由于图 7-4 中的 $b'+e$ 相当于小国出口补贴时的 b，$d'+g$ 相当于小国时的 d，大国国民福利的实际净损失比图 7-3 中的小国的净损失多了 f，而大国出口增长量小于小国。

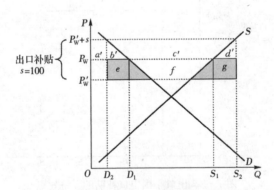

图 7-4　出口大国出口补贴的经济效应

[①] 所谓生产者剩余，是指生产者以比他们愿意接受的最低价格更高的市场价格销售商品所获得的经济福利，在数字上即收入与生产成本的差额，在图形上表示就是供给曲线以上、价格线以下与纵轴围成的面积。消费者对产品的价值评价与其购买商品时所支付价格的差额，对消费者来说，是一个净经济福利收益，即消费者剩余，也就是消费者用比他们为某商品愿意且能够支付的最高价格更低的市场价格购买该商品所获得的经济福利，在图形上表示就是价格线以上、需求曲线以下与纵轴围成的面积。

7.2.2 生产补贴的经济效应

如同出口补贴的经济影响在小国和大国两种情况下不同一样，生产补贴的经济影响也分小国和大国两种情况。

1. 小国出口产业生产补贴的经济效应

图 7-5 中的 S 和 D 分别是出口小国国内某种产品的供给曲线和需求曲线。在自由贸易情况下，A 国生产 S_1 t，国内消费 D_1 t，出口 X_1 t。现在假定该国政府对该产品进行生产补贴，生产商每生产 1 t 该产品可得到 100 元。如此补贴的结果是：由于是小国，国际市场价格不变，生产商仍然按原来的国际市场价格 P_W 销售，但实际收益是每单位 P_W+100 元，生产商会将生产扩大到 S_2[①]。与出口补贴不同，生产补贴不影响国内市场价格，从而没有在增加出口的同时牺牲本国消费者的利益。原因在于生产补贴是按产量而不是按在国内外哪个市场销售进行补贴。对于生产商来说，在商品进入市场以前就已得到了补贴，所以在哪个市场销售就取决于售价了。在自由贸易条件下，国内、外市场价格相同，生产商在这两个市场

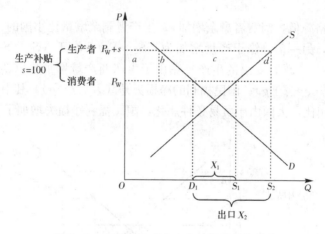

图 7-5 小国出口产业生产补贴的经济效应

---

① 关于 S_2 的确定及经济效应，也可以这样理解：如此补贴的结果相当于该产品每吨的生产成本下降 100 元，供给曲线向下平移 100 元，为 S'（见图 7-5′）。由于是小国，国际市场价格不变，生产商会依据新的供给曲线 S' 将生产扩大到 S_2。由于消费者面对的价格不变，消费者剩余不变；生产补贴的结果是生产者剩余增加（$d+e+x$）（x 是 S 和 S' 两条供给曲线与 P_W-s 价格线围城的面积），政府的补贴支出是（$a+b+c+d+e+f$），净福利效应是（$x-a-b-c-f$）。

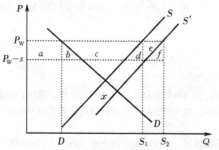

图 7-5′ 小国出口产业生产补贴的经济效益

可以得到同样的报酬，就不必在国内市场提高价格了。① 由于该商品的国内市场价格没有变化，国内的需求量也没有变化，新增加的生产量就成为新增的出口量，即由原来出口 X_1 增加到出口 $X_2$②。

由于消费者价格不变，消费者剩余不变；生产补贴的结果是生产者剩余增加$(a+b+c)$，政府的补贴支出是 $(a+b+c+d)$，国民福利的净损失是 d（由生产扭曲造成），小于出口补贴下的国民福利净损失 $(b+d)$。因此，从国民福利的角度来讲，生产补贴优于出口补贴。但是，对于政府来说，政府支出的生产补贴要比出口补贴多 a。

2. 大国出口产业生产补贴的经济效应

大国的情况要复杂些，如图 7-6 所示。大国政府提供生产补贴，产量增加，其结果与小国不同。小国面对的国际市场价格不变，大国在政府提供生产补贴后，新增加的生产量期初可以按照生产补贴前的价格出口到国际市场，但随着大国出口的增加，国际市场售价会降低到 P'_w，贸易条件恶化，出口增长比小国情况下要少；而且由于竞争，国内市场售价也降低到 P'_w，但生产者的实际收益是 (P'_w+s)，产量扩大到 S'_2，产量增量小于小国的增量；同时消费量上升到 D'_2。

于是，由于价格降低，消费者剩余增加 e；生产者剩余增量比小国的 $(a+b+c)$ 少（一部分缘于价格降低，另一部分缘于产量增加为 (S'_2-S_1)，小于 (S_2-S_1)，得到的补贴减少），为 $(a'+b'+c')$；政府支出的生产补贴由于生产商产量增加比 (S_2-S_1) 小而减少，为 $(a'+b'+c'+d'+e+f+g)$；国民福利的净损失是 $(d'+f+g)$，其中 $d'+g$ 相当于小国的 d，所以与小国相比，大国由于贸易条件恶化，国民福利净损失增加了 f。③

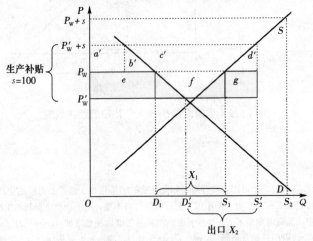

图 7-6　大国出口产业的生产补贴经济效应

---

① 如果国内市场由于得到保护，国内市场价格高于国际市场价格，则生产商就会优先在国内市场销售。竞争的结果是国内市场售价降低。如果国内市场价格降到国际市场价格以前国内市场不能出清，则会降到等于国际市场价格。

② 相当于成本降低。

③ 另一种理解方法可参考小国的情况。另外，图中的价格（P_w+s）和产量 S_2 在大国情况下是不存在的，今在图中标出，只是为了帮助读者理解大国与小国的比较。

7.3　出　口　管　制

大多数情况下，各国政府是鼓励出口、限制进口的，但对某些商品或在某些时候或对某些国家也采取出口管制（export control）措施。所谓出口管制，也叫出口限制，是指出口国通过各种经济和行政措施，对本国出口贸易进行管理和限制的行为。

7.3.1　出口管制的原因

通常，各国尤其是西方发达国家，实行出口管制的主要原因包括经济原因、政治和军事原因及其他原因。

（1）经济原因

许多国家对本国比较稀缺而又比较重要的商品常常会实行出口管制，以保证国内的需要，如不少发展中国家对粮食或农产品实行出口管制。一些资源缺乏的发达国家（如日本等）对原材料的出口也实行出口管制。另外，对于本国出口量大或占国际市场份额大的商品，为了稳定或控制国际市场价格也会实行出口管制，如石油输出国组织（OPEC）为了保证国际油价不下跌，往往限制石油的生产和出口。

（2）政治和军事原因

政治和军事原因往往是出口管制的主要原因，也是各国实行国别政策的重要手段之一。一些西方发达国家经常对与自己"敌对"或"不友好"的国家实行出口管制，特别是武器、军事设备、高技术产品和重要战略物资的出口受到了严格的限制。最典型的例子是美国。美国将阿富汗、叙利亚、伊朗、黎巴嫩等国列入恐怖主义国家而实行禁运。西方发达国家为了保持在军事上对社会主义国家的领先地位，对武器及相关技术设备和战略物资向这些国家出口也予以控制。

冷战结束以后，联合国在国际事务中发挥着日益重要的作用，对发动侵略战争的国家实行制裁，其中禁运就是迫使发动战争的国家停止侵略行为的主要措施。例如，伊拉克发动对科威特的侵略战争后，联合国安理会便通过了对伊拉克实行全面禁运的决议。为了保证世界的和平与安全，国际社会通过了"核不扩散条约"，各国都有义务对可能用于核武器制造的技术与装置、原料的出口实行出口管制。同样，国际社会也禁止生化武器的研究与使用，有关化学武器与原材料的出口也受到限制。

（3）其他原因

如为了人权，禁止劳改商品的出口；为了保护地球生态环境和濒危动植物，对一些物资进行全球性的贸易禁运；为了保护历史文物，对一些特殊商品的出口实行管制。

专栏 7-2

7.3.2　出口管制的对象

实行出口管制的商品通常有以下几类。

（1）战略物资及有关的尖端技术和先进技术资料

如武器、军用飞机、先进的电子计算机及有关技术资料等。多数国家对这类商品与相关技术资料实行严格控制，只有领取出口许可证后，才能被允许出口。

（2）国内紧缺物资

国内紧缺物资即国内生产紧迫需要的原材料和半制成品及国内供应明显不足的商品。这些物资如果自由输往国外，势必加剧国内的供给不足和市场失衡，影响本国经济的正常发展，因此其出口常常受到限制。

（3）需要"自愿"限制出口（"voluntary" export restrict，VER）的商品

迫于进口国（集团）的强大压力，出口国不得不对某些具有很强竞争力的商品实行出口管制。例如，根据纺织品自限协定，纺织品出口国必须自行管理本国某些纺织品的出口数量。

（4）本国在国际市场上占主导地位的重要商品和出口额大的商品

这对发展中国家来说尤为重要。因为大多发展中国家出口商品较为单一，出口市场也较集中，当国际市场价格下跌时，需要尽量控制该商品的过多出口，以免加剧国际市场供大于求的不利形势，给本国带来更大的经济损失。

（5）为保持生态平衡而得到保护的某些动植物商品

如象牙、犀牛角、虎骨等珍稀动物药材、珍稀动物本身及其制品，均在禁止出口商品的范围。

（6）历史文物和艺术珍品

如文物、艺术品等特殊商品的出口，各国一般都予以严格控制和管理，以保护本国艺术遗产，弘扬民族文化。

7.3.3 出口管制的形式

出口管制的形式主要有单方面出口管制和多边出口管制两种。

（1）单方面出口管制

所谓单方面出口管制，是指一个国家根据本国的出口管制法案，设立专门的执行机构，对本国某些商品的出口实行管制。在这方面美国具有代表性。

早在1917年，美国国会就通过了《1917年与敌对国家贸易法案》，禁止任何私人与美国敌人及其同盟者在战争时期或国家紧急时期进行财政金融和商业往来。第二次世界大战结束后，为了对当时存在的社会主义国家如苏联实行禁运，又于1949年通过了《出口管制法案》，以禁止和削减经由贸易渠道出口的所有商品和技术资料。这个法案虽然后来做了几次修改，管制有所放松，但主要规定未变。冷战结束后，美国继续对技术和设备实施严格的单方面出口管制。例如，美国仍对中国实行高技术控制，迫使英特尔公司、美国电报电话公司、国际商用机器公司等，只能将它们最好的技术束之高阁。美国的这一举措也损害了美国自身的贸易和经济利益。为此，美国国会在1995年推出了新的《出口管制法案》，以使美国国家安全与出口商的商业利益达到更好的平衡和协调。

在具体操作方面，美国出口管制由总统指令美国商务部执行，商务部设立贸易管理局，具体办理出口管制工作。贸易管理局根据有关法案和规定，制定出口管制货单和输往国别分组管制表。在管制货单内列有各种需要管制的商品名称、商品分类号码、商品单位及所需的出口许可证类别等；在输往国别分组管制表中，则把有关输往国家或地区分成八组，进行宽、严程度不同的出口管制。

（2）多边出口管制

所谓多边出口管制，是指一些国家为协调彼此的出口管制政策和措施，通过达成共同管

制出口协议，建立国际性的多边出口管制机构，共同制定多边出口管制的具体措施，以期达到共同的政治目的和经济目的。冷战时期存在的巴黎统筹委员会就是一个典型的国际性多边出口管制机构。

巴黎统筹委员会本名为输出管制统筹委员会，正式成立于1950年1月，其总部设在巴黎，故而得名巴黎统筹委员会，简称"巴统"，由美国、英国、法国、意大利、加拿大、比利时、卢森堡、荷兰、丹麦、葡萄牙、挪威、联邦德国、日本、希腊、土耳其、西班牙和澳大利亚17个国家组成。该组织的主要任务是：制定禁止、控制向社会主义国家出口的战略物资、高技术及其产品的标准和详细的禁运清单；审议可免除禁运面向社会主义国家出口的具体申请项目；协调和监督其禁运政策的执行和实施。

1994年3月31日，作为冷战产物的巴黎统筹委员会宣布解散。1995年，美国与其他主要工业化国家就建立新的出口管制体制、防止武器和具有军事用途的高技术产品落入潜在的敌对国之手等问题达成了协议。1996年9月，美国与其他32个国家共同签署了《关于常规武器与两用产品和技术出口控制的瓦瑟纳尔协定》（简称《瓦瑟纳尔协定》），在此基础上建立起新的多边出口控制机构。

与"巴统"相比，《瓦瑟纳尔协定》是一个十分松散的组织，它把出口决定权留给各国政府，而不像以前的"巴统"有权禁止向前"华约组织"国家出口高技术产品；它没有正式列举被管制的国家，只在口头上将伊朗、伊拉克、朝鲜和利比亚四国列入管制对象；它也不具备审议职能，不要求成员国将其出口许可证送交审议。《瓦瑟纳尔协定》规定有"自行处理"原则，成员国可以参照共同原则和清单自行决定实施出口管制的措施和方式，自行批准本国的出口许可。

本章要点

　　鼓励出口的措施主要有出口信贷、出口信用保险、出口补贴、对出口产业的生产补贴、外汇倾销、商品倾销、促进出口的组织措施、经济特区措施等。

　　小国出口补贴的经济效应是国内供给增加，出口增加，国内价格上升，消费减少。

　　大国的出口补贴除了造成生产和消费的扭曲外，还使出口商品的国际市场价格下降，使贸易条件恶化，国民福利的净损失大于小国出口补贴造成的国民福利净损失。

　　小国生产补贴不影响国内市场价格，从而没有在增加出口的同时牺牲本国消费者的利益，因此从国民福利的角度来讲，生产补贴优于出口补贴。但是，对于政府来说，政府支出的生产补贴要比出口补贴多。

　　大国政府提供生产补贴，产量增加，出口增加，国际市场售价会降低，导致贸易条件恶化，出口增长比小国情况下要少。而且由于竞争，国内市场售价降低，所以产量增量要小于小国的增量。

　　各国政府采取出口管制措施的原因有经济原因、政治和军事原因、其他原因。出口管制的形式主要有单方面出口管制和多边出口管制两种。

复习思考题

一、名词解释
出口信贷　卖方信贷　买方信贷　直接补贴　间接补贴　外汇倾销　出口补贴

二、简答题
1. 为什么买方信贷要比卖方信贷使用普遍?
2. 什么是出口管制?西方发达国家实施出口管制的基本形式有哪些?
3. 什么是商品倾销?它可以分为哪些类型?

三、计算分析题
一国每年在世界市场上以 6 000 美元/台的价格出口 50 台拖拉机,该国政府希望进一步发展本国的拖拉机工业并扩大其出口,决定给予拖拉机 900 美元/台的出口补贴。该决定使得拖拉机的国内市场价格上升为 6 450 美元/台,而在外国市场上的价格下降为 5 550 美元/台。图 7-7 描述了该国拖拉机市场的状况。

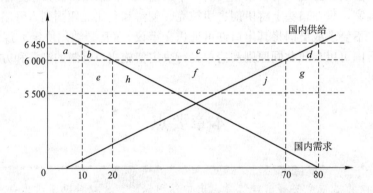

图 7-7　该国拖拉机市场的状况

(1) 为什么出口补贴没有完全反映在国内市场的新价格上?
(2) 出口补贴对该国的生产和出口有什么影响?
(3) 出口补贴对消费者剩余、生产者剩余和政府收入有什么影响?
(4) 在图中,消费者剩余、生产者剩余和政府收入分别由哪些区域表示?
(5) 出口补贴对该国贸易条件有什么样的影响?

四、论述题
1. 试分析贸易小国实施出口补贴后的经济效应。
2. 你认为我国目前可采取哪些具体措施鼓励商品的出口?

第**8**章

关 税 措 施

关税（tariff or customs duty）是进出口货物通过一国关境时，由该国政府所设立的海关向进出口商所征收的一种税收。关税作为现代贸易制度的一个重要内容，对一国国民经济有重大影响。

8.1 关 税 概 述

8.1.1 关税的特点

关税与其他国内税赋一样，具有强制性、无偿性和预定性。但是，与国内税相比，关税还具有以下特点。

（1）关税是一种间接税

关税属于间接税。因为关税主要是对进出口商品征税，其税负由进出口商垫付，然后把它作为成本的一部分加在货价上，在货物出售时转嫁给买方或消费者。

（2）关税的税收主体和客体是进出口商和进出口货物

按纳税人与课税货物的标准，税收可分为税收主体和税收客体。税收主体（subject of taxation）也称课税主体，是指根据税法规定，负担纳税的自然人或法人，也称纳税人（taxpayer）。税收客体（object of taxation）也称课税客体或课税对象，是指被生产、消费或使用的物品等。

关税的税收主体是本国进出口商。当商品进出国境或关境时，进出口商根据海关法规定向当地海关缴纳关税。关税的税收客体是进出口货物。

8.1.2 关税的作用

对进出口货物征收关税，可以起到增加财政收入、调节进出口商品结构、保护国内产业与市场三方面的作用。

（1）增加财政收入

关税是海关代表国家行使征税权，因此关税收入是国家财政收入的来源之一。这种以增加国家财政收入为主要目的征收的关税，称为财政关税（revenue tariff）。随着社会经济的发展、其他税源的增加，总体上财政关税的意义已大为降低，关税收入在国家财政收入中的比重已经相对下降。发达国家的全部财政收入中关税收入所占的比重很低，如美国20世纪末关税收入仅占政府全部财政收入的1％左右。对于经济比较落后的国家，财政关税仍是其财政收入的一个重要来源。此外，关税被世界各国普遍作为限制外国商品进口、保护国内产业和国内市场的一种手段。

（2）调节进出口商品结构

一个国家可以通过调整关税结构来调整进出口商品结构。在海关税则中，可以通过调高某项产品的进口税来达到减少进口数量的目的，或是通过调低某项产品的进口税以达到扩大进口数量的目的。但是，在大多数国家和地区加入WTO并达成关税减让协议，从而将大部分税目的关税率"固定"后，关税的这一作用大大减弱。例如，乌拉圭回合后，不按贸易量或贸易额加权，仅按关税税号的百分比计算，发达国家、发展中国家、转型经济国家的约束关税的比例分别为99％、73％、98％。在农产品领域，目前100％的产品为约束关税。我国约束关税的比例为100％。

（3）保护国内产业与市场

关税能限制外国商品的进入，尤其是高关税可以大大减少有关商品的进口数量，减弱甚至消除进口商品对国内企业的竞争，从而达到保护国内同类产业或相关产业的生产与市场的目的。这种以保护本国产业和市场为主要目的的关税，称为保护关税。目前各国设置的关税主要是保护关税（protective tariff）。

在其他条件相同的情况下，关税税率越高，关税对本国同类产品的保护程度也就越高。但一国产品所受到的保护不仅受到对最终产品征收关税的影响，也受到对它们的原材料投入征收关税的影响。因此，关税税率所反映的保护率只是一个名义保护率（nominal rate of protection，NRP）。名义保护率是指由于实行关税保护而引起的国内市场价格超过国际市场价格的部分与国际市场价格的百分比。以名义保护率来衡量关税保护率的高低有一定的局限性，其主要原因是有许多因素都会影响一种产品的国内外价格差。除关税外，重要的影响因素还包括外汇制度、补贴、其他非关税措施等。

对制成品而言，其生产涉及不同的原料或半制成品。只有考察某一特定产业单位产品的增值部分的税率时，才代表关税对本国同类产品的真正有效的保护程度，即有效保护率（effective rate of protection，ERP）。有效保护率是关税等保护措施对某产业单位产品"增值"部分所给予的影响，即一国整个贸易壁垒体系使某产业单位产出的增值提高的百分比，其计算公式为

$$ERP = \frac{W - V}{V}$$

其中，ERP为有效保护率，W为施加一整套关税后的产出增加值，V为施加一整套关税前的产出增加值。

在实际计算有效保护率时，常使用公式

$$ERP = \frac{T - Pt}{1 - P}$$

式中：T——进口的最终产品的名义关税税率；

t——进口原材料的名义关税税率；

P——原材料在最终产品中所占的比重（以不含关税的价格比表示）。

该公式的推导如下。

$$\text{ERP} = \frac{W-V}{V} = \frac{[X(1+T)-X'(1+t)]-(X-X')}{X-X'} = \frac{XT-X't}{X-X'}$$

式中：X——某种制成品的自由贸易价格；

X'——生产这种制成品的投入品（即原材料）的自由贸易价格。

因为 $X'=XP$，故

$$\text{ERP} = \frac{XT-XPt}{X-XP} = \frac{T-Pt}{1-P}$$

即

$$\text{ERP} = \frac{T-Pt}{1-P}$$

若 t 为 0 或根本没有进口投入品，则上式为

$$\text{ERP} = \frac{T}{1-P}$$

在有多种投入品的情况下，若已知对某一种产业（j）的产出品和 n 种投入品征收的名义关税税率，则对产业 j 的有效保护率为

$$e_j = \frac{t_j - \sum_i a_{ij}t_{ij}}{1 - \sum_i a_{ij}}$$

式中：t_j——对产业 j 的产出品征收的名义关税税率；

$i\ (=1,\ 2,\ \cdots,\ n)$——对产业 j 的投入品征收关税的项目；

t_{ij}——对产业 j 的第 i 项投入品征收的名义关税税率；

a_{ij}——施加关税前 j 产业中第 i 项投入品成本占产业 j 的产出值的比重。

当某一特定产业的产品受到比其投入品高的关税税率的保护时，有效保护率会大于名义保护率。由于各个生产阶段会出现关税结构的升级[①]，最终产品的生产商往往比中间产品的销售商得到更高的有效保护率。因此，关税税率的结构对实际保护水平起着重要的决定作用。最终产品的有效保护率与名义保护率的关系为：当最终产品的名义保护率大于其所用进口原材料的名义关税税率时，有效保护率大于名义保护率；当最终产品的名义保护率等于其所用进口原材料的名义关税税率时，有效保护率等于名义保护率；当最终产品的名义保护率小于其所用进口原材料的名义关税税率时，有效保护率小于名义保护率。

专栏 8-1

---

① 关税升级是指这样一种关税税率结构，即对工业原料、农产品等的税率较低或免税，但随着加工次数、加工深度的提高，关税税率也逐渐提高。

有效保护率比名义保护率更能真实地反映关税的保护水平，但它有以下缺点：一是它在技术上假定原材料系数固定不变（即没有产品替代）；二是假定进口商品的国际价格不受本国关税影响（即假定本国为小国）。

8.1.3 关税水平

关税水平（tariff level）是指一个国家进口商品的平均关税税率。关税税率一般代表了进口商品的税前价格（即国际市场价格）和税后价格（即国内市场价格）之间差额与税前价格的百分比。平均关税税率则代表了进口货物征收关税后的国内市场价格比征收关税前的国际市场价格的平均提高幅度。因此，一个国家的关税水平可以反映征收关税对该国各种不同商品价格水平的平均影响程度，是衡量一个国家进口关税对本国经济保护程度的重要指标。关税水平有两种计量方法，即简单算术平均法和加权算术平均法。

1. 简单算术平均法

简单算术平均法（method of simple arithmetic mean）是以一个国家税则中全部税目的税率之和除以税目总数的方法，得到关税税率的简单算术平均数。其计算公式为

$$关税水平 = \frac{税则中所有税目的税率之和}{税则中所有税目之和} \times 100\%$$

简单算术平均法的最大优点是计算简单，只要有一个国家的税则就可以计算出该国的关税水平，并且只要该国的税则不改变，关税水平就不会改变。但由于下面两个原因，它不能真正、全面地反映一个国家征收关税对其经济的保护程度。

① 该方法没有考虑各种货物进口总值不同等因素对关税水平的影响。它对不同单价和不同进口数量的货物，包括根本不进口的商品，都给予同样的考虑是不合理的。

② 该方法计算出的关税水平会受税则中税目设置的影响。如果把税率低的税目细分为几个税目，把税率高的税目尽可能合并，虽然实际上并没有改变对这些商品适用的税率，但却降低了该国的关税水平；反之，会提高其关税水平。

2. 加权算术平均法

所谓加权算术平均法（method of weighted arithmetic mean），是指以一国各种进口商品的价值在进口总值中的比重作为权数，计算得到关税税率平均数的一种方法。具体方法有以下 3 种。

（1）全部商品加权平均法

这种方法以一定时期内，一国进口关税总额除以进口商品总值得到的加权算术平均数为关税水平。其公式为

$$关税水平 = \frac{进口关税总额}{进口商品总值}$$

由于加权算术平均法把各种商品的进口值在进口总值中的比重作为权数，进口值高的商品在计算中给予较多的份额，因此有效克服了简单算术平均法的弊端，使计算结果能比较真实地反映一国的关税水平。如果一个国家税则中税率为零的税目较多，则计算出的结果数值

偏低；反之，则偏高。在各国税则中零税率的商品一般都是该国无需保护的商品，因此这种方法仍没有把一国关税对国内经济的保护程度如实地反映出来。

（2）有税商品加权平均法

这种方法是把税则中税率为零的商品的进口值从进口商品总值中扣除，仅以有税项下商品进口值相加作为除数的加权平均法。这是一种较为科学的计算方法，比较真实地反映了一国的关税水平，其计算公式为

$$关税水平 = \frac{进口关税总额}{有税商品进口总值}$$

（3）选择性商品加权平均法

在进行国际关税比较时，有时还采用另一种加权平均法，其计算公式为

$$关税水平 = \frac{有代表性商品进口关税总额}{有代表性商品进口总值}$$

8.1.4 关税税则

关税税则又称海关税则，是一国对进出口商品计征关税的规章和对进出口的应税与免税商品加以系统分类的一览表。关税税则是海关征税的依据，是一国关税政策的具体体现。

从内容上看，海关税则一般包括两个部分：一是海关课征关税的规章条例及说明；二是关税税率表。关税税率表主要由税则号列（简称税号）、货物分类目录及关税税率等栏目组成。

1. 关税税则的种类

1）根据关税税率栏目进行分类

根据关税税率栏目的多少，海关税则可分为单式税则和复式税则两种。

（1）单式税则（single tariff）

又称一栏税则。在这种税则中，每个税目只有一种税率，该税率适用于来自任何国家的商品，不存在差别待遇。资本主义国家在自由竞争时期曾经实行过单式税则，但是资本主义发展到垄断时期后，这些国家纷纷放弃单式税则，实行复式税则。

（2）复式税则（complex tariff）

又称多栏税则。在这种税则下，每个税目都有两个或两个以上不等的税率，主要目的是对来自不同国家的同一种商品区别对待，造成国别歧视。同一税目有两种税率称为两栏税则。以此类推，有三栏税则和四栏税则。目前，世界上绝大多数国家实行的是复式税则。

2）根据海关税则中税率制定的国家权限分类

根据海关税则中税率制定的国家权限不同，海关税则可分为自主税则和协定税则两种。

（1）自主税则（autonomous tariff）

又称国定税则，是由本国政府自主制定并有权加以改变的海关税则。

（2）协定税则（conventional tariff）

协定税则是指通过本国与其他国家谈判制定，受条约或协定约束的海关税则。

2. 关税税则中的商品分类

国际贸易商品种类繁多，出于对商品征税的管理，科学地对商品进行系统分类显得非常重要。在第二次世界大战前，不同的国家有不同的分类方法，各国差别很大。有的按商品的自然属性分类，分成水产品、农产品、畜产品、纺织品、机械制品等；有的按商品的加工程度分类，分成原料、半制成品等；有的按税率的高低顺序进行分类；有的按商品名称的拉丁字母顺序分类。这种不同的分类方法显然不利于国际贸易的发展，不利于各国间的比较研究，不利于国家间的关税减让谈判。

为了克服各国在海关税则商品分类上的差异，避免各国通过制定有利于本国的商品分类，实行贸易歧视的做法，海关合作理事会①制定了《海关合作理事会商品目录》（*Customs Co-operation Council Nomenclature*，CCCN）。因其在布鲁塞尔制定，故又称为《布鲁塞尔税则商品目录》（*Brussels Tariff Nomenclature*，BTN）。该目录对统一海关税则的商品分类起到了很大的作用。

海关合作理事会从 1970 年开始着手研究将海关合作理事会商品目录和已存在的联合国的《国际贸易商品标准分类》（*Standard International Trade Classification*，SITC）进行统一。联合国的《国际贸易商品标准分类》是为了便于对进出口贸易统计分析而进行的分类，它首先将所有的商品分成初级产品和工业制成品两大类，然后再细分。这两种分类既有差别又有联系。经过几年的努力，海关合作理事会将《布鲁塞尔税则商品目录》和《国际贸易商品标准分类》这两种既有差别有又联系的分类进行了协调，终于在 1983 年通过了《商品名称与编码协调制度》（*Harmonized Commodity Description and Coding System*），简称《协调制度》（*Harmonized System*，HS），于 1988 年 1 月 1 日开始生效。我国于 1992 年正式采用该制度。表 8-1 是《协调制度》分类举例。

表 8-1　《协调制度》分类举例

税号	商品名称
85 章	电机、电气设备及其零件，录音机及放声机、电视图像、声音的录制和重放设备及其零件、附件
8501	电动机及发电机（不包括发电机组）
8501.10	输出功率不超过 37.5 W 的电动机
8501.1010	输出功率不超过 18 W 的同步电动机
8501.1093	交流电动机
8501.20	交直流两用电动机，输出功率超过 37.5 W

资料来源：达斯. 世界贸易组织协议概要：贸易与发展问题和世界贸易组织. 刘钢，译. 北京：法律出版社，2000：20.

8.2　关税的主要种类

8.2.1　按照商品流向分类

按照商品流向，关税可分为进口税（import duty）、出口税（export duty）和过境税

---

① 欧洲关税同盟研究小组于 1952 年 12 月制定了"关税税则商品分类公约"后，设立了海关合作理事会。

（transit duty）。

（1）进口税

进口税是进口国家的海关在外国商品输入时，根据海关税则对本国进口商所征收的关税。高额进口税便是通常所说的关税壁垒，高于100％的进口关税称为禁止关税。下文"按征税待遇分类"中将对进口税进行详细介绍。

（2）出口税

出口税是出口国家的海关在本国产品输往国外时，对出口商所征收的关税。出口一般被认为"有利于"一国的经济，能够改善一国的贸易收支、提供就业机会等。而征收出口税会提高本国商品在国外市场的销售价格，降低竞争能力，不利于扩大出口，所以有必要简要地列举征收出口税的一些理由。

① 发展中国家征收出口税的一个相当重要的原因是增加财政收入，因为发展中国家经济落后，税源不广。

② 为了缓解国内的通货膨胀压力。征收出口税会使出口商品的国内市场价格下跌，从而遏止国内市场价格水平的上升趋势。不过，除非同时采取紧缩性的国内宏观经济政策，出口税本身不能成为行之有效的反通货膨胀措施。

③ 用来重新分配本国的收入。若对生活消费品征收出口税，会将出口部门的收入转移到消费者。

④ 对于大国来说，征收出口税可以改善贸易条件。

我国有84个税号产品征收出口税。

（3）过境税

过境税是一国对于通过其关境的外国货物征收的一种关税。过境货物对被通过国家的市场和生产并没有影响，只是在地理上通过，并不进入该国市场。征收过境税不利于国际商品的流通，"二战"后绝大多数国家都不征收过境税，仅在外国货物通过时征收少量的准许费、印花税、登记费和统计费等。《关税与贸易总协定》明确规定："缔约方对通过其领土的过境运输……不应受到不必要的迟延或限制，并应对它免征关税、过境税或有关过境的其他费用，但运输费用及与因过境而支出的行政费用或提供服务的、与成本相当的费用除外。"这项规定在《GATT 1994》得以保留并继续有效。

8.2.2　按照征税待遇分类

按征税待遇，关税可分为普通关税、优惠关税和进口附加税3种，它们主要适用于进口关税。

1. 普通关税

普通关税是指对从没有与本国签订双边或多边贸易或经济互惠等协定的国家进口其原产货物时征收的非优惠性关税。这种关税税率一般由进口国自主制定，只要国内外条件不发生变化，就长期采用，税率是正常进口税中最高的。

2. 优惠关税

优惠关税是指对来自特定国家进口的货物在关税方面给予优惠待遇，其税率低于普通关税税率。优惠关税一般有最惠国待遇下的关税、普遍优惠制下的关税和特定优惠关税3种。

（1）最惠国待遇下的关税：最惠国关税

最惠国待遇（most-favored-nation treatment）是指缔约双方现在和将来给予第三国在贸易

上的优惠、豁免和特权同样给予缔约对方,包括关税优惠。因此,最惠国待遇下的关税适用于那些签订双边或多边最惠国待遇协定的国家(地区)之间的进出口。如果甲国与乙国签订了最惠国待遇协定,则甲国从乙国进口的产品适用最惠国关税,若无此协定,则适用普通关税。乙国也是如此。最惠国关税比普通关税低,两者税率差幅往往很大。例如,美国对玩具的进口的最惠国关税税率为 6.8%,普通关税税率为 70%。"二战"后,大多数国家或地区都加入了GATT 及现在的 WTO 或签订了双边贸易条约或协定,相互提供最惠国待遇,享受最惠国待遇下的关税,因此这种关税又被称为正常关税。

(2) 普遍优惠制下的关税:普惠税

普遍优惠制(generalized system of preferences,GSP)简称普惠制,是发展中国家在联合国贸易与发展会议上经过长期斗争,在 1968 年建立普惠制决议之后取得的,是发达国家单方面给予发展中国家出口制成品和半制成品的一种关税优惠待遇。其主要内容是:在一定数量范围内(主要指关税配额或限额),发达国家对从发展中国家进口的工业品减免关税,部分免除加工过的农产品的进口关税;对于超过限额的进口则一律征收最惠国关税。

普惠制有以下 3 项基本原则。

① 普遍性原则。是指发达国家对从发展中国家进口的制成品和半制成品尽可能给予关税优惠。

② 非歧视原则。是指发达国家对所有发展中国家一视同仁,实施统一的普惠制,而不应区别对待。

③ 非互惠原则。是指发达国家给予发展中国家特别优惠关税待遇,不应要求发展中国家给予反向对等优惠。

概括起来就是,发达国家应对从所有发展中国家进口的全部制成品和半制成品给予单向优惠关税待遇。

目前的普惠制由 41 个给惠国的 14 个普惠制方案组成(欧盟 27 国[①]和英国采用一个普惠制方案)。各普惠制方案由各给惠国和国家集团制定,对受惠国或地区名单、给惠产品范围、减税幅度、保护措施、原产地规则、毕业条款等方面进行规定。美国的普惠制方案规定:社会主义国家、石油输出国组织等国际商品卡特尔国家,没收美国公民财产的国家,对有关美国公民或企业所发生的争议不尊重仲裁程序裁决的国家,不能成为受惠国。

至今已有 40 个国家给予我国普惠制关税待遇,它们是:欧盟 27 国[②]、英国[③]、瑞士(包括列支敦士登公国)、挪威、日本[④]、加拿大[⑤]、澳大利亚、新西兰、俄罗斯、白俄罗斯、乌克兰、哈萨克斯坦、土耳其。美国在我国加入世界贸易组织后,仍然未给予我国普惠制待遇。

(3) 特定优惠关税(preferential duty)

又称特惠关税,是指对从某个国家或地区进口的全部商品或部分商品给予特别优惠的低

---

① 2020 年 1 月 30 日欧盟正式批准英国脱欧。
② 中国所有产品 2015 年 1 月 1 日起不再享受欧盟普惠制优惠待遇,即"国家毕业"。
③ 英国在脱欧之前作为欧盟的一员,不再给予中国普惠制关税优惠待遇。
④ 日本自 2019 年 4 月 1 日起不再给予中国输日货物普惠制关税优惠待遇。
⑤ 自 2014 年 7 月 1 日起,中国从加拿大的普惠制"国家毕业"。

关税或免税待遇。特惠关税始于宗主国与殖民地附属国之间的贸易往来，目前国际上最有影响的是依据《洛美协定》实施的特惠关税。第一份《洛美协定》是 1975 年欧共体（欧盟的前身）与非洲、加勒比与太平洋地区 46 个发展中国家（1987 年增至 66 国）在多哥首都洛美签订的经济和贸易协定，参加协定的这些发展中国家"二战"前都是欧盟国家的殖民地和附属国。目前仍在生效的《洛美协定》是 2000 年签订的、有效期为 10 年的第五份协定。该协定规定，欧共体对来自这些发展中国家的全部工业品和 94％的农产品免征进口关税，而欧共体向这些国家出口的产品不享受反向的关税优惠待遇。

3. 进口附加税

在国际贸易中，有些国家对进口商品除了征收正常的进口关税外，还往往会根据某种需要再征收额外的关税，即进口附加税（import surtax）。进口附加税的征收通常是作为一种特定的临时性措施，其主要目的是调节贸易平衡与收支，对某些商品的进口做特别限制，在国家与地区间实行贸易歧视和贸易报复等。进口附加税，无论其征收目的如何，都是进口数量限制的重要手段。

进口附加税的征收有两种方式：一种是对所有进口商品征收，如美国前总统尼克松在 1971 年 8 月为了应付国际收支危机，宣布对所有进口产品加征 10％的进口附加税；另一种是只针对某种商品征收进口附加税，以限制这种特定商品的进口。这类进口附加税包括反倾销税（anti-dumping duty）、反补贴税（countervailing duty）、惩罚关税和报复关税等，常见的是前两种。

（1）反倾销税

反倾销税是对实行商品倾销的进口货物征收的一种附加税，即在倾销商品进口时除征收进口关税外，再征收反倾销税。征收反倾销税的目的在于抵制外国倾销，保护国内相关产业。

对反倾销措施做出规定的是《关于实施 1994 年关税与贸易总协定第 6 条的协议》，通常称为《反倾销协议》。作为 WTO 协议不可分割的一部分，《反倾销协议》提供了一个关于反倾销措施的详细、具体和全面的框架。在此之前，《GATT 1947》第 6 条对反倾销措施做出了规定。只要不与《反倾销协议》冲突，《GATT 1947》第 6 条的有关规定将仍然有效。

依据《反倾销协议》，实施反倾销措施必须具备 3 个条件，分别是存在倾销、损害及商品倾销与损害之间存在因果关系。[1] 倾销是否存在及倾销幅度的确定取决于出口价格与正常价值的比较（正常价值的确定办法见 7.1.6 节的"商品倾销"）。[2] 损害是指进口方生产同类商品的产业受到实质性损害、进口方生产同类商品的产业受到实质性损害的威胁或进口方建立生产同类商品的产业受到实质性的阻碍。[3] 对损害的确定应依据肯定性证据，并应包括对下述内容的客观审查。

① 进口倾销商品的数量和价格对国内市场同类商品价格的影响。

② 这些进口商品对此类商品的国内生产者产生的影响。

至于倾销与损害之间因果关系的认定，进口方主管机构应审查除进口倾销商品以外的、

---

① 《反倾销协议》第 5 条第 2 款。

② 可以忽略不计的倾销幅度的最低限额为：倾销幅度不超过出口价格的 2％，或者倾销产品进口量占同类产品进口量的比例不超过 3％。但是，如果几个国家的进口量之和达到总进口量的 7％或以上，虽然每个国家的供应量不足进口量的 3％，调查仍可进行。"忽略不计"对所有国家都适用，不区分是发达国家还是发展中国家。

③ 《反倾销协议》第 3 条对损害的注释。

其他可能使国内产业受到损害的已知因素，包括：未以倾销价格出售的进口商品的价格及数量；需求萎缩或消费模式的改变；外国与国内生产商之间的竞争及限制性贸易做法；技术发展、国内产业的出口实绩及生产率等。

其中，"国内产业"是指国内同类商品的全部生产商，或是其商品合计总产量占全部国内同类商品产量的相当部分的那些生产商。如果生产商与出口商或进口商是关联企业，或者它们本身被指控为倾销商品的进口商，则这些生产商不计算在内。

进口国有关倾销的补救措施有两种：一种是征收反倾销税，另一种是价格承诺。若出口商自愿做令人满意的价格承诺，修改价格或停止以倾销价格出口，则调查程序可能被暂停或终止，有关部门不得采取临时措施或征收反倾销税。

出口商在反倾销调查程序中，应仔细审查对有关倾销、损害和两者之间因果关系的指控，将精力集中于损害及其与倾销之间的因果关系上。因为对于进口国申请人而言，证明损害要比证明倾销困难，而要证明具体的倾销和损害之间存在因果关系就更加困难。

我国作为 WTO 的正式成员，受到其他成员反倾销措施的影响时，政府可以诉诸 WTO 争端解决机构，要求争端解决机构成立专家小组并要求获得救济。但是，涉及反倾销问题的争端解决程序与正常的争端解决程序大不相同。《反倾销协议》第 17 条第 6 款极大地限制了专家小组裁定案件是非曲直的能力，因为该条（款）要求专家小组必须接受对协议的任何合理的解释。

我国作为反倾销的最大受害国，被征收反倾销税裁决比例很高的一个重要原因是所谓的"非市场经济国家"。美国等 WTO 成员将我国视为"非市场经济国家"，在对我国进行反倾销调查程序中，正常价值的确定不是采用《反倾销协议》中规定的办法，而是采用第三国相似产品的价格作为替代，即采用替代国价格。美国区分"市场经济国家"和"非市场经济国家"的理由是：在市场经济条件下，存在资本、商品和劳务市场，产品价格由竞争状态下的供求关系决定，因此国内市场通常贸易中的价格可以反映产品的真实成本。但在非市场经济条件下，资源和生产资料属于国家所有，原材料、能源的价格和工人工资由国家决定，货币不能自由兑换，市场及供求关系在价格决定中仅起很小的作用。因此，非市场经济条件下的国内销售价格是扭曲的，不能反映产品的正常价值，用这种价格与出口价格进行比较来确定是否存在倾销是不适当的。

"第三替代国价格"对我国非常不利。首先，替代国选择具有一定的随意性，尽管美国商务部选择的替代国需具备一定条件：经济发展水平与非市场经济国家的发展水平具有可比性；替代国是所比较商品的重要生产商。即使所选择的替代国满足上述条件，如印度，但因两国的价格结构不同，会造成对"正常价值"的高估。仍然以印度为例，印度虽然经济发展水平与我国相当，但其制造业没有我国发达，其制造业商品价格远高于我国。另外，由于只有在遇到反倾销时才选择替代国，我国出口商无法在开始出口就制定一个不存在倾销的价格。大多数替代国与我国生产出口商品的企业在工资、能源及原材料价格方面存在相当大的差异，商品价格自然也就不同。所以，该标准对我国的出口商是很不公正的。

在我国加入 WTO 后的 15 年内，外国企业和政府仍可以使用针对"非市场经济国家"的替代国价格办法处理对我国产品的反倾销案。[①] 所以，获得"市场经济地位"成为我国企

---

① 虽然欧盟已将我国从"非市场经济国家"名单划入"特殊的市场经济国家"（这一类国家过去只有中国和俄罗斯，俄罗斯已于 2002 年获得欧盟"市场经济国家"的认可），但实际做法与"非市场经济国家"并无太大不同。

业应对国外反倾销的一个关键因素。但是，非市场经济问题在国际贸易中实际上不是一个学术问题，而是一个涉及实际利益的政治问题，它不是按照几个指标的衡量来完成最后的判定。认定一个国家是不是市场经济国家，没有国际上公认的标准。[①] 我国经济自由度明显高于俄罗斯，但是欧盟在 2002 年、美国在 2003 年认可俄罗斯是市场经济国家。我国政府为获得"市场经济地位"的认可，进行了不懈的努力。在中国加入世界贸易组织满 15 年以后，美国、日本和欧盟等主要国家仍然未给予我国"市场经济地位"。

（2）反补贴税

又称为抵消关税，是指为抵消进口商品在制造、生产或输出时直接或间接接受的任何奖金或补贴而征收的一种进口附加税。它主要是为了控制出口补贴对本国造成的影响，一般按"补贴数额"征收。与反倾销不同，进口国在开始反补贴调查前，它有与出口国政府进行磋商的义务。对于我国出口商而言，较少会遭受反补贴税，因为美国、欧盟等国家对于我国出口的"低价"商品仅按商品倾销处理，征收反倾销税。但这种情况正在发生改变[②]。

乌拉圭回合以前，与补贴有关的条款是《GATT 1947》第 16 条，与反补贴措施有关的条款是《GATT 1947》第 6 条。现在，作为 WTO 协议不可分割的一部分，《补贴与反补贴措施协议》同时涵盖了这两个问题（农产品除外）。当然，只要不与《补贴与反补贴措施协议》相冲突，《GATT 1947》第 16 条与第 6 条依然有效。

专栏 8-2

8.2.3 按照征税标准分类

（1）从量税（specific tariff）

从量税是以商品的重量、数量、容量、长度和面积等计量单位为标准计征的关税。计算公式为

$$从量税额 = 商品数量 \times 每单位从量税$$

（2）从价税（advalorem tariffs）

从价税是以进口商品价格为标准计征的关税，其税率表现为货物价格的百分率。计算公式为

---

① 欧盟关于市场经济地位的标准包括 5 项。第一项，政府对资源分配和企业决策施加影响的程度。政府应减少通过工业政策对原材料出口或价格限制等方式对企业施加影响，政府应确保所有公司获得平等的待遇。第二项，良好的公司治理结构和财务会计标准。中国公司要提高遵守现有的会计管理制度的水平，以确保在进行贸易保护调查时会计信息的可靠性。第三项，财产权法律制度和破产法。中国应确保企业在破产程序方面获得公平的对待，并尊重和保护私有财产及知识产权。第四项，独立的金融部门。中国应使银行业在市场的规范下运行。中国应取消各种歧视性的银行准入门槛，以保证金融机构的资源得以合理的分配。第五项，在与私有化相关的企业运作中，没有政府引起的扭曲现象，没有易货贸易。

美国关于市场经济地位的标准有 6 项，即货币可自由兑换；劳资双方可以进行工资谈判；设立合资企业或外资企业的限制程度；政府对生产的控制程度；政府对资源配置、企业生产和商品价格的干预程度；管理机构认为合适的其他标准。

此外，针对国内某一行业是否是市场导向的行业（MOI），美国有专门的 3 条标准，即政府不能干预被调查商品的定价或产量；被调查商品所属的行业应以私人企业或集体所有制企业为主（该行业可以有国有企业，但国有企业的大量存在将不利于市场经济地位的判定）；所有主要的投入，不论是实物或非实物（如劳动力、企业管理费用）及总投入中占比重要比例的那部分投入，应该是按照市场价格支付的。

② 卜伟，赵伟滨．"完全市场经济地位"与对华反倾销反补贴．郑州航空工业管理学院学报，2008（1）：45-49．

$$从价税额 = 商品总值 \times 从价税率$$

（3）混合税（compound tariffs）

又称复合税，它是对某种进口商品同时征收从量税和从价税的一种关税。计算公式为

$$混合税额 = 从量税额 + 从价税额$$

（4）选择税（alternative tariffs）

选择税是对于同一种进口商品同时订有从价税和从量税两种税率，在征税时选择其中一种计算应征税款。一般是选择税额较高的一种征税。

（5）差价税（variable levy）

又称差额税[1]，当某种商品国内外都生产但国内商品的国内价格高于进口商品的进口价格时，为保护国内生产和国内市场，按国内价格和进口价格之间的差额征收关税，这种关税称为差价税。

8.3 关税的经济效应

关税对进口国经济的多方面影响称之为关税的经济效应。对关税经济效应的分析，可分为局部均衡分析（partial equilibrium analysis）和一般均衡分析（或总体均衡[2]分析，general equilibrium analysis），每一种分析又可分进口大国和进口小国两种情况。

在关税的局部均衡分析中，只分析关税对一种商品市场的影响，而不分析这种影响对其他商品市场的影响。关税的一般均衡分析则考虑了包括关税所影响的商品（X）在内的所有市场，因为商品 X 的市场变化会影响其他商品市场，而这些影响又会对 X 商品的市场产生重要的反作用。由于各种商品市场都是紧密相连的，一般均衡分析有助于把握关税对整个经济的影响。和局部均衡分析相比，一般均衡分析考虑了经济中各部门之间的相互依存和相互作用。

进口大国是指一国某种商品进口量占这种商品国际贸易量的比重较大，以至于其进口量的变化能影响这种商品的国际市场价格，是国际市场价格的影响者，它面对的外国出口供给曲线是一条向上倾斜的曲线；进口小国正好相反，是国际市场价格的接受者，它面对的外国出口供给曲线是一条水平直线。

学习这部分内容，有助于理解我国履行入世承诺（如降低关税率、取消或扩大进口配额）对我国的影响。下面的分析反过来就是我国降低进口关税率的影响。由于配额可以折算为等价关税，下面的分析反过来也可以理解取消或扩大配额的影响。

8.3.1 关税经济效应的局部均衡分析

1. 进口小国征收关税的影响

进口小国征收关税的影响的局部均衡可用图 8−1 来分析。图中，S_H 表示小国 A 国国内生产 X 商品的供给曲线。供给曲线说明了生产者每增加一个单位该商品所支付的额外成本，

---

① 陈琦伟（1988）将差价税称为"变动进口税率"，并把它看作是一种非关税壁垒，理由是差价税的经常变动与"一旦确定不再轻易变动的传统关税政策不同"。

② General Equilibrium，海闻认为译作"总体均衡"更能反映其经济学含义。

因为供给曲线表明了生产者对每一单位商品愿意接受的最低价格。D_X 表示 A 国对 X 商品的总需求曲线，既包括对国内生产的 X 商品的需求，也包括对外国生产的 X 商品的需求。需求曲线表明了消费者对新增的每一单位商品愿意支付的最高价格。供给曲线和需求曲线交于点 H。自由贸易条件下，A 国国内商品价格与世界价格一致，都为 P_W。在此价格条件下，A 国对 X 商品的需求量为 D_0，国内供给量为 S_0，供求存在缺口，即贸易量为 D_0-S_0。在此供求关系下，生产者剩余为 e，消费者剩余为 $(a+b+c+d+f)$。

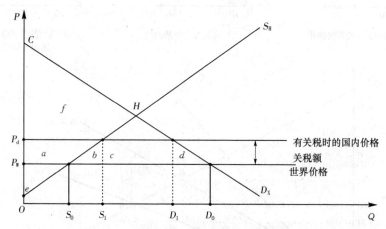

图 8-1　进口小国征收关税的经济效应的局部均衡分析

如果 A 国对进口的 X 商品征收关税，由于 A 国是小国，X 商品的世界市场价格不变，而进口商品 X 在国内的售价由 P_W 提高到 P_d，此即小国征收关税的价格效应；未考虑 A 国的出口，其出口价格视作不变。由于进、出口价格都不变，故进、出口价格指数都不变。根据贸易条件公式[①]可知，A 国征收关税后的贸易条件不变，此即关税的贸易条件效应。国内生产由 S_0 增加到 S_1，此为关税的生产效应（也指面积 b 所代表的福利损失，即因为关税，商品 X 的部分供给由进口转移至成本更高的国内生产而导致的额外成本，此为失去的专业化利益）；对 X 商品的需求量由 D_0 减少到 D_1，此为关税的消费效应（也指面积 d 所代表的福利损失，即由于关税而失去的国际贸易利益）；进口量由 D_0S_0 减少到 D_1S_1，此为关税的贸易效应；政府获得了关税收入 c，此为关税的收入效应。

关税的福利效应为：消费者剩余损失 $(a+b+c+d)$，生产者剩余增加 a，考虑到政府关税收入 c，关税给 A 国的净福利影响为减少了 $(b+d)$。

2. 进口大国征收关税的影响

在图 8-2（a）～（c）中，S_H 表示大国国内对商品 X 的供给曲线，S_F 表示外国对该国的出口供给曲线[②]，S_{H+F} 表示对该国商品 X 的总供给曲线，它是将国内对商品 X 的供给曲线和外国对该国商品 X 的供给曲线相加得到的。例如，当 $P_X=1$ 时，10X 由国内供给，10X

---

①　贸易条件 $=\dfrac{\text{出口价格指数（}P_x\text{）}}{\text{进口价格指数（}P_m\text{）}}$

②　与小国面对的外国供给曲线是水平直线不同，该国面对的是向上倾斜的曲线，表示大国进口增加时，外国供给的商品 X 的价格会提高。

由国外供给，总供给是 20X。当 $P_X=2$ 时，国内供给 20X，国外供给 30X，总供给是 50X。

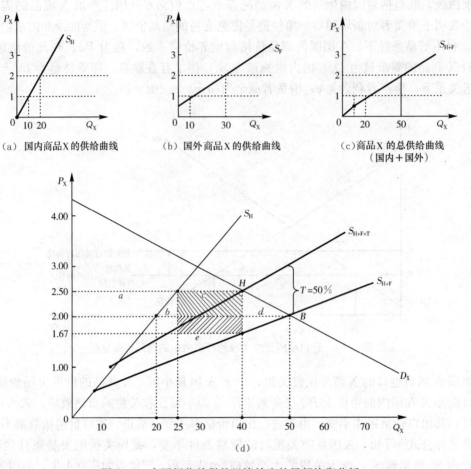

（a）国内商品X的供给曲线　（b）国外商品X的供给曲线　（c）商品X的总供给曲线
（国内＋国外）

图 8-2　大国征收关税的经济效应的局部均衡分析

在图 8-2（d）中，自由贸易时，国内对 X 商品的总需求曲线 D_X 与商品 X 的总供给曲线 S_{H+F} 相交于点 B。当 $P_X=2$ 时，20X 由国内生产商供给，30X 由国外厂商供给，共 50X。

如果该国对商品 X 征收关税（T），比如 $T=50\%$，则 S_F 向上移动 50%，成为 S_{F+T}，此时对该国商品 X 的总供给曲线为 S_H 和 S_{F+T} 之和，即 S_{H+F+T}（由此可知 S_{H+F+T} 与 S_{H+F} 并不平行）。现在 D_X 与 S_{H+F+T} 相交于点 H，此时 $P_X=2.5$，总需求为 40X，国内供 25X，国外供给 15X。[①]

关税导致该国商品 X 的国内售价提高，国际价格降低，这是大国征收关税的价格效应；由于进口价格降低，该国贸易条件改善，这是关税的贸易条件效应；国内生产增加，这是关税的生产效应；消费减少，这是关税的消费效应；政府得到了（c＋e）的关税收入，这是关税的收入效应。

进口大国关税的福利效应如下：消费者剩余减少（a＋b＋c＋d），生产者剩余增加 a，政府增加关税收入（c＋e）。其中，c 是政府从消费者手中得到的关税收入，e 是政府从国外

---

① 该方法也可用于小国情况；也可以采用只有国内供给曲线的情况，见小国。

出口商那里得到的关税收入。也就是说，该国国内消费者和出口商共同分担了关税。大国征收关税对国民福利的净影响是（$e-b-d$）。

8.3.2 关税经济效应的一般均衡分析

一般来说，局部均衡分析只用来做第一步的近似分析，为了获得完整的答案，还需要进一步使用更复杂的一般均衡分析。

1. 小国征收关税的一般均衡分析

进口小国征收关税不会影响世界价格，它面对的仍然是与征收关税前相同的世界价格，但是它的进口商品的国内售价会增加一个与关税相同的数额。区别征收关税对单个生产者和消费者的影响与对国家作为一个整体而言的影响，对理解小国情况下关税经济效应的一般均衡分析是非常重要的。假定征收关税的小国政府将关税简单地分发给国内的每个人，或政府由于有了关税收入，可以减少对国内基础服务部门的征税。总而言之，在征收关税的条件下，与征税但不考虑关税收入相比，上述假定直接或间接地增加了消费者的收入[①]，消费者可以达到表示更高效用的无差异曲线。

在图 8-3 中，自由贸易时，小国 A 专业化生产大米，并通过出口大米换取货币以进口钢铁。给定相对价格（P_r/P_s）（P_r 为大米价格，P_s 为钢铁价格），A 国的生产点是 S_1，社会福利最大化下的消费点是 D_1。D_1O_1 是进口的钢铁数量，S_1O_1 是出口的大米数量，社会福利水平为 CIC_1。

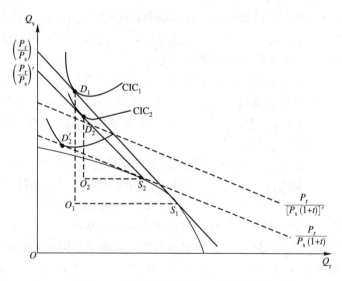

图 8-3 小国征收关税的一般均衡分析

如果 A 国钢铁行业成功地游说政府对钢铁征收 t 的关税，从而使得钢铁的国内市场价格上涨了 t 个百分点，变为 $P_s(1+t)$，高于世界价格 P_s。在大米世界价格不变的情况下，国内大米价格相对降低了，在国内市场上人们需要用更多的大米来换取与原先同样数量的钢铁。在图

---

① 假定这种"收入增加"没有改变收入分配，因为收入分配的变化有可能改变社会无差异曲线。

8-3中，这一变化表现为国内大米相对价格曲线变成了一条斜率为 $P_r/[P_s(1+t)]$ 的直线。厂商们将钢铁相对价格的上涨视作促使他们生产更多钢铁（相应地只能生产更少大米）的信号，开始不断地调整生产，直至

$$\frac{MC_r}{MC_s} = \frac{P_r}{P_s(1+t)}$$

时为止。其中，MC_r/MC_s 为大米的边际成本与钢铁的边际成本之比。当较为平坦的国内相对价格线与生产可能性边界在 S_2 点相切时，二者便相等了。厂商的调整反应代表着生产偏离了专业化分工的模式，它使该国（作为一个整体而非单个生产者或消费者）的消费可能性边界从 (P_r/P_s) 平行地移到了 $(P_r/P_s)'$。就消费者来说，只能在 $(P_r/P_s)'$ 上选择消费点，使无差异曲线和与相对价格线 $P_r/[P_s(1+t)]$ 平行的虚线 $P_r/[P_s(1+t)]'$ 相切，切点为 D_2。钢铁相对价格的上升，不仅使钢铁的消费减少，其产生的负收入效应也可能减少大米的消费。

在图 8-3 中，消费点 D_2 在 D_1 之下，但在 D_2' 的上边，即在国内相对价格线 $P_r/[P_s(1+t)]$ 的外边。这是因为在关税保护下，经济参与者除了生产者与消费者外，还有政府，政府通过征收关税获得了收入。由前面的假定，消费者可以在比国内相对价格线 $P_r/[P_s(1+t)]$ 所决定的效用更高的无差异曲线 CIC_2 上选择消费点。反映到图 8-3，就是无差异曲线与外移的国内相对价格线即 $P_r/[P_s(1+t)]'$ 相切的点 D_2。这一消费变动实际上是关税收入所带来的消费。最终消费点 D_2 有如下两个特征。

① 在从生产点 S_2 向左上方延伸出来的国际相对价格曲线上，是 A 国作为一个整体面对的消费可能性曲线。换句话说，A 国在 S_2 点上生产，但可以在国际相对价格下与别国进行贸易，从而在国际相对价格线上选择消费。

② 由于国内消费者面对的是国内相对价格，在最终消费点上，反映福利水平的社会无差异曲线必定与国内相对价格曲线相切。切点 D_2 是这些切点中的一个，在 $(P_r/P_s)'$ 上。在这一点，商品的边际替代率（MRS）① 等于包含关税的商品相对价格（国内相对价格曲线的斜率），这是社会福利最大化的选择。

综合而言，征收关税前，A 国生产可能性边界和国际相对价格线 (P_r/P_s) 的切点决定该国的生产点 S_1；征收关税后，A 国生产可能性边界与国内相对价格线 $P_r/[P_s(1+t)]$ 的切点决定该国生产调整后的生产点 S_2；S_2 决定了该国征收关税后该国作为一个整体的消费可能性边界 $(P_r/P_s)'$；又由于消费者面对的是国内相对价格线 $P_r/[P_s(1+t)]$，消费者只能在社会无差异曲线簇与 $(P_r/P_s)'$ 相交的交点中选择其斜率与国内相对价格线 $P_r/[P_s(1+t)]$ 平行的交点，即点 D_2，为消费点，该点在 $(P_r/P_s)'$ 上，也是无差异曲线与外移的国内相对价格线 $P_r/[P_s(1+t)]'$ 的切点。在最终消费点 D_2 上的社会无差异曲线（CIC_2）低于自由贸易中的社会无差异曲线（CIC_1），反映了社会福利水平的下降。总之，小国征收关税的经济影响可以概括为：增加进口替代产业的生产，减少出口商品的生产，减少进口替代商品的消费，减少贸易量，降低社会福利水平。

---

① MRS 被定义为：为了使消费者的效用不变或保持在原来的无差异曲线上，当多增加一个单位 X 商品的消费时，消费者必须放弃的 Y 商品的数量。MRS 是无差异曲线的斜率的绝对值，用两种产品的边际效用的比率来反映。

2. 大国征收关税的一般均衡分析

下面使用提供曲线①来分析大国征收关税的一般均衡效应。在大国的情况下，征收关税的福利影响就不像小国那样清楚了，关税可能减少或增加该国的福利，也可能使该国的福利（与征收关税前相比）保持不变，因为大国能通过征收关税影响国际市场价格。所以，进口大国征收关税不仅给进口国本身造成影响，而且还影响整个世界。

如图 8-4 所示，OA 是大国 A 自由贸易条件下的提供曲线，OB 是其贸易伙伴的提供曲线。征收关税前，由 OA 与 OB 的交点 E 确定的 TOT 为贸易均衡时的贸易条件。现在 A 国征收关税，在每一贸易条件下，该国从事贸易的意愿都有所减弱，提供曲线"向下移动"，即偏转为 OA'。OA' 与 OB 在点 E' 相交，达成新的贸易均衡，贸易条件 TOT 移至 TOT′，A 国贸易条件改善。A 国征收进口关税导致的这种提供曲线移动，也可代表征收出口税的情况，因为这两种手段都意味着在任一贸易条件下，A 国从事贸易的意愿都有所减弱。进口关税和出口关税对贸易量和贸易条件的相同影响称为勒纳对称定理（Lerner symmetry theorem）。

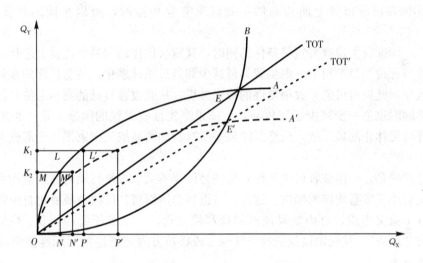

图 8-4 大国征收关税的一般均衡分析

由此可见，大国征收进口关税，贸易量减少，减少了其福利；但由于贸易条件改善，关税也增加了其福利。关税对福利的净影响就取决于这两种反作用的大小。显然，这与小国征收关税的情况形成了对比：小国由于征收关税而使贸易量减少时贸易条件不变，因此征收关税后小国的福利总是减少的。

8.3.3 最优关税

由上文可知，大国征收关税后，其贸易量减少，贸易条件改善。前者将减少该国的福利，后者则会增加该国的福利，由此产生了最优关税税率问题。

最优关税税率是指能使一国福利最大化的关税税率，即使一国从贸易条件改善中所得的收益减去进口数量减少造成的损失后的正差额达到最大时的关税税率。若实际的名

---

① 提供曲线表示的是一国在不同的相对价格（即贸易条件）下愿意出口与进口的数量。

义关税税率低于最优关税税率，则该国福利水平就会低于其最大值，因为进一步改善贸易条件可能产生的收益大于进口数量进一步减少所造成的损失。同样地，若实际的名义关税税率高于这一数值，则进一步改善贸易条件所增加的收益已不能抵消进口数量进一步减少所造成的损失的增加。随着关税税率的提高，最终这个国家将通过禁止性关税回到自给自足的生产点。

最优关税税率的计算公式为

$$t^* = \frac{1}{S_m}$$

其中，t^* 是一国的最优关税税率，S_m 是外国的供给价格弹性，且

$$S_m = \frac{dM/M}{dP/P}$$

其中，M 为本国进口量，P 为进口价格。

由于小国在国际市场上面临的供给曲线是完全弹性的，所以小国的最优关税税率为零。

然而，一国征收关税改善贸易条件的同时，其贸易伙伴的贸易条件就会恶化，因为它们的贸易条件与征税国是相对的。面临贸易量减少和贸易条件恶化，贸易伙伴的福利无疑会减少，贸易伙伴因此极有可能征收报复性的最优关税，从而改善自己的贸易条件并挽回一定的损失，当然同时也进一步减少了其贸易量。如果率先征收关税的国家又进一步采取报复行动，由此导致无休止的贸易战，最终的结果是所有参加贸易战的国家损失全部或大部分贸易利益。

需要注意的是，一国征收最优关税，其贸易伙伴不采取报复行动时征收最优关税的国家所得收益也会小于贸易伙伴的损失。这样，就世界总体而言，征收关税要比自由贸易下福利减少。从这个意义考虑，自由贸易使世界福利最大化。正是基于此种认识，GATT/WTO 这样的没有"后盾"、其规则仅仅依赖于缔约方或成员方遵守意愿的国际经济组织才能得以成立并运作下去。

8.4 关税减让谈判

GATT/WTO 所指的关税"减让"具有很广泛的含义，包括：削减关税并约束削减后的税率，如承诺将某产品的关税从 30% 减为 10%，并加以约束；约束现行的关税水平，如某一产品现行的实施关税为 10%，谈判中承诺今后约束在 10%；约束税率上限，即将关税约束在高于现行税率的某一特定水平，各成员的实施税率不能超出这一水平；约束低关税或零关税。

关税减让谈判按照以下原则实施：互惠互利，但要从整个国家贸易发展着眼，不仅仅局限在具体的关税谈判上；考虑对方需要，包括每个成员、每种产业的实际需要，发展中国家使用关税保护本国产业的需要，增加财政收入的特殊需要，以及各成员经济发展等其他方面的需要；对谈判情况予以保密，以避免其他成员在谈判中互相攀比要价；按照最惠国待遇原

则实施，即达成的谈判结果对所有成员实施。

8.4.1 关税减让谈判权的确定

根据 WTO 的规定，只有享有关税谈判权的成员才可参加关税谈判。凡具备以下条件之一者，可享有关税减让谈判权。

（1）产品主要供应利益方

在谈判前的一段合理期限内，一个 WTO 成员如果是另一成员进口某项产品的前三位供应者，则该成员对这项产品享有主要的供应利益，被称为主要供应利益方，通称主要供应方。主要供应方有权向另一方提出关税减让谈判的要求。另外，对于一项产品，如果某个成员的该产品出口额占其总出口额的比重最高，则该成员虽不具有主要供应方的利益，但应被视为具有主要供应方利益，与主要供应方一样，也有权要求参加关税减让谈判。

（2）产品实质供应利益方

在谈判前的一段合理期限内，一个 WTO 成员某项产品的出口在另一方进口贸易中所占比例达到 10% 或 10% 以上，则该成员对这项产品享有实质供应利益，被称为有实质供应利益方，它有权向另一方提出关税减让谈判的要求。

在实际谈判中，一个 WTO 成员对某项商品的出口处于上升的发展阶段，今后可能成为该成员有主要供应利益或有实质供应利益的商品；或者这种商品在世界其他国家已成为该成员具有主要供应利益的商品，则该成员一般视为具有"潜在利益"，它也有权要求进行关税减让谈判。

（3）最初谈判权方

一个 WTO 成员与另一方就某种商品的关税减让进行了首次谈判并达成协议，则该成员对这种商品享有最初谈判权，通常称为最初谈判权方。当做出承诺的一方要修改或撤回这项关税减让时，应与最初谈判权方进行谈判。

最初谈判权的规定，是为了保持谈判方之间的权利与义务平衡。最初谈判权方一般都具有主要供应利益，但主要供应利益方不一定对某种商品要求最初谈判权。

在双边谈判中，有些国家对某种商品并不具有主要供应利益或实质供应利益，但这些国家认为，他们对该商品有潜在利益，因而要求最初谈判权，此时谈判的另一方不得拒绝。给予最初谈判权的商品品种的多少，由双方谈判确定，这种情况一般出现在非 WTO 成员加入时的关税减让谈判中。

8.4.2 关税减让谈判的方式

关税减让谈判的方式主要有 3 种，即商品对商品谈判、公式减让谈判和部门减让谈判。

（1）商品对商品谈判

商品对商品谈判，是指一个 WTO 成员根据对方的关税税则产品分类，向对方提出自己具有出口利益的要价单，对方（即被要求减让的一方）根据有关谈判原则，对其提出的要价单按其具体商品进行还价。提出要价单的一方通常称为索要方，在他提出的要价单中一般包括具有主要供应利益、实质供应利益及潜在利益的商品。

（2）公式减让谈判

公式减让谈判，是指对所有商品或选定商品的关税，按某一议定的百分比或按某一公式削减的谈判。该谈判方式是等百分比削减关税，对高关税削减幅度较大，对低关税削减幅度较小。

（3）部门减让谈判

部门减让谈判，是指将选定商品部门的关税约束在某一水平上的谈判。部门减让的商品范围，一般按照 HS 的 6 位编码确定。在部门减让谈判中，如果将选定商品部门的关税率统一约束为零，则该部门称为零关税部门；如果将选定商品部门的关税率统一约束在某一水平，则该部门称为协调关税部门。

在 GATT/WTO 的关税减让谈判中，这几种谈判方式都是交叉使用，没有固定模式，通常是以部门减让及商品对商品谈判方式为主。通过部门减让谈判，解决成员方关心的大部分商品问题；通过商品对商品谈判，解决个别重点商品问题。商品对商品谈判在双边基础上进行，是 GATT 的传统谈判方式。部门减让谈判及公式减让谈判主要在多边基础上进行，有时也用于双边谈判。

8.4.3 关税减让表

如果关税减让谈判成功，则会形成一个谈判结果为所有成员接受的减让表[①]，或者形成一个仅对签署成员有约束力的诸边协议。需要说明的是，作为关税减让谈判结果的税率，与各成员实际征收的税率不一定相同。关税减让谈判结果的税率是约束税率，而实际征收税率是各成员公布的法定适用税率。对于发达国家而言，约束税率一般是实际征收的税率，而大多数发展中国家则将税率约束在高于实际征收税率的水平上，将约束税率作为关税上限。各成员实际征收的关税水平，均不得高于其在减让表中承诺的税率及逐步削减的水平。

一成员不一定约束所有商品的关税，它可以随时、不受限制地提高未被约束商品的关税。若商品的关税水平受到约束，它可以自由地实施低于该约束水平的税率。

如果一成员要将某商品的关税率提高到约束水平以上，则需要按有关条款规定的程序进行谈判。经过谈判确定的修改结果，重新载入关税减让表。

本章要点

关税是进出口货物通过一国关境时，由该国政府所设立的海关向进出口商征收的一种税收，是一种间接税。

对进出口货物征收关税可以起到增加财政收入、调节进出口商品结构、保护国内产业与市场三方面的作用。

关税有很多种类。按照商品流向，关税可分为进口税、出口税和过境税；按征税待遇，关税可分为普通关税、优惠关税和进口附加税，它们主要适用于进口关税；按照征税标准，关税可分为从量税、从价税、混合税、选择税、差价税。

---

① 即记录一个成员关税约束水平的表格。

就局部均衡分析来看，小国征收进出口关税的福利效应是消费者剩余减少，生产者剩余增加，政府得到关税收入，净福利减少；大国征收进口关税使外国出口商得到的价格比征收关税前低，净福利效应不确定。

就一般均衡分析而言，小国征收关税增加进口竞争商品的生产，减少出口商品的生产，减少进口竞争商品的消费，减少贸易量，降低社会福利水平；大国征收进口关税，贸易量减少，减少了其福利，但由于贸易条件改善，关税增加了其福利。关税对福利的净影响取决于这两种反作用的大小，因此大国存在使其福利最大化的最优关税。

关税减让谈判的两个重要方面是关税减让谈判的确定和关税减让谈判的方式。如果谈判取得成功，就会形成一个所有成员都接受的减让表，或者形成一个仅对签署成员有约束力的诸边协议。

复习思考题

一、名词解释

关税　普遍优惠制　特殊优惠关税　反倾销税　反补贴税　最优关税税率

二、简答题

1. 试用名义关税和保护关税理论来解释目前世界上大多数国家在征收进口关税时实施关税升级的现象。

2. 简述征收反倾销税的依据和条件。

3. 简述普惠制的基本原则。

三、计算分析题

1. 一国想鼓励本国高清晰度宽屏幕电视机产业的发展，当前这种电视机的售价很高，达到6 500美元/台。生产这种电视机的零部件成本为3 000美元，从世界市场上进口同种电视机的价格为5 000美元/台。

(1) 幼稚工业论认为应保护国内产业使之免于与外国竞争。从这一论点出发，你认为是否应采用从价关税？关税税率应为多少？

(2) 这个关税税率对国内电视机产业的有效保护率为多少？

(3) 这样的保护使谁受益？谁受损？

2. 一国从国外以每瓶12美元的国际市场价格进口伏特加酒，图8-5描述了该国的市场状况。

(1) 假定该国对伏特加酒的进口征收关税，伏特加酒的国内市场价格上升到15美元/瓶，而外国的出口价格下降为9美元/瓶，这对国内市场的生产与消费有什么影响？

(2) 这一关税产生的收益和成本在消费者和生产者之间是怎样分配的？

(3) 如果政府能够获得全部关税收入，政府从关税中所获的收益是多少？在图中表示出来。

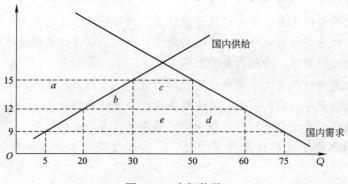

图 8-5 市场状况

（4）如果伏特加酒的消费者集体反对这一限制（征收关税），而政府无力改变既有的法令，那么政府将选用怎样的替代政策？

（5）如果该国在世界市场上是个小国，前面问题的答案会有改变吗？

3. 假定一国某种商品的需求曲线为 $D=40-2P$，供给曲线为 $S=10+3P$，自由贸易时的国际市场价格为 2，试问自由贸易条件下该国的进口量是多少？当该国对这种商品征收 50% 的从价关税时，试问该国的进口量是多少？

四、论述题

1. 试以局部均衡分析方法分析小国进口关税的经济效应。

2. 分析 20 世纪 90 年代以来我国出口产品不断遭受反倾销指控的原因。我国加入 WTO 后，这一问题的前景如何？我们应采取什么对策？

第 **9** 章

非关税措施

对于参加国际贸易的经济体而言，按照完全竞争市场理论的分析，自由贸易是最有效率的。当考虑规模经济、产品差异等不完全竞争或是垄断因素时，自由贸易却只是理想状态，保护贸易则是一种次优选择。鉴于关税措施受到世界贸易组织的约束，各国在干预国际贸易的政策上更偏重于非关税措施。

9.1 非关税措施概述

在 1929—1933 年大危机之后，非关税措施在各国开始出现，但因关税水平高，关税的壁垒效应十分明显，所以非关税措施作为贸易壁垒并没有引起过多的重视。随着关税与贸易总协定（GATT）多边贸易谈判回合的推进，发达国家的平均关税水平从 40％下降到了 3.8％，发展中国家的平均关税水平也下降到 13％左右。关税的壁垒效应已经不能满足各国的产业保护需要，非关税措施开始显现出主要贸易壁垒的作用。常见的非关税措施包括钢铁、纺织、鞋类、机械设备及汽车等行业的进出口配额等数量限制，也包括对出口企业影响更大的技术标准、卫生检验检疫、劳工标准等。尤其是在 2008 年全球经济因金融危机进入衰退期时，各项具有贸易保护性质的政策在各国竞相出现。

9.1.1 非关税措施的概念与特点

非关税措施（non-tariff measures，NTMs），是指一国政府采取的，除了普通关税以外的，任何可以潜在地对国际货物贸易产生经济影响，对贸易量或价格或二者都产生扭曲的所有政策措施（NTMs are policy measures other than ordinary customs tariffs that can potentially have an economic effect on international trade in goods, changing quantities traded, or prices or both)[1]。因其对贸易产生阻碍作用，又被称为非关税壁垒，（non-tariff barriers，NTBs)[2]。

一国政府可以直接将措施用于限制进口商品，包括进口许可证、进口配额等，这是直接

---

[1] 联合国贸易与发展委员会《非关税措施国际分类（2019 版）》。

[2] 非关税措施的定义中包括了出口限制措施，本书将出口措施单列一章进行讲述，因此本章之后的内容不再介绍出口限制措施。

的非关税措施；一国政府也可以利用各种措施间接限制外国商品的进口，包括外汇管制、技术标准、环境标准、苛刻的海关程序和原产地规则等，这是间接的非关税措施。在实际应用中，这两种措施一般是结合在一起使用的。

随着关税水平的下降，非关税措施通常因其不够透明、形式多样且对国际贸易的影响不易度量，在国际贸易中成为各国政府干预进口贸易的主要手段。

1. 隐蔽性

关税的税率公开，各国征收关税一般按照本国海关税则进行。世界贸易组织协议规定，其成员如果希望变动关税水平，需要经过复杂的程序。非关税措施一般以法律或政策措施形式出现，也可以在执行过程中通过不透明的手段达到实际的贸易壁垒效果，因而具有较强的隐蔽性。

2. 灵活性

海关税则规定了一国的关税税率，一般不容易变动。相对而言，非关税措施采取的多是行政手段且种类繁多，它的制定、实施、调整或改变都可以迅速且简单，因而拥有更强的灵活性。

3. 有效性

关税对进口产生的效果是间接的，它主要通过提高进口商的进口成本而影响进口数量。如果进口商品凭借规模经济获得低生产成本，则关税的保护作用不再明显。非关税措施则可以直接限制进口数量，或直接禁止某些种类的产品进口，因而具备极强的有效性。例如绝对配额，就是超过限额的部分是不允许进口的；技术标准要求是指不符合标准的产品不具备市场准入的资格。因此，非关税措施的有效性强于关税措施。

4. 歧视性

任何国家只有一部关税税则，不论是单式税则还是复式税则，都不能很好地体现进口国的国别政策。非关税措施（如进口配额、禁止进口、反倾销和自愿出口限制等）拥有极强的歧视性，甚至可以针对某一个国家或数个国家单独采取某种措施。

9.1.2　非关税措施的作用

从各国非关税措施的实际应用来看，非关税措施实际上可以起到如下作用。

① 限制外国商品进口，保护本国的产业与市场。非关税措施的出现和繁荣源自关税保护作用的下降或受到约束。为了防止进口商品垄断本国市场，维护市场的竞争性，保护本国产业的产生与发展，进口国政府必须完善本国的非关税措施体系。

② 在国际贸易谈判中作为砝码，提高本国的谈判力量，逼迫对方妥协让步。在双边、多边及世界贸易体系谈判过程中，逐渐贸易自由化是各国的谈判目标，而削减关税与约束非关税措施成为各方谈判与妥协的筹码。若一国在谈判中没有对价的壁垒削减措施，则需要付出其他代价以换得对方的壁垒削减。因而发达国家完善的、不断发展的非关税措施体系成为其贸易谈判中的重要砝码。

③ 可以作为对其他国家实施贸易歧视的手段，以实现经济利益或政治利益。非关税措施的歧视性导致其成为各国经济外交的重要手段之一。

9.1.3　非关税措施的分类

联合国贸易与发展委员会（UNCTAD）、联合国粮农组织、国际贸易中心、联合国工业发展组织、世界银行和世界贸易组织联合组成 MAST 小组，对非关税措施进行了讨论与分类，于 2012 年形成了《非关税措施分类目录》（*The Classification of Non-tariff Measures*）。鉴于 2015 年以来非关税措施的日益复杂，该分类目录已于 2019 年修订[①]。

　　《非关税措施分类目录》将非关税措施分为 3 大类 16 章，如表 9−1 所示。各章涉及的非关税措施具体如下。

表 9−1　非关税措施分类目录

类			章
进口	技术措施	A	卫生检验检疫措施（sanitary and phytosanitary measures）
		B	技术性贸易壁垒（technical barriers to trade）
		C	装运前检验和其他手续（pre-shipment inspection and other formalities）
	非技术措施	D	或有贸易保护措施（contingent trade-protective measures）
		E	非自动进口许可证、配额、禁令、数量管制措施和其他限制，不包括卫生和植物检疫措施或与技术贸易壁垒有关的措施（non-automatic import licensing, quotas, prohibitions, quantity-control measures and other restrictions not including sanitary and phytosanitary measures or measures relating to technical barriers to trade）
		F	价格控制措施，包括附加税费（price-control measures, including additional taxes and charges）
		G	金融措施（finance measures）
		H	影响竞争的措施（measures affecting competition）
		I	与贸易有关的投资措施（trade-related investment measures）
		J	分销限制（distribution restrictions）
		K	售后服务限制（restrictions on post-sales services）
		L	补贴与其他形式的支持（subsidies and other forms of support）
		M	政府采购限制（government procurement restrictions）
		N	知识产权（intellectual property）
		O	原产地规则（rules of origin）
出口	出口措施	P	出口相关措施（export-related measures）

　　① 第 A 章为卫生检验检疫措施，如保障食品安全和防治病虫害传播等措施，以及与食品安全有关的所有合格评定措施。

　　② 第 B 章为技术性贸易壁垒，包括技术规范和质量要求；相关工艺和生产方法；与环境保护有关的措施，如标签和包装；消费者安全和国家安全；与技术要求有关的合格判定措施。

　　③ 第 C 章为装运前检验和其他手续，主要是对与装运前检查和其他海关手续有关的措施进行了分类，包括装运前检验，直接运输要求，通过指定海关口岸的要求，进口检测、监督和自动许可措施等。

　　④ 第 D 章为或有贸易保护措施，即为抵消进口产品在进口国市场上的不利影响而采取的措施，包括反倾销、反补贴和保障措施。

　　⑤ 第 E 章和第 F 章主要是传统的非关税措施。第 E 章主要包括非自动进口许可证、配

---

　　① 《非关税措施国际分类（2019 版）》。

额、禁令、数量管制措施和其他限制；第 F 章列出了为控制或影响进口货物价格而采取的价格控制措施，如在某些产品的进口价格较低时采取的最低限价制，以及除关税措施以外的其他类似措施（准关税措施）。

⑥ 第 G 章为金融措施，即限制进口支付的措施，如外汇准入和外汇成本管制，以及限制付款条件等。

⑦ 第 H 章为影响竞争的措施，即给予一个或多个经济经营体排他性或特殊优惠或特权的措施，主要是指垄断措施，包括国营贸易、强制性的国家保险或运输等。

⑧ 第 I 章为与贸易有关的投资措施，包括本地成分要求、对投资加以贸易平衡限制的出口要求等。

⑨ 第 J 章和第 K 章涉及与产品有关的产品或服务在进口后的销售方式。第 J 章为分销限制，包括与进口产品分销有关的限制措施。第 K 章为售后服务限制，如对提供辅助服务的限制。

⑩ 第 L 章为补贴与其他形式的支持，主要包括与存在贸易扭曲作用的补贴有关的措施。

⑪ 第 M 章为政府采购限制，主要包括投标人在向外国政府出售其产品时可能遇到的限制。

⑫ 第 N 章为知识产权，包括与知识产权措施和权利有关的限制。

⑬ 第 O 章为原产地规则，主要包括限制产品或其投入来源的措施。

⑭ 第 P 章为出口相关措施，主要包括出口税、出口配额和出口禁令。

9.1.4　非关税措施保护程度的衡量

传统贸易政策保护程度的分析一般是对关税或配额对进口国国内市场产生的市场扭曲进行分析，而忽略了大量其他具有实质性市场保护效果的其他非关税措施。克鲁格曼曾撰文指出，"在国际贸易分析中存在'a dirty little secret'，贸易保护政策的可测量成本……并不如想象中的大"，认为实行贸易保护政策的成本并不如许多经济学家测量的那么高。

1. 衡量方法

衡量非关税措施保护程度的方法包括以下几种。

（1）频数或频率方法（incidence measures）

该方法就是计算政策本身的密度，因而可以从政策工具的直接观测中获得，不需要转化成对市场的贸易扭曲程度。因为忽略了对特定市场或经济体的所有影响，该方法对政策提供了一种"独立"的评价。典型的频数方法就是关税水平或是不同非关税措施的频数（率）。当然，该方法对贸易保护程度的衡量效果并不理想，但是各国的贸易政策承诺一般都采用这类指标进行表达。

（2）产出法（outcome measures）

产出法是基于政策变量和"权重"（如贸易、产量或消费量比重、GDP）计算总保护程度的方法。这意味着现有政策的某些理论探讨中的经济效应也纳入了计算范围。这种方法，如以贸易量作为权重的平均关税，可以作为"真实"等值指标的最好近似。当然，如果不采用观测数据而用推测数据进行计算，那么得到的指标则无任何意义。

（3）当量（等值）法（equivalence measures）

当量法可以提供与原始数据等值的结果。该方法最大的优势在于：定义的事先确定使其含义十分明确，计算出的指标也可以对实际观察与假设均衡之间的差距进行衡量。因此，在计算之前需要确定模型结构和估计参数。

在衡量技术性贸易壁垒的贸易保护程度时，关税当量（等值）法比较常用。经济学家 Ferrantino 将技术性贸易壁垒的关税当量法区分为三种："Handicraft"价格差异法、基于价格的计量经济法和基于数量的计量经济法（引力模型法）。

2. 非关税措施保护程度的测量例证

UNCTAD 2008 年的一份研究报告，借用 Kee、Nicita 和 Olarreaga 的估计结果，用 CGE 模型对技术性贸易壁垒的关税当量（指从价税）进行了模拟测算。如表 9-2 所示，在 GTAP 模型所包含的国家或区域集团中，无论是关税水平还是技术性贸易壁垒的关税当量，发展中国家或是国家集团大体高于发达国家。如关税水平最高的为印度，达到 31.7；技术性贸易壁垒关税当量最高的为中国，达到 19.8。

表 9-2　按照 GTAP 模型区域分类的关税水平与技术性贸易壁垒关税当量（节选）

区域	关税	NTMs 的关税当量
安第斯共同体（Andean community）	11.9	11.1
澳大利亚与新西兰（Australia and New Zealand）	5.6	9.3
巴西（Brazil）	11.6	19.8
中国（China）	13.2	9.4
欧洲自由贸易联盟（EFTA）	4.1	3.4
东亚（East Asia）	4.5	10.1
欧盟 10 国（EU10）	7.6	4.9
欧洲 15 国（Europe15）	2.5	6.1
中国香港（Hong Kong（China））	0.0	1.4
印度（India）	31.7	10.0
日本（Japan）	6.9	15.5
墨西哥（Mexico）	14.7	17.1
中欧倡议国（CEI）	9.5	19.2
东南亚（South-East Asia）	7.9	14.3
南亚（South Asia）	16.4	4.4
土耳其（Turkey）	4.0	6.0
美国（United States）	2.9	6.5
南非（South Africa）	6.8	1.2

3. 非关税措施保护程度的测量例证——新西兰

Niven Winchester[①] 对新西兰的非关税措施进行了定量测算。针对新西兰参加的 4 个自由贸易协议，Winchester 假设通过商务谈判，可以削减新西兰和潜在自由贸易区伙伴国之

---

① WINCHESTER N. Is there a dirty little secret? non-tariff barriers and the gains from trade. Journal of policy modeling，2009：819-834.

间的非关税措施到新西兰与澳大利亚之间的水平①，并采用引力模型来估计贸易谈判后的非关税措施削减量。Winchester 计算的关税与非关税措施的关税当量如表 9-3 所示。

表 9-3 关税与非关税措施的关税当量

单位：%

	中国	日本	韩国	东盟
新西兰出口	5.6	11.9	4.4	8.4
伙伴国出口	0.2	0.3	0.2	0.3
新西兰进口	5.5	8.5	2.3	7.6
伙伴国进口	0.4	0.6	0.5	0.4
新西兰出口的关税	6.9	8.6	7.4	5.2
新西兰进口的关税	5.1	4.6	3.5	1.6
新西兰出口的非关税措施	34.0	28.3	38.5	45.6
新西兰进口的非关税措施	45.1	61.6	41.8	44.3

模型结果显示，当把非关税措施的削减纳入考虑时，贸易自由化的利益将远大于传统的利益分析（只考虑关税削减）。Winchester 还发现，与 Lejour、Philippidis 和 Sanjuán 一样，农业部门的关税当量比非农业部门更大。他的结论是，新西兰和 4 个潜在的自由贸易伙伴国（中国、日本、韩国和东盟，约占新西兰贸易总额的 1/4）的双边谈判，因关税取消，使新西兰的福利上升了 1.5%，因关税与非关税措施的废除而使福利增加 16.3%（占 GDP 的比重）。作者证明，尽管传统措施只能带来稍微的福利增加，但非关税措施削减的加入将使福利大为改观。

Winchester 最终提到，"我们的论证结果证实，贸易自由化的利益是相当可观的。也就是说，国际贸易分析中存在 'a dirty little secret' 是不正确的。当然，我们的结论对政策制定者也有较大的启示。贸易自由化的巨大利益实际上意味着追求自由贸易时巨额成本付出是值得的……此外，我们还发现与传统分析不同的是，除了农业部门之外，新西兰可以从贸易谈判中获得各种利益。"②

9.2　非关税措施的主要种类

在 GATT 肯尼迪回合结束时，全球的非关税措施共有 800 种，到 GATT 乌拉圭回合即将结束时，这一数字已经增长到 3 000 多种。自 1995 年 WTO 建立以来，非关税措施并没有像关税措施那样受到较为严格意义上的"约束"，而是传统措施并未消失，新的措施接踵而至。本节选取部分传统的和新的非关税措施进行介绍。

---

① 作者采用新西兰与澳大利亚之间的非关税壁垒作为基准的原因是：双边 FTA 建立时间较长，比较稳定，一体化程度较高。

② WINCHESTER N. Is there a dirty little secret? non-tariff barriers and the gains from trade. Journal of policy modeling，2009：819-834.

9.2.1　进口配额制

进口配额制（import quotas system），又称进口限额制，是指一国政府对一定时期内进口的某些商品的数量或金额加以直接控制。在规定的期限内，配额以内的货物可以进口，超过配额不准进口或征收较高关税后才能进口。简单而言，配额是对进口商品设置一定的限额，其目的与征收关税一样，是限制进口，保护国内工业。但与关税不同的是，进口配额是直接的数量控制而不是通过提高进口商品价格间接地减少进口。

需要澄清的是，配额的规定并不意味着该国的进口数量或金额必须等于配额。配额只是市场准入的上限，并不是一个国家承诺一定进口的数量，如果进口国国内对进口商品没有需求，也可以完全不进口。

按照对超过配额部分的做法的不同，进口配额可以分为绝对配额（absolute quotas）和关税配额（tariff quotas）

1. 绝对配额

绝对配额是指在一定时期内，对某些商品的进口数量或金额规定一个最高限额，超过限额后就不准进口。从分配方法来看，绝对配额有全球配额（global quotas）、国别配额（country quotas）和进口商配额（importer quotas）之分。

全球配额，是指对某种商品的进口给出一个总的限额，对来自任何国家或地区的商品一律适用。政府一般根据进口商的申请先后顺序或过去某一时期内的进口实际额发放配额，直至总配额发完为止。

国别配额，是指政府不仅规定了一定时期的总配额，而且在总配额内按照国别和地区分配固定的配额。如果配额的分配由进口国单方面决定，即为自主配额（autonomous quotas）；如果是由进口和出口两国政府或民间团体之间通过协议来确定，则为协议配额（agreement quotas）。

进口商配额，是指进口国政府将某些商品的进口配额在少数进口商之间进行分配。

在这三种配额中，由于国别配额最能体现进口国的国别政策，而且通过双边协商后订立的双边国别配额不容易引起对方的不满或报复，因此双边协商的国别配额运用十分广泛。

根据入世议定书的承诺，中国政府今后除非符合 WTO 的规定，否则不再增加或实施任何新的非关税措施，只有中央政府有非关税措施的统一制定权。同时放宽申请配额和许可证的资格，拥有产品进口权及符合法律要求的申请者均有资格获得配额分配和许可证。

2. 关税配额

关税配额是指在一定时期内，对商品的进口数量或金额规定一个限额，对于限额之内的进口商品，给予低关税或免税待遇，对于超过限额的进口商品则征收高额关税或征收附加税。关税配额与绝对配额的最大区别在于：关税配额对超过配额的部分是允许进口的，而绝对配额是不允许进口的，因此绝对配额限制得更严格，也更容易招致不满和报复。

专栏 9-1

目前，中国实施关税配额管理的商品包括农产品和化肥等工业品，配额以内的进口适用低关税，配额以外的进口适用高关税，关税配额分为国营贸易配额和非国营贸易配额。农产品包括小麦、玉米、大米、棉花、食糖、豆油、棕榈油、菜籽油、羊毛、毛条 10 大类农产品。除了小麦、玉米、大米、棉花四类产品的进口关税配额由发改委会同商务部分配外，其余的进口关税配额均由商务部分配。

尽管世界贸易组织要求成员一般取消数量限制，但是进口配额制度在某些领域仍然占据十分重要的地位。例如在纺织品贸易、农产品贸易中，进口配额仍然存在。世界贸易组织《纺织品与服装协议》（ATC）规定各成员在 2005 年 1 月 1 日取消纺织品配额制度，但是在 2004 年 3 月初，美国纺织品制造商协会（ATMI）与美国制造业贸易行动联盟（AMTAC）联合伊斯坦布尔纺织品及服装出口商会（ITKIB）发起了《伊斯坦布尔声明》，要求世界贸易组织在 2004 年 7 月 1 日以前召开紧急会议，讨论将纺织品配额延长至 2007 年年底的建议。尽管该建议未被采纳，且 ATC 也如期到期，但纺织品配额仍然以特别保障机制或其他形式存在。

9.2.2　自愿出口限制

自愿出口限制（voluntary export restraints，VERs）是指出口国家或地区在进口国的要求和压力下，"自愿"规定某一时期内某些商品对该国的出口限制，在该限额内自行控制出口，超过限额即停止出口。

对进口国来说，由于对方自愿限制，其进口量也就自然减少。所谓"自愿"，其实只是出口国在进口国的要求和压力下不得不采取的限制政策。因此，经济学家把自愿出口限制看成是进口配额的一种特殊形式，其区别只在于：对进口国来说，自愿出口限制听起来少一点保护主义的味道，少受一点舆论的谴责。对于出口国来说，同样受到数量限制，"自愿"出口比强迫限额要好，因为与进口国设置配额或反倾销相比，自愿出口限制对出口国造成的损失要少一些。损失的减少来自出口国控制出口配额分配，出口国政府或企业可以因此获取"出口配额租"。

自愿出口限制与进口配额制虽然都是采取数量限制进口的方式，但二者仍然存在较大的差异：进口配额制由进口国直接控制进口配额，自愿出口限制则由出口国直接控制配额；进口配额制是进口国采取的措施，自愿出口限制似乎是出口国自愿的行为；进口配额制影响到该产品的绝大多数供应商，而自愿出口限制则仅影响几个甚至一个特定的出口商。

专栏 9 - 2

自愿出口限制有非协定的自愿出口限制和协定的自愿出口限制两种形式。非协定的自愿出口限制是指出口国政府并未受到国际协定的约束，自动单方面规定对有关国家的出口限额，例如我国对焦炭的出口采取的出口配额制度就属于此范畴。协定的自愿出口限制是指进出口双方通过谈判签订自限协定或有秩序销售协定，规定一定时期内某些商品的出口配额，专栏 9 - 2 中的日美汽车自愿出口限制属于此范畴。

尽管世界贸易组织要求在 1998 年年底以前取消自愿出口限制，但由于该种非关税措施未引起任何正式的争端解决案件，且"是有选择的"，避开了非歧视要求，所以自愿出口限制并未退出限制进口的"舞台"。美国、日本、芬兰、挪威等国对中国的纺织品进口和欧盟对中国的农产品进口都实行自愿出口限制政策。

9.2.3　进口许可证制

进口许可证是国家管理货物进口的法律凭证。凡属于进口许可证管理的货物，除国家另有规定外，对外贸易经营者应当在进口前按规定向指定的发证机构申领进口许可证，海关凭进口许可证接受申报和验放[1]。

按照 WTO《进口许可程序协定》总则的定义，所谓进口许可，是指实施进口许可制度的行政程序。进口许可证制（import license system）是指进口国规定某些商品进口必须事先领取许可证，否则一律不准进口。

进口许可证是一国管理货物入境的法律凭证，具备三层含义：一是国家机关签发的具有法律效力的文件；二是批准进口特定货物的文件；三是证明文件，海关凭此接受申报和查验。

进口许可证可以依据与配额的关系及对进口商品的许可程度进行分类。

① 按照是否与配额相结合，进口许可证可分为有定额的进口许可证和无定额的进口许可证。有定额的进口许可证是指进口国事先规定有关商品的进口配额，然后在配额的限度内，根据进口商的申请对每笔进口货物发给一定数量或金额的进口许可证，配额用完即停止发放。无定额的进口许可证不与进口配额相结合，有关政府机构预先不公布进口配额，颁发有关商品的进口许可证只是在个别考虑的基础上进行。

② 按照进口商品的许可程度，进口许可证可分为公开一般进口许可证和特种进口许可证。公开一般进口许可证，又称自动进口许可证，它对进口国别或地区没有限制，对于属于这类许可证范围的商品，进口商只需填写一般许可证，即可获准进口。特种进口许可证，又称为非自动进口许可证。对于该许可证项下的商品，进口商必须向政府有关部门提出申请，经过逐笔审批后才能进口。

乌拉圭回合签订了 WTO《进口许可程序协定》，要求 WTO 成员的进口许可程序不应成为对一般来源或特定来源的产品实施进口限制的手段，要求各成员防止因实施进口许可程序对贸易产生不必要的扭曲。《进口许可程序协定》还要求各成员的进口许可制度既是透明的又是可预见的，各成员应该公开足够的信息以使贸易商了解授予许可证的根据。

专栏 9-3

9.2.4 价格控制措施

价格控制措施是指进口国为控制或影响进口货物价格而采取的措施。其主要目的是：在某些产品的进口价格较低时支持其国内价格；在国内市场价格或国外市场价格波动幅度过大时稳定某些产品的国内价格；增加或保持税收。这类措施还包括按固定百分比或固定数额增加进口成本的准关税措施，即除以类似方式增加进口成本的关税措施以外的措施。

1. 影响完税价格的管理措施（administrative measures affecting customs value）

影响完税价格的管理措施是指进口国主管部门根据生产者或消费者的国内价格来确定进口价格。例如，可以通过制定最低限价和最高限价或恢复到确定的国际市场价值来实现这一目标。

2. 自愿出口价格限制（voluntary export-price restraints）

自愿出口价格限制是指在进口国的要求或者压力下，出口商同意将货物价格保持在一定水平的安排。自愿出口价格限制程序一般由进口国发起，因此被视为一种进口措施。尽管世界贸易组织协定禁止此类措施，但根据《补贴和反补贴措施协定》和《GATT 1994》，在反

---

[1] 商务部令 2004 年第 27 号《货物进口许可证管理办法》第六条。

补贴和反倾销初步证据证实因补贴或倾销造成了进口国同类产业的损害时，允许采取价格承诺的形式中止案件。

3. 可变税费（variable charges）

可变税费是指进口国主管部门为了使进口产品的市场价格与相应国内产品的价格保持一致而征收的税费。具体包括以下两种。

① 滑准税（variable levies），即税率与进口价格成反比以保持本国价格稳定的税收。这类措施主要适用于初级产品。如菜籽种子的国内目标价格是 700 美元/t，但国际市场价格是 500 美元/t，所以进口国征收 200 美元的进口关税，使进口产品价格与国内产品价格一致。如果国际市场价格改为 600 美元/t，则进口关税将为 100 美元。

② 可变成分（variable components）。这是针对加工产品而言的一项措施，即进口国对于含有某种初级产品成分的加工产品征收的一种关税，税率包括从价税税率和滑准税两部分。例如在关税税则中规定，糖果的进口关税率为 25%，加上每千克所含糖 25 美元，再减去每千克糖的价格。

4. 海关附加费（customs surcharges）和季节性关税（seasonal duties）

海关附加费是指进口国政府为增加财政收入或保护国内产业，除关税外，对进口产品征收的特别税。

季节性关税则一般适用于农产品，只在一年的某些时期使用。例如，某国关税税则上规定，从 8 月 1 日至 12 月 31 日，成批进口的新鲜梨可免税，其余时间则按税则上的税率征收。

5. 其他与政府服务有关的费用

其他与政府服务有关的费用包括海关检查、加工和服务费，商品处理或仓储费，外汇交易税，印花税，进口许可费，领事发票费，统计税，运输设施税等。

6. 对进口产品征收的国内税费（internal taxes and charges levied on imports）

关贸总协定允许一国对进口产品征收国内税，但要求其税额不高于对类似国内产品征收的税额。一国一般会对奢侈品或非必需品的进口征收消费税或者营业税，如香烟和酒精消费税。有些国家也会对敏感产品征收额外的税费，如二氧化碳排放费等。

9.2.5 金融措施

金融措施是指一国主管机构对进口所需外汇的获取条件、成本及支付条件制定的规范措施。金融措施与关税措施类似，主要通过增加进口成本对贸易产生影响。金融措施主要包括以下几种。

1. 外汇管制（regulations on official foreign exchange allocation）

外汇管制是指一国政府通过法令对国际结算和外汇买卖加以限制，以平衡国际收支和维持本国货币汇率的一种制度。在《非关税措施分类目录》（2019）中，外汇管制称为官方外汇分配条例。在保护贸易体制下，外汇分配制度本身也是保护体制的重要构件。

外汇与对外贸易关系密切，如果实行外汇管制，进口商和消费者不能自由兑换外汇，也就不可能自由进口。利用外汇管制来达到限制进口目的的方式包括：国家对外汇买卖的数量直接进行限制和分配，称为数量性外汇限制；采用复汇率制度，对不同的外汇需求实行不同的汇率，通过对外汇买卖成本的控制来影响商品的进出口，称为成本性外汇管制；通过上述两种方式的结合实行更严格的控制，称为混合性外汇管制。

2. 多重汇率制（multiple exchange rates）

多重汇率制是指一国主管部门在特定情况下出台的，根据产品类别采用不同的进口汇率的制度。一般来说，官方汇率只适用于基本商品，而其他商品则必须按商业汇率支付，或偶尔通过拍卖购买外汇。但是，根据国际货币基金组织协定，未经 IMF 批准，各成员不得从事任何歧视性安排或多种货币做法。

非均衡的高估汇率能够让使用进口资本品的国内进口替代企业受益（这些企业普遍受到各种进口数量限制措施的保护），而使出口行业受到严重抑制。本国货币的贬值则可以保护可贸易品行业。汇率政策的作用在于通过汇率波动引起国内相关经济变量的变动，再通过利益重组来调整经济主体行为，直接或间接地影响本国经济的增长。货币贬值的价格效应能改变贸易条件，使进出口商品、劳务相对价格及收费发生变化，进而购买力减弱，金融资产等出现损益现象，由此导致贸易收支发生变化，进而改变国际收支状况。

通过采用汇率政策进行贸易保护相较于关税和数量限制等保护措施来说，不会造成可贸易品内部的各种歧视和扭曲。

3. 预付款要求（advance payment requirements）

预付款要求包括进口押金、现金保证金、预付关税和敏感产品的可退还押金等。

进口押金是指一国主管部门要求进口商在进口商品时，必须预先按进口金额的一定比例，在规定的时间内，在指定的银行无息存入一笔现金，才能进口。现金保证金则是指在信用证开立前将交易价值总额全额或者部分以外币形式存入商业银行。预付关税是指一国主管部门要求进口商在进口商品时，必须预先支付全部或部分关税，才能进口。敏感产品的可退还押金是指在进口产品前，要求进口商支付一定定金，当用过的产品或其容器被退回回收系统时，定金即被退还。

预付款要求增加了进口商的资金负担，影响了流动资金的周转效率，增加了进口交易成本，减弱了进口商的进口能力与动力，从而起到了限制进口的作用。

9.2.6 影响竞争的措施

影响竞争的措施是指一国主管部门给予一个或多个有限经济经营者群体专有或特殊优惠或特权的措施，主要包括国有贸易企业（进口）、强制性使用国家服务（主要是指保险和运输）等措施。

国有贸易企业（state-trading enterprises）[1] 是指国家对某些商品的进出口规定由政府机构直接进行经营，或者把商品的进出口垄断权给予公营企业或国有企业经营。按 WTO 的规定，国营贸易不仅包括计划经济国家国有企业对进出口贸易的垄断，也包括市场经济中对某些产品（烟、酒及有些关键产品，有时也包括农产品）的专营（专卖）制度。在外贸体制改革以前，我国的进出口基本上是由国家垄断，西方发达国家则存在不少大公司对某种产品的经营垄断。

一般而言，国家垄断经营的主要是关系国计民生或国家安全的重要产品，同时也是极容易产生垄断利润的产品。各国垄断的进出口商品主要包括四大类：烟酒、农产品、武器和石油。

---

[1] 1994 年 GATT 对"国有贸易企业"的定义是："被授予包括法定或宪法权力在内的专有权、特殊权利的政府和非政府企业，包括销售局，在行使这些权利时，它们通过购买或销售影响进出口的水平或方向。"

进出口垄断的保护作用不是通过政府贸易政策而是通过垄断组织的行为实现的。由于独家经营，垄断组织为了谋利就可以通过控制进口量来提高进口商品在国内市场的价格，其结果是一方面减少了进口，另一方面刺激了国内生产，能够起到贸易保护的实际效果。WTO协议规定，国有贸易企业在购买和销售时，应该只以商业上考虑为根据，并按商业惯例对其他成员提供参与购买或销售的适当竞争机会，不得实行歧视政策。

9.2.7 歧视性的政府采购政策

政府部门进行商品与服务采购是政府运作的核心之一，它既能保证获得政府履行职能所需的各项投入，同时也对整个社会各利益相关方产生重大影响。政府采购也是国际贸易的重要构成部分。

长期维护一个较为庞大的政府也好，短期通过扩大政府支出来刺激经济也好，政府采购已成为一国消费的重要组成部分，也成为宏观经济学中国民支出的重要组成部分。

歧视性的政府采购政策（discriminatory government procurement policy）是指国家通过法令和政策明文规定政府部门在采购商品时必须优先购买本国商品或服务，或其他歧视性的规定①。正因为在对待本国与外国的商品和服务上存在差别待遇，因而对国际贸易产生扭曲，成为不少国家非关税壁垒的主要措施之一。

歧视性的政府采购政策的具体做法包括：优先购买本国产品与服务；强调产品与服务中的国产化程度；在政府不得不使用外国产品和服务时，强调国产化程度，如零部件国产化程度、当地产品含量或本国提供服务的比例等；偏向国内企业的招标，在政府出资的工程招标中也经常存在歧视性做法，采用的评标标准或程序偏向国内企业；直接授标，有的政府工程不通过招标而直接将工程授予一家特定企业（一般都是本国企业）。

在某些情况下，政府采购会直接将需求从进口商品转移到本国商品，对国际贸易形成不必要的歧视，不符合世界贸易组织的无歧视待遇原则。因此政府的歧视性采购也是世界贸易组织所反对的，属于世界贸易组织规则中的减让对象，相关的协议有《政府采购协议》（属于诸边协议）。《政府采购协议》于1996年1月1日生效，该协议加强了保证国际竞争公平和非歧视条件的规则。

9.2.8 海关程序

海关程序就是进口货物通过海关时所必须经历的程序，一般包括申报、征税、查验和放行。对于各国来说，只需实行烦琐的进口海关程序，即使不用审批，也要层层填表、盖章或故意拖延时间，降低过关效率，这也能够很有效地达到限制甚至禁止进口的目的。

能够对国际贸易形成壁垒作用的海关程序体现在以下几个方面：海关对申报表格和单证做出苛刻要求，如其中相当一部分信息与海关统计无关；通过商品归类提高税率；通过海关估价制度使完税价格高估，从而提高关税税额；从进口商品的查验放行程序上限制进口。例如，法国为了限制日本等主要出口国向其出口录像机，在1982年10月规定，所有进口的录

---

① 如美国1933年的《购买美国货法》规定，在参加招标时，竞标者需证明其产品是美国生产还是外国生产。该法没有直接禁止联邦政府采购外国产品，但明确规定在进行价格评估时，对外国产品须加价6%。如果该产品的美国竞争者是小企业或是在美国劳动力过剩地区经营的企业，则加价12%；国防类产品加价50%。

像机都必须到普瓦蒂埃海关通关，并对所有伴随文件都要进行彻底检查，但是普瓦蒂埃海关距离港口数百英里，且只有非常窄小的一间屋子，海关人员也很少。其结果十分有效，进口量从原来的每月数万台降到每月不足 1 万台。

对于海关估价方面存在的贸易壁垒现象，《海关估价协议》进行了界定。成交价格是海关估价的基本价格，如果海关拒绝使用进口商申报的成交价格，但没有足够的信息来确定应调整的金额或者当有特殊经济关系买卖双方的成交价格不符合检验尺度时等情况发生，《海关估价协议》规定可按顺序采用该协议规定的其他几种估价方法：相同货物的成交价格、类似货物的成交价格、扣除价格、推算价格、合理的估价方法。

专栏 9-4

在 2019 年版《非关税措施分类目录》中，这类措施被拆分归到其他措施中。例如，与海关估价相关的纳入价格控制措施，通关程序则大部分归到技术措施中。

9.2.9 或有贸易措施

或有贸易措施，在传统国际贸易教材中称之为"贸易救济措施"，是指为抵消进口产品在进口国市场上的不利影响而采取的措施，主要是依据不公平贸易行为是否符合某些程序和实质性要求来确定是否采取救济行为的措施，包括反倾销、反补贴和保障措施。2003—2019 年，全球发起的贸易救济案件中，反倾销 3 490 起，占比 81.54%，反补贴 400 起，占比 9.35%，保障措施 307 起，占比 7.17%，特别保障措施 83 起，占比 1.94%。其中，针对我国发起的反倾销 1 089 起，反补贴 169 起，保障措施 273 起，特别保障措施 83 起。我国对外发起的贸易救济案件中，反倾销 228 起，反补贴 13 起，保障措施 1 起[①]。1995—2019 年，全球的或有贸易措施发展趋势如图 9-1 所示。

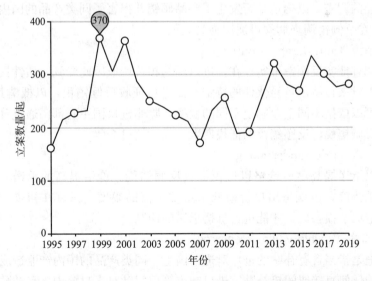

图 9-1 1995—2019 年全球的或有贸易措施发展趋势

数据来源：中国贸易救济信息网。

---

① 中国贸易救济信息网。

1. 反倾销措施（anti-dumping measures）

反倾销措施是指当从一出口国进口某产品，存在倾销事实且对进口国生产同类产品的国内产业或该产品的第三国出口商造成损害时，进口国主管部门采取的一种边境措施。当产品以低于其正常价值的价格进入进口国时，倾销事实发生。通常情况下，倾销事实是指该产品的出口价格低于正常贸易中的可比价格，如出口国消费的同类产品的价格。反倾销措施包括临时反倾销措施（临时税、现金保证金、保函等）、反倾销税和价格承诺。

如图 9-2 所示，反倾销措施一般是由进口国代表企业提出反倾销立案申请。立案后，负责反倾销调查的部门就倾销事实、损害及二者之间存在的因果关系展开调查，如经调查确定进口产品存在倾销，同时倾销对国内产业造成损害，则可实施反倾销措施，否则案件终止。

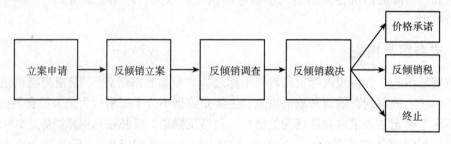

图 9-2　反倾销措施的一般程序

一国主管部门采取的、对贸易有阻碍作用的反倾销措施包括以下 3 个方面。

（1）反倾销调查（anti-dumping investigation）

反倾销调查是指在制造同类产品的国内产业提出申诉后，或者在特殊情况下，进口国职能机构自行发起的调查，以确定是否发生了产品倾销并损害了同类产品的国内生产商（或第三国出口商）。在反倾销调查期间可适用临时关税。

（2）反倾销税（anti-dumping duties）

当反倾销调查证实反倾销事实存在，进口国的相关产业因此受到实质性损害或者损害威胁，进口国可以对来自特定贸易伙伴的特定产品进口征收反倾销税，以抵消其带来的损害。反倾销税一般可以依据不同企业制定不同的税率。除非进口国主管部门通过日落复审的方式裁决继续维持反倾销税，反倾销税的征税期限一般不超过 5 年。

（3）价格承诺（price undertakings）

出口商可以承诺提高出口价格以避免征收反倾销税。价格提高的承诺一般不超过倾销幅度，也就是出口价格低于正常价值的幅度。只有在初步确定倾销进口造成了损害后，才能进行价格承诺的谈判。

专栏 9-5

2. 反补贴措施（countervailing measures）

反补贴措施是指当含有补贴的进口对进口国生产同类产品的国内产业造成损害时，为抵消出口国给予的任何直接或间接补贴，进口国主管部门针对来自该国含有补贴的进口采取的一种边境措施。反补贴措施可以采取反补贴税的形式，也可以采取出口公司或补贴国政府承诺的形式。2019 年全球共发起 33 起反补贴立案调查，其行业分类如图 9-3 所示。

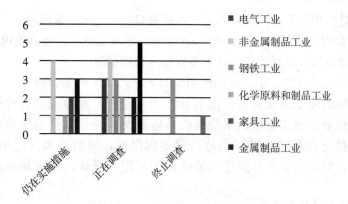

图 9-3　2019 年全球反补贴案件行业分类

数据来源：中国贸易救济信息网。

反补贴措施包括以下 3 个方面。

（1）反补贴调查（countervailing investigations）

反补贴调查是指在制造同类产品的国内产业提出申诉后，或者在特殊情况下，进口国职能机构自行发起的调查，以确定进口货物是否得到补贴、是否对同类产品的国内生产商造成损害。

（2）反补贴税（countervailing duties）

当反补贴调查发现，补贴进口产品对制造类似产品的国内产业造成损害时，进口国可以对来自特定贸易伙伴的特定产品进口征收反补贴税，以抵消出口国对该产品的生产或贸易给予的补贴。

（3）价格承诺

出口商可以承诺提高出口价格以避免征收反补贴税。价格提高的承诺一般不超过相关补贴金额。只有在初步确定补贴进口造成了损害后，才能进行价格承诺的谈判。

3. 保障措施（safeguard measures）

（1）一般（多边）保障措施（general/multilateral safeguards measures）

一般（多边）保障措施是为防止或救济因产品进口激增而造成的严重损害和促进调整而对产品进口采取的临时边境措施。一国可对从所有来源进口的产品采取保障措施（即暂时中止多边减让），前提是调查确认了产品进口激增正在或可能对制造同类或直接竞争产品的国内产业造成严重损害。一般（多边）保障措施可以采取多种形式，包括增加关税、数量限制和其他形式（例如关税配额、价格措施和特别征税），所有这些措施的实施期限若超过 1 年，必须在实施期间逐步放开。虽然世界贸易组织禁止数量限制，但保障措施协定允许采取这种形式的保障措施。

一般（多边）保障措施包括以下 4 个方面。

① 保障调查（safeguard investigation）。进口国主管部门对所涉货物进口量是否激增，进口的激增是否会对同类产品或直接竞争产品的本国生产商造成或可能造成严重损害进行调查。

② 保障关税（safeguard duties）。保障关税是对特定产品进口征收的临时关税，以防止或救济因进口激增而造成的严重损害（如调查中确定的），并促进调整。

③ 保障性数量限制（quantitative safeguard restrictions）。若调查中确定了进口激增造

成了严重损害，进口国主管部门可以对该产品的进口实行临时数量限制。

④ 其他形式的保障措施（safeguard measures，other form）。指以关税或数量限制以外的形式采取的保障措施，包括关税和数量要素相结合的措施。

（2）农业特别保障措施（special agricultural safeguards measures）

农业特别保障措施是指针对农产品贸易，为应对进口激增或进口价格下跌而允许进口国征收额外关税的措施。进口量或价格的具体触发水平是在国家层面确定的。如果是进口量触发，即指定农产品的进口量超过规定的限额，则附加税仅适用于所述年度末；如果是价格触发，即指定农产品的进口价格低于规定的限价，则附加税是按装运方式征收的。

（3）未另行规定的保障措施（safeguards not elsewhere specified measures）

包括适用于根据区域贸易安排、加入议定书或其他协定进口产品的特别保障机制。

9.2.10 技术措施

技术规则和产品标准"因国而异"，规则与标准的不同对制造商和消费者均会产生影响。当然，如果任意地设置技术规则，无疑会成为保护主义最好的借口之一，技术规则和产品标准则会成为典型的贸易壁垒[①]。按照《非关税措施分类目录》，技术措施分为卫生检验检疫措施、技术性贸易壁垒、装运前检验和其他手续。

1. 卫生检验检疫措施

《非关税措施分类目录》中对卫生检验检疫措施（SPS）的规定是：在一国为保护人类或动物生命免受食品中的添加剂、污染物、毒素或致病生物的危害而采取的措施；为保护人类生命免受植物或动物传播疾病的危害而采取的措施；为保护动物或植物生命免受虫害、疾病或致病生物的危害而采取的措施；防止或限制害虫进入或传播对一国造成的其他损害而采取的措施；保护生物多样性而采取的措施。

具体而言，卫生检验检疫措施包括以下几个方面。

① 出于卫生和卫生原因禁止/限制进口。如禁止从受禽流感影响的地区进口家禽或从受口蹄疫影响的国家进口牛。禁止进口有毒的某些鱼类。或者，由于缺乏足够的安全条件以避免卫生和动植物检疫危害的证据，可以禁止从特定国家或地区进口特定产品。

② 残留物和限制使用物质的容许限值。如对杀虫剂、农药、重金属和兽药残留、加工过程中产生的持久性有机污染物和其他化学品，以及苹果和啤酒花中的地西亚农残留，规定了最高残留限量。

③ 标签、标志和包装规定。包括：商品必须具有指定存储条件的标签，如"最高 5 摄氏度"；具有标明过敏原等潜在危险成分的标签，如"含有不适合一岁以下儿童食用的蜂蜜"；外部运输集装箱必须标明易腐货物的搬运、冷藏需要或避免阳光直射等说明。

④ 与动植物卫生条件有关的卫生要求。主要包括：与食品安全卫生规范和微生物标准有关的要求，但是当涉及卫生和植物检疫风险时，也可以扩展到非食品产品，既适用于最终产品，也适用于整个生产过程。例如，鸡蛋制品中应不含沙门氏菌（至少 5 份 25g 的样品中），农场的挤奶设备应每天用指定的清洁剂清洗。

---

① http：//www.wto.org/english/tratop_e/tbt_e/tbt_e.htm.

⑤ 消除最终产品中动植物病虫害的处理或禁止处理。例如，采摘后的柑橘类水果必须经过冷（消毒）处理以消灭果蝇；进口到国内的新鲜水果和新鲜蔬菜必须经过电离辐射过程，以灭活引起腐败和分解的有机体，并延长水果和蔬菜的保质期；要求使用乙酸对桃、油桃、杏和樱桃进行采后熏蒸，以破坏水果上的真菌孢子等。

⑥ 与动植物卫生条件有关的合格评定。主要指确认满足特定卫生和植物卫生条件的要求，包括抽样、测试和检验程序，合格评定、验证和保证程序，以及认证和批准程序等。

2019 年与贸易有关的各类卫生检验检疫措施如图 9-4 所示，其中主要是常规通知，为 1 118 起；其次是附录，有 428 起。

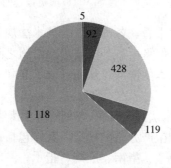

■ 勘误 ■ 附录 ■ 紧急通知 ■ 常规通知 ■ 等价性的认识

图 9-4 2019 年与贸易有关的各类卫生检验检疫措施①（单位：起）

2. 技术性贸易壁垒

技术性贸易壁垒（TBT）是指技术法规、技术标准和合格评定程序的措施，不包括"卫生检验检疫措施"所涵盖的措施。20 世纪 90 年代以来，技术性贸易壁垒成为最主要的非关税壁垒之一，WTO 有专门的《技术性贸易壁垒协议》处理相关事务。

1995—2019 年，WTO 成员报告的 TBT 如图 9-5 所示。数据显示，自 2007 年全球进入金融危机和经济衰退以来，TBT 迅速增长。由图 9-6 可以看出，2007 年后 TBT 增加主要来自发展与转型经济体，发达经济体的 TBT 数基本维持不变，最不发达经济体则在 2017 年后才开始迅速增长。

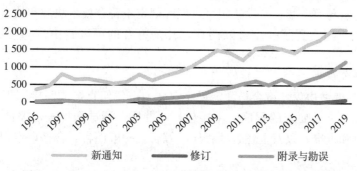

新通知 修订 附录与勘误

图 9-5 1995—2019 年 WTO 成员报告的 TBT②（单位：起）

---

① 数据来源：http：//spsims.wto.org/。

② 数据来源：http：//tbtims.wto.org/。

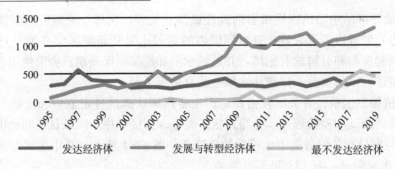

图 9 - 6　1995—2019 年不同发展程度的 WTO 成员报告的 TBT[①]（单位：起）

从技术性贸易壁垒的表现形式来看，各国采取的技术法规、技术标准和合格评定程序等措施的目的是促进国际贸易发展，但是由于各国技术性措施之间客观上存在差异并因此给跨境提供产品的生产企业带来实际成本的增加，从而形成了实际上的贸易壁垒。

（1）技术法规和标准

《技术性贸易壁垒协议》将技术法规定义为：政府或者其他有关部门制定的必须强制执行的有关产品特性或其相关工艺和生产方法的规定，具体包括：国家法律和法规；政府部门颁布的命令、决定、条例；技术规范、指南、准则、指示；专门术语、符号、包装、标志或标签要求，一般涉及劳动安全、环境保护、节约能源与原材料、卫生与健康及消费者安全保护法规等方面。技术法规可以根据需要部分或全部引用有关技术标准。技术法规一般涉及国家安全、产品安全、环境保护、卫生与保健、交通规则、无线电干扰、节约能源与材料等方面。

《技术性贸易壁垒协议》将技术标准定义为：经公认机构批准的非强制执行的供通用或重复使用的产品或相关工艺和生产方法的规则、指南或特定的文件，有关专门术语、符号、包装、标志或标签要求也是标准的组成部分。由这一定义可知，技术标准是自愿性的，不具有强制性，但是一旦技术标准被法律法规或技术法规所引证，便成为强制性标准。技术标准的形式有卫生标准、安全标准和环境保护标准等，也包括国际标准、国家标准、行业标准和企业标准。

区别于其他贸易壁垒措施，技术标准和技术法规并不是限制贸易，而是对不符合技术标准和技术法规的贸易完全禁止。发达国家一般都规定不符合技术法规和技术标准的产品是不允许进入市场的，即设置了一个进入门槛，凡是符合的可以自由进口，不符合的就禁止进口。

（2）合格评定程序

《技术性贸易壁垒协议》将合格评定程序定义为：任何直接或间接用于确定是否满足技术法规或技术标准有关要求的程序，主要包括：抽样、测试和检查，评估、验证和合格保证，注册、认可和批准，以及上述各项程序的综合。一般而言，合格评定程序有认证、认可和互认三种形式。

所谓认证，是指由授权机构出具的证明，一般是第三方对某一事物、行为或活动的本质或特征，经过对当事人提出的文件或实物审核后给予的证明，通常称为"第三方认证"。认

---

① 数据来源：http://tbtims.wto.org/。

证包括产品认证和体系认证，产品认证主要是证明产品是否符合技术法规或标准，包括产品的安全认证和合格认证。由于产品的安全性直接关系到消费者的生命或健康，所以产品的安全认证为强制性认证。体系认证是确认生产或管理体系是否符合相关法规或标准。例如，欧盟的 CE 安全认证、美国的 UL 安全认证、加拿大的 CSA 认证、日本的电器产品认证等均为产品认证；国际标准化组织制定并实施的 ISO 9000 和 ISO 14000 认证，OHSAS 18001 职业安全卫生管理体系认证等均为体系认证。

所谓认可，是指权威机构依据程序对某一机构或个人具有从事特定任务或工作能力给予正式承认的活动，包括产品认证机构的认可、质量和管理体系认证机构的认可、实验室认可等。由此可见，认可与认证是有差异的，认可是由权威机构（指法律或特定政府机构依法授权的机构）对有能力执行特定任务的机构或个人给予正式承认的程序，认证是由第三方对产品、过程或服务满足规定要求给出书面证明的程序。

所谓互认，是指在评审通过的基础上，认证、认可机构之间通过签署相互承认协议，互相承认彼此的认可与认证。

在实际应用中，合格评定程序的内容一般也都是以法规或标准的形式存在的。换句话说，以法规形式出现的、包含有合格评定程序内容的技术法规，既是合格评定程序也是技术法规，具有强制性；以标准形式出现的、包含有合格评定程序内容的技术标准，既是合格评定程序也是标准，是自愿性的。

（3）技术性贸易壁垒的具体措施

根据《非关税措施分类目录》（2019 年），技术性贸易壁垒的具体措施包括以下几个方面。

① 与技术性贸易壁垒有关的进口授权/许可。如为遵守相关技术法规或合格评定程序，在进口前，必须从相关政府部门获得与货物有关的授权、许可、批准或执照。或者，要求进口商在从事某些产品的进口业务时，需获得授权、注册、许可证、执照或任何其他类型的批准，以符合相关技术法规或合格评定程序。

② 残留物和限制使用物质的容许限值。如水泥中的盐含量或汽油中的硫含量必须低于规定的含量，油漆中限制使用溶剂。

③ 标签、标记和包装要求。如电冰箱必须贴有容量、重量和耗电量的标签；必须根据产品类型规定搬运或储存条件；通常，运输集装箱上必须标明"易碎品"或"此面朝上"等标志；应使用托盘集装箱或特殊包装保护敏感或易碎产品等。

④ 生产或生产后要求。包括在生产过程中及运输和仓储中的要求，如出口伊斯兰国家的畜产品必须遵守伊斯兰法律规定的动物屠宰要求；药品应储存在一定温度以下等。

⑤ 产品标识要求。该类措施是指为识别具有特定名称的产品而满足的条件，包括生物或有机标签。例如，要将产品标识为巧克力，它必须含有至少 30%的可可。

⑥ 产品质量、安全和性能要求。该类措施是指有关安全性（如耐火性）、性能（达到预期或声称结果的有效性）、质量（如规定成分的含量和耐久性）或其他措施未涵盖的与技术性贸易壁垒有关的其他最终产品要求。例如，门必须能抵抗一定的最低温度；三岁以下儿童玩具不得含有小于一定尺寸的物品；踏板自行车的车把、座椅和刹车有最低限度的条件等。

⑦ 与技术性贸易壁垒有关的合格评定。这类措施是指确认满足了与技术性贸易壁垒有关的特定要求，包括抽样、测试和检验程序，合格评定、验证和保证程序，以及认可和批准

程序。例如，药品在进口前必须提供安全性和有效性的证书，然后进行登记注册；汽车进口前，需要对样品进行测试，以证明其符合安全标准；纺织品和服装的进口必须在允许入境前检查尺寸和所用织物。

专栏 9-6

（4）《技术性贸易壁垒协议》的相关规定

由于技术性贸易壁垒拥有合法性、合理性及极高的隐蔽性，在关税及数量限制措施得到约束的情况下，各成员对其青睐有加。而各个国家所制定的技术规定和工业标准不同，这就给生产者和出口商带来了很大的麻烦，也为各国变相的保护主义提供了借口。因此，在GATT东京回合就技术性贸易壁垒达成协议——《技术性贸易壁垒协议》，而后在乌拉圭回合时进行了修订。

WTO颁布该协议的目的是确保各成员制定的技术法规、标准及合格评定程序不对国际贸易造成不必要的障碍或扭曲。该协议规定，认可成员有权制定它们认为恰当的标准；同时，WTO不反对成员为确保所定标准得以实施而采取的相应措施。除此之外，WTO鼓励成员适时采用国际标准，这样可以避免法规和标准的繁杂化，但同时并不借此要求成员改变本国的保护水平。

WTO同时规定，各成员在制定、采纳和实施技术法规、标准时应遵循以下指导原则。

① 避免不必要的障碍。在制定技术规则和标准时应避免对国际贸易产生不必要的障碍。

② 非歧视原则。应保证在技术法规方面给予来自任一缔约方境内产品的待遇不低于本国生产的同类产品或来自任何其他国家的同类产品的待遇；在使用合格评定程序上，也应保持一致性，而不应有任何歧视。

③ 国际性原则。在制定本国技术法规时，应以已经存在的相应国际标准作为基础，除非这些标准已经失效或不适用，同时还鼓励缔约方在条件允许的情况下广泛参加国际标准化组织的标准制定工作。

④ 等效原则。尽管各缔约方的技术法规不尽相同，但只要能实现同样的目标或效果，相互应予以接受。

⑤ 相互认可原则。鼓励成员相互认可对方的合格评定程序和检测结果，这样制造商和出口商通过在本国检测其产品即能知道是否符合进口国的有关标准。

⑥ 透明度原则。要求每一成员建立国家级咨询站，本国产品制造商和出口商通过国家级咨询站可以了解其他国家相关产品市场有关标准的最新动态，其他成员也可要求该国咨询站提供该国有关技术法规、标准、检测程序等信息和文件。

此外，WTO《卫生和动植物检疫措施协议》规范了各国所有可能影响国际贸易的动植物检疫行为。与《技术性贸易壁垒协议》一样，该协议也并非具体规定各成员应该采用什么标准，而只是制定了各国实行具体标准时必须遵守的纪律。

3. 装运前检验和其他手续

装运前检验。此项规定是指由进口国主管部门授权的独立检验机构在货物从出口国装运前对货物进行强制性的质量、数量和价格控制。例如，进口纺织品时，需要提供第三方的装运前检验证书，以核实颜色和材料类型。

直接托运要求。此项规定是指要求货物必须直接从原产国装运，不得在第三国停留。例如享受GSP待遇进口的货物必须直接从原产国运出，以满足该制度的原产地条件（即保证产品未在任何第三国被操纵、替换或进一步加工)。

通过指定海关口岸的要求。此项规定是指进口货物必须通过指定入境点和/或海关进行检验、测试等。

进口监测、监督和自动许可措施。此项规定是指监督特定产品进口价值或数量的行政措施。例如纺织品进口前必须申领自动进口许可证。

9.3　非关税措施的经济效应

9.3.1　绝对配额的经济效应分析

由于进口配额是直接对进口数量进行限制,政府分配取代了市场对商品的配置作用,如果是进口小国,那么进口配额的实施不会对国际市场价格有任何影响,但国内市场可能因进口商品的供不应求而导致价格上涨。在国际市场进口价格不变、国内市场价格上涨的情况下,谁掌握了进口配额,谁就可以获得额外的收益,也就是通常所说的"经济租"或超额利润。

对于一个进口大国来说,由于进口配额的实施,进口量减少,短期内国际市场上出现供过于求,导致该商品的国际市场价格开始下降,以寻求新的均衡价格。当然,国际市场价格的下降幅度取决于进口国的需求在国际市场需求中所占的比重。因为进口价格的下降,实施进口配额的进口大国的贸易条件得以改善。对于掌握配额的进口商或其他机构而言,它们的超额利润就是国内消费者的高价和国外出口商的低价带来的,也就是说,配额的负担由国内消费者和国外出口商共同承担。

下面将考虑国内进口替代品市场为完全竞争时,进口国实施绝对进口配额的福利效应。在分析中,假设实施进口配额前,进口国处于自由贸易状态,且国内同类商品的市场也是完全竞争的,国内许多厂商与国外同类产品生产者竞争,国外产品自由地进出本国市场,国内市场价格由国际市场供求决定。

1. 进口小国绝对配额效应分析

绝对配额所规定的进口量通常要小于自由贸易下的进口量,所以配额实施后进口会减少,因而进口商品在国内市场的价格要上涨。因为进口商品在国内市场也处于完全竞争状态,所以国内生产的同类商品的价格也上涨。

如图 9-7 所示,S_H 和 D_H 分别代表进口小国对进口商品的国内生产供给曲线和国内需求曲线,国际市场的供给曲线为 $P_W S_W$。在实施绝对配额之前,进口国处于自由贸易均衡状态,因此国内市场价格等于国际市场价格,均为 P_W,国内生产和消费分别为 Q_1、Q_2,进口量为 $Q_1 Q_2$。

接下来,进口国对该产品的进口设置一个数量为 Q 的绝对配额,且 $Q = Q_1 Q_2$。此时,国内市场的总供给量就等于国内产量(S_H)加上配额(Q),在图 9-7 中表现为添加一条国内总供给曲线 $S_H + Q$。由于国内总供给从原来的 $S_H + Q_1 Q_2$ 减少到 $S_H + Q$,需求没有发生变化,因此国内市场价格上涨,国内生产量上升,国内消费则开始下降。当国内市场最终达到均衡状态时,国内市场价格上涨为 P_H,国内生产量增加至 Q_4,国内消费减少至 Q_3,且 $Q_3 Q_4 = Q$。

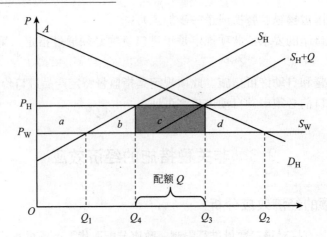

图 9-7　进口小国绝对配额效应分析

小写字母为面积，大写字母为线段，带脚标的为点。

从福利角度分析可以得知，与自由贸易均衡状态相比，实施绝对配额后，进口国在贸易均衡状态时的生产者剩余增加为图 9-7 中 a 所示的梯形部分，而消费者剩余减少（$a+b+c+d$）。在征收关税的情况下，矩形 c 是政府的关税收入，但在征收配额时被称为配额租金（quota rent），它实际上是一种垄断利润。

综合起来，绝对配额的净福利效应＝生产者剩余增加－消费者剩余减少＋配额租金，利用图 9-7 的面积来计算，为 $a-（a+b+c+d）+c=-（b+d）$。其中 b 为生产扭曲带来的损失，d 为消费扭曲带来的损失，$b+d$ 为绝对配额给进口国带来的福利净损失。

配额租金，也就是图 9-7 中的矩形 c，这一部分福利从消费者剩余中转移出来后的去向究竟如何？它的去向视政府分配配额的方式而定。现实中，进口配额通常以进口许可证的方式进行分配，具体包括以下几种。

① 政府通过拍卖的方式分配许可证，使进口权本身具有价格并将进口一定数量商品的权利分配给出价最高的需要者。一般情况下，进口商所付购买许可证的成本要加到商品的销售价格上。而且，如果市场完善，许可证的价格应该等于 P_H-P_W。因此可以说，建立在拍卖许可证基础上的进口数量限制所起的作用与关税极为类似。在这种情况下，配额租金为政府所得，相当于征收关税条件下政府的关税收入。此时，配额的福利效果和关税一样。

② 政府将配额在某些企业间分配。通常是根据现有进口某种产品的企业上一年度在该产品进口总额中所占的比重来确定，政府也就不再有许可证拍卖收入。在固定受惠的情况下，配额租金为国内拥有配额的进口商所得。

③ 在一定的时期内，政府根据进口商递交进口配额关税商品申请书的先后顺序分配进口商品配额。这种方法的缺点是：可能给管理部门留有利用职权获得贿赂的机会，相应地可能导致企业的"寻租"（rent-seeking）行为，以期借助管理部门的不公正行为获得某种额外利润。

综上所述，在进口小国情形下，绝对配额会带来一国福利的净损失。但是，损失的大小与配额的分配方式有关。如果以拍卖的方式出售，则净福利损失为 $b+d$，此时配额跟关税的福利效应一致；如果是在进口商之间分配，配额的福利净损失除了 $b+d$ 外，还要加上资源配置效率损失；如果配额是以申请的方式获得，最容易产生的是企业的"寻租"行为及由此产生的寻租成本，这时配额的福利净损失也会超过 $b+d$。

2. 进口大国绝对配额效应分析

如图 9-8 所示，D_H 是进口国的需求曲线，S_H 是进口国的国内供给曲线，因为进口国是进口大国，对国际市场的价格存在影响，所以来自国际市场的进口量 F 也不是一个常量。由此，国内总供给曲线 S_H+F 在国内供给曲线 S_H 的右侧，也向右上方倾斜。在实施进口配额前，进口国处于自由贸易均衡状态，因此国内市场价格等于国际市场价格 P_W。国内生产和消费分别为 Q_1、Q_2，进口量为 Q_1Q_2。

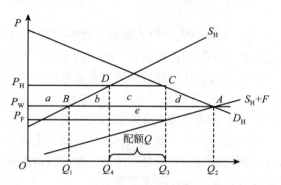

图 9-8　进口大国配额效应分析

接下来，假定进口国对该产品的进口设置一个数量为 Q（$<Q_1Q_2$）的绝对配额，此时国内市场的总供给量就等于国内产量（S_H）加上配额（Q）。因为最多只能进口 Q 数量的外国产品，国内总供给短期内为 $Q_1+Q<Q_1+Q_1Q_2=Q_2$，即国内总供给小于国内总需求，导致国内价格上升，随之国内生产上升、消费下降，直到进口国新的贸易均衡达成。在新的贸易均衡状态下，国内进口产品的同类产品的价格为 P_H，国内生产供给为 Q_4，国内消费量为 Q_3，此时的进口量 Q_3Q_4 恰好等于配额。同时国际市场价格因为进口国进口量的下降开始下降，直至国际市场上的进口需求与出口供给达成均衡，均衡状态下国际市场价格为 P_F。尽管该产品在进口国的价格上涨，但实际进口价格却下降，$P_F<P_W$，因此进口国的贸易条件得以改善。

在自由贸易条件下，本国的消费点为 A，生产点为 B，本国该产品的数量为 Q_1Q_2，进口价格为 P_W。在实行数量为 Q 的配额后，生产点从 B 点转移到 D 点，国内产量增加了 Q_1Q_4，生产者剩余也增加，增加量为梯形 a 的面积（即以价格线 P_W 和 P_H 为上、下底，纵轴和国内供给线 S_H 之间的面积）；消费点从 A 点转移到 C 点，消费量减少 Q_2Q_3，消费者剩余随之减少，减少量为梯形 $a+b+c+d$ 的面积（即以价格线 P_W 和 P_H 为上、下底，纵轴和国内需求线 P_H 之间的面积）；配额租可以用长方形 $c+e$ 的面积来表示（即以价格线 P_F 和 P_H 为上、下底，实施配额后的国内供给 Q_4 与国内需求 Q_3 线之间的面积）。

综合起来，配额的净福利效应＝生产者剩余增加－消费者剩余减少＋配额租金，也就等于 $a-(a+b+c+d)+(c+e)=e-(b+d)$，其中 b 为生产扭曲，d 为消费扭曲，e 为贸易条件改善收益，或者说由国外出口商承担的配额租部分。

3. 绝对配额与关税的经济效应比较分析

从上述分析可得，在完全竞争的市场条件下，进口的绝对配额与关税的福利效应基本相同，但是福利的分配形式不同。在关税效应分析中的关税收入，相当于在绝对配额效应分析中的配额租。关税的收入为政府所得，而配额租最后被谁获得则要取决于配额的分配方式。具体而言，二者的区别如下。

① 配额与关税的经济效应在图中最大的区别就是 c（进口量与进口国国内价格上涨之积）的含义和去向。关税经济效应中的 c 是关税收入（财政收入），在配额经济效应中 c 却是进口许可证持有者的超额利润，即配额租，它有可能为一国政府所得（政府拍卖进口许可证），也有可能为进口商所得（通过政府授予或企业申请的方式获得进口许可证）。

② 关税的经济效应是依靠价格机制的作用来传导的，而进口配额是依靠行政指令对数量进行限制来推行的。

③ 从比较静态分析来看，若国内居民收入增加，在关税的场合，新增加的需求可以在价格不变的情况下通过进口扩大来满足；而在进口配额的场合，因为进口数量的限制，只能是通过价格上升的调整来控制需求，从而导致居民福利水平的降低。

④ 与关税相比，配额在对进口限制方面更直接、更易于控制，也更严厉。在征收关税的情况下，出口商只要在产品价格或质量上有竞争力就仍有可能打入进口国市场；而在采取进口配额措施的情况下，无论出口国生产的产品在价格或质量上有多强的竞争力，出口商都不可能打入进口国的市场，因为进口的数量是确定的。所以进口配额是比关税更严厉的保护措施，因而对国内生产者来说，配额要比关税更受欢迎。

⑤ 现实中，进口关税和配额的实施都是存在成本的。与征收关税相比，配额的实施成本往往更高。实施关税措施的成本主要是海关征收关税的成本，实施配额的成本则可能是交易成本、效率损失或是寻租成本（依配额的分配方式的差别而异）。总的来说，实施关税的成本比实行配额的成本要低，效率损失要小。

9.3.2 自愿出口限制的经济效应分析

1. 自愿出口限制的进口国福利效应分析

图9-9假设 S_H 和 D_H 分别为进口国的国内供给曲线和需求曲线，国际供给曲线为 $P_W S_W$。在实施绝对配额之前，进口国处于自由贸易均衡状态，因此国内市场价格等于国际市场价格，均为 P_W，国内生产和消费分别为 Q_1、Q_2，进口量为 $Q_1 Q_2$。因此，进口国国内市场的总供给量就等于国内产量（S_H）加上进口量 F，在国内生产供给线 S_H 的右侧，且向右上方倾斜。

假定出口国为平息该进口国的保护主义情绪而决定将出口量限制在 Q，且 $Q < Q_1 Q_2$，以避免进口国的贸易限制措施。在出口国实施自愿出口限制之后，进口国的国内总供给量为 $S_H + Q$（出口国的出口配额）。因为 $S_H + Q$ 小于 Q_2，即国内总供给小于总需求，导致国内价格上涨，随之国内生产上升，消费下降，直至新的贸易均衡。在新的贸易均衡状态下，国内价格从 P_W 上升到 P_H，促使国内供给增加到 Q_4，国内消费下降到 Q_3，进口数量为 $Q_3 Q_4 = Q$，即等于出口国的出口配额。

从福利的角度来看，国内价格的上涨致使国内生产上升，促使生产者剩余增加图中梯形 a 部分（即以价格线 P_W 和 P_H 为上、下底，纵轴和国内供给线 S_H 之间的面积）；消费下降，导致消费者剩余减少图中 $a+b+c+d$ 部分（即以价格线 P_W 和 P_H 为上、下底，纵轴和国内需求线 D_H 之间的面积），自动出口配额的收益为 c 的面积（即以价格线 P_W 和 P_H 为上、下底，CQ_4 与 DQ_3 之间的面积）。

因为配额是由出口国做出并分配的，所以其收益由出口商获得，因此进口国的净福利效应就等于生产者剩余增加与消费者剩余减少之差，也就是 $a-(a+b+c+d)=-(b+c+d)$。

对于出口国而言，因为出口配额收益的存在，所以他们宁愿签订自愿出口限制协议，也不愿面对进口国的其他进口限制措施。

另外，与关税或进口绝对配额不同，自愿出口限制协定通常针对最重要的出口国家，因此当主要出口国的出口受到限制时，其他非受限国就会增加出口，这就是自愿出口限制协定会带来的贸易转移效应。

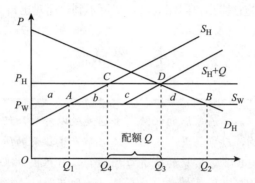

图 9-9　自愿出口限制的进口国福利效应分析

2. 自愿出口限制与关税、配额的经济效应比较

假定有两个国家：本国和外国，本国是进口国，外国是出口国。在图 9-10 中，横轴表示本国的进口，纵轴表示价格，D_H 表示本国的进口需求曲线，S_F 表示在自由贸易条件下外国的出口供给曲线，而且假定所有的市场都是完全竞争市场。在自由贸易条件下，贸易均衡点为 D_H 和 S_F 曲线的交点（点 E），此时的贸易量为 Q_1，对两个国家来说价格都是 P_W。

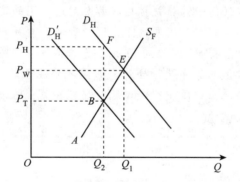

图 9-10　关税或进口配额与自愿出口限制的效应比较

现在假定 OQ_2 为双方协商的外国自愿出口限制的单位数量，这个自愿出口限制使外国出口供给曲线变为 ABF 这条折线，贸易均衡点移动至 F 点，产品的国际价格上升至 P_H，也即本国的国内价格。

再假定本国对外国的产品征收关税或实施进口配额，而且这个关税水平或配额数量刚好能产生 OQ_2（即自愿出口限制的数量）的进口。此时，本国的进口需求曲线从 D_H 转移到 D'_H（进口关税时），或者 Q_2F（垂直于横轴，进口绝对配额时），贸易量刚好为 OQ_2，国际市场价格（也即外国的出口价格）为 P_T，而本国的国内价格为 P_H。

相对于关税或进口配额来说，自愿出口限制使进口国贸易条件恶化。在关税或进口配额的情况下，本国进口的价格为 P_T。在自愿出口限制的情况下，本国进口的价格为 P_H。进口价格 $P_H > P_W > P_T$，所以对进口国来说，与关税或配额相比自愿出口限制会使其贸易条件恶化。

在进口大国的情况下，实施进口关税或进口配额的条件下，$P_H P_T BF$ 表现为进口国政府的关税收入或进口配额的租金；而在自愿出口限制的情况下，$P_W P_T BF$ 这部分收益为出口国所得。因此相比较而言，实施自愿出口限制对进口国更不利，而对出口国更有利。

本章要点

非关税措施是指一国政府采取的，除了普通关税以外的，任何可以潜在地对国际货物贸易产生经济影响，对贸易量或价格或二者都产生扭曲的所有政策措施。

非关税措施的种类较多，常见的有进口配额制、自愿出口限制、金融措施、价格控制措施、海关程序、或有贸易措施、技术性贸易壁垒等。

进口配额制是一国政府对一定时期内进口的某些商品的数量或金额加以直接控制，在规定的期限内，配额以内的货物可以进口，超过配额不准进口或征收较高关税后才能进口。

技术性贸易壁垒是目前发展最快、涉及面最广的非关税措施之一，它对其他国家或区域组织的货物、服务和投资自由进入该国市场或该区域市场产生影响，形成贸易扭曲，因而也具有贸易壁垒的实际效果。

与关税措施相同，任何一种非关税措施都会对进口国的消费者、生产者及政府带来福利变动，但是与关税措施不同的是，进口配额、自愿出口配额的贸易扭曲作用及进口国的福利变动显得更为明显：在完全竞争条件下，关税和进口配额对消费者和生产者及社会总效用的影响是一样的，不同之处在于政府能否得到关税收入；在完全竞争条件下，自愿出口限制比进口绝对配额和关税给进口国带来的福利损失更大。

复习思考题

一、名词解释

非关税措施　进口配额制　绝对配额　自愿出口限制　外汇管制　技术性贸易壁垒　进口许可证制　保障措施

二、简答题

1. 什么是非关税措施？非关税措施具有哪些特点？

2. 列举几种主要的非关税措施，并简要描述每种非关税措施的含义和效果。

3. 一国主管部门可以采取的对贸易有阻碍作用的反倾销措施有哪些？

4. 试比较完全竞争市场假设下，进口配额与关税的福利变化效应。

5. 自愿出口限制与进口配额有何差异？

6. 为什么自愿出口限制对进口国造成的福利损失会大于进口关税和进口配额？

三、计算分析题

1. 假设中国是汽车进口小国，对汽车的需求和供给分别为 $D_C = 2\,000 - 0.2P$，$S_C = 1\,200 + 0.03P$，假设国际市场上汽车的价格为 10 000 美元/辆。

（1）计算自由贸易下中国汽车的产量和进、出口量，并分析自由贸易对国内消费者及汽车厂商的福利影响。

（2）假设中国对汽车征收每辆 3 000 美元的进口关税，达到新的贸易均衡后，中国国内汽车的产量及进、出口量分别为多少？分析与自由贸易均衡状态相比较，国内消费者、政府和汽车厂商的福利变化。

（3）假设中国为汽车进口设定 150 单位的绝对配额限制，计算国内汽车的价格、产量及贸易量；分析与自由贸易相比较，消费者、政府和汽车厂商的福利变化。

（4）假设中国给国内汽车厂商每辆 3 000 美元的生产补贴，计算国内汽车的产量、贸易量；分析与自由贸易相比较，消费者、政府和汽车厂商的福利变化。

（5）如果你是外贸政策制定者，你会倾向于实施上述（（2）、（3）、（4））哪种政策？为什么？

2. 假设在自由贸易条件下中国以每磅 12 美元的价格从世界市场进口奶粉。如果本国对奶粉征收进口关税，中国的奶粉价格会上升到每磅 15 美元，而世界市场的奶粉价格会下降到每磅 9 美元，中国的奶粉生产量从 4 亿磅上升到 4.5 亿磅，消费量从 7 亿磅下降至 6.5 亿磅。请画图说明（提示：参考图 9-8，国际市场因本国进口量变动而变动，说明本国是进口大国）：

（1）该进口关税对本国的奶粉生产和消费会产生怎样的影响。

（2）该关税将如何影响本国与奶粉相关的消费者剩余和生产者剩余。

（3）本国政府获得多少关税收入，国民福利将受到怎样的影响。

四、论述题

1. 既然关税可以保护本国的工业，政府为何还会选择使用进口配额制这种方式呢？

2. 结合实际，谈一谈当前中国出口所面临的非关税措施及其对中国出口企业产生的影响。

第 **10** 章

世界贸易组织与区域经济一体化

第二次世界大战之后，世界经济出现了两个重大发展趋势：一是在 WTO 全球多边贸易体制的推动下，多边贸易自由化所涉及的范围和领域不断扩大与深化；二是以优惠性的贸易协议或安排（preferential trade agreement/arrangement，PTA）为宗旨的区域经济一体化（regional economic integration，REI）发展势头迅猛。由此，进入 20 世纪 90 年代，区域经济合作出现了史无前例的繁荣发展，大多数国家对区域性经济贸易合作组织的关注甚至超过了 GATT 和 WTO。根据世界银行的数据，按照 WTO 的分类标准，截至 2020 年 8 月，有超过 330 个 PTA 在实际运行之中（包括未通知 WTO 的 PTA)[①]。

10.1　世界贸易组织

世界贸易组织（world trade organization，WTO）于 1995 年 1 月 1 日经由 GATT 乌拉圭回合谈判成立，总部位于瑞士日内瓦。截止到 2020 年 8 月，WTO 共拥有 164 个成员。WTO 的日常运行机构为 WTO 秘书处，该秘书处的行政领导为总干事。

10.1.1　WTO 的概念

按照 WTO 秘书处的说法，"WTO 就是在全球或接近全球的层面上处理国与国之间贸易规则的国际组织。但它不仅于此，从不同的角度看 WTO，可以有不同的答案。它是一个促进贸易自由化的组织，也是政府间谈判贸易协议的场所，还是政府解决贸易争端的地方，同时也是多边贸易体系的管理机构。"由此可以了解 WTO 同时承担着不同的角色。

1）WTO 是一个谈判场所

从关税与贸易总协定（General Agreement on Tariff and Trade，GATT）的历史来看，和平解决贸易争端应该是多边贸易体制建立的根本原因之一，而和平解决争端的第一步就是谈判。因此，从本质上来说，WTO 是供成员解决贸易冲突的场所。而且 WTO 本身产生于谈判，WTO 所做的任何事也都是谈判的结果，WTO 的大量现有工作都来源于 GATT 乌拉圭回合谈判及之前的谈判。同时，WTO 也是始于 2001 年的"多哈回合议程"新一轮谈判

---

① http：//wits. worldbank. org/GPTAD/.

的东道主[①]。

2）WTO 是一系列规则

"WTO 的核心是 WTO 协议，这些协议是全球大多数贸易国家通过谈判签署的。这些协议为国际商务活动提供了基本的法律基础，从本质上来说它们是契约，约束各国政府将其贸易政策限制在一定的范围内。WTO 协议的目标是帮助产品制造商、服务提供者、进出口商进行商务活动，同时也允许政府达到其社会和环境目标。"

GATT 的 8 次多边贸易谈判形成了大量的法律文本和贸易协议，其中历时最长的乌拉圭回合谈判达成的多边贸易协议就包括《建立 WTO 协议》，而 WTO 也是依据该协议成立的，其日常的工作本身就是围绕多边贸易协议的履行和磋商。

3）WTO 帮助解决争端

在任何产品/产业/国家的价值链中，销售环节是整个价值链实现的关键。在经济一体化、企业全球化的今天，贸易关系带来了更多的利益冲突，尤其是各成员对贸易与就业、贸易与国内产业的发展等问题的认识不一，更是带来了经济利益冲突，甚至是政治利益的冲突。为此，需要第三方介入，对贸易争端进行调解和裁决认定，这就是 WTO 贸易争端解决机制的功能。

WTO 协议是法律文本，而且由于文化差异，各成员的理解也不完全相同，因此经常需要解释，这也包括那些在 WTO 体系下经过艰苦谈判的协议。解决分歧的最和谐方法是多边贸易争端解决机制，这也是 WTO 协议中包含争端解决机制的目的之一。

10.1.2　WTO 的建立与发展

WTO 建立于 1995 年，是世界最年轻的国际组织之一，但它是"二战"结束后建立的 GATT 的继承者。所以，尽管 WTO 相当年轻，而始于 GATT 的多边贸易体制却有 70 多年的历史。自 1948 年以来，GATT 就已经为这个多边贸易体系制定了规则。

1）GATT 阶段

"二战"结束前后，在美国进行磋商谈判时，参加国都希望建立三个联合国的专门机构以解决国际经济关系中的三大问题，也就是国际货币基金组织（IMF）处理金融问题，世界银行（WB）处理投资问题，国际贸易组织（ITO）重建国际贸易秩序。国际贸易组织的设想是建立一个专门处理国际经济运作的国际机构。尽管 1948 年在古巴首都哈瓦那通过了国际贸易组织宪章，但是由于美国国会没有批准美国参加，ITO 并未成立。[②]

在《国际贸易组织宪章》尚未通过之前的 1946 年，有 23 个国家出于自身利益的要求，决定进行关税减让谈判，以消除 20 世纪 30 年代以来的关税大战对国际贸易的影响。1947 年参与谈判的 23 个国家签订了《关税与贸易总协定》，该协定在 1948 年 1 月 1 日正式生效。不久，非正式但事实上的国际组织也就随之产生，也就是作为准国际组织存在的 GATT 的

---

① 2001 年 11 月，在卡塔尔首都多哈举行的第四次世界贸易组织部长级会议上，成员一致同意发起新一轮多边贸易谈判，称为多哈发展议程（Doha development agenda，DDA），其主要涉及的议题大多为发展中国家关心的问题，而且也是发展中国家最主动参与的一次多边贸易谈判。整个磋商过程由贸易谈判委员会及其下属机构主持，但由于谈判各方的利益协调没有得到很好的解决，因此多哈发展议程已经超过了原定的谈判期限，目前处于停滞状态。

② 美国 1945 年国民生产总值占全部资本主义国家国民生产总值的 60%，黄金储备占资本主义国家黄金储备的 3/4，贸易总额占资本主义世界 1/2 以上。所以没有美国的参加，ITO 也就失去了存在的意义。

出现。47 年间，GATT 一直致力于促进国际贸易的发展，促进贸易的自由化，为此它发动和组织了八轮贸易谈判（见表 10-1），所涉及的国际贸易问题从最初的关税扩展到货物贸易、服务贸易和知识产权贸易及与贸易相关的诸多方面。

表 10-1　GATT 的贸易谈判回合

年　份	地点	涉及的内容	参与国家/个
1947	日内瓦（Geneva）	关税	23
1949	法国安纳西（Annecy）	关税	13
1951	英国托奎（Torquay）	关税	38
1956	日内瓦（Geneva）	关税	26
1960—1961	日内瓦（Geneva）（狄龙回合）	关税	26
1964—1967	日内瓦（Geneva）（肯尼迪回合）	关税和反倾销措施	62
1973—1979	日内瓦（Geneva）（东京回合）	关税、非关税措施，"框架"协议	102
1986—1994	日内瓦（Geneva）（乌拉圭回合）	关税、非关税措施、贸易规则、服务、知识产权、争端解决、纺织品、农业、建立 WTO 等	123

2）WTO 的建立

GATT 最后和最大的贸易谈判回合就是 1986—1994 年的乌拉圭回合谈判，正是该回合促使了 WTO 的建立。

尽管 GATT 成功地将关税降低，但是由能源危机带来的西方发达国家 20 世纪 70 年代和 80 年代的经济衰退和萧条，促使各国政府采取了形形色色的贸易保护措施。高失业率和工厂倒闭使得欧美国家开始追求高额补贴和签订双边市场份额协议。GATT 主要处理的是货物贸易领域的贸易规则，而自 20 世纪 70 年代以来，服务贸易及知识产权贸易大幅度上升，加上发达国家产业升级及跨国公司全球化战略的影响，货物贸易在国际贸易中的重要地位日益受到削弱，对于新出现的国际贸易现象，GATT 显然力不从心。从东京回合谈判（GATT 第七次谈判）开始，GATT 就酝酿着变革，一直持续到乌拉圭回合谈判期间才使 GATT 缔约方一致认为 WTO 该出现了。

乌拉圭回合谈判之初并没有专门建立 WTO 的议题，但是随着谈判的曲折前进，进入 20 世纪 90 年代，经济全球化日益重要，国际贸易和国际投资形式多样化及新经济开始凸显其魅力，最终在 1991 年，欧盟提出应该建立一个正式的国际性贸易组织取代 GATT，以处理随之产生的新国际贸易问题和争端，而且得到了缔约方的赞同。最终，在摩洛哥的马拉喀什签订了《建立世界贸易组织协定》，而且 WTO 及其协议还涉及了服务贸易和与贸易有关的知识产权问题。由此，WTO 于 1995 年 1 月 1 日正式成立[①]。

---

① GATT 作为一个组织，在第 8 轮谈判，即乌拉圭回合之后，在 1995 年与 WTO 并存 1 年，1996 年 1 月 1 日被 WTO 取代。作为一个协议，1947 年 GATT 经过修正，作为 WTO 管理关于货物贸易的文件，改称《GATT 1994》，与服务贸易、和贸易有关的知识产权保护协议等并列。

10.1.3　WTO 的宗旨和职能

《建立世界贸易组织协定》的导言中明确规定：各成员在处理贸易和经济关系发展方面，应该关注提高生活水平，保证充分就业，大幅度提高实际收入和有效需求，扩大货物与服务的生产和贸易，坚持可持续发展和世界资源的合理利用，保护和维持环境，并以符合不同经济发展水平下各自需要的方式采取相应的措施，进一步做出积极的努力，确保发展中国家尤其是最不发达国家在国际贸易增长中获得与其经济相适应的份额。

为实现上述目的，WTO 拥有以下几项职能。

（1）实施协议

由于 WTO 本身是根据《建立世界贸易组织协定》存在的，因此该协定第三条规定 WTO 首要和最主要的职能是"便利本协议和多边贸易协议的履行、管理和实施，并促进其目标的实现"，以及"为诸边贸易协议的履行、管理和实施提供框架"。

（2）作为贸易谈判的场所

在 WTO 进行的谈判包括两类：一类是对该协议附件所列各项协议所涉事项的多边谈判，即对 GATT 和乌拉圭回合已经涉及的议题的谈判；另一类是 WTO 部长级会议可能决定的有关多边贸易关系的进一步谈判。

（3）解决贸易争端

世界上存在不同的国家、民族，也就存在各式的冲突，包括文化上的、经济上的。在当前经济全球化越来越广泛的情况下，这些冲突会更加地频繁出现。WTO 贸易争端解决机制名正言顺地对成员贸易争端进行调解和裁决，尽量避免贸易问题政治化的倾向。

（4）审议各成员的贸易政策

WTO 按照规定的时间期限对各成员的贸易政策进行审议，其中全球贸易份额前 4 位的成员每 2 年审议一次，第 5 到第 20 位的成员每 4 年审议一次，对余下成员每 6 年审议一次，对最不发达成员的审议时间间隔更长。[①]

（5）创建贸易能力

WTO 协议对发展中成员有特殊条款，包括执行协议或履行承诺的时间拉长，增加贸易机会的措施，帮助它们创建贸易能力、处理贸易争端和应用技术标准的支持措施。WTO 每年组织上百次针对发展中成员的技术合作项目，每年在日内瓦为发展中成员的政府官员举行大量的培训。贸易援助主要针对发展中成员发展其贸易所需的技巧和基础设施。

（6）外联

为了促进合作、提高对 WTO 活动的认知，WTO 保持与非政府机构、国会议员、其他国际组织、媒体，以及涉及 WTO 和多哈回合谈判各方面的公众之间的联系与合作[②]。外联工作还包括 WTO 与 IMF 和 IBRD 的沟通，共同促进全球经济的健康发展和繁荣。

---

① 欧盟作为一个整体进行排位，尽管其投票时一个成员一票（从 2007 年 1 月 1 日起 27 个成员 27 张票）。在入世议定书中，中国承诺，允许 WTO 在中国入世后的前八年每年对中国贸易政策进行审议。2003 年中国在全球贸易中的地位已经上升到第 4 位，所以有的年份中国一年要进行两次政策审议。

② WTO Annual Report（2011）将其基本原则进行了修订。

10.1.4 WTO 的组织机构

WTO 的组织机构见图 10-1，其所有成员都有权参加任何的理事会、委员会，但是争端解决机构的上诉机构和纺织品监督机构除外。

（1）部长级会议（ministerial conference）

WTO 的最高决策机构是部长级会议，该会议至少每两年举行一次。部长级会议可以就任何多边协议所涉及的所有问题做出决定。首届部长级会议于 1996 年 12 月在新加坡举行，迄今为止共举行了 11 次部长级会议。

（2）总理事会（general council）

在两届部长级会议之间，日常工作由总理事会（通常由驻日内瓦大使或代表团团长构成，有时也由成员首都派出官员构成）负责处理。总理事会每年在日内瓦总部召开几次例会，通常为 6 次左右。总理事会也作为贸易政策审议机构和贸易争端解决机构召开会议，作为贸易争端解决机构的总理事会一般一个月召开一次会议，而作为贸易政策审议机构的总理事会则更经常地召开会议。另外，作为贸易争端解决机构的总理事会下设专家小组和上诉机构。这两个机构并不是所有成员都能参加的。

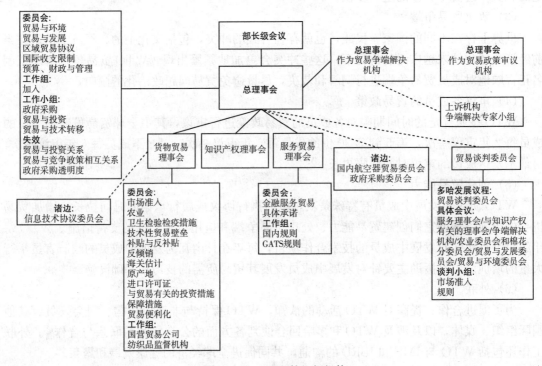

图 10-1　WTO 的组织机构

（3）三大理事会（council）

总理事会下有三大理事会，即货物贸易理事会（council for trade in goods），负责国际货物贸易方面的事务；服务贸易理事会（council for trade in services），负责国际服务贸易领域；知识产权理事会（council for trade-related aspects of intellectual property rights），负

责与贸易有关的知识产权领域的事务。

（4）总理事会下属的委员会

在总理事会下有 5 个专门委员会：贸易与环境委员会、贸易与发展委员会（另有最不发达国家委员会向其报告）、区域贸易协议委员会、国际收支限制委员会，以及预算、财政与管理委员会。另外，因为多哈部长级会议成功地发起了发展回合谈判，因此在 WTO 的组织机构中新增加了一个贸易谈判委员会，直接向总理事会报告。

（5）总理事会下属的工作组

总理事会下属的工作组负责成员加入事务，工作小组负责政府采购事务、贸易与投资事务、贸易与技术转移事务。

（6）理事会下属的委员会

在三大理事会之下，还有诸多的委员会负责专门事务的处理。货物贸易理事会管辖了 12 个委员会，包括农业委员会、补贴与反补贴委员会、技术性贸易壁垒委员会、原产地委员会等；另有国营贸易公司和纺织品监督机构。服务贸易理事会只有两个委员会：金融服务贸易委员会和具体承诺委员会，还有一些工作组。知识产权理事会目前还没有专门委员会。

（7）WTO 秘书处

负责 WTO 日常具体工作的是 WTO 秘书处，它设在日内瓦，2020 年有约 700 名职员，并由一名总干事领导。它的年度预算约为 2 亿瑞士法郎。在日内瓦之外，没有秘书处的分支机构。由于决策是由 WTO 成员自己所做，所以秘书处并没有像其他国际行政系统那样具有决策权。秘书处的主要职责是为各个理事会、委员会和官方会议提供技术支持，为发展中成员提供技术援助，分析世界贸易及向公众和媒体解释 WTO 事务。秘书处也在争端解决过程中提供某些法律援助，为那些希望成为 WTO 成员的国家提供建议。

10.1.5　WTO 协议

WTO 协议是成员间进行磋商的结果，目前的协议主要是 1986—1994 年乌拉圭回合谈判的产物，冗长且复杂，涉及广泛的贸易事务。其中的《GATT 1994》是 WTO 在货物贸易方面的主要规则。乌拉圭回合同时也创立了处理服务贸易、知识产权、贸易争端和贸易政策审议方面的规则，整个协议长达 3 000 多页，共有 60 个协议、附件、决定和谅解，虽然冗长繁杂，但结构比较简单（见图 10 - 2）。

通过这些协议，WTO 成员建立了非歧视性的贸易体系。每个成员都得到其他成员的承诺，他们的出口在其他国家将会受到公平和一致的待遇。每个承诺对进口到本国的产品亦有效。

对于货物贸易和服务贸易两大贸易领域的协议，其基本框架相同，都包括了以下三部分内容：内容广泛的原则性协议，即《GATT 1994》和 GATS；其他协议与附件，即处理具体部门或问题的特殊要求；减让表，即各成员允许外国具体产品或服务进入本国市场的具体承诺程度。但是服务贸易总协定还包含第四部分：关于最惠国待遇豁免的清单。

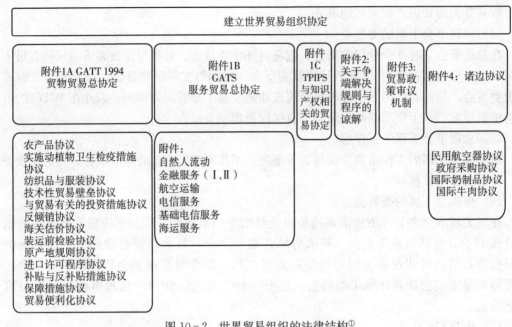

图 10-2　世界贸易组织的法律结构①

1) 有关货物贸易的主要协议

(1) 1994 年关税与贸易总协定

该协议的主要内容包括《GATT 1947》的各项条款及其在《建立世界贸易组织协定》生效前已经实施的法律文件等。

(2) 农产品协议

农产品协议主要涉及三大方面内容，包括市场准入、国内支持和出口补贴及其他人为增加出口产品竞争力的措施。

① 对于市场准入，该协议规定的规则是"单一关税"，即要求各成员将农产品的非关税措施转化成关税措施。

② 对于国内支持，该协议则将其划分为三类："红箱"措施，即不允许使用的对贸易产生严重扭曲的国内支持措施；"蓝箱"措施，即允许限制使用的某些国内支持措施，例如对于被迫限制生产的农民，可以给予某种直接支持；"绿箱"措施，即对贸易影响最小且允许自由使用的措施，包括政府的农业服务措施，如研究、病虫害控制、基础设施和粮食安全等，以及不刺激生产的对农民的直接给付等。

③ 对于出口补贴，该协议禁止对农产品实施出口补贴，除非补贴已经列入成员的减让表。

(3) 纺织品与服装协议

1995 年《纺织品与服装协议》取代《多种纤维协定》，将纺织品与服装正式纳入正常的 WTO 规则之中。该协议规定，自 1995 年 1 月 1 日起 10 年内分三阶段逐步取消发达国家按《多种纤维协定》对纺织品和服装进口的配额限制，实现贸易自由化。该协议是 WTO 协议中唯一规定了自行废止的协议。虽然美国等不少国家提出将配额取消的期限延长到 2007 年，

---

① 《国际奶制品协议》和《国际牛肉协议》已于 1997 年并入农产品协议，2014 年 WTO 达成《贸易便利化协议》，2017 年正式生效，属于货物贸易协议范畴。

但该协议仍然于 2005 年 1 月 1 日准时到期。

（4）与贸易有关的投资措施协议

该协议要求各成员将其与贸易有关的投资措施中容易引起贸易限制或扭曲的规定通知货物贸易理事会，并要求发达成员在 2 年内、发展中成员在 5 年内、最不发达成员在 7 年内取消这些规定。要求取消的主要规定包括：当地成分要求、出口比例要求、外汇平衡等。

2）服务贸易总协定

服务贸易总协定是迄今为止第一套关于国际服务贸易的、具有法律效力的多边贸易规则。该协定所涉及的领域包括国际运输、国际旅游、国际金融与保险、国际电讯、国际工程承包、视听服务、国际文教卫生交流等。与 GATT 的结构唯一不同之处是：该协定还包括了第四部分，即关于最惠国待遇豁免的清单，它列明了各成员分别在哪些领域暂时不适用非歧视待遇原则中的最惠国待遇原则。

市场准入和国民待遇是该协定中最重要的条款。与货物贸易领域不同，这两个条款并不是各成员必须履行的普遍义务，而是建立在各自的承诺之上，或者说是在平等协商的基础上按照大多数成员同意的市场开放程度通过谈判达成协议，再根据协议在不同行业实行不同程度的国民待遇。

该协定还包括自然人流动、航空运输、金融服务（Ⅰ，Ⅱ）、基础电信服务、电信服务和最惠国待遇例外申请等附录。

3）与贸易有关的知识产权协议

与贸易有关的知识产权协议的主要的目的是缩小各成员在知识产权保护方面的差距，并使这些权利受到共同的国际规则的管辖。该协议涉及的议题包括：如何适用贸易体制及其他国际知识产权协议的基本原则；如何给予知识产权充分的保护；各成员如何在其领土内充分实施这些权利；各成员之间如何解决与知识产权有关的争端；过渡期间如何安排。

该协议覆盖的知识产权范围是版权及其邻接权、商标（包括服务商标）、地理标识、工业设计、专利、集成电路外观设计、未公开信息（包括商业秘密）。

10.1.6　WTO 的基本原则

因为 WTO 协议都是法律文本，而且覆盖了农业、纺织品和服装、银行、电信、政府采购、产业标准和产品安全、食品卫生检疫规则、知识产权等领域，内容冗长而复杂，但贯穿所有文件的简单基本原则构成了现行多边贸易体系的基础。WTO 所秉持的基本原则包括以下 6 个[①]。

1）非歧视待遇原则

非歧视待遇原则，又称无差别待遇原则，它要求缔约双方在实施某种优惠和限制措施时，不要对贸易伙伴实施歧视待遇，也不要对本国和外国的货物、服务和国民实施差异待遇。在 WTO 中，非歧视待遇原则由最惠国待遇和国民待遇条款体现出来。

（1）最惠国待遇：平等对待他人

所谓最惠国待遇，就是缔约一方现在和将来给予任何其他第三方的任何优惠、特权都必须自动、无条件地给予缔约另一方。WTO 协议规定，成员间不能歧视性地对待它们的贸易

---

① WTO 秘书处 2011 年将多边贸易体制的基本原则扩展为 6 个。

伙伴。WTO某成员一旦授予某些成员一项特殊优惠（例如给予某种产品更低的关税），就必须给予所有其他成员。换而言之，就是"favour one，favour all"（优惠一个国家，就必须优惠全部国家）。

最惠国待遇原则在《关税与贸易总协定》（《GATT 1994》）的第1条、《服务贸易总协定》（GATS）的第2条、《与贸易有关的知识产权协定》（TRIPS）的第4条中规定，尽管各协议的规定有些区别，但是足见该原则的重要性。

从货物贸易领域来看，最惠国待遇主要适用于以下几个方面：进口关税；对进出口本身征收的费用，包括进口附加税、出口税等；与进出口相关的费用，如海关手续费、质量检验、卫生检疫费等；对进出口国际支付及转账征收的费用；征收上述税费的方法；与进出口相关的各种规则和手续；对进口货物直接或间接征收的税费，如销售税等；有关进口产品在境内销售、购买、运输、分销等方面的法律、法规、规章和政策措施。

（2）国民待遇：平等对待外国人和本国国民

WTO规定，进口产品和本地生产的产品应该受到同等的待遇，而且至少应该在外国产品进入进口国市场之后给予同等待遇。对于外国和本土的服务、商标、版权和专利也应该享受同等的待遇。这就是国民待遇原则，它规定在《GATT 1947》第3条、《服务贸易总协定》第17条、《与贸易有关的知识产权协定》第3条中。

具体而言，国民待遇原则包括以下内容：不能直接或间接地对进口产品征收高于对境内相同产品征收的税费；给予进口产品在境内销售、购买、运输、分销等方面的待遇，不得低于给予境内相同产品的待遇；不得直接或间接地对产品的加工、使用规定数量限制，不得强制规定优先使用境内产品；不得利用税费或者数量限制等方式，为境内产业提供保护。

对于国民待遇原则应该注意以下三个方面。

① 适用对象涉及货物、服务和知识产权三个方面，但适用范围的具体规则有所差别。

② 只涉及其他成员方的产品、服务或服务提供者、知识产权所有者和持有者在进口国关境内所享有的待遇。也就是说，只有一成员的产品、服务或知识产权进入另一个成员境内时才能享受国民待遇，换言之，一成员对进口征收关税并不违反本原则。

③ 成员方的产品、服务或服务提供者、知识产权所有者和持有者在进口国境内享有的待遇不应低于进口成员方同类产品、服务及相关对象所享有的待遇。换言之，允许成员对进口实施超国民待遇，但不允许实施低国民待遇。

2）贸易自由化原则：通过谈判逐渐降低贸易壁垒

降低贸易壁垒，消除贸易扭曲，是促进国际贸易自由流动的主要措施之一。贸易壁垒不仅包括关税措施，还包括一切存在贸易效应的非关税措施，如进口禁令、进口配额等有选择性的数量限制措施及其他的贸易政策措施。随着时间的推移，大部分的非关税措施，像汇率政策、技术标准、环境保护、生态安全等都纳入WTO的谈判范畴，有不少已经达成了多边协议。

自GATT在1947年建立以来，它主持了8个回合的多边贸易谈判，以削减现存的贸易壁垒。其中在第八次谈判，即乌拉圭回合的基础上建立了WTO。而WTO在2001年的多哈部长级会议上开始了第一次，也是历史上第九次多边贸易回合谈判，即多哈发展议程。在将近20个问题的谈判中，发达成员与发展中成员的观点差异很大，导致谈判在2003年的坎昆部长级会议上陷入僵局。2015年在内罗毕部长级会议中，美国政府提出"多哈回合谈判已无法完成……"。多哈发展议程陷入停滞。

　　GATT 最初的多边贸易谈判主要是围绕进口商品的关税削减展开的。作为 20 世纪 90 年代中期谈判的结果，工业化国家的关税率已经降到了 4％以下。在 20 世纪 80 年代，多边贸易谈判就已经开始涉及货物贸易领域的非关税措施，以及其他一些新的谈判领域，像服务、知识产权等。尽管贸易自由化原则要求各成员进行各项贸易政策的调整，但整体而言对该成员来说还是利大于弊的。同时 WTO 协议还允许各成员通过渐进式自由化，逐步进行调整，而且发展中成员也有更长的时间期限来履行其做出的承诺。

　　总而言之，该原则要求各成员通过谈判逐渐降低贸易壁垒，开放市场，促进商品与服务的自由流动。对于各个成员来说，就是削减关税，控制非关税措施的实施。但是，贸易自由化并不意味着完全的自由贸易，而是在某些情况下允许一定程度的保护。例如，当某成员出现因进口商品的倾销而受到损害时，可以提起反倾销诉讼，征收反倾销税；在受到补贴产品的损害时可以寻求反补贴诉讼和反补贴措施，甚至在进口商品因正常贸易（即使没有受到不公平竞争）而出现某些问题时，也允许寻求保障措施的保护。另外，WTO 要求取消数量限制，禁止出口补贴，但是在农产品、纺织品领域还存在不少例外。①

　　3）可预见性原则：通过约束和透明度原则来实现②

　　对于从事国际贸易业务的企业来说，进口国政府保证不提高贸易壁垒有时可能与降低贸易壁垒同样重要。这是因为，WTO 并不是一个完全禁止贸易保护的组织，它本身允许存在各种贸易救济措施，而且它的基本原则中也存在不少例外，并因此形成了诸多履行中的法律漏洞。因此，WTO 各成员承诺不会无故地提高贸易壁垒，这有助于提供一个清晰的、透明的商务环境。因为如果商务环境具有稳定性和可预见性，国际投资就会相应增加，就业也能增加，消费者也同样会拥有更多更好的选择。当然，各成员政府推动多边贸易体系的建立健全，这本身就是期望获得稳定而又可预见的商务环境。

　　在 WTO 中，只要成员同意开放其商品或服务市场，他们就受到了自己承诺的约束。对于货物贸易来说，这些约束就是承诺关税率的上限，也就是说成员征收的关税率不会高于自己的承诺水平，但允许降低。一旦成员要求改变约束的关税率，它必须与其他成员协商。乌拉圭回合谈判的成就之一就是扩展了受约束的贸易范围。在货物贸易领域，GATT 对一些敏感性商品没有达成协议，也就是农业、纺织品与服装一直游离于 GATT 规则管辖之外，而经过乌拉圭回合谈判后签订的 WTO 协议中包括农业协议，对 100％的农产品贸易达成了关税约束。纺织品与服装协议则将纺织品与服装纳入 WTO 管辖的范围。关税约束的存在，提高了贸易和投资者市场保证的程度。

　　除关税约束之外，WTO 的多边贸易体系也通过其他方式改进自己的可预见性和稳定性。方法之一是减少使用配额和其他措施来设立进口数量限制，因为配额对一国经济的扭曲程度更高。另一种方法是使成员的贸易规则尽量清晰和公开，也就是保证透明度。许多 WTO 协议要求成员政府公开其政策，既可以在国内公开，也可以通知 WTO。WTO 贸易政策审议机制对成员贸易政策的常规监督也鼓励各成员的政策透明。

　　4）鼓励公平竞争原则

　　WTO 并不是一个自由贸易机构，因为 WTO 所管理的多边贸易体系允许进行关税保

---

　　①　在某些文章和书籍中将此内容称为"WTO 的适当保护原则"。
　　②　在某些文章和书籍中将本原则直接称为透明度原则。

护，在某些情况下也允许其他形式的保护。因此准确地说，WTO 是一个致力于公正、公平和无扭曲竞争的贸易体系。例如，在货物贸易方面，允许在国际收支恶化的情况下不履行承诺的义务；在一国因出现倾销损害、他国补贴的损害时允许征收进口附加税；尤其是允许在特定条件下采取保障措施。尽管保障措施与反倾销和反补贴措施同属贸易救济措施，但前者与后者最大的区别就在于：保障措施是针对正常贸易行为采取的措施。在服务贸易领域，各成员开放市场的依据是自己的承诺表。换言之，成员可以对没有列入承诺表中的行业采取保护措施。在知识产权方面，由于知识产权有别于一般的商品和服务，其价值保存的前提就是采取一定的手段进行保护，以维持知识产权方面的公平竞争，所以相关协议的主要目的是加强全球范围内对知识产权的保护，而不是促进降低保护。

非歧视原则，包括最惠国待遇和国民待遇，设立的目的之一就是寻求公平的贸易条件。倾销和补贴问题在某些情况下是不公平的竞争行为，应该受到谴责。但是这些问题非常复杂，如何判定一项倾销或补贴是否应该受到制裁、如何制裁、税率如何确定，这些问题在各国都有不同的规定。WTO 的《反倾销协议》《补贴和反补贴协议》都是针对存在不公平竞争行为时，进口国遭受损害的情况达成的成员共识。

其他 WTO 协议中也都有支持公平竞争的内容，例如农业、知识产权、服务方面的协议。政府采购协议（是一个诸边协议，只有部分 WTO 成员签署）也将竞争规则拓展到成千上万个政府机构的采购之上。

5）对欠发达成员更优惠

WTO 鼓励发展，因此允许发展中成员在履行协议内容时拥有更大的弹性。同时 WTO 协议一般都继承了 GATT 对发展中成员提供特殊援助和贸易减让的条款。

WTO 成员中有四分之三是发展中成员和转型成员。在乌拉圭回合的 7 年半谈判中，这些成员中有近 60 个执行了贸易自由化计划。同时，发展中成员和转型成员比以往更积极地参与乌拉圭回合谈判，在多哈回合谈判中也是如此。

在乌拉圭回合后期，发展中成员接受了发达成员提出的绝大多数义务。但是，协议也给予它们一段过渡时间来进行调整，以适应其不熟悉甚至是困难的 WTO 条款，尤其对那些最不发达成员而言。

考虑到发展中成员的具体利益和要求，WTO 确立了对发展中成员的特殊待遇原则，包括允许发展中成员的市场保护程度可以高于发达成员；通过"授权条款"规定各成员可以给予发展中成员差别及更加优惠的待遇，而不必将这种待遇延伸到其他成员；GSP 制度的存在为发展中成员的工业制成品出口提供了单方面的优惠待遇；在知识产权协议的实施方面，发展中成员有更长的时间安排；在争端解决机制方面，也要求 WTO 秘书处对发展中成员提供技术援助和法律援助。

6）保护环境

在 2011 年的 WTO 年度报告中，保护环境被列入多边贸易体系的第六个基本原则。WTO 协议允许成员采取措施保护环境和动植物安全，但是实施这些措施时必须对本国和外国企业一视同仁。换言之，在实施环境保护措施时，成员方不能将其作为隐蔽的贸易保护政策之一。

10.1.7 WTO 争端解决机制

WTO 争端解决机制源自 GATT 的贸易争端解决制度，而乌拉圭回合《关于争端解决规则和程序的谅解》(*Understanding on Rules and Procedures Governing the Settlement of Disputes*，DSU）则是对 GATT 争端解决制度的全面修订和更新。《关于争端解决规则和程序的谅解》第3 条明确重申，WTO 成员应该遵守根据 GATT 第 22 条和第 23 条所适用的争端解决原则。这两个条款都强调通过磋商产生合意的方案来解决争端。如果磋商没有达成一致，则由争端解决机构（Dispute Settlement Body，DSB）处理，并做出适当的裁决和提出适当的建议，有必要的话，可以授权有关缔约方进行报复。DSB 由 WTO 所有成员组成，它有权建立处理案件的专家小组，有权接受或拒绝专家小组的认定或上诉机构的结论，而且在成员没有遵守裁决时，还有权授权进行报复。

1）争端解决机制的宗旨

从协议的内容来看，争端解决机制在为 WTO 多边贸易体制提供安全和可预见性方面起着中心的作用。而且争端解决机制的宗旨是提供一种有效、可靠和规则取向的制度，以便在多边框架内解决因适用 WTO 协议所产生的各种争端。从 DSU 和 GATT 条款的规定来看，DSB 确实是偏爱磋商一致的解决办法，因为即使是在专家小组阶段也允许进行磋商调解。如果磋商不能达成一项相互满意的解决办法，争端解决机制的目标就是保证撤销已经被确认为违反 WTO 协议的有关措施。

2）争端解决机制的职能

① 维护 WTO 成员依据 WTO 协议所享有的各项权利和所承担的义务。

② 按照国际公法解释的习惯规则，澄清 WTO 协议的各项现行规定。

在行使职能时，争端解决机构不能损害各成员根据 WTO 协议、诸边协议，通过决策程序谋求总理事会权威性地解释该协议条文的权利。争端解决机构做出的建议和裁定也不能增加或减少 WTO 协议所规定的各项权利和义务。

3）解决贸易争端基本情况

如图 10-3 所示，1995—2019 年，提交到 WTO 的贸易争端数在 1997 年最多，为 50 起；最少的年份是 2011 年，仅有 8 起；2018 年为 39 起，2019 年为 20 起。自 1995 年成立以来到 2019年 12 月 31 日止，WTO 争端解决机构已经收到成员提交的并已经立案的贸易争端共 594 起。

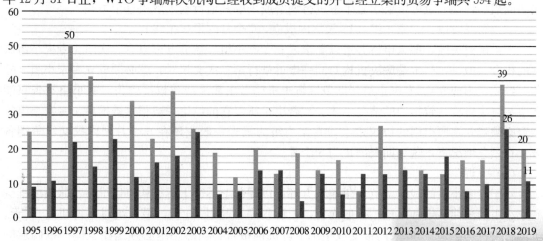

图 10-3　1995—2019 向 DSB 提起磋商和建立专家小组的贸易争端数（单位：起）

1995—2019 年，我国在 DSB 提起的贸易争端数共计 23 起，其中 16 起对美国发起，5 起对欧盟发起；我国作为应诉方共 44 起，其中 23 起来自美国，9 起来自欧盟。

4）WTO 争端解决机制的基本原则

WTO 争端解决机制的基本原则是公平、快速、有效且相互接受。WTO 的争端一般都涉及不遵守承诺的问题。WTO 成员已经承诺，如果他们认为其他成员违反了贸易规则，那么他们将会用多边争端解决机制取代以往的单方面行动。这意味着每个成员都承诺遵守这个一致通过的争端解决机制程序，并尊重最后的裁定。

当一个成员采取某项贸易政策或采取某些行动时，如果其他某成员或多个成员认为这违反了 WTO 协议或者没有遵守该国承诺的义务，就会产生争端。

《关于争端解决规则和程序的谅解》规定，迅速解决一成员认为另一成员所采取的措施正在对其依照 WTO 协议直接或间接享受的任何利益造成损害的情形，是 WTO 有效运行与维护其成员权利和义务适当平衡的必要条件。因此，快速和有效也是争端解决机制的基本原则之一。为保证快速，DSU 规定了争端解决的时间表；为了保证有效性，《关于争端解决规则和程序的谅解》规定了详尽的程序规则，并赋予争端解决程序准司法性质。

对于争端解决机制准司法性质的最好解释是：对于败诉的成员，《关于争端解决规则和程序的谅解》的规定使其不能阻止裁决的通过。在 GATT 程序中，裁决必须经过全体合意才能通过。这就意味着，任何一个成员的反对都能阻止裁决的通过。现在裁决自动通过，除非有"一致拒绝"的合意，也就是说，任何希望阻止裁决通过的成员必须劝说其他所有成员，包括案件中的对手，都同意他的观点。因此，争端解决机构做出的最后裁决被否定的可能性极低。

5）贸易争端解决程序

根据《关于争端解决规则和程序的谅解》的规定，整个争端解决的程序如下。

（1）第一阶段：磋商（60 天）

在采取任何行动之前，争端各方必须相互进行谈判，以期自己解决相互的分歧。如果未能磋商成功，他们也可以要求总干事进行调解或采取其他行动来解决这个争端。

（2）第二阶段：专家小组（45 天之内成立，6 个月内形成报告）

如果磋商失败，那么申诉方可以要求成立专家小组。被诉方可以有一次阻止专家小组成立的机会。但是，当争端解决机构对同一申诉举行第二次会议时，就必须成立专家小组（除非一致同意不成立）。专家小组帮助争端解决机构做出裁决或建议。因为专家小组报告只能在争端解决机构一致拒绝的情况下才会被否决，所以它的结论一般很难被推翻。专家小组的认定必须建立在所引用的协议之上。专家小组的报告一般应该在 6 个月之内提交给争端各方。在紧急情况下，这一期限缩短为 3 个月。

（3）上诉

对于专家小组的裁定，贸易争端双方都可以提起上诉。上诉机构可以维持、修改或推翻专家小组的法律认定和结论。一般而言，上诉程序不超过 60 天，最长绝对不得超过 90 天。争端解决机构必须在 30 天内接受或拒绝上诉机构报告，当然拒绝必须是在全体一致同意的情况下做出。

（4）后续程序

如果被诉方败诉，那么他必须遵循专家小组报告或上诉机构报告的建议，在报告通过后30 天内举行的争端解决机构会议上陈述自己的打算。如果证实立即遵守建议方案不具备可行性，那么该成员就可以获得一个"合理期限"以遵守建议。如果在此期间没有做到，那么他就必须与申诉方进行磋商，以决定相互可以接受的补偿，如在对申诉方具有特殊利益的领域进行关税削减。

如果 20 天后，没有达成满意的补偿方案，那么申诉方可以要求争端解决机构授权他对另一方进行有限的贸易制裁（中止或减让义务）。争端解决机构必须在"合理期限"期满之后的 30 天内授权，除非全体成员一致反对。原则上说，报复必须是针对争端的同一部门。但是，如果在同一部门进行报复不可行或者无效，可以对同一协议中不同部门进行报复。同理，如果这也不可行或无效，或情况十分严峻，也可以对另一协议管辖的范围进行报复。这就是所谓的交叉报复，用于保证报复行为具备一定的有效性。

与 GATT 的争端解决程序不同，WTO 的贸易争端解决程序的各个阶段有清楚的界定和时间期限，尽管有一定的弹性，但是争端解决有相对固定的时间表。如果一个案件经历了整个程序，那么它持续的整个期限不超过 1 年，若有上诉，不超过 15 个月。

6）参与争端解决活动的有关实体介绍

（1）争端解决机构

争端解决机构是总理事会在履行管理争端解决活动职责时的称谓，有自己的主席（任期一年）、自己的程序规则、单独的工作人员和文件档案。争端解决机构对所有成员开放，即任何成员都可以派出代表参加该机构，但是在涉及有关诸边协议的争端时，则只有该诸边协议的签约方才能参与。

（2）专家小组

专家小组由争端解决机构设立，职能是协助争端解决机构对争端各方提出的事实和理由进行客观审查，并就案件的事实与法律问题提出调查报告，进行事实认定，得出结论，提供建议，以便争端解决机构在此基础上提出建议和做出裁决。

（3）常设上诉机构

常设上诉机构的职责是：当争端方对专家小组报告提出上诉时，负责审查该报告所涉及的法律问题、专家小组对引用的 WTO 协议条款做出的法律解释，最后做出维持、更改或推翻专家小组的法律认定和结论的意见。常设上诉机构由争端解决机构任命的 7 名公认的国际贸易、法律和 WTO 其他活动领域的权威人士组成，任期 4 年，允许连任一次。美国从2017 上半年开始蓄意破坏上诉法官的正常遴选过程，造成在编法官严重缺员，危及上诉机构和争端解决机制的正常运转。

（4）WTO 秘书处

WTO 秘书处负责管理专家名册，负责推荐专家小组人选，负责为专家小组提供秘书服务及争端解决方面的协助，尤其是为发展中成员提供长期法律咨询服务和缓助。应争端方的要求或各方的同意，WTO 总干事可以以职务身份在任何时候进行斡旋、调解或调停，协助解决争端。

10.2 区域经济一体化概述

10.2.1 区域经济一体化的定义

彼得·罗伯逊[1]认为，经济一体化（economic integration）是指一种能使各成员凭借本国的相对优势，通过合作或一体化行为，在共同的目标下获得各国单方面行动而不能获得的经济利益的状态或过程。也就是说，他认为各国要加入经济一体化的条件是具有本国的优势；目的和动机是"获得各国单方面行动而不能获得的经济利益"；实现目标需要采取的措施是"合作或一体化行为"。

经济学家巴拉萨认为，经济一体化是指各成员之间相互取消各种歧视，创造某些合作的因素，最终达成一个统一整体的状态或过程[2]。实现经济一体化的手段是"成员消除相互间的各种歧视"，即消除各国间的贸易、投资壁垒，促进贸易与投资的自由流动。经济一体化程度最高的状态是"达成一个统一整体"，即各成员之间形成一个政治和经济都统一的完全的一体化整体。

一些学者[3]把处于"消除各种歧视"的经济一体化叫做"消极的经济一体化"（negative economic integration）。根据"消除各种歧视"的完全与否（如成员之间完全取消了自由贸易歧视和生产要素自由流动歧视的共同市场）或是逐步消除的（如只完全取消了贸易歧视而仍保留要素流动歧视的自由贸易区和甚至连自由贸易歧视都还未完全取消的优惠贸易安排），"消极的经济一体化"有"完全的消极一体化"（即共同市场）和"不完全的消极一体化"（即自由贸易区和优惠贸易安排）之分。

积极的经济一体化（positive economic integration）是指各成员之间完成了消极一体化后，为进一步加强经济一体化的紧密程度而积极主动地创造某些一体化之前不存在的合作因素，如制定一体化组织共同的对外关税（CET），制定共同的农业政策、货币政策和财政政策等。同样，创造性的合作因素也有多寡之分，积极的经济一体化也有完全积极的经济一体化（如已同时实现了经济一体化和政治一体化的完全的经济一体化）、较完全积极的经济一体化（如已实现了政策一体化的经济同盟）和不完全积极的经济一体化（如只创造了共同对外关税（CET）的关税同盟）之分。

本章所指的区域经济一体化是指一个地理区域内各国一致同意减少并最终消除关税和非关税壁垒，以便做到相互之间货物、服务和生产要素自由流动的状态或过程[4]。在区域经济一体化组织中，成员之间取消了关税或（和）非关税措施，使商品和生产要素实现自由流动，利用自由贸易的动态利益，扩大整个国家的经济循环，促进区域内贸易和经济的持续增长。在成员与非成员之间则分别或统一采取贸易措施，限制货物、服务和生产要素的跨国界

---

① ROBSON P. 国际一体化经济学. 戴炳然，译. 上海：上海译文出版社，2001.

② 参见《新帕尔格雷夫经济学大词典》。

③ "消极的经济一体化"这一概念是由经济学家 Berglas 提出的。

④ 希尔. 国际商务：全球市场竞争. 3 版. 周健临，译. 北京：中国人民大学出版社，2001.

自由流动，以保护区域内的市场、产业和企业。

10.2.2　区域经济一体化形式

1. 按经济一体化所涉及的产品或部门的范围大小划分

按此标准，区域经济一体化可分为部门一体化和完全一体化。前者即单一产品或单一部门的经济一体化，如 20 世纪 50 年代形成的欧洲煤钢共同体、"二战"后建立的非洲木材组织等。其特征是：仅在一种或几种产品贸易上完全或部分消除各种贸易歧视，而在其他产品贸易上仍然维持着原有歧视，只实现了单一产品市场的完全或部分一体化。后者是指多产品或多部门的经济一体化，它是在所有产品贸易上完全或部分消除了各种关税的和非关税的歧视，实现了所有产品市场的完全或部分一体化。

2. 按参与国家的性质划分

按此标准，区域经济一体化首先可分为水平一体化和垂直一体化。前者是指经济发展水平相同或相似的国家之间组成的区域经济一体化组织（如欧盟），后者则是指由经济发展水平不同的国家组成的区域经济一体化组织（如北美自由贸易区）。另外，区域经济一体化可以分为"大国"模式（"big countries" model）的经济一体化和"小国"模式（"small countries" model）的经济一体化。前者是指有实力雄厚的发达国家参与、成员体数量较大、覆盖地理范围很广的经济一体化，在其内部一体化市场发生变化时，往往会引起非成员乃至全球的市场情况也发生变化（如欧盟、北美自由贸易区）；后者是指完全只有发展中国家参与的经济一体化，由于其规模和经济影响力都很小，所以当其内部一体化市场发生变化时，其对非成员国及全球市场的影响都很小（分析问题时可忽略不计，如东盟）。

3. 按区域内经济一体化的程度划分

依据区域内经济一体化的程度或者说依据商品和生产要素自由流动程度的差异，区域经济一体化可以从低到高划分为 6 个层次。

（1）优惠贸易安排（preferential trade agreement）

所谓优惠贸易安排，是指成员之间通过协定或其他形式，对全部或部分货物贸易规定特别的关税优惠，也可能包括小部分商品完全免税的情况。这是经济一体化程度最低、成员间关系最松散的一种形式。早期的东南亚国家联盟就属于这种一体化组织。

（2）自由贸易区（free trade area，FTA）

所谓自由贸易区，是指各成员之间取消了货物贸易和服务贸易的关税壁垒，使货物和服务在区域内自由流动，但各成员仍保留各自的关税结构，按照各自的标准对非成员征收关税。[①]

从理论上来说，在一个理想的自由贸易区中，不存在任何扭曲成员之间贸易的措施、补贴等支持性政策及行政干预，但对非成员的贸易政策，则允许各成员自由制定与实施，并不要求统一，因此这种形式也是松散的一体化组织。

建立于 1994 年的北美自由贸易区（Northern America Free Trade Area，NAFTA）就是最负盛名的自由贸易区，由美国、加拿大和墨西哥 3 个不同经济发展阶段的国家构建而成。

---

① 希尔. 国际商务：全球市场竞争. 3 版. 周健临，译. 北京：中国人民大学出版社，2001.

（3）关税同盟（customs union）

所谓关税同盟，是指各成员之间完全取消了关税和其他壁垒，实现内部的自由贸易，并对来自非成员的货物进口实施统一的对外贸易政策。关税同盟在经济一体化进程中比自由贸易区前进了一步，因为它对外执行统一的对外贸易政策，目的是使结盟成员在统一关境的市场上拥有有利地位，排除来自区外国家的竞争。为此，关税同盟需要拥有强有力的管理机构来监管与非成员之间的贸易关系，即开始带有超国家的性质。

世界上最著名的关税同盟是比利时、荷兰和卢森堡于1920年建立的比荷卢关税同盟。欧盟的最初形式也是关税同盟。美洲的安第斯条约组织也是一个典型的关税同盟，因为安第斯条约各成员之间实行自由贸易，而对外统一征收相同的关税，税率从5%～20%不等。另外，2000年生效的西非经济与货币联盟、2003年建立的海湾关税联盟、2004年成立的南部非关税同盟也是关税同盟的代表。

（4）共同市场（common market）

所谓共同市场，是指除了在各成员内完全取消关税和数量限制，并建立对外统一关税外，还取消了对生产要素流动的限制，允许劳动、资本等生产要素在成员间自由流动，甚至企业可以享有区内自由投资的权利。与关税同盟相比，理想状态的共同市场不仅对内取消关税、对外统一关税，实现货物和服务的自由流动，而且允许生产要素在成员之间自由流动，对居民和资本的跨国移动没有任何限制。

欧盟在统一货币之前的阶段属于共同市场，1994年成立的东南非共同市场（COMESA）、1991年生效的南美共同市场（MERCOSUR）也是共同市场的代表。

（5）经济同盟（economic union）

所谓经济同盟，是指成员间不但货物、服务和生产要素可以完全自由流动，建立对外统一关税，而且要求成员制定并执行某些共同的经济政策和社会政策，逐步消除各成员在政策方面的差异，使一体化程度从货物、服务交换，扩展到生产、分配乃至整个国家经济，形成一个庞大的经济实体。

"二战"后苏联、东欧国家之间建立的经济互助委员会就是典型的经济同盟，但是随着20世纪80年代末期的东欧巨变，经济互助委员会也解散了。

（6）完全经济一体化（completely economic integration）

所谓完全经济一体化，是指各成员之间除了具有经济同盟的特征之外，还统一了所有的重大经济政策，如财政政策、货币政策、福利政策、农业政策，以及有关贸易及生产要素流动的政策，并有共同的对外经济政策。

完全经济一体化是区域经济一体化的最高级形式，具备完全的经济国家地位。因此，加入完全经济一体化组织的成员损失的政策自主权最大。

1998年，在欧元取代欧元区11国的货币之后，欧盟（European Union，EU）朝着完全经济一体化又进了一步。不过，虽然欧盟拥有欧洲议会、部长理事会、欧洲中央银行，但是因为欧元还不是整个欧盟区域的货币（欧元区现有成员17个），再加上欧盟2004年5月和2007年1月的扩张，尽管2020年英国实现了脱欧，但欧盟仍然是一个在向完全经济一体化组织推进的区域经济一体化组织。

尽管各类形式在经济一体化程度上是承前启后的，但是上一阶段并不一定要向下一阶段发展，上一阶段也不一定是下一阶段的必经之路。

10.2.3　区域经济一体化的发展现状

按照 WTO 协议，成员有义务向 WTO 报告其参加的区域经济一体化组织或者签署的优惠贸易安排。1948—1994 年，GATT 大约收到 151 份与货物贸易有关的区域贸易安排。1995 年 1 月—2020 年 7 月，有 558 份涉及货物或服务贸易领域的区域贸易安排通知到 WTO[①]。截止到 2020 年 7 月为止，仍在生效的区域贸易一体化安排有 494 份，详细情况见表 10 - 2 和表 10 - 3。

表 10 - 2　根据通知所依据的条款不同分类的实际生效的区域贸易一体化安排

单位：份

	原有	新 RTAs	合计
GATT 第 24 条（FTA）	3	245	248
GATT 第 24 条（CU）	10	11	21
授权条款	5	56	61
GATS 第 5 条	7	157	164
合计	25	469	494

数据来源：http：//rtais. wto. org/UI/publicsummarytable. aspx。

表 10 - 3　根据类型不同分类的实际生效的区域贸易一体化安排

单位：份

	授权条款	GATS 第 5 条	GATT 第 24 条	合计
关税同盟	7	—	11	18
关税同盟新增	2	—	10	12
经济一体化协议	—	157	—	157
经济一体化协议新增	—	7	—	7
自由贸易区	23	—	245	268
自由贸易区新增	1	—	3	4
部门一体化协议	26	—	—	26
部门一体化协议新增	2	—	—	2
合计	61	164	269	494

数据来源：http：//rtais. wto. org/UI/publicsummarytable. aspx。

本节着重介绍欧洲、美洲和亚洲各国建立的区域经济一体化组织。

1. 欧洲的区域经济一体化

欧洲的区域一体化组织包括欧盟和欧洲自由贸易联盟，其中欧盟在不断扩大，而欧洲自由贸易联盟则有缩小之势。欧洲联盟简称欧盟，目前是世界上经济一体化程度最高的区域经济组织。2004 年 5 月 1 日，爱沙尼亚、拉脱维亚、立陶宛、波兰、捷克、斯洛伐克、匈牙利、斯洛文尼亚、马耳他和塞浦路斯 10 国加入，2007 年 1 月 1 日保加利亚和罗马尼亚加入，2013 年 7 月 1 日克罗地亚入盟，使得欧盟成员达到 28 个，经济实力得到进一步的扩

---

① WTO 区域贸易协定数据库。

张。除了向更高形式的经济一体化组织迈进，吸收新成员以外，欧盟还通过缔结新的区域贸易协定或重新启动沉寂多年的区域经济合作谈判来发展自身。例如，欧盟与海湾合作组织（GCC）及南美共同市场进行区域自由贸易区谈判将使其在各方面，尤其是能源战略上取得重大进展。2017年，英国开始了它的脱欧历程，且于2020年1月31日23时正式"脱欧"。

（1）欧盟的发展历程

欧盟最初的形式是成立于1951年的欧洲煤钢共同体，成员包括比利时、法国、联邦德国、意大利、卢森堡和荷兰。1957年，《罗马条约》签订以后，上述6国建立了欧洲经济共同体和欧洲原子能共同体。1967年7月，6国决定将3个机构合并，统称为欧洲经济共同体。根据《罗马条约》第3条的要求，欧洲经济共同体要求成员消除内部的贸易壁垒，创立统一的对外关税，同时要求各成员消除阻碍生产要素在成员之间自由流动的各种障碍。因此，欧洲经济共同体是一个共同市场。20世纪80年代，欧洲经济共同体正式改称为欧洲共同体（EC），1993年11月1日《马斯特里赫特条约》生效后，欧洲联盟正式诞生。1995年12月15日，欧盟首脑马德里会议决定未来欧洲采用统一货币"欧元"，并于1999年在欧元区11国首先发行实施。

（2）欧盟的超国家机构

欧盟统一经济政策是由欧盟的相应超国家机构制定和实施的。这些机构包括欧洲理事会、欧洲委员会、部长理事会、欧洲议会、欧洲法院等。

① 欧洲理事会。欧洲理事会由欧盟各成员政府首脑和欧洲委员会的主席组成，每年至少会晤两次，解决主要的政策问题，并确定政策方向。

② 欧洲委员会。欧洲委员会负责提出和执行欧盟的法律，并监督各成员服从欧盟的法律。它由各成员政府任命的20名委员组成，负责日常运行，任期4年。欧洲委员会有主席1位，副主席6位，均在20位委员中选举产生，任期2年。每位委员负责涉及某一政策领域的专门事务，如负责农业政策方面和负责竞争政策方面的委员就不同。委员们尽管是由各成员政府任命，但却不受任何国家政府的直接制约，而只考虑欧盟的利益。

③ 部长理事会。部长理事会代表各成员的利益，而且欧洲委员会提交的议案只有通过部长理事会的同意之后才能成为欧盟法律，所以部长理事会应该是欧盟的最高权力机构。它由每个成员政府的一名代表组成。不过，部长理事会的成员一般会根据议题的不同而更换。例如，讨论农业问题，就由农业部长参加，讨论运输问题则由运输部长做代表。1993年以前，部长理事会的决策机制采取的是一致通过，而后出现过多数票通过的例子，但是目前的绝大部分议题还是需要全体部长一致通过。

④ 欧洲议会。欧洲议会现有成员600多名，由各成员的公民直接选举生产。它是一个咨询机构，而非一般的立法机构。欧洲议会负责讨论欧洲委员会递交并由欧洲理事会转交的立法议案，并提出修改意见。不过，欧洲委员会、欧洲理事会和部长理事会不一定会采纳这些意见。

⑤ 欧洲法院。欧洲法院由来自各成员的一名法官组成，是欧盟法规的最高上诉法院。法官们必须独立行使职责，不受各国政府的单独管辖。

（3）欧盟的统一政策

欧盟统一大市场的基本特点是实现货物、服务、人员和资金的四大自由流动。具体而言，欧盟共同政策包括：农业、视听媒体、财政、竞争、消费者、文化、海关、发展与合作、经济与货币事务、教育与培训、就业与社会事务、能源、欧盟扩大、企业、环境、对外关系、区外贸易、反欺诈、食品安全、外国与安全政策、人道主义援助、人权问题、信息安全、体制事务、内部市场、公正自由与正义、海事与渔业、公共卫生、区域事务、研究与创新、税收、运输等 32 个方面。

就经济政策而言，可以从货物、服务、人员与资金的自由流动角度进行分类。

① 货物自由流动。欧盟统一海关制度，简化海关手续和商品原产地条例，执行统一的商品过境管理方案和统一的商品分类目录；制定统一的安全、卫生、检疫标准及统一的产品和技术标准；加强技术合作，实现科技一体化，以科技促进经济的发展；建立税务清算手续，统一增值税和消费税。这 4 个方面的措施降低了企业的交易成本，减少了政府的某些行政费用支出。

② 服务自由流动。各成员之间相互开放服务市场，允许各种职业者任意跨国界开业；各成员互相承认按各国法律建立起来的公司与企业，允许银行、证券交易、保险、租赁、运输、广播电视、通信和信息等服务业开展跨国服务，并在共同体内部发放统一的运营许可证；统一所得税，并制定统一的运输、服务价格和标准，以鼓励各国的工程技术人员自由流动。

③ 人员自由流动。欧盟各成员相互承认现有的立法和制度，消除国籍歧视，允许各国人员自由流动。各国都相互承认文凭和学历，提供均等的就业机会。

④ 资金自由流动。取消各成员之间对跨国界金融交易的限制，允许一国银行在其他成员设立分行，允许一国居民自由购买其他成员的债券和股票；放宽对其他成员企业在本国发行债券和股票的限制，取消对为买卖债券而获得商业信贷的限制。

专栏 10 - 1

2. 美洲的区域经济一体化

整体而言，美洲的区域经济一体化程度不如欧洲，其典型的经济一体化组织为北美自由贸易区、安第斯条约组织、南方共同市场和多米尼加-中美洲自由贸易区。

(1) 北美自由贸易区

1988 年 1 月 2 日，美国与加拿大签署自由贸易协定，并于 1989 年 1 月 1 日正式生效。1990 年美国与墨西哥进行有关两国自由贸易的磋商，1991 年 2 月加拿大参与谈判，三国开始就建立北美自由贸易区问题进行谈判。1992 年 12 月 17 日，《北美自由贸易协定》签署，并于 1994 年 1 月 1 日正式生效。按照章程的推进，所有剩余的关税和数量限制在 2008 年 1 月 1 日完全取消。

随着加拿大、美国与其他国家签署双边自由贸易协定，如 1996 年的加拿大-智利自由贸易协议、2004 年的智利-美国自由贸易协议、2006 年的美国-哥伦比亚自由贸易协议、2005 年的澳大利亚-美国自由贸易协议，NAFTA 也不断走向扩张的道路。

但是，北美自由贸易区自建立以来一直就存在不和谐的音符。与欧盟不同，北美自由贸易区是由发达国家美国、加拿大和发展中国家墨西哥组成，是一个垂直一体化组织。所以，当来自墨西哥的廉价劳动力取代美国的就业时，矛盾就非常突出。而对于墨西哥来说，廉价的美国农产品的输入导致墨西哥农民的利益受到严重的打击。因此，北美自由贸易区的发展历程不如欧盟那般顺畅。

专栏 10 - 2

2017 年美国政府曾提出考虑撤出北美自由贸易协定，但其后与加拿大和墨西哥协商后重启谈判，2020 年美墨加贸易协定签署。

（2）安第斯条约组织

1969 年，玻利维亚、智利、厄瓜多尔、哥伦比亚和秘鲁签署了《卡塔赫纳协定》，由此建立了安第斯条约组织。该协定规定，各成员进行内部关税的削减，统一对外关税和运输政策，实施共同的公共政策，以及对最小的成员玻利维亚和厄瓜多尔实施特惠政策。

在 20 世纪 80 年代，由于某些政治原因和经济原因，这一组织名存实亡，既没有无关税的贸易，也没有统一的对外关税，既没有共同的工业政策，也没有经济政策的协调。直到 1990 年，现在的成员玻利维亚、厄瓜多尔、秘鲁、哥伦比亚和委内瑞拉签署了《加拉帕哥斯宣言》，安第斯条约组织才真正得到启动。各国在宣言中称，其目标是在 1995 年建立共同市场。1994 年中期，安第斯条约组织成员才削减了内部关税，实行了统一对外关税，建立了关税同盟。

（3）南美共同市场（South American Common Market）

1991 年，阿根廷、巴西、乌拉圭和巴拉圭成立了南美共同市场，虽然名称为共同市场，但其实质仍然是一个关税同盟。南美共同市场对成员经济增长做出了积极的贡献。但是世界银行的一份报告指出，该区域集团的贸易转移效应超过了贸易创造效应。

（4）多米尼加-中美洲自由贸易区（DR-CAFTA）

2004 年 8 月 5 日，中美洲五国、多米尼加共和国与美国在华盛顿签订自由贸易协定，承诺增加贸易与投资、促进中美洲的经济增长、减少贫困。该协议于 2006 年对美国、萨尔瓦多、危地马拉、洪都拉斯和尼加拉瓜生效，2007 年 3 月 1 日对多米尼加生效，2009 年 1 月 1 日对哥斯达黎加生效。至此，多米尼加-中美洲自由贸易区建立。

2008 年 8 月 15 日，自由贸易区对纺织品协议进行了修订，包括原产地规则等，以保证纺织原料来自美国或是其他区内成员。

专栏 10 - 3

3. 亚洲的区域经济一体化

与欧洲和美洲的区域经济一体化过程不同，亚洲的区域经济一体化出现较晚。东南亚国家联盟出现得确实很早，但是它主要是一个政治联盟，在贸易领域只不过具有优惠贸易安排这种初级形式。东南亚自由贸易区是 2000 年以后才形成的。20 世纪 90 年代以后的亚太经济合作组织则只是一个潜在的自由贸易区雏形，而非实质上的区域经济一体化组织。南亚有由孟加拉国、印度、不丹、马尔代夫、尼泊尔、巴基斯坦、斯里兰卡等国家在 1985 年 12 月构建的南亚地区合作协会（SAARC）。2003 年，中东的沙特阿拉伯等海湾六国组建了海湾关税同盟。

（1）东南亚自由贸易区

东南亚国家联盟（Association of South East Asian Nations，ASEAN）（简称东盟）成立于 1969 年，成员包括文莱、印度尼西亚、老挝、马来西亚、缅甸、菲律宾、新加坡、泰国、越南和柬埔寨，其中老挝和越南是 20 世纪 90 年代加入的，柬埔寨是最近加入的。东盟建立之初主要是政治联盟，在经济上只是一个优惠贸易安排，目标只是促进成员之间的自由贸易和在产业政策之间进行合作。

自 1992 年开始，东盟意识到区域经济一体化的重要性，并着手计划建立较高层次的区域经济一体化组织，目标是在 2008 年建立东南亚自由贸易区。虽曾遭受东南亚金融危机的沉重打击，但孕育 10 年之久的东南亚自由贸易区仍在 2002 年 1 月 1 日正式启动，达到了

"在 2002 年之前将产品关税率降至 5% 以下"的目标。

东盟除大力推动区内自由贸易外，也在积极推动与亚太地区国家的自由贸易，建立了中国-东盟、东盟-日本、东盟-澳新、东盟-韩国、东盟-印度自由贸易区。

（2）亚太经合组织（APEC）

在澳大利亚的倡议下，亚太经合组织于 1990 年成立。到 2002 年，该组织拥有 21 个成员：澳大利亚、文莱、加拿大、智利、中国、中国香港、印度尼西亚、日本、韩国、墨西哥、马来西亚、新西兰、巴布亚新几内亚、秘鲁、菲律宾、俄罗斯、新加坡、中国台北、泰国、美国和越南。亚太经合组织每年召开一次部长级会议，自 1993 年以后，每年也召开领导人非正式会议，讨论本区域内的经济贸易合作问题。

目前亚太经合组织正在以下十大领域加强合作：贸易与投资数据处理、贸易促进、扩大投资和技术转让、人力资源开发、地区能源合作、海洋资源保护、旅游、通信、交通和渔业。从合作领域来看，亚太经合组织的目标不仅仅限于建立自由贸易区，而且还包括实现生产要素自由流动的经济一体化长期目标。

亚太经合组织的第一个贸易自由化目标是建立亚太自由贸易区，并在第二次非正式领导人会议上发表了《茂物宣言》，宣布了亚太经合组织的第一步长期目标：将加强亚太地区的经济合作，扩大乌拉圭回合的成果，以与关贸总协定原则相一致的方式，进一步减少相互间的贸易和投资壁垒，促进货物、服务和资本的自由流通。在宣言中明确要求，发达经济体不迟于 2010 年实现贸易和投资的自由化，发展中经济体不迟于 2020 年实现贸易和投资的自由化。

（3）中国参与区域经济一体化的情况

我国自 20 世纪 80 年代末 90 年代初以来，在经济一体化方面进行了不懈的探索和努力。根据商务部国际司的资料显示[①]，我国已经签署、正在谈判或计划进行谈判的区域贸易协议主要包括亚太经合组织（APEC）、亚欧会议（AESM）、亚太贸易协定、中国-毛里求斯、中国-马尔代夫、中国-格鲁吉亚、中国-澳大利亚、中国-韩国、中国-瑞士、中国-冰岛、中国-哥斯达黎加、中国-秘鲁、中国-新西兰、中国-新加坡、中国-智利、中国-巴基斯坦、中国-东盟、内地与港澳更紧密经贸关系安排、澜沧江-湄公河次区域开发合作[②]及其他。

专栏 10-4

10.2.4　WTO 对于区域经济一体化的关注

当 WTO 成员之间组成区域经济一体化组织时，对区域内实行贸易优惠措施，对区域外执行统一或不统一的贸易壁垒措施，这实际上违反了 WTO 的无歧视待遇原则。但是，WTO 秘书处 1995 年的一份研究报告指出："区域经济一体化进程和多边一体化进程在追求

---

①　http://fta.mofcom.gov.cn/.

②　次区域经济合作是指在边界由屏蔽效应向中介效应转化的过程中，毗邻国家在其边境接壤的地区的区域经济合作现象。边界的屏蔽效应表现在国家为保护其经济主权和发展民族工业上，往往以关税和非关税贸易壁垒在一定程度上限制贸易生产要素的流动。边界的中介效应是指边界作为国家间交往的中介，表现出一定的"过滤功能"，即边界对于有利于本国经济、社会发展的物质、信息的流动是开放的，而对于损害其社会、经济发展的物质、信息的流动则是封闭的（见李铁立．边界效应与跨边界次区域经济合作研究．北京：中国金融出版社，2005．）。

更加开放的贸易方面是互补的，而不是相互替代的"，所以 WTO 不仅允许区域经济一体化组织的存在，而且鼓励它的发展。对于区域性协议，部分明文接受，部分持包容态度，只规定这些协议不得针对区域协议之外的国家设置贸易壁垒，必须包含所有贸易，必须尽快朝关税同盟或自由贸易区迈进。

尽管 WTO 允许区域经济一体化的存在，但还是对它进行了一些必要的限制，包括：GATT 第 24 条的第 4～10 款规定了涉及货物贸易领域的关税同盟和自由贸易区的构成和运作；授权条款，指在发展中成员之间的货物贸易优惠安排；GATS 第 5 条规定了发达国家和发展中国家参与服务贸易一体化的要求。

例如，GATT 第 24 条第 5 款明确规定，不阻止关税同盟或自由贸易区的成立，也不应阻止建立关税同盟或自由贸易区所必需的临时协议，只要它们满足如下条件："对于关税同盟或建立关税同盟所必需的临时协议来说，针对非关税同盟成员的缔约方设置的关税和其他贸易措施整体上不超过在建立关税同盟或签订协议之前对这些成员的限制水平；对于自由贸易区或建立自由贸易区所必需的临时协议来说，针对非自由贸易区成员的缔约方设置的关税和其他贸易措施整体上不超过在建立自由贸易区或签订协议之前对这些成员的限制水平；临时协议应该包括建立关税同盟或自由贸易区的合理时间计划和安排。"简单来说，如果某一自由贸易区或关税同盟成立，那么优惠区域内所有贸易部门的关税和非关税壁垒都应该被削减或取消，而非区域内的 WTO 成员在与区域内成员之间的贸易不能比区域经济一体化成立之前限制得更严。对于一项建立区域经济一体化组织的协议而言，尽管 WTO 不阻止，但是规定了一个合理的期限，一般是 10 年，如果一项协议在 10 年内都未能成功地建立经济一体化组织，那么 WTO 就不承认它的合法性。

尽管 WTO 对区域经济一体化规定了一些条件，但是事实证明，对这些规定的解释却时常出现矛盾之处。而解释这些条文的具体含义则成为 WTO 区域贸易协议委员会的主要工作职责之一。自 1995 年起，对于某个贸易协议是否符合 WTO 的条款规定，区域贸易协议委员会从未给出过结论。随着 WTO 成员越来越多地加入区域经济一体化，区域经济一体化的合法性问题越来越突出，也十分棘手。所以，WTO 成员同意在多哈发展议程中对这个问题进行磋商，以找到解决之策。

10.3　区域经济一体化理论

作为动态过程的区域经济一体化本身就意味着对成员和对非成员给予不同的贸易待遇，因此建立区域经济一体化组织会导致资源在成员和非成员之间重新配置，贸易活动在成员与非成员之间重新划分，世界各国的福利也会随之出现变化。区域经济一体化对成员经济的所有影响，我们称之为区域经济一体化的经济效应，包括静态效应和动态效应两个方面。所谓静态效应，是指假定经济资源总量不变、技术水平给定，区域经济一体化组织对区域内国际贸易、经济发展及消费者福利的影响。所谓动态效应，则是指随着时间的推移，区域经济一体化给成员带来的长期的、动态的影响。

10.3.1　关税同盟理论

关税同盟理论（custom union theory）主要研究关税同盟对内取消关税和对外统一关税所引起的贸易变化，该理论在国际区域经济一体化理论中一直居于主导地位。关税同盟可以给参与国带来经济利益的观点在"二战"之前就已存在，早期理论认为：以比较利益为基础的自由贸易可扩大各国的经济利益，带来生产和消费的有益变化。关税同盟在区域内实行关税减免，从而趋向于自由贸易，这必然导致成员的福利增加，而对于整个世界来讲，福利也是增加的。

专栏 10 - 5

1950 年，在 Bhagwati、Krishna、Panagariya 编辑的《贸易集团》（*Trading Blocks*）一书中，美国经济学家雅各布·范纳撰写了《关税同盟问题》（*The Customs Union Issue*）一文，系统地提出了关税同盟理论。他认为，关税同盟可以产生贸易创造（trade creation）效应和贸易转移（trade diversion）效应，前者涉及在成员间从高成本的生产转向低成本生产，后者则涉及从低成本生产转向高成本生产。范纳提出，贸易创造可以提高本国的福利，贸易转移则减少本国的福利，这一区分构成了关税同盟福利分析的基础。Meade、Lipsey 等对关税同盟理论进行拓展，考虑了商品之间的替代性，即"消费效应"的存在，那么贸易转移效应也有可能提高本国福利[①]。随后，Cooper 从纯理论的角度探讨关税同盟的福利效应，Corden 则加入规模经济进行讨论，Bhagwati 及 Kirman 对这一理论进行了进一步阐述，Rizman 等人提出了三国两商品（3×2）模型，麦克米兰、麦克兰和劳埃德进行了总结和归纳。

关税同盟理论的核心在于揭示关税同盟中的关税减让对成员和非成员所带来的不同的经济效应，除了贸易创造和贸易转移两个主要效应外，经济一体化的静态效应还包括其他几个方面，如贸易扩大效应，以及关税同盟建立后，行政支出和走私的减少、集体谈判力量的增强等。

1. 关税同盟的静态效应

（1）贸易创造效应

范纳认为，关税同盟的贸易创造效应是指由关税同盟引起的产品来源地从资源耗费较高的本国生产者转移到资源耗费较低的成员的生产者[②]。这种原来不存在的贸易被创造出来，体现了经济走向按照自由贸易来配置资源，因此可以提高成员的福利水平。如果从全球的角度来看，福利水平同样也可以得到提高。

利用如下的简单例证，可以清楚地了解贸易创造对一国福利的影响。假设市场完全竞争，不存在规模经济，只存在国家 1、国家 2、国家 3，都生产同一种产品，只存在关税壁垒（假设其他贸易壁垒都关税化了），因此各国的产品售价等于本国产品的单位生产成本。国家 1 的产品售价 $P_1 = 35$ 美元，国家 2 的产品售价 $P_2 = 26$ 美元，国家 3 的产品售价 $P_3 = 20$ 美元。建立关税同盟前、后各国的产品价格与关税率的变化情况如表 10 - 4 所示。

---

① COOPER R N, JONSON H G. A new look of custom union. The economic journal, 1965, 75（300）.

② 类似的表述为：贸易创造是由于形成贸易集团而创造的新贸易量，因此而获得的福利即为贸易创造效果。

表 10 - 4　建立关税同盟前、后各国的产品价格与关税率的变化情况

国别	建立关税同盟之前		国家1、国家2两国建立关税同盟之后	
	国内价格 （美元/单位产品）	关税率	国内价格 （美元/单位产品）	关税率
1	35	100%	26	成员间：0%；对非成员：50%
2	26	50%	26	成员间：0%；对非成员：50%
3	20	0%	20	0%

从表 10 - 4 可以知道，在建立关税同盟之前，国家 3 具有该产品的绝对优势，按照古典国际贸易理论，当不存在贸易壁垒时，国家 3 应该出口该产品到国家 1 和国家 2。但是，由于国家 1、国家 2 两国存在较高的关税，所以三国之间不存在商品流动，每个国家都只能拘泥于国内市场进行资源配置，生产和销售产品。在国家 1、国家 2 两国建立关税同盟之后，在内部成员之间取消关税和其他非关税壁垒，对外统一执行 50% 的关税措施。因为国家 2 的产品价格（26 美元）低于国家 1 的（35 美元），也低于国家 3 的税后价格（30 美元），所以国家 2 的产品具备了绝对优势，国家 2 向国家 1 出口产品。这一贸易活动在关税同盟建立之前是不存在的，因此称之为贸易创造。

成立关税同盟后因取消贸易壁垒而增加的贸易，即为关税同盟的贸易创造效应。应用经济学的局部均衡分析方法，对贸易创造效应对进口国的福利影响进行分析，得到图 10 - 4。其中，S_1 为国家 1 的供应曲线，D_1 则是消费曲线。从数字与图形的分析中可以了解建立关税同盟之后，贸易创造效应给成员带来的经济影响，以及社会的净福利影响。

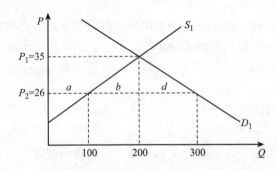

图 10 - 4　关税同盟对进口国·（国家 1）的贸易创造效应与社会福利[①]

从图 10 - 4 的数据来看，在组建关税同盟之前，国家 1 的市场价格是 $P_1 = 35$ 美元，国家 2 的市场价格是 $P_2 = 26$ 美元，根据前文的假设，因为 100% 关税的存在，所以二者间没有贸易往来。国家 1 的消费由本国生产供给，为 200 单位。在国家 1 和国家 2 组建关税同盟后，对内关税取消。因此，国家 1 从国家 2 进口的产品不再征收关税，国内市场价格从 $P_1 = 35$ 美元降低到 $P_2 = 26$ 美元，本国供给因为价格下降而减少，从 200 单位下降到 100 单位，本国需求因价格下降而增加，从 200 单位扩张到 300 单位。为满足本国的需求，国家 1 从国家 2 进口 200 单位（300－100），进口的 100 单位是替代本国原来的高成本生产，另 100 单位则是因为价格下降带来的消费扩张。

---

① 因为在本例中，国家 3 始终未进入国家 1 市场，因而在图中未出现。

因此，对于国家 1 来说，消费者因为价格下降而获得消费者剩余的增加（$a+b+d$），生产者剩余减少为 a，因此国家 1 净福利的增加是图 10-4 中的 b 与 d 之和，其中 b 是指生产扭曲减少带来的福利增加，等于（$200-100$）$\times$（$35-26$）$\times \frac{1}{2}=450$，d 是指消费扭曲减少带来的福利增加，等于（$300-200$）$\times$（$35-26$）$\times \frac{1}{2}=450$。新创造的贸易给进口国带来了 900 单位的福利增加。

（2）贸易转移效应

所谓贸易转移效应，是指产品来源地从资源耗费较低的非成员生产者转移到资源耗费较高的成员生产者[①]。贸易转移效应阻止了从外部低成本的进口，而以高成本的集团内部生产代替，违背了自由贸易的资源配置效率原则，使消费者的购买价格上升，造成福利损失。如果从全球的角度来看，生产资源的重新配置导致了生产效率的下降和生产成本的提高，从而导致全球福利水平的下降。

利用的简单例证，我们同样可以清楚地了解贸易转移的含义及其福利效应。假设市场完全竞争，不存在规模经济，只存在国家 1、国家 2、国家 3，都生产某一种产品，只存在关税壁垒（假设其他贸易壁垒都关税化了），因此各国的产品售价等于本国产品的单位生产成本。国家 1 的产品售价 $P_1=35$ 美元，国家 2 的产品售价 $P_2=26$ 美元，国家 3 的产品售价 $P_3=20$ 美元。建立关税同盟前、后各国的产品价格、关税率的变化情况如表 10-5 所示。

表 10-5 建立关税同盟前、后各国的产品价格与关税率的变化情况

国别	建立关税同盟之前		国家 1、国家 2 建立关税同盟之后	
	国内价格（美元/单位产品）	关税率	国内价格（美元/单位产品）	关税率
1	30[②]	50%	26	成员：0%；非成员：50%
2	26	75%	26	成员：0%；非成员：50%
3	20	0%	20	0%

在建立关税同盟之前，国家 3 具有该产品的绝对优势，而国家 1 的关税率为 50%，即使考虑关税的壁垒效应，国家 3 也具备出口优势，所以国家 3 向国家 1 出口。国家 2 因为存在 75% 的关税，考虑关税的影响，国家 2 和国家 3 之间、国家 1 和国家 2 之间是不存在贸易的。在国家 1 和国家 2 建立关税同盟之后，在内部成员之间取消关税和其他非关税壁垒，对外统一执行 50% 的关税措施。因为国家 3 加上关税负担后的产品价格是 30 美元，高于国家 2 的 26 美元，所以国家 3 丧失了绝对优势，原有的贸易受到了抑制。国家 1、国家 2 之间不存在贸易壁垒，因此国家 2 向国家 1 出口产品，这一贸易活动正是从原来国家 3 的出口转移而来的，因此称之为贸易转移。

如果应用经济学的局部均衡分析方法，可以将表 10-5 转化成图 10-5，其中 S_1 为国家

---

① 类似的表述为：贸易转移是从集团外部的出口商向集团伙伴国出口商转移的贸易量，因此损失的福利即贸易转移效果。

② 此时国家 1 的市场价格因为进口国家 3 的产品而下降，从 35 美元下降到 30 美元。

1 的供应曲线，D_1 则为其消费曲线，从数字与图形的分析中可以了解建立关税同盟之后，贸易转移效应给成员带来的经济影响及社会的净福利影响。

从图 10-5 中可以看出，在组建关税同盟之前，国家 1 对进口产品征收 50% 的关税后，若从国家 3 进口产品，则国内售价为 $P_3 \times (1+50\%) = 30$ 美元；若从国家 2 进口产品，则国内售价为 $P_2 \times (1+50\%) = 39$ 美元。所以，国家 1 只从国家 3 进口 200 单位（300－100）产品。在与国家 2 建立关税同盟后，对内取消关税，对外统一关税。国家 2 免税出口到国家 1 的价格（26 美元）低于从国家 3 进口后的价格（30 美元），因而国家 1 改从国家 2 进口。国家 1 的产品售价下降到 26 美元，导致本国供给从 100 单位下降到 50 单位，消费需求从 300 单位上升到 350 单位，需求缺口从 200 单位扩大到 300 单位（350－50），即国家 1 从国家 2 进口 300 单位产品。在国家 1 从国家 2 的进口中，200 单位（300－100）是从原来国家 3 的进口转移而来的，这就是关税同盟的贸易转移效应；另外有 50 单位（100－50）是国家 2 替代国家 1 的高成本生产的，剩下 50 单位（350－300）则是因价格下降而新创造的贸易（贸易创造效应）。

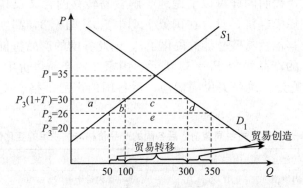

图 10-5 关税同盟对成员的贸易转移效应与社会福利

因此，对于国家 1 来说，其社会福利受到的影响仍旧可以从消费者、生产者和财政收入三个角度来分析，其中消费者剩余增加（$a+b+c+d$），生产者剩余下降（a），国家关税收收入减少（$c+e$，进口量与关税率之积）；国家 1 的净福利效应等于（$a+b+c+d$）$-a-c$ $-e = (b+d) - e$。其中 b 是指生产扭曲的减少，等于（100－50）×（30－26）×$\frac{1}{2} =$ 100，d 是指消费扭曲的减少，等于（350－300）×（30－26）×$\frac{1}{2} = 100$，e 是指国家 1 关税的净减少，$e = $（300－100）×（26－20）= 1 200。所以国家 1 因为加入关税同盟而遭受整体福利下降 1 000 单位。

综合而言，从图 10-5 来看，对于国家 1 来说，当同时存在贸易创造效应和贸易转移效应时，贸易创造效应带来了（$b+d$）的福利增加，贸易转移效应则带来 e 的福利减少，因此关税同盟的关税减让带来的净福利效应取决于贸易创造效应与贸易转移效应二者的大小。

从贸易创造效应和贸易转移效应的分析来看，关税同盟以两种相反的方式影响成员的贸易和福利。如果贸易创造效应与贸易转移效应同时存在，那么成员的价格越接近低成本的世界市场价格，关税同盟对该成员的福利影响越可能为正。换句话说，此时的贸易创造效应带来的福利水平提高将大于贸易转移效应带来的福利水平下降。根据关税同盟理论可以得出如下结论：当贸易创造效应大于贸易转移效应时，关税同盟才可能出现，否则不应该建立关税同盟。另外，由于国家 1 从低价的区外成员的进口（$P_3 = 20$ 美元）转向了区内的相对高价成员（$P_2 = 26$ 美元）的进口，因此贸易条件恶化。

（3）贸易扩大效应

在前面分析关税同盟的经济影响时，只是讨论了一国加入关税同盟前后作为进口方而受到的福利影响。进口量的增加会给进口国带来贸易收支问题。在现实中，一国参加关税同盟不仅能带来一定的商品进口量的增加，还会带来出口的增加，对于一个希望参加关税同盟的国家（特别是小国）而言，它的加入往往并非看重该关税同盟能给它带来多少进口的好处，更多是看重其产品出口市场的扩大、贸易的扩大及因此获得更多的福利，并解决贸易收支问题。

（4）其他静态效应

区域经济一体化对成员的静态效应还包括一些制度方面的影响。首先，由于区域内关税的取消，负责监督越境产品和服务的海关人员可以减少，相应的某些海关也可以取消，由此带来整个行政费用和管理成本的下降。其次，与单个成员过去所能获得的平均贸易条件相比，整个区域经济集团的整体谈判力量使其贸易条件得到改善。最后，成员在同世界其他国家进行贸易谈判时，也比依靠自身力量谈判拥有更大的讨价还价能力。

2. 关税同盟的动态效应

从性质上来说，关税同盟（其他的区域经济一体化组织也如此）对成员的福利影响都不是静态的，因为它影响着成员的长期经济增长，因此会产生动态效应。

（1）获得规模经济效应

所谓规模经济效应，是指当企业的规模扩大到一定程度时，企业的单位产品成本出现下降，报酬增加。获准进入更大的市场有可能使成员在特定出口产品上获得规模经济。这些规模经济可能来自因生产企业的规模扩大而带来的内部规模经济，也可能来自企业外部经济条件的变化带来的投入品成本的下降。这些规模经济效应都来源于区域经济一体化所带来的市场扩张。

从对产业内贸易理论的分析来看，规模经济效应是产生国际产业内贸易的主要原因之一。因为规模经济效应的存在导致企业对某种产品的专业化生产，由此而形成大规模的产业内贸易。欧盟在钢铁、汽车、制鞋和炼铜等产品的生产中获得的显著规模经济足以说明这一效应的存在。

（2）加强市场竞争，推动利益增长

降低进口的贸易壁垒能够带来更具有竞争性的经营环境，并且可能会削弱区域经济一体化组织建立之前存在的市场垄断力量。而竞争会促使企业进行机构改组、产业升级、管理更新和推动新技术的应用，促进生产率的提高和社会利益的增加。

对欧共体的研究表明，竞争加强是区域经济一体化对欧共体最重要的影响。区域经济一体化组织建立之后，实现了商品和生产要素的自由流动，使各国企业面临空前激烈的竞争，从而刺激劳动生产率的提高和成本的下降，并刺激新技术的开发和利用。

但是，竞争加剧带来的另一个后果是：在与区外企业竞争时，区域内的企业为了获得竞争优势而进行区域内的合并，有可能重新出现垄断行为。

（3）刺激投资

通过贸易协议的约束，区域经济一体化组织内的市场规模得到扩大，投资环境得到改善，这一点对区域内、外的企业都具有投资吸引力。首先，区域经济一体化组织内部的企业为了应付市场的扩大和竞争的加剧，必须增加投资，以更新设备，开发和利用新技术，扩大生产规模。其次，由于成员减少从非成员的进口，迫使非成员的企业为了避免贸易转移的消极影响而到成员进行投资，以避开贸易壁垒。例如，美国经济学家 Magnus Blomstrom 在对北美自由贸易区和南方共同市场进行研究后得出的结论是：区域经济一体化带来的环境变动越大，单个国家或产业的区位优势越明显，一体化协议就越可能导致 FDI 从区域外国家或其他成员流入该国。

不过也有经济学家指出，区域经济一体化组织的贸易创造效应会影响一些产业的投资减少，而且外资的投入会减少本国的投资机会。同时，因为存在经济发展水平差异，有可能产生资本移动的"马太效应"，即投资涌向经济发达地区，而落后地区的投资不仅会减少，而且固有的投资也可能会流失。所以，区域经济一体化对投资的促进作用可能会出现一些偏差。

10.3.2 自由贸易区理论

自由贸易区是经济一体化最基本的形式，在一定程度上，自由贸易区是比关税同盟更为现实的一体化形式。与关税同盟相比，自由贸易区有以下两个显著特征：自由贸易区成员在实行内部自由贸易的同时，对外不实行统一的关税和贸易政策，内部的财政政策、金融政策和经济政策的协调程度也很低；实行严格的原产地规则，只有原产于区域内的产品才能自由地进行贸易，目的在于限制由于成员的关税差异而从关税最低国进口后再在区域内转销的贸易偏移（trade deflection）。为明确区分原产自区内、区外的商品，防止区外的商品冒充区内的商品避税，自由贸易区需要指定统一的原产地规则。自由贸易区的原产地规则是非常严格的，一般规定只有商品在自由贸易区内增值 50％以上才能享受免税待遇，有的商品甚至被规定只有在自由贸易区内增值 60％以上才能享受免税待遇，或是在加工工序上做非常苛刻的规定。

彼得·罗布森在《经济一体化的经济学》中对关税同盟和自由贸易区的理论进行了总结，他将关税同盟理论应用于自由贸易区，提出了专门的自由贸易区理论。与关税同盟的情况一样，自由贸易区也可以有贸易创造效应和贸易转移效应，但在实际运作中存在差异。

1. 单个国家角度的自由贸易区经济效应

假设两个国家，D 国和 F 国。在某种产品的生产上，D 国的效率比 F 国低。这两个国家对该产品的进口各自实施不同的关税：D 国实施非禁止性关税，F 国实施禁止性关税。D_d 为 D 国的需求曲线，S_d 为 D 国的供应曲线。S_{d+f} 为 D 国和 F 国的全部供应曲线。P_d 是 D 国加入自由贸易区前的国内价格，P_w（$< P_d$）是国际市场价格，P_{FTA} 是两国组成自由贸易区后的区内价格，如图 10-6 所示。

D 国在加入自由贸易区前，从世界市场以价格 P_w 进口产品，征收 $P_w P_d$ 的关税后，国内价格为 P_d，其国内生产供应为 S_0，需求为 D_0，进口数量为 $S_0 D_0$。D 国和 F 国组成自由贸易区后，启用原产地原则以避免世界其他地区的商品通过 F 国流向 D 国。在 D 国和 F 国市场之间，只有原产于区内的产品才能享受免税流动的待遇。这种差别待遇可能会引起原产于区内产品和区外产品之间的价格差异。只要整个自由贸易区仍为净进口方，则在 D 国原

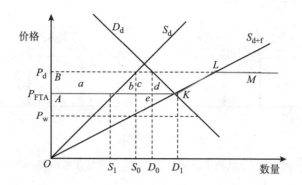

图 10-6　从单个国家的角度看自由贸易区的经济效应

产于区内的产品价格就不会下降到 P_{FTA} 以下，同时也不会超过 P_d。从 D 国来看，包括区内和区外产品的有效供给曲线是 $AKLM$（该曲线与 D 国的需求曲线 D_d 一起决定了区内价格 P_{FTA}。在 P_{FTA} 价格水平上，D 国的生产供应为 S_1，消费需求为 D_1，从 F 国进口 $S_1 D_1$ 数量的产品。其中，$S_1 S_0$ 和 $D_1 D_0$ 是贸易创造的结果，$S_0 D_0$ 是贸易转移的结果。

需要说明的是，F 国国内价格始终在 P_{FTA} 以下。如果 F 国的全部生产供应能够满足 D 国的进口需求，P_{FTA} 就与 F 国的国内价格相同。若不然，P_{FTA} 就会高于 F 国国内价格，以实现 F 国出口供应和 D 国进口需求的平衡。那么，F 国向 D 国出口后，其国内需求如何得到满足呢？F 国的做法是从外部进口来满足国内需求。这种贸易流向就是所谓的"贸易偏转"，原产地规则对此是无能为力的。

D 国加入自由贸易区后，因为国内价格下降，消费者剩余增加 $a+b+c+d$，生产者剩余减少 a，关税收入减少 $c+e$，该国的净福利效应等于 $(a+b+c+d)-a-(c+e)$，即 $(b+d)-e$。若 $(b+d)>e$，则 D 国的社会净福利增加；反之，D 国的社会净福利减少。因此，自由贸易区给 D 国带来的福利变化是不确定的。

因为 d 的大小与 D 国的需求曲线弹性密切相关，b 的大小与 D 国的供给曲线弹性密切相关，所以 D 国加入自由贸易区的贸易效应和福利效应也与此密切相关。若 D 国的需求曲线弹性变小，则与总供给曲线的交点上移，使得区内价格高于 P_{FTA}，该价格将更接近上限 P_d，由此导致 $(b+d)$ 下降，即该国的社会净福利下降。

2. 从两个国家的角度看自由贸易区的影响

如图 10-7 所示，假设 D 国和 F 国有相似的需求条件，但是 D 国的生产效率相对低下，而 F 国的供给曲线较有弹性，当产量超过 Q_2^F 时，其价格高于世界市场价格 P_w。

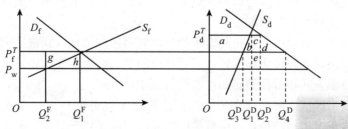

（a）自由贸易区

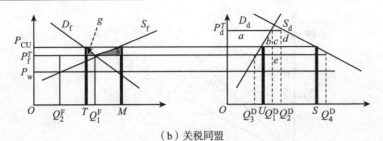

（b）关税同盟

图 10-7　从两个国家的角度看自由贸易区的福利效应

自由贸易区建成之前，F 国在 P_f^T 的价格水平下生产并消费数量为 Q_1^F 的商品，该国关税排除所有的进口。D 国生产 Q_1^D 而消费 Q_2^D，其差额部分则以价格 P_w 从成本最低的来源进口，也就是从世界其他地区进口。D 国的关税收入为 $c+e$。如果 D 国和 F 国组成自由贸易区，如图 10-7（a）所示，价格为 P_f^T 的区内供给（$Q_1^F+Q_3^D$）显然小于该价格水平下的区内需求（$Q_1^F+Q_4^D$），但是其差额 $Q_3^D Q_4^D$ 却小于该价格水平下 F 国的供给能力。在自由贸易区内，由于排除了成本最低的供给来源，F 国将以价格 P_f^T 供给 D 国市场 $Q_3^D Q_4^D$（$=Q_1^F Q_2^F$）数量的产品，剩下相当于 Q_2^F 数量的产品留给国内市场，F 国过剩需求（$Q_1^F Q_2^F$）则以价格 P_w 从世界其他地区进口。此时，一体化之后自由贸易区内存在单一的均衡价格，这一价格水平等于建立自由贸易区之前两个成员价格中较低的那个价格。

但是，在 D 国，自由贸易区的生产效应（图 10-7(a)中的 b 部分）加上消费效应（图 10-7(a)中的 d 部分），将超过贸易转移（图 10-7(a)中的 e 部分），即 $b+d>e$ 或者 $(b+d)-e>0$，也就是说 D 国因为加入自由贸易区而获得净福利的增加。在 F 国，生产和消费的数量与以前一样，价格水平也相同，但是政府将增加 $g+h$ 的关税收入，这意味着 F 国国民收入的增加。就世界其他地区而言，其出口显然比以前增大了（$Q_3^D Q_4^D>Q_1^D Q_2^D$）。由此可见，自由贸易区意味着两国的经济状况都将改善，而且世界其他地区的经济状况也很可能有所改善。

若 D 国与 F 国组成关税同盟，其结果就有差异。如图 10-7（b）所示，均衡价格将是区内供求相等时（$TM=US$）的 P_{CU}。而且，就 D 国而言，其净福利效应仍为（$b+d$）$-e$，但贸易创造效应小于自由贸易区中的情形，贸易转移效应（关税收入的减少）则扩大。

对 F 国而言，在关税同盟情况下，F 国消费者将承受以 g 来表示的消费损失。尽管其生产者会得到净收益，但是仍将出现以 h 表示的负生产效应。而在自由贸易区情况下，该国不存在任何生产和消费效应的损失，但政府关税收入比关税同盟使 F 国增加的净收益还要多。不仅如此，在关税同盟情形下，与世界其他地区的贸易将被转向关税同盟其他成员，而在自由贸易区情形下，这种贸易却增加。

考虑到上述因素，可以得出关税同盟不如自由贸易区的结论，其根本原因在于自由贸易区的原产地规则无法阻止间接贸易偏转。需要补充的是，如果存在运输成本，则自由贸易区成员地理位置越分散，间接贸易偏转的可能性就越小。

当考虑自由贸易区区内产品存在价格差异且 F 国无力满足 D 国的需求时，尽管分析图形有些差异，但是仍可得出结论：自由贸易区的经济效应要优于关税同盟。

10.3.3 协议性国际分工原理

多数国际区域经济一体化的分工原理都借用比较优势原理来解释，但是日本学者小岛清却提出质疑：仅靠比较优势原理作为竞争源能实现规模经济的好处吗？完全放任这一原理，是否会导致以各国为单位的企业集中和垄断，从而导致各国同质化严重或产业向某个国家积聚的现象呢？况且传统的国际分工理论是以长期成本递增和规模报酬递减为基础的，而没有考虑长期成本递减（及成本不变）和规模报酬递增。但事实证明，成本递减是一种普遍现象，国际区域经济一体化的目的就是通过大市场化来实现规模经济，这实际上也就是长期成本递减的问题。为了说明这个问题，小岛清提出了协议性国际分工原理。

协议性分工原理的内容是：在实行分工之前两国都分别生产两种产品，但由于市场狭小，导致产量很小，成本很高，两国经过协议性分工以后，各自生产其中一种产品，从而导致市场规模扩大，产量增加，成本下降，两国都享受到了规模经济的好处。下面用图 10-8来加以说明。

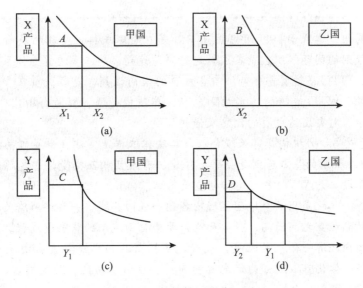

图 10-8 协议性国际分工原理

在实行分工之前，甲国和乙国都分别生产 X、Y 两种产品，A、B 分别表示甲国和乙国生产 X 产品的成本，C、D 分别表示甲国和乙国生产 Y 产品的成本。由图 10-8可知，由于两国国内市场有限，X 产品和 Y 产品的产量很小，从而导致生产成本很高。现在两国经过协商，实行协议性分工。假设 X 产品全由甲国生产，乙国把 X_2 数量的国内市场提供给甲国；同时，Y 产品全部由乙国生产，甲国把 Y_1 数量的国内市场提供给乙国。经过上述分工之后，由于市场规模的扩大，两种产品的生产成本均明显下降，达到了规模报酬递增的效果。

尽管协议各国都享受到了规模经济的好处，但是要使协议性分工取得成功，必须满足以下 3 个条件。

① 实行协议性分工的两个（或多个）国家的要素比率没有较大差别，工业化水平等经济发展阶段大致相同，协议性分工对象的商品在各国都能进行生产。

② 作为协议性分工对象的商品，必须是能够获得规模经济效益的商品。

③ 对于参与协议性分工的国家来说，生产任何一种协议性商品的成本和差别都不大，否则就不易达成协议。

因此，成功的协议性分工必须在同等发展阶段的国家建立，而不能建立在工业国与初级产品生产国之间；同时，发达国家之间可进行协议性分工的商品范围较广，因而利益也较大。另外，生活水平和文化等方面互相接近的国家和地区容易达成协议，并且容易保证相互需求的均等增长。

但是也有学者认为，通过协议性分工获取规模效益也不是绝对的，因为在区域内企业生产规模已经达到最优的情况下，因国际区域经济一体化组织的建立导致生产规模的再扩大反而会因平均成本的上升而出现规模报酬递减。

本章要点

世界贸易组织建立于 1995 年 1 月 1 日，是在全球或接近全球的层面上处理国与国之间贸易规则的国际组织，是各成员进行贸易谈判、建立多边贸易体系规则和解决争端的场所。WTO 多边贸易体制源自各成员的磋商谈判，是各成员在 WTO 进行多边博弈的结果。WTO 秉持的基本原则包括：非歧视待遇、贸易自由化、可预见性、鼓励公平竞争、对欠发达成员的优惠及保护环境。

WTO 的最高权力机构是部长级会议，其法律依据是《建立世界贸易组织协定》，WTO 争端解决机制的基本原则是公平、快速、有效且相互接受，它是解决国际贸易争端的重要手段，是 WTO 良好运行的重要保障。

区域经济一体化是指一个地理区域内各国一致同意减少并最终消除关税和非关税壁垒，以便做到相互之间商品、服务和生产要素自由流动的状态或过程。

依据区域内经济一体化的程度，或者说依据商品和生产要素自由流动程度的差异，区域经济一体化可以划分为优惠贸易安排、自由贸易区、关税同盟、共同市场、经济同盟和完全经济一体化。

WTO 允许区域经济一体化组织的存在，而且鼓励它的发展。对于区域性协议，部分明文接受，部分持包容态度，只规定这些协议不得针对区域协议之外的国家设置贸易壁垒，必须包含所有贸易，必须尽快朝关税同盟或自由贸易区迈进。

关税同盟理论的代表人物是雅各布·范纳和理查德·利普西，他们提出关税同盟最主要的静态经济效应是贸易创造效应和贸易转移效应。自由贸易区理论的主要代表人物是罗布森，他提出自由贸易区也可以有贸易创造效应和贸易转移效应，但与关税同盟的这两种效应在实际运作中存在差异。

复习思考题

一、名词解释

关税与贸易总协定　世界贸易组织　最惠国待遇　国民待遇　乌拉圭回合　非歧视待遇原则　贸易争端解决机制　区域经济一体化　自由贸易区　关税同盟　贸易创造效应　贸易转移效应

二、简答题

1. 简述世界贸易组织的宗旨、基本原则和职能。
2. 简要分析 WTO 与 GATT 的区别与联系。
3. 试述多哈回合的主要议题、内容与最新进展。
4. 简述自由贸易区、关税同盟和共同市场的共同之处和区别。
5. 区域经济一体化对国际贸易有哪些影响？
6. 区域贸易协定对成员的国民福利产生怎样的影响？
7. 简述关税同盟的静态效应。
8. 简述关税同盟的动态效应。

三、计算题

一个小国以世界市场价格 10 元/袋进口花生。它的国内需求曲线是 $D=400-10P$，供给曲线是 $S=50+5P$。

（1）计算自由贸易时它的进口量。

（2）如果它征收每袋 50% 的进口关税，它的国内价格和进口量分别是多少？

（3）如果它与邻国结成关税同盟，相互取消关税，但对外关税不变，其邻国以每袋 12 元的价格向它出口花生，关税同盟建立之后该国花生的国内价格和进口量各是多少？贸易转移效应和贸易创造效应有多大？

四、论述题

1. 收集整理资料，论述当前 WTO 面临哪些挑战。
2. 收集整理资料，说明在 WTO 改革中中国应该持有的立场。
3. 试分析贸易创造效应与贸易转移效应是如何产生的，以及影响其产生的因素。
4. 收集整理资料，说明区域贸易协议的谈判与签署对中国对外开放的重要性。

第11章

国际要素流动与国际贸易

国际贸易理论一般假定生产要素在国家间不能流动。但随着经济全球化的发展，生产要素的跨国流动不仅客观存在，而且通过改变各国的经济结构而对贸易模式和贸易量产生很大的影响。另外，生产要素的国际流动本身会对各国生产要素市场的供给、需求和社会福利产生影响。本章将对有关问题加以分析。

11.1　国际要素流动

不同生产要素的流动性是不一样的。例如，土地根本不能流动；自然资源的流动性较差；劳动力受各国有关移民政策的限制，跨国流动比较困难；资本在进入 20 世纪 80 年代以来，由于各国对外国直接投资持欢迎态度，其跨国流动比较便利。本节着重分析劳动力和资本跨国流动的影响。

11.1.1　国际劳动力流动的福利变动分析

以墨西哥和美国为例说明国际劳动力流动的影响。假设墨西哥代表劳动力充裕、人均收入低的国家，美国代表资本充裕、人均收入高的国家，两国生产大米和钢铁两种商品。在允许国家间劳动力流动之前，墨西哥的大米（劳动密集型产品）具有比较优势，因此出口大米，进口钢铁；美国相反，钢铁（资本密集型产品）有比较优势，因此出口钢铁，进口大米。

如果允许劳动力跨国自由流动，墨西哥的劳动力就会流向美国，从而造成墨西哥劳动力减少。在图 11-1 中，横坐标表示劳动力数量，纵坐标是工资，即劳动力的价格。S_L 是劳动力的供给曲线，工资越高愿意工作的人越多或时间越长，反之则减少。D_L 是劳动力的需求曲线，劳动力的需求由厂商决定。一般来说，工资越高，厂商愿意并有能力雇用的人数就越少，反之就增加。

劳动力的价格是由劳动力市场的供求关系决定的。两国劳动力允许流动之前，墨西哥的工资由于劳动力供给相对充裕而较低，假设相当于每小时 1 美元，美国的工资则因为劳动力的相对稀缺而较高，假定为每小时 5 美元。如果两国都放宽移民政策，墨西哥的劳动力就会流向美国，假定为 100 人。结果是，墨西哥的劳动力减少，供给曲线内移，而美国劳动力的

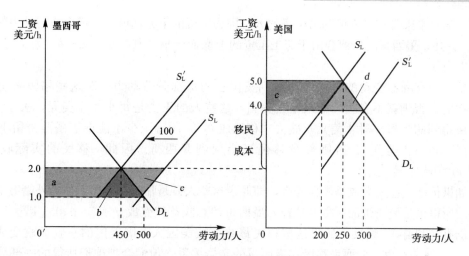

图 11-1　国际劳动力流动的利益变动

供给增加，供给曲线外移。在墨西哥，新的劳动力供给曲线（S_L'）表示的只是留在墨西哥的劳动力，美国的新劳动力供给曲线（S_L'）则包括了美国原有的劳动力和从墨西哥来的移民。在劳动力需求不变的情况下，这种移民的结果是：墨西哥工人的工资上升了，美国工人的工资下降了。

理论上讲，假设劳动力完全自由流动，移民完全没有代价，则墨西哥的劳动力会一直不断地向美国迁移。于是，墨西哥剩下来的劳动力的工资会越来越高，美国工人的工资则越来越低，以至于最后两国的工资相等。这时，墨西哥劳工没有了高工资的引诱而不再向美国流动，劳动力的流动就会停下来，从而两国的劳动力市场就会稳定下来。

但事实上两国工资完全相等的情况不大可能出现，因为即使在完全自由的劳动力流动政策（如在欧洲共同体内）下，仍然会有一个移民成本的问题，从而造成两国工资不等。因为对于移民来说，文化的差异、语言的障碍、背井离乡的痛苦、可能存在的种族歧视，都是必须付出的代价。因此，自由移民的结果不是两国的工资相等，而是美国劳工的工资等于墨西哥劳工的工资加上移民成本（或代价）。在上述墨西哥和美国的例子中，如果移民成本用工资来衡量是每小时 2 美元，则当墨西哥的工资上升到与美国的工资只差每小时 2 美元时，移民就会停止。在新的劳动力市场均衡点上，墨西哥实际就业人数是 450 人，工资水平是每小时 2 美元。美国的实际就业水平是 300 人，其中 100 人是墨西哥移民，200 人是美国工人。在没有发生移民时，美国的就业人数是 250 人，墨西哥移民使得美国劳工工资下降，一部分美国劳工（50 人）因工资下降而不愿继续工作。在墨西哥，由于一部分人移民国外，造成国内劳动力市场的相对短缺，引起工资上升，一些本来不工作的人也进入劳动力市场。因此，虽然走了 100 人，而最终就业人数是 450 人，只比原来少了 50 人。

现在来看劳动力流动给美国带来的利益和损失。美国由于接了大量移民，使全国同类工人的工资降低，一部分人甚至退出了劳动力市场，因此美国工人的损失应是面积 c。另外，由于工资降低，厂商受益，既可支付较低工资，又可雇用更多的人工作，其收益是 $c+d$，厂商收益大于工人损失。从整个国家角度来说，美国的纯收益是 d，得益于来自墨西哥的移民。

接下来看劳动力流动给墨西哥带来的利益和损失。墨西哥剩下的劳动力得到较高的工资，一部分本来没有进入劳动力市场的人也因为工资的上升而就业，墨西哥劳动力的总收益是 a。另外，墨西哥的厂商会由于劳工工资的上涨而受损，其损失为 $a+b$，大于劳工收益，纯损失为 b。

另一个有利益变动的是从墨西哥到美国去的那部分劳动力。对这些移民来说，一定是得益的，否则就不会去。如果不去美国，这些人的工资是每小时 1 美元，去了美国后，他们所得到的是每小时 4 美元，减去"移民成本"，所得至少不能低于墨西哥留下来的工人所得工资（2 美元），否则部分移民又会回到墨西哥。因此，移民的实际收益至少是 $b+e$。

如果仍把这些人看成是墨西哥人，即假定这些人只是临时在美国工作的外籍劳工，那么他们的所得也是墨西哥的所得。这样，墨西哥的总收益就变成 $a+(b+e)$。减去厂商损失后，仍有纯利益 e。相反，如果这些移民最终变成美国人，则美国的总收益就变成了 $d+(b+e)$。但是，由于墨西哥移民在墨西哥的亲属关系，他们会把他们所得的一部分汇回墨西哥，那么墨西哥的损失会小于 b，美国的收益会小于 $d+(b+e)$。

实际上，各国移民汇给国内亲属和朋友的资金是相当可观的。国际移民组织（international organization for migration，IOM）发布的《世界移民报告 2018》显示，近几十年侨汇总体处于增长态势，从 2000 年的 1 260 亿美元增长到 2016 年的 5 750 亿美元。《世界移民报告 2020》显示，国际汇款在 2018 年增至 6 890 亿美元，汇款接收国中，墨西哥排第三名。

当然，如果墨西哥移民从此与输出国没有联系，一分钱也不汇回，那么在本例中墨西哥的损失是 b，而美国的收益则等于 $d+b+e$，其绝对值大于墨西哥的损失。两者加起来，仍有相当于 $d+e$ 的净收益。因此，从整个世界范围来看，劳动力的自由流动如同自由贸易一样，提高了资源的有效利用，整个世界总体上获得收益。

除了通过劳动力市场的供求变化对贸易和社会福利产生影响以外，移民还会附带很多其他的成本和收益。

（1）财政影响

移民在接收国获得国防、治安及公立教育等公共服务的同时承担相应的公民义务，包括缴纳所得税、销售税、财产税（直接或间接征收）等，而移民与输出国的其他权利与义务关系，诸如失业保险、社会保险及一般福利支出等转移支付的种种权利，也随之转移。对于移民而言，从总体上来看，移民的净收益应该是提高的，否则他们不会轻易移民；对于移民输出国来说，移民造成净财政损失的可能性增大；对于移民接收国来说，移民作为一个整体，往往会给移民接收国带来一定的净财政收益。

（2）人才流失

对于发展中国家来说，向外移民往往伴随着人才流失。这些移居国外的人不仅仅只是普通的劳动力，其中很大一部分是这些发展中国家需要的人才。当然，从长远来看，发展中国家也存在人才回流的可能性。一旦发展中国家的经济和政治体制有利于发挥企业家和高级专门人才的才能，这些国家的经济发展出现很多机会，许多移居国外的人才就会回到自己的祖国，成为这些国家经济增长和科技发展的重要力量。20 世纪 50 年代至 60 年代，许多人从韩国和我国台湾、香港等地留学和移居国外，80 年代以后则大量回归。我国内地从 80 年代开始每年有大量留学生和移民出国，但从 90 年代中期起也逐渐出现了大批科学技术人才回国创业和从事科研教学的热潮，归国人员已成为中国走向世界和赶超发达国家不可缺少的人力资源。

（3）知识收益

新移民的到来也带来了知识，而且无论是商业关系、食品烹饪、艺术才能、务农经验还是其他专门技术，都具有相当的价值。移民所具有的知识带来的经济收益不仅为移民自身和其劳务购买者分享，同时也会传播给移民接收国的其他居民，从而直接或间接地帮助他们提高收入水平。

（4）拥挤成本

像任何其他人口增长一样，移民可能带来与人口拥挤相关的种种外在成本——过多的噪声、冲突与犯罪。例如美国加利福尼亚、佛罗里达、新泽西等移民较多的州，经常起诉美国联邦政府没有有效控制移民人口而造成这些地方的拥挤和过多的财政负担。

（5）社会摩擦

对移民来说，在陌生的国家生活，除了离乡背井、远别亲朋，也许还不得不忍受其他人的敌视、偏见和刁难。接收移民较多的国家往往存在种族歧视和种族冲突问题。对移民自由的各种限制，如 19 世纪末 20 世纪初美国对亚洲移民入境的全面限制，以及 20 世纪 60 年代以来英国对许多英联邦国家入境免签特权的撤销，主要就是对移居入境民族的一些偏见造成的，也反映了新移民与接收国原有的主要民族之间的社会摩擦程度。

11.1.2　国际资本流动的经济效应

下面用由麦克杜格尔（G. D. A. Mac-Dougall）提出、经肯普（M. C. Kemp）发展而成的国际资本流动的一般理论模型来分析国际资本流动的经济效应。

麦克杜格尔和肯普认为，如果国家间不存在限制资本流动的因素，资本就会由资本丰裕的国家流向资本稀缺的国家，因为资本丰裕国家的资本价格（资本的边际生产力）低于资本稀缺国家的资本价格。资本跨国流动的结果是各国资本的价格趋于均等，世界资源的利用率提高，世界总产量和各国的福利增加。下面用图 11-2 来加以说明。

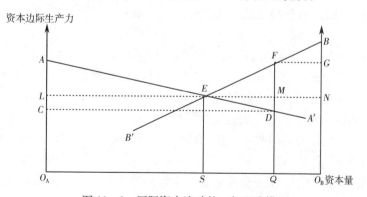

图 11-2　国际资本流动的一般理论模型

假定世界由资本输出国（A 国）和资本输入国（B 国）组成。各国在封闭的经济条件下，存在充分的竞争，资本的价格由资本的边际生产力决定。由于边际生产力递减，资本丰裕的输出国的资本边际生产力低于资本输入国，在图 11-2 中，即 A 国的资本边际生产力低于 B 国的资本边际生产力。

在图 11-2 中，横轴代表资本量，纵轴代表资本边际生产力。O_A 为资本输出国 A 国的原点，$O_A Q$ 为 A 国拥有的资本量，AA' 为 A 国的资本边际生产力曲线；O_B 为资本输入国 B 国的原点，$O_B Q$ 为 B 国拥有的资本量，BB' 为 B 国的资本边际生产力曲线。$O_A O_B$ 是世界资本总量。

资本跨国流动前，A 国使用 $O_A Q$ 的资本，生产总量为 $O_A ADQ$，资本的价格为 $O_A C$；B 国使用 $O_B Q$ 的资本，生产总量为 $O_B BFQ$，资本的价格为 $O_B G$。显然，A 国的资本价格低于 B 国的资本价格。现在允许资本在国家间自由流动，A 国的资本便会流向 B 国，直到两国的资本价格相等（即 $O_A L = O_B N$）时才会停止。在这一过程中，有 SQ 的资本从 A 国流入 B 国，最终导致两国的资本价格趋于相等，即它们的资本价格最后等于 ES。

资本流动的结果是，A 国的生产量变为 $O_A AES$，B 国的生产量变为 $O_B BES$。与资本流动前的世界总产量 $O_A ADQ + O_B BFQ$ 相比，世界总产量增加了三角形 DEF 部分。这表明，资本国际流动有利于增进全世界的产量。世界总产量的增加来自生产资源在世界范围内的优化配置。

对于向外输出资本的 A 国来说，其国内产量因对外投资而减少了 $ESQD$，但其国民收入增加了。因为 A 国在国内产量减少的同时，获得了 $ESQM$ 的对外投资总收益（对外投资量乘以资本的边际生产力）。只要对外投资收益大于因国内生产缩减而损失的收入，A 国的国民收入就会增加。在图 11-2 中，A 国的收入净增加了三角形 EMD。

而对于输入资本的 B 国来说，由于使用了 QS 部分的外资，其总资本量增加了 $ESQF$ 部分。其中 $ESQM$ 作为外资收益支付给了 A 国，EMF 部分是 B 国国民收入的净增加量。

由此可见，资本的国际流动使资本输出国 A 和资本输入国 B 同时分享了世界总产量增加所带来的利益。不过，资本国际流动对 A、B 两国不同要素的所有者的影响是不同的。对于 A 国来说，资本所有者因资本输出带来的资本价格提高而增加了收入，而劳工则因国内生产、就业的减少而减少了收入。在图 11-2 中，A 国资本的收入在资本流动前为 $O_A CDQ$，流动后为 $O_A LMQ$（国内部分 $O_A LES$ ＋ 国外部分 $SEMQ$），净增加了 $CLMD$；劳工的收入在资本流动前为 ACD，资本流动后为 ALE，有 $LCDE$ 的收入转移为资本所有者的收入。由此可见，资本输出会使输出国劳动力受损。但是，从整体来看，资本的收益大于劳动力的损失，整个社会从资本流动中获得净收益。此时，如果政府能通过适当的税收和转移支付政策来分配收益，也有可能使得劳动力保持在资本输出前的状况而使资本获得额外的收益，从而不仅使整个社会的福利水平上升，而且减少了社会矛盾。

B 国情况正好相反，资本的收入由流动前的 $O_B GFQ$ 变为 $O_B NMQ$，减少了 $NGFM$，而劳工的收入却由 BFG 变为 BEN，增加了 $GFEN$ 部分。这只是一种不考虑资本流动外部效应的静态分析结果。事实上，引进资本还会产生许多外部经济效应。如果引进外资的同时引进了先进的技术等，使本国的许多未开发资源或闲置劳动力得到更充分的利用，由此带动的经济发展和经济起飞不仅使外来资本和本国劳动力的收益提高，也会使国内资本的收益增加。不过，即使不考虑这些外部效应，引进外资给本国劳动力所带来的收益也会超过本国资本的损失。因此，资本的国际流动使资本输入国也获得净收益。

总之，资本的国际流动会使资本输出国和输入国都获得净收益，因此提高了整个世界的福利水平。

11.2　跨　国　公　司

跨国公司在第二次世界大战后获得了迅速的发展，是国际资本流动的主要载体，成为影响世界经济发展的重要力量。联合国跨国公司中心出版的《1992 年世界投资报告》的副标题是"跨国公司：经济增长的引擎"，显示了跨国公司对世界经济的全方位的影响。

11.2.1　经济帝国：跨国公司概述

据统计，在 2000 年，跨国公司的产值占世界总产值的 40%，占国际贸易的 60%，占国际技术贸易的 60%～70%，占全球研发（R&D）支出的 80%，占国际直接投资的 90% 以上。[①] 2018 年，贸发会议百强企业中的跨国公司在研发方面的投资超过 3 500 亿美元，占所有企业研发支出的三分之一以上。技术、制药和汽车业的跨国企业研发支出最多[②]。可以毫不夸张地说，跨国公司对世界经济有巨大的影响。

1. 跨国公司的定义与运作

尽管跨国公司（multinational corporations，MNCs；transnational corporations，TNCs；multinational enterprises，MNEs）在全球经济中扮演着重要的角色，但是跨国公司的定义并不统一。国内常见的定义是：跨国公司是指在两个或两个以上国家（或地区）拥有矿山、工厂、销售机构或其他资产，在母公司统一决策体系下从事国际性生产经营活动的企业[③]。跨国公司也可以简单地定义为跨国界进行直接投资并且获得控制权的企业。

联合国跨国公司委员会认为一个跨国公司需具备以下基本条件。

① 跨国公司本质上是一个工商企业，组成这个企业的实体要在两个或两个以上的国家从事生产经营，不论其采取何种经营形式，也不论其经营领域。

② 跨国公司实行全球战略，尽管它的设立主要以某国或某个地区为主。在跨国公司的全球决策中，市场占据主导地位：市场决定了企业的经营策略和经营状况。

③ 跨国公司的经营范围很广，从研发、原料开采、工业加工到批发、零售等环节都是它的经营范围。

跨国公司的运作是：通过对外直接投资在世界范围内进行生产和资源配置；在世界范围内配置研发、采掘、提炼、加工、装配、销售及服务等环节；把最高决策权保留在母公司，母公司承担确定整个公司的投资计划、生产安排、价格制度、市场安排、利润分配、研究方向及其他重大决策的职能。

2. 跨国公司的发展与政府政策

跨国公司是对外直接投资（foreign direct investment，FDI）的主体，而 FDI 的发展与政府政策有着密切的关系。20 世纪 80 年代以来，世界各国政府采取了促进对外直接投资的政策措施：一是自 20 世纪 80 年代中期以来，世界各国对外直接投资政策自由化步伐加快。目前，发达国家对 FDI 的限制大多已不存在，一些发展中国家和转型国家虽然有资本外逃

---

① 王林生，范黎波. 跨国经营理论与战略［M］. 北京：对外经济贸易大学出版社，2003：5-6.
② 资料来源：世界投资报告 2019。
③ 海闻，林德特，王新奎. 国际贸易. 上海：上海人民出版社，2003：216.

和国内资本短缺之忧，但也正在逐步减少这种限制。当然，一国减少对 FDI 的限制，并不保证该国企业就能扩大 FDI 及 FDI 的规模，它主要是为该国企业扫除 FDI 的制度障碍，而根本上还取决于企业是否拥有所有权优势和内部化优势，以及是否发现了有利的投资区位，即拥有区位优势。二是从 20 世纪 80 年代初以来，大多数国家采取了旨在吸引外国投资者并创造适宜的投资环境的政策（见表 11 - 1）。从表 11 - 1 可以看出，1991—2019 年世界各国关于利用外商直接投资（inward foreign direct investment，IFDI）规制的变化很大，绝大部分是有利于 IFDI 的规制变化，是对外国直接投资减少限制、给予优惠的政策措施。虽然说彻底的限制性政策在很大程度上能保证取得预期的效果，但是普遍的东道国吸引外资的优惠政策为跨国公司提供了更为广阔的可供选择的区位决策空间，而开放方向的政策变化即使是广泛的，也不一定能取得预期的效果。三是除了国家层面进一步的 IFDI 政策自由化以外，国际层面上仍在继续签署协定，以补充和加强各国国家层面上的发展趋势。国家之间的双边投资协定（bilateral investment treaties，BITs）减少了跨国公司的投资风险，双重征税协定（double taxation treaties，DTTs）便于跨国公司在全球范围内从事生产、经营活动。

表 11 - 1　1991—2019 年世界各国 IFDI 规制数、IFDI 数、BITs 和 DTTs 签订数

单位：个

年份	1991	1992	1993	1994	1995	1996	1997	1998	1999	2000
有利于 IFDI 的规制数	80	77	99	108	106	98	134	136	130	147
不利于 IFDI 的规制数	2	0	1	2	6	16	16	9	9	3
IFDI（10 亿美元）	159	176	218	243	331	385	478	691	1 087	1 388
BITs 签订数	—	124	129	191	202	211	153	170	130	84
DTTs 签订数	—	61	96	107	101	114	65	79	109	57
年份	2001	2002	2003	2004	2005	2006	2007	2008	2009	2010
有利于 IFDI 的规制数	193	234	218	234	162	142	74	83	71	75
不利于 IFDI 的规制数	14	12	24	36	41	35	24	23	31	36
IFDI（10 亿美元）	818	716	558	742	959	1 411	2 002	1 816	1 216	1 409
BITs 签订数	158	82	86	73	70	73	44	59	82	54
DTTs 签订数	67	68	60	84	78	83	69	75	109	113
年份	2011	2012	2013	2014	2015	2016	2017	2018	2019	
有利于 IFDI 的规制数	52	65	63	52	75	84	98	65	66	
不利于 IFDI 的规制数	15	21	21	12	14	22	23	31	21	
IFDI（10 亿美元）	1 652	1 403	1 467	1 228	2 034	1 919	1 700	1 495	1 540	
BITs 签订数	33	20	30	18	20	30	9	30	16	
DTTs 签订数	14*	10*	14*	13*	11*	7*	9*	10*	6*	

注：① "IFDI（10 亿美元）" 为按照东道地区和国家统计。

② 2011—2018 年的 DTTs 签订数无法获得，故用 "含投资规定的条约"（TIPs）签订数代替 DTTs，＊代表 TIPs 签订数。

资料来源：World investment report（WIR）（1992—2020）。

需要说明的是，政府政策在阻止 IFDI 进入一个国家方面具有决定性影响。但是，一旦

使 IFDI 成为可能的规制框架是适当的，经济因素就是决定性的[①]。

3. 跨国公司：主宰世界经济

联合国贸易和发展会议（United Nations Conference on Trade and Development，UNCTAD）发布的《世界投资报告》指出，跨国公司已经成为全球经济的核心，在推动经济全球化和世界 FDI 的高速发展上起着主导作用，以跨国公司 FDI 为核心的国际生产体系正在快速形成。2001 年的报告指出，国际投资新的变化趋势之一是研发和技术创新日益全球化。2002 年的报告指出，主宰全球经济局面的仍然是世界上最大的跨国公司。随着国际化大生产的发展，跨国公司在世界经济全球化中所起的作用越来越大。

4. 跨国公司内部贸易

跨国公司内部贸易是指跨国公司的母公司与国外子公司、国外子公司相互之间进行的产品、原材料、技术与服务贸易[②]。当前，跨国公司内部贸易约占国际贸易的三分之一。

1）跨国公司内部贸易的优点

① 降低外部市场造成的经营不确定风险。由于受市场自发力量的支配，企业经营活动面临诸多风险，包括投入品供应的数量不确定、价格不确定，不同生产工序或零部件分别由独立企业承担产生的协调困难。跨国公司可以将上述经营活动内部化，通过合理计划，安排生产、经营活动，进行公司内部贸易，大大降低上述各种经营活动的不确定性风险。

② 降低交易成本。这里主要指减少通过外部市场进行对外交易谈判、签约和合同履行所发生的成本。当然，企业要付出内部化成本，如行政协调成本。

③ 适应高技术产品生产的需要。高技术产品是 R&D 强度（即 R&D 经费支出占工业总产值的比重）很高的产品，其生产需要的技术在转让时会存在市场定价、交易成本和技术外溢等市场化问题。跨国公司可将研发和技术内部化，通过内部技术转让（即内部贸易）很好地解决上述问题[③]。

④ 增强公司在国际市场上的垄断地位和竞争能力，实现全球利益的最大化。跨国公司通过内部化可以降低外部市场造成的经营不确定性风险、降低交易成本。

2）跨国公司内部贸易价格

跨国公司内部贸易价格通常称为转移价格，是指跨国公司母公司与子公司、子公司与子公司之间在进行货物和服务交换时，在公司内部所实行的价格。转移价格包括转移高价和转移低价。转移价格的运用可带来如下效益。

（1）减轻纳税负担

跨国公司的子公司分设在世界许多国家和地区，其经营须向东道国政府纳税。母公司与子公司所在各国的税率差别可能较大，税则规定也不一致。跨国公司往往利用各国税率差异，通过转移价格（转移高价或转移低价）人为地调整利润在母公司与子公司之间的分配，以便把跨国公司总的所得税税负降到最低限度。当然，转移价格的运用还要考虑关税因素及海关估价，并在二者冲突时进行权衡。

（2）增强子公司在国际市场上的竞争能力

如果子公司在当地遭遇激烈的竞争或要扩大市场份额，取得新市场，跨国公司就可能采

---

① UNCTAD. World investment report 2003。

② 跨国公司对其他公司的贸易，称为公司外部贸易。

③ 一般的技术转让均存在上述三方面的市场化问题，但高技术产品生产中此问题更为突出。

用转移价格，降低子公司的成本，提高子公司的竞争能力及子公司在当地的信誉，以便子公司在当地发行证券或获得贷款。

（3）减少或避免外汇风险

首先，通过转移价格，跨国公司可以降低或避免外汇汇率风险。如果预测某一子公司所在的东道国货币将对外贬值，跨国公司就可以通过子公司高进低出的转移价格，将部分资产转移到国外，减少东道国货币对外贬值造成的损失（甚至可能获利）。其次，可以利用转移价格逃避东道国的外汇管制。当子公司所在的东道国政府对外国公司利润和投资本金的汇回在时间上和数额上有限制时，跨国公司可以通过该子公司高进低出的转移价格将利润或资金调出东道国。

11.2.2 跨国公司微观理论

跨国公司理论即国际直接投资理论或跨国经营理论。理论界认为，现代国际直接投资理论诞生于 20 世纪 60 年代，是一门年轻的学科，理论发展远未达到成熟阶段。50 多年来，仍然没有出现一个普遍公认的直接投资理论。国际直接投资理论可分为宏观理论和微观理论两类。前者以国家利益为出发点，研究跨国经营的变化规律及其对母国和东道国的影响，其重要假设之一是完全竞争；后者以企业的经济利益为中心，研究企业为什么进行跨国经营活动、怎样从事跨国经营及在哪里跨国经营，其代表性假设是不完全竞争。限于篇幅，本节介绍微观层面的垄断优势理论、内部化理论、国际生产折中理论[①]及企业国际化阶段理论。

1. 垄断优势理论

1960 年，斯蒂芬·海默（Stephen Hymer）在其撰写的博士论文《民营企业的国际化经营：对外直接投资的研究》中，提出了以垄断优势来解释美国企业对外直接投资行为，并与他的导师查尔斯·金德尔伯格（Charles Kindleberger）共同创立了"垄断优势理论（monopolistic advantages theory）"。文献中称他们的研究为"海-金传统"（H-K tradition）。该理论以不完全竞争为分析前提，认为垄断优势是市场不完全竞争的产物。

海默认为导致企业对外直接投资的决定性因素是企业拥有垄断优势。正是跨国公司拥有某种垄断优势，使其在跨国经营中立于不败之地。垄断优势包括三大类：

① 知识资产优势，如专利和专有技术、获得资金的便利条件、管理技能等；

② 产品市场不完全的优势，如名牌商标、产品差异、营销技巧、市场价格操纵；

③ 跨国公司内部和外部规模经济优势。

海默认为垄断优势来自市场不完全。市场不完全（即不完全竞争）是指介于完全竞争与完全垄断之间的市场状况。他认为至少存在 4 种市场不完全：第一，由规模经济引起的市场不完全；第二，产品市场的不完全；第三，资本和技术等生产要素市场的不完全；第四，由政府课税、关税等措施引起的市场不完全。前 3 种市场不完全使企业能够拥有垄断优势，第 4 种市场不完全使企业通过对外直接投资利用其垄断优势实现价值增值。

2. 内部化理论

内部化理论（internalization advantages theory）是由英国雷丁大学的巴克利（Peter Buckley）和卡森（Mark Casson）提出，并由加拿大学者鲁格曼（Alan Rugman）等加以发

---

① 司岩. 中国企业跨国经营实证与战略. 北京：企业管理出版社，2003：74.

展。他们把美国学者科斯（Coase）的交易费用理论用于企业对外直接投资行为的研究，以垄断优势和市场不完全作为理论分析的前提，通过分析市场交易机制和企业内部交易机制的关系，提出由于市场竞争的不完全和交易成本的存在，促使企业通过建立企业内部市场来取代外部市场，以便降低成本，增强企业竞争力。该理论是当代西方跨国公司理论的主流，其主要观点可概括如下：由于市场的不完全，若将企业所拥有的科技和营销知识等中间产品通过外部市场来组织交易，则难以保证厂商实现利润最大化目标；若企业建立内部市场，可利用企业管理手段协调企业内部资源的配置，避免市场不完全对企业经营效率的影响。企业对外直接投资的实质是基于所有权之上的企业管理与控制权的扩张，而不在于资本的转移。其结果是用企业内部的管理机制代替外部市场机制，以便降低交易成本，拥有跨国经营的内部化优势。

（1）内部化理论的基本假设

内部化理论基于以下 3 个基本假设。

① 企业在不完全市场竞争中从事生产经营活动的目的是利润最大化。

② 中间产品市场的不完全，使企业通过对外直接投资，在组织内部创造市场，以克服外部市场的缺陷。所谓中间产品，除了用于制造其他产品的半成品外，还包括研究与开发、营销技巧、管理才能及人员培训等。

③ 跨国公司是跨越国界的市场内部化过程的产物。

（2）与市场内部化决策相关的因素

进行市场内部化决策时需考虑以下 4 组因素。

① 行业特定因素，主要是指产品性质、外部市场结构及规模经济。

② 地区特定因素，包括地理位置、文化差别及社会心理等引起的交易成本。

③ 国别特定因素，包括东道国政府政治、法律、经济等方面政策对跨国公司的影响。

④ 企业特定因素，主要是指企业组织结构、协调功能、管理能力等因素对市场交易的影响。

内部化理论认为，上述 4 组因素中，行业特定因素对市场内部化的影响最重要。当一个行业的产品具有多阶段生产特点时，如果中间产品的供需通过外部市场进行，则供需双方关系既不稳定，也难以协调，因此企业有必要通过建立内部市场保证中间产品的供需。企业特定因素中的组织管理能力也直接影响市场内部化的效率，因为市场交易内部化也是需要成本的。只有组织能力强、管理水平高的企业才有能力使内部化的成本低于外部市场交易的成本，也只有这样，市场内部化才有意义。

（3）利用和开发以知识为代表的中间产品是企业内部化的动力

中间产品不只是半成品、原材料，较为常见的是结合在专利权、人力资本之中的各种知识。知识产品包括知识、信息、技术、专利、专有技术、管理技能、商业信誉等，具有以下主要特征。

① 信息悖论。只有买方充分了解知识产品、确定了知识产品的价值以后，买方才会决定是否购买该知识产品。反之，由于信息不对称，买卖双方对知识产品的价值评价往往不一致，买方对知识产品的价值缺乏充分的认识，不愿意支付令卖方满意的价格。

② 零边际成本。知识产品生产与销售的成本并不取决于它的数量，它的边际成本为零。

③ 非排他性消费。知识产品被一个消费者使用，并不影响它被其他消费者使用。只要该知识产品没有失去价值，能够被无数消费者使用，就存在被买方继续扩散的可能，从而减

少卖方在该知识产品上的获利。这样，将知识产品内部化是避免卖方风险的必要途径。

中间产品市场是不完全的，其表现是缺乏某些市场来供企业之间交换产品，或者市场效率低，导致企业通过市场交易的成本上升。因此，追求利润最大化的厂商必须对外部市场实行内部化，即建立企业内部市场，利用企业管理手段协调企业内部资源的配置，避免市场不完全对企业经营效率的影响。

当然，跨国公司市场内部化过程也是有成本的，如增加企业内部的交流成本、内部市场的管理成本等。"当且仅当（以知识产品为代表的）中间产品市场内部化的收益大于它的成本时，市场内部化行为就必然产生。"

3. 国际生产折中理论

国际生产折中理论（eclectic theory of international production）是英国雷丁大学教授约翰·邓宁（John Dunning）于 1977 年提出的。该理论被广泛接受，逐渐成为西方跨国公司理论的主流，是迄今为止理解和解释企业跨国投资和经营的最好理论之一。该理论的核心思想是：企业跨国投资是为了获得、利用和开发三种关键的优势，即所有权优势（ownership specific advantages，OSA）、内部化优势（internalization specific advantages，ISA）和区位优势（location specific advantages，LSA）。邓宁认为企业只有同时具备这三种优势才能从事对外直接投资，故将这个模型称为"三优势模型"（OIL），并以"折中"一词来命名自己的理论。

下面分别介绍这三种优势的含义。

（1）所有权优势

所有权优势是指一国企业拥有而别国企业没有或难以得到的生产要素禀赋、产品的生产工艺、管理技能等。邓宁把所有权优势分为以下三类。

① 企业本身具有的竞争优势，包括：企业的规模和已经取得的经济地位；生产的多元化；从劳动分工中取得的优势；垄断地位；对特有资源的获得能力；企业特有的技术、商标；生产、管理、组织和营销系统；研究与开发能力、人力资本、经营经验；在要素投入（劳动力、自然资源、资本、信息）上获取的优势；产品进入市场的优先权；政府保护。

② 国外子公司或分支机构与其他企业相比所拥有的优势，如能够从母公司直接得到的经营能力（管理、研究与开发、营销技巧等），提供综合资源（生产采购、加工、营销、融资）的规模经济效益。

③ 由企业的多国经营而获得的优势，如对信息、市场、投入等的深入了解，根据不同地区要素禀赋、市场结构、政府干预的特征，确定全球经营战略和分散风险的能力等。

（2）内部化优势

内部化优势是指企业克服市场失效的能力。邓宁将市场失效分为结构性市场失效和交易性市场失效两类。

① 结构性市场失效（structural market failure）是指由不完全竞争市场所导致的市场缺陷，这种市场缺陷可以产生垄断租金。造成结构性市场失效的原因首先是东道国政府的限制，如关税壁垒和非关税壁垒所引起的市场失效，这是促使跨国公司绕过贸易壁垒到东道国大量投资的主要因素；其次是无形资产的特性影响了外部市场的形成和发育。

② 交易性市场失效（transactional market failure）是指公平交易不能充分发挥作用的情形，如交易因渠道不畅而需付出高昂的费用，交易方式僵化降低了成交的效率，因期货市

场不完善而无法降低未来交易风险。

具体来说，邓宁认为在以下情况下，企业将实行内部化：一是减少或避免交易成本和谈判成本；二是避免为保护知识产权所需要的成本；三是购买者不确定；四是不允许价格歧视存在；五是需要卖方保证产品质量；六是弥补市场失灵的缺陷；七是有利于防止政府干预（如配额、关税、价格歧视、税收歧视）；八是保证供给条件稳定；九是控制市场范围。

（3）区位优势

区位优势是指东道国所特有的政治法律制度和经济市场条件，包括两个方面：一是东道国要素禀赋（如自然资源、地理位置、市场规模及结构、收入水平、基础设施等）产生的优势；二是东道国的政治法律制度、经济政策、基础设施、教育水平、文化特征等产生的优势。区位优势是由东道国状况决定的，企业自身无法左右。

表 11-2 是邓宁对"三优势模型"（OIL）的简短解释：企业若同时拥有所有权优势、内部化优势和区位优势，则有条件以对外直接投资方式进入国际市场；企业若拥有所有权优势和内部化优势，但缺乏区位优势，则只能以产品出口方式进入国际市场；企业若仅拥有所有权优势而无内部化优势和区位优势，则企业只能进行无形资产转让[①]。

表 11-2　企业优势与跨国经营方式

方　式	所有权优势	内部化优势	区位优势
对外直接投资	有	有	有
商品出口	有	有	无
无形资产转让	有	无	无

4. 企业国际化阶段理论

企业国际化（internationalization of firms）是近 40 年来跨国公司研究领域的重点课题之一。企业国际化阶段理论是关于企业国际化经营发展过程的理解和概括，主要回答以下两个基本问题：

① 企业国际化是怎样一个发展过程，是渐进的还是跳跃的？是演进的还是突变的？

② 什么因素决定企业的国际成长？

北欧学者以企业行为理论研究方法为基础，提出了企业国际化阶段理论，也有学者称之为"乌普萨拉国际化模型"（Uppasala internationalization model，U-M）。该理论有两个基本命题：第一，企业国际化应该被视为一个发展过程；第二，这一发展过程表现为企业对外国市场逐渐提高投入（incremental commitment）的连续形式。

约翰森和瓦尔尼对瑞典 4 家企业的跨国经营过程进行比较研究时发现，他们在跨国经营战略步骤上有惊人的相似之处：最初的外国市场联系是从偶然的、零星的产品出口开始；随着出口活动的增加，母公司掌握了更多的海外市场信息和联系渠道，出口市场开始通过外国代理商稳定下来；随着市场需求的增加和海外业务的扩大，母公司决定在海外建立自己的产品销售子公司；最后，当市场条件成熟以后，母公司开始进行对外直接投资，在外国建立生产、制造基地。

---

① 但逻辑推理的结果是，企业若拥有所有权优势而无内部化优势，不管有没有区位优势，企业都只能以无形资产转让方式进入国际市场。

约翰森等将企业跨国经营过程划分为 4 个发展阶段：一是不规则的出口活动；二是通过代理商出口；三是建立海外销售子公司；四是从事海外生产和制造。这 4 个阶段是一个"连续""渐进"的过程。它们分别表示一个企业海外市场的卷入程度或由浅入深的国际化程度。企业国际化的渐进性主要体现在两方面：第一，企业市场范围扩大的地理顺序通常是本地市场—区域市场—全国市场—海外相邻市场—全球市场；第二，企业跨国经营方式演变的最常见类型是纯国内经营—通过中间商间接出口—直接出口—设立境外销售分部—海外生产。

北欧学者用"市场知识"（market knowledge）解释企业国际化的渐进特征。市场知识分为两部分：第一，一般的企业经营和技术，即客观知识，可以从教育过程、书本中学到；第二，关于具体市场的知识和经验，或称经验知识，只能从亲身的工作实践中积累。决策者市场知识的多寡直接影响其对外国市场存在的机会和风险的认识，进而影响其对境外市场的决策。他们认为企业的海外经营应该遵循上述渐进过程。

北欧学者用"心理距离"（psychic distance）概念分析、解释企业选择境外市场的先后次序。"心理距离"是指"妨碍或干扰企业与市场之间信息流动的因素，包括语言、文化、政治体系、教育水平、经济发展阶段等"。他们认为当企业面临不同的外国市场时，选择境外市场的次序遵循心理距离由近及远的原则。

总而言之，北欧学者认为企业的跨国经营应遵循以下两个原则：第一，当企业面对不同的外国市场时，它们首先选择市场条件、文化背景与母国相同的国家，即企业的跨国经营具有文化上的认同性；第二，在某一特定市场的经营活动中，企业往往走从出口代理到直接投资的渐进道路。但是，也有例外情况，如当企业拥有足够雄厚的资产，其海外投资相比之下微不足道时，境外经营阶段的跨越是有可能的；再例如在境外市场条件相同的情况下，企业在其他市场获得的经验会使其跨过某些阶段而直接从事境外生产活动。

国际化阶段理论提出以后，引起了国际企业、研究界广泛的关注。许多学者进行了大量的实证研究，得出的较为一致的结论是：国际化阶段理论主要适用于中小企业的国际化行为。对于大型、多元化的企业而言，其抵御风险的能力提高，国际化的渐进特征并不十分明显。另一些检验结果表明，国际化阶段理论对"市场寻求型"跨国公司的国际经营行为有较强的解释力，但对于其他投资动因的企业，如资源寻求型、技术寻求型、战略资产寻求型等，解释力并不十分明显。

11.2.3 发展中国家跨国公司理论

上文所述微观层面（和宏观层面）的跨国公司理论是外国主流跨国公司理论，是由发达国家的学者以英、美、日等发达国家的跨国公司为研究对象形成的。这些理论认为发达国家跨国公司的竞争优势主要来自企业对市场的垄断、产品差异、高科技和大规模投资及高超的企业管理技术。发展中国家跨国公司显然不具备上述优势。这就产生了以下问题：发展中国家为什么要对外直接投资？后发展型跨国公司有哪些竞争优势？又怎样在激烈的国际竞争中生存、发展？从 20 世纪 70 年代开始，一些学者逐渐关注对发展中国家跨国公司理论的探讨，提出了许多有价值的理论和观点。这些理论虽然还不够成熟与完善，但对发展中国家与地区的跨国公司的产生和发展仍有参考价值和借鉴意义。考虑到我国是一个发展中国家，本节简单介绍发展中国家跨国公司的代表性理论，即小规模技术理论、技术地方化理论及技术创新产业升级理论，以便理解我国企业的跨国经营。

1. 小规模技术理论

美国哈佛大学研究跨国公司的刘易斯·威尔斯（Louis Wells）在 1983 年出版的《第三世界跨国企业》一书，被学术界认为是研究发展中国家跨国公司的开创性成果。威尔斯认为，发展中国家跨国公司的比较优势来自以下三方面。

（1）拥有为小市场需求服务的小规模生产技术

低收入国家制成品市场的一个普遍特征是需求量有限，因此大规模生产技术无法从这种小市场需求中获得规模经济效益。许多发展中国家企业正是开发了满足这种小市场需求的生产技术而获得了竞争优势。这种小规模技术的特征往往是劳动密集，生产有很大的灵活性，适合小批量生产。威尔斯对印度和泰国的调查结果证明了这一点。

（2）具有来自"当地采购和特殊产品"的竞争优势

发展中国家的企业为了减少因进口技术而造成特殊投入的需要，寻求用本地的投入来替代。一旦这些企业学会用本地提供的原料和零部件替代特殊投入，它们就可以将这些专门知识推广到面临相同问题的其他发展中国家。另外，发展中国家企业对外直接投资具有鲜明的民族文化特点，主要是为服务于国外同一种族团体的需要而建立的。一个突出的例子是华人社团在食品加工、餐饮、新闻出版等方面的需求，带动了一部分东亚、东南亚国家和地区的境外投资。这些产品的生产往往利用东道国的当地资源，在生产成本上享有优势。根据威尔斯的研究，这种"民族纽带"性的对外直接投资在印度、泰国、新加坡、马来西亚都占有一定比例。

（3）低价产品营销战略

物美价廉是发展中国家跨国公司抢夺市场份额的主要武器。发达国家跨国公司的产品营销往往要投入大量的广告费用，以此树立产品形象，创造名牌产品效应。与此形成鲜明对比的是，发展中国家跨国公司花费较少的广告支出，采取低价营销战略。

在分析发展中国家企业对外直接投资的动机时，威尔斯认为，对于制造业而言，保护出口市场是其对外直接投资的一个非常重要的动机。其他动机还包括谋求低成本、分散资产、母国市场的局限、利用先进技术等。

小规模技术理论对于分析与研究经济落后国家的企业在走向跨国经营的初期阶段，怎样在国际竞争中争得一席之地颇有启发。对外直接投资不仅从企业的经营战略和长期发展目标上看是必要的，而且企业的创新活动大大增加了发展中国家企业参与国际竞争的可能性。

2. 技术地方化理论

拉奥（Lall）在对印度跨国公司的竞争优势和投资活动进行深入研究后，提出了关于发展中国家和地区的跨国公司的技术地方化理论。拉奥认为，虽然发展中国家和地区的跨国公司的技术特征表现为规模小、标准技术和劳动密集等，但是这种技术的形成包含着企业内在的创新活动。以下几个方面使发展中国家企业能够形成和发展自己的"特定优势"。

① 发展中国家跨国公司的技术知识当地化是在不同于发达国家的环境下进行的，这种新的环境往往与一国的要素价格及其质量相联系。

② 发展中国家企业生产的产品适合于发展中国家自身的经济条件和需求。

③ 发展中国家企业的竞争优势不仅来自其生产过程，以及产品与当地的供给条件和需求条件紧密结合，而且来自创新活动中所产生的技术在小规模生产条件下具有更高的经济效益。

④ 在产品特征上，发展中国家企业仍然能够开发出与名牌产品存在差异的消费品。当东道国国内市场较大，消费者的品位和购买力有较大差别时，来自发展中国家企业生产的产品仍有一定的竞争能力。

⑤ 上述几种竞争优势还会由于民族或语言因素得到加强。

该理论的主要特点是：不仅分析了发展中国家和地区的企业的竞争优势，而且强调了形成竞争优势所需要的企业创新活动。

3. 技术创新产业升级理论

英国雷丁大学坎特威尔（Cantwell）和托兰惕诺（Tolentino）在研究新兴工业化国家和地区的企业对外直接投资迅速增长的基础上，于 20 世纪 80 年代末提出了技术创新产业升级理论。

该理论提出了两个基本命题：第一，发展中国家产业结构的升级，说明了发展中国家企业技术能力的稳定提高和扩大，这种技术能力的提高是一个不断积累的过程。第二，发展中国家企业的技术能力提高，是与它们对外直接投资的增长直接相关的。现有的技术能力水平是影响其国际生产活动的决定因素，同时也影响发展中国家跨国公司对外直接投资的形式和增长速度。在这两个命题的基础上，他们得出了如下结论：发展中国家对外直接投资的产业分布和地理分布是随着时间的推移而逐渐变化的，并且是可以预测的。

坎特威尔和托兰惕诺认为，发达国家企业的技术创新表现为大量的研究与开发投入，处于尖端的高科技领域，引导技术发展的潮流。而发展中国家企业的技术创新最初来自外国技术的进口，并使进口技术适合当地的市场需求；随着生产经验的积累，对技术的消化、吸收带来了技术创新；这种技术创新优势又随着管理水平、市场营销水平的提高而得到加强。因此，发展中国家跨国公司的技术积累过程是建立在"特有的学习经验基础上的"。

坎特威尔和托兰惕诺还分析了发展中国家的企业跨国经营的产业特征和地理特征。他们认为，发展中国家跨国公司对外直接投资受其国内产业结构和内生技术创新能力的影响。在产业分布上，首先是以自然资源开发为主的纵向一体化生产活动，然后是以进口替代和出口导向的横向一体化生产活动。从境外经营的地理扩张来看，发展中国家企业在很大程度上受"心理距离"的影响，遵循周边国家—发展中国家—发达国家的渐进发展轨道。随着工业化程度的提高，一些新兴工业化国家和地区的产业结构发生了明显变化，技术能力也迅速提高，在对外投资方面，它们已经不再局限于传统产业的传统产品，开始从事高科技领域的生产和研发活动。

11.3　国际要素流动和国际贸易的关系

国际要素流动和国际贸易是各国经济交往最重要的两种形式，对两者关系的研究也是国际贸易的重要理论课题之一，很多经济学家和学者对此问题进行了分析。

11.3.1　要素流动与贸易的替代关系

1. 劳动力流动与劳动密集型商品贸易的替代关系

劳动力的自由流动会改变一国的资源配置。在资本不变的情况下，移民输送国由于劳动力的减少而使资本劳动力比率（人均资本）上升，资本变得相对充裕；而移民接收国的情况则相反，劳动力会由于外来移民而变得相对充裕起来。这种资源配置的变化，对贸易会产生一定的影响。

在 11.1 节的墨西哥和美国的劳动力流动模型中，在其他条件不变的情况下，墨西哥向美国移民造成墨西哥劳动力减少，整个国家的生产能力下降，墨西哥的生产可能性曲线向内收缩。由于大米是劳动密集型产品，劳动力的减少会使大米生产能力的下降大于钢铁生产能力的下降。作为劳动充裕的国家，劳动力的大量外移会造成劳动密集型产品出口工业的收缩，对生产和贸易的影响正好与出口扩张型增长相反。

另外，美国接收了大量外来劳动力，其生产可能性曲线外移，而劳动密集型产品（如大米）的生产能力的扩大会超过其他部门（如钢铁），其结果类似进口替代型增长。无论是墨西哥出口工业的收缩还是美国进口竞争部门生产能力的增长，都会造成两国之间劳动密集型产品贸易的减少。劳动力输出国会减少生产和出口劳动密集型产品，而劳动力接收国会在本国生产更多的劳动密集型产品从而减少对劳动密集型产品的进口。因此，国际劳动力的流动在某种程度上起到了替代劳动密集型产品贸易的作用。

在要素收入方面，从关于劳动力流动的福利分析中已知，劳动力国际流动会造成墨西哥工人的工资上升，美国工人的工资下降。这与"斯托尔珀－萨缪尔森定理"中美国与墨西哥从事劳动密集型产品贸易的结果是一致的。因为根据斯托尔珀和萨缪尔森的分析，劳动密集型产品的贸易最终会使劳动密集型的进口国工人的工资降低，出口国工人的工资增加。所以从对要素收益的影响角度讲，劳动力的自由流动对自由贸易也有替代作用。换句话说，无论是劳动密集型产品的国际贸易还是国家间的劳动力流动，都会导致各国内劳动力收益与其他要素收益的差距缩小（斯托尔珀－萨缪尔森定理），导致各国间劳动力收益的差距缩小（要素价格均等化定理）。

2. 资本流动与资本密集型商品贸易的替代关系

跟劳动力国际流动与劳动力密集型商品贸易的关系一样，资本的国际流动对资本密集型产品的国际贸易也有替代作用。1999 年诺贝尔经济学奖获得者、美国哥伦比亚大学教授罗伯特·蒙代尔（Robert Mundell）在 H－O 理论的基础上，得出了国际贸易与要素流动之间是替代关系的结论。他进一步推断，对国际贸易的阻碍会促进要素的流动，而对要素流动的限制则会促进国际贸易，二者都能实现商品价格均等化和要素价格均等化：即使要素不能流动，自由贸易除了使商品价格均等化外，也能使要素价格均等化；同样，即使无法进行贸易，要素的自由流动除了使要素价格均等化外，也会使商品价格趋同。

为了说明要素流动和商品流动的关系，蒙代尔建立了一个模型。这个模型的基本假设是：

① 存在劳动和资本两种生产要素；

② 存在棉花和钢铁两种可进行贸易产品，其中棉花是劳动密集型产品，钢铁是资本密集型产品；

③ A 国和 B 国两个国家，其中 A 国是劳动充裕的小国，B 国是资本充裕的大国（可以看成为 A 国以外的所有其他国家）；

④ 两国生产技术相同，而且边际收益递减，规模报酬不变，资本和劳动的边际生产率由生产中所使用的两种要素的配置比例决定；

⑤ 劳动和资本可以在国内各部门间自由流动，各国要素禀赋的相对充裕程度排除了完全专业化生产的可能。

在上述假定下，蒙代尔分四步来证明国际贸易与要素流动之间具有替代关系的假说。

第一步，假设要素在国家间不能自由流动，但贸易是自由的。A 国出口棉花进口钢铁，两国商品和要素的价格相等。均衡结果如图 11-3 所示，自由贸易下钢铁的相对价格用 YY 曲线表示。在这一价格下，A 国进口 RS 单位的钢铁，出口 PR 单位的棉花，它的收入用棉花或钢铁表示都是 OY。

第二步，假设资本在国家间可以自由流动。但是，自由贸易下两国资本的边际生产率是相等的，所以资本不会跨国流动，均衡不变。

第三步，假设 A 国对钢铁征收关税。为简单起见，假设关税水平高到使贸易完全停止（"禁止型关税"），即关税使钢铁的相对价格上升，以致使均衡点退回到自给自足的状况（点 Q）。根据"斯托尔珀-萨缪尔森定理"，A 国钢铁相对价格的提高会使生产要素由棉花部门向钢铁部门流动；棉花生产的下降和钢铁生产的增加会产生过度的劳动供给和过度的资本需求，劳动边际生产率下降而资本边际生产率上升，最终导致劳动的实际报酬下降和资本的实际收入上升。

但是资本在国家间是可以流动的，A 国较高的资本报酬会促使资本由 B 国向 A 国流动，从而使 A 国资本变得充裕，A 国的生产可能性曲线外移，在图 11-3 中表现为从 TT 移到 T'T'（类似"进口替代型增长"）。资本的流入会对 A 国产生两方面的影响。

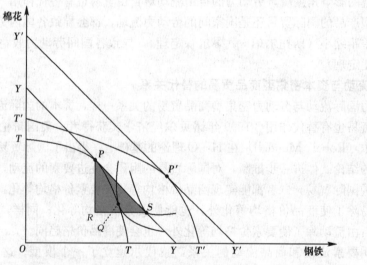

图 11-3　国际资本流动和国际贸易的替代关系

首先，随着资本的流入，A 国国内的资本存量增加，在商品价格不变的条件下（A 国是小国），国内钢铁的生产不断增加，而棉花的产量不断减少。

其次，资本的不断流入会使 A 国资本的边际产量不断下降，最终使两国的要素边际生产率相等，实现两国之间要素价格的均等化。

因为假设 B 国足够大，所以资本的流出不会影响它的边际劳动生产率，又因为资本流动的最终结果是 A 国和 B 国资本的边际劳动生产率相等，所以资本的国际流动一定会使 A

国劳动和资本的边际生产率恢复到征收关税前的水平。在新的均衡点上，A 国的要素边际生产率与征收关税前相同。因此，A 国商品的相对价格等于 B 国商品的相对价格，也会与没有关税时一样，$Y'Y'$ 的斜率等于 YY 的斜率。A 国在新的均衡点 P' 从事生产。A 国和 B 国的商品价格相等意味着 A 国没有必要再从 B 国进口钢铁，从而两国间贸易中止。这是一种由外国资本流入而产生的"进口替代型增长"。

与本国资本积累产生的进口替代型增长的不同之处是，A 国必须支付 B 国资本的利息。A 国的生产点为 P'，但消费点必须低于 P' 点。A 国支付 B 国资本的利息（即 B 国资本在 A 国获得的收益）不能用于 A 国的消费，这部分收入可以用（$Y'-Y$）来表示。也就是说，在支付了 B 国资本的利息以后，A 国的实际收入约束线是 YY 而不是 $Y'Y'$，即与原来的生产可能性曲线 TT 相切的相对价格曲线。这样，A 国的要素收入和价格都与没有关税时一样，消费与原来一样，仍在 S 点。

第四步，假设关税不是"禁止型"的，在征收关税后的钢铁相对价格仍然低于自给自足时的价格，贸易仍然会存在。但是，我们很快会发现，只要允许资本自由流动，这种情况跟"禁止型关税"的结果是一样的。因为只要有关税存在，钢铁的国内价格就会高于国际价格，就会出现生产要素从棉花部门向钢铁部门的移动，就会出现要素边际生产率的变化和要素收益的变化。本国资本收益的提高会吸引外国资本的流入，直到两国要素的边际生产率相等，两国产品价格趋同，贸易消失。这时，关税也不再需要了。因为两国的价格和边际生产率均等了，关税可以取消而不使资本回流。虽然关税最初限制了贸易，但是造成了资本流动。资本流动后即使取消关税，贸易也变得不再必要。至此，蒙代尔证明了国际贸易与要素流动之间存在替代关系。

接着，蒙代尔进一步扩展了这个模型。他在放松第三个假设之后，又证明了上述结论对同样规模的两国也成立。

蒙代尔还证明了增加要素流动障碍会刺激贸易。假设这种障碍是对外资征税，则税收会使外资的收益下降，从而有的外资将撤回，生产可能性曲线重新回到 TT。如果 A 国物价不变，由雷布津斯基定理（Rybczynski theorem）可知，棉花的产量增加，钢铁的产量下降，生产回到 P 点。由于要素收入和物价不变，所以国内消费点仍在 S 点。产量的变化会使钢铁的相对价格上升，但是自由贸易抑制了这种价格的变化。在外资撤出后，本国在 P 点上生产、S 点上消费，出口 PR 单位棉花，进口 RS 单位钢铁。总之，对外资征税遣返了外资，刺激了贸易。

综合以上分析，蒙代尔认为在世界范围内有效配置资源，不需商品和要素同时自由流动，只要生产满足一定条件，商品或要素之一完全流动就可以了。

11.3.2　要素流动与贸易的互补与促进作用

生产要素国际流动和商品国际贸易之间的关系除相互替代以外，在一定的条件下还有互补和促进的作用。

1. 技术不同时要素流动对国际贸易的促进作用

马库森（Markuson）改变了 H-O 理论中两国技术相同的假设条件，结果发现国际贸易与要素国际流动之间不仅存在替代性，而且还存在互补关系。在马库森的模型中，假设两国（如美国和中国）之间要素禀赋相同但在生产技术上存在差距，两国都生产钢铁和棉布两种产品，钢铁是资本密集型产品，棉布是劳动密集型产品。美国生产钢铁的技术比中国高，而中国生产棉布的技术比美国高，从而美国具有生产钢铁的比较优势，中国具有生产棉布的比较优势。两国发生贸易时，美国出口钢铁而中国出口棉布。

贸易进行后两国各自增加本国有比较优势产品的生产，从而造成各国不同要素回报率的差异。在美国，钢铁生产的增加和棉布生产的减少，导致对资本相对需求的增加，从而资本收益率提高而劳动收益率下降。这时，如果允许生产要素国际流动，中国的资本就会流向美国，而美国的劳动力就会流向中国。美国资本的增加和中国劳动力的增加都会进一步加强各自的比较优势，更多地生产和出口本国具有比较优势的产品，进口本国没有比较优势的产品。因此，要素国际流动增加了国际贸易，两者呈互补关系。在引入了生产税、垄断市场结构、外部规模经济和要素市场扭曲等因素后，贸易和国际资本流动之间也会出现互补关系。

2. 与技术关联的要素流动和国际贸易

在传统的要素国际流动分析中，人们通常把各国的资本或劳动看成是一种同质的要素，在各种不同行业的生产中都可以使用。在这种情况下，资本从发达国家流向发展中国家，会使发展中国家资本稀缺的情况得到改善，有利于这些国家扩大资本密集型产品的生产。同样，当劳动力从发展中国家流向发达国家时，会促进发达国家劳动密集型产品的生产。因此这种要素的国际流动会在某种程度上替代同类要素密集型商品的贸易。

但在现实中，国际资本流动的主要形式之一是对外直接投资，资本的流动不仅仅是货币资金的流动，而是与具体的技术和产品相联系的。劳动力也不是同质的，可进一步分为熟练劳动和非熟练劳动。当这些与技术关联的要素进行跨国流动时，往往会促进国际贸易的发展。这种与技术和产品关联的要素国际流动包括：发达国家劳动密集型产业向发展中国家的转移或对发展中国家劳动密集型产业的直接投资，发达国家对发展中国家资源产业的直接投资，发展中国家技术人才向发达国家的移民等。

（1）发达国家劳动密集型产业向发展中国家的转移

在传统的贸易理论中，发达国家在劳动密集型产品上失去比较优势后，资本会从劳动密集型行业转移到国内有比较优势的行业中去。但当资本允许在国际上自由流动时，发达国家从劳动密集型行业退出来的资本往往会投入到发展中国家的劳动密集型行业中。外资的进入会使发展中国家的劳动力得到更充分的利用，从而促进劳动密集型产业的发展。

许多发展中国家虽然劳动力充裕，但由于缺乏技术，即使是劳动密集型产品也往往无能力生产。通过外资流动带来的技术转移，发展中国家把产品、技术和有效的管理机制等引进国内，促进了劳动密集型产品的生产和出口。

因此，这种带有特定技术和产品的国际资本流动不仅没有减少发达国家和发展中国家之间资本密集型产品与劳动密集型产品的贸易（即南北贸易），还促使发展中国家提高了其具有比较优势的劳动密集型产品的生产和出口，从而推动了南北贸易的发展。

20世纪六七十年代东南亚一些国家及20世纪八九十年代我国内地大量引进外资的结果是促进了劳动密集型产品的生产和出口。根据《中国对外贸易形势报告（2021春季）》，2020年，外商投资企业出口9 322.7亿美元，占全国出口总额的36%。

（2）发达国家对发展中国家资源产业的直接投资

许多矿产资源和能源是资本密集型产品，发展中国家往往因为缺乏资本和技术而无力开采，但矿产资源本身不能移动。在这种情况下，发达国家的资本投入到发展中国家的资源产业中，会促进这些产业的生产和出口。

美国石油公司向中东地区的投资就是一个典型的例子。第二次世界大战之后，在美国本土开采石油的成本越来越高。在这种情况下，美国的石油资本不是流向国内其他有比较优势的行业，而是大量流向了中东的石油工业，从而大大提高了中东国家的石油生产能力，使中东地区各国成为主要的石油生产和出口国家。美国则从 1990 年变成了石油净进口国，到 2000 年每天从国外（主要从中东地区）净进口 400 万桶石油。美国向中东地区的投资增加了它与这些国家的贸易。

（3）发展中国家技术人才向发达国家的移民

尽管劳动力不能像资本那样自由流动，但许多发达国家对具有一定教育背景和知识技能的人还是采取了许多积极的移民政策。例如美国和加拿大的移民种类中就有"技术移民"一项，受过高等教育是一般技术移民的必要条件，对于某些有特殊才能或技能的人则可列入特殊技术移民。

在这种积极的吸引外国技术人才的政策下，世界高科技人才大量涌入美国，为美国的技术创新注入了源源不断的人力资本，提高了美国产品的科技含量，也增加了技术密集型产品的比较优势。另外，资本密集型产品的生产往往需要技术人员和熟练工人，发展中国家的技术移民也会使美国的资本得到更好的利用，进而推动美国资本密集型产品和技术密集型产品的生产和出口。

11.4　与贸易有关的投资措施

国际直接投资无论是对国际贸易有替代作用还是有促进作用，都会对国际贸易产生一定程度的影响。而且，随着国际直接投资的迅猛发展，其对国际贸易的影响会越来越大。在 GATT 乌拉圭回合中，与贸易有关的投资措施（trade-related investment measures，TRIMs）作为一个新议题进入谈判范围，并最终达成了《与贸易有关的投资措施协议》。

11.4.1　与贸易有关的投资措施的概念

TRIMs 并不是泛指所有的与贸易有关的投资措施，是指对贸易有限制作用或扭曲作用的投资措施。1990 年 5 月，TRIMs 谈判小组达成的框架协议草案中给 TRIMs 下的定义为：一项投资措施，如果是针对贸易的流向即贸易本身的，引起了对贸易的限制或损害作用，且这种作用是与 GATT 有关规定不符的，就称为与贸易有关的投资措施。

概括地理解，TRIMs 的概念应当有以下 3 个要点：第一，它是针对外国直接投资项目或企业所采取的措施；第二，它是直接或间接由东道国政府通过政策法令实施的；第三，用 GATT 的条款来衡量，它限制或扭曲了贸易的"自由化"进程。

这里的 TRIMs，适用范围仅仅限于与货物贸易有关的投资措施，不适用于其他类型的投资措施，如协议不涉及对红利的汇回、外国投资者的参股上限等限制。

实施 TRIMs，其目的在于使外国的投资者，特别是跨国公司在经济活动中符合东道国国家的发展目标与产业政策。所以，从行为主体来看，TRIMs 的制定和实施主体是国际直接投资东道国，而不是投资母国政府或跨国公司；从实施对象来看，其针对的是国际直接投资活动，而不是货物进出口本身；从实际作用来看，TRIMs 有限制性和鼓励性两大类，有的对贸易产生直接影响，有的产生间接影响。

由于国际直接投资的大规模发展和国际直接投资对东道国国民经济影响的不断加深，东道国制定了一系列对外直接投资的限制和鼓励措施，其中一部分构成了 TRIMs。

11.4.2 《与贸易有关的投资措施协议》的内容

考虑到国际直接投资对国际贸易的影响，并加强对国际直接投资的规范，在 GATT 东京回合结束以后，美国、日本和欧盟就开始着手将投资措施纳入 GATT 的管辖范围。在 1986 年开始的 GATT 第八轮谈判即乌拉圭回合中，正式将 TRIMs 列入了谈判日程。1991 年 12 月，在各缔约方谈判的基础上形成了 TRIMs 协议草案。1993 年 3 月底，TRIMs 协议正式获得通过。WTO 成立后，该协议被 WTO 所管辖并针对处于不同经济发展阶段的 WTO 成员进行逐步实施：发达成员、发展中成员、最不发达成员应分别在 WTO 协议生效之日起 2 年内、5 年内、7 年内取消不符合《GATT 1994》第 3 条和第 11 条的投资措施。TRIMs 协议的实质性内容主要包括以下 6 项。

（1）宗旨

该协议的宗旨是避免投资措施给贸易带来负面影响，促进国际贸易的发展和进一步自由化，便于投资的跨国流动，加速各国的经济增长。

（2）适用对象

该协议仅适用于与货物贸易有关的投资措施。

（3）基本原则

成员方不得采取与国民待遇和一般取消数量限制这两项基本原则不符的任何与贸易有关的投资措施。

（4）禁止实施的 TRIMs

禁止实施的 TRIMs 被作为一个附件，列为例示清单，包括两部分。第一部分是不符合国民待遇义务的，包括那些国内法或行政命令下的义务性或强制性执行措施，或为取得一项利益而必须遵守的措施，且该措施：要求企业购买或使用原产于国内或来自任何国内来源的产品，无论是规定具体产品、产品的数量或价值，还是规定其当地生产在数量或价值上所占比例；或要求企业购买或使用的进口产品限制在与其出口的当地产品数量或价值相关的水平。

第二部分是不符合一般取消数量限制义务的，包括那些国内法或行政命令下的义务性或强制性执行措施，或为取得一项利益而必须遵守的措施，且该措施：普遍限制企业进口用于当地生产或与当地生产相关的产品，或将进口限制在与其出口的当地产品数量或价值相关的水平；通过把企业获得的外汇与其外汇流入联系起来，以限制企业进口用于当地生产或与当地生产相关的产品；通过规定特定产品、产品数量、产品价值或是规定其在当地生产的数量或价值的比重，以限制企业出口或为出口销售产品。

从上述 TRIMs 中可以看出，被明令禁止的措施共有四项：当地成分要求、贸易平衡要求、进口用汇限制和国内销售要求。

① 当地成分要求是投资者在生产和采购中必须保证一定比例的当地来源，或在其全部生产的产品价值中保证一定绝对数额的当地来源。

② 贸易平衡要求是依据有关法律和法规，要求外资企业进口所需外汇，不得超过其出口额一定比例，或将对零部件的进口与其他产品的出口联系起来，这种措施表现为与进口限制相联系的出口实绩要求。出口实绩要求是在投资初期，投资者必须承诺出口一定比例、数量或价值的产品。

③ 进口用汇限制包括外汇管制和外汇平衡要求。外汇管制是限制投资者兑换外汇，削弱了公司进口和出口的能力。外汇平衡要求是规定进口所需外汇的一定比例可以由其出口收汇提供，其余部分则必须自行筹集。

④ 国内销售要求是投资者有义务以低于世界市场的价格向东道国市场销售一定比例或价值的产品，类似于进口替代的作用。

（5）例外条款

《GATT 1994》下的所有例外均应酌情适用于《与贸易有关的投资措施协议》的规定。发展中成员为了保护幼稚工业或维持国际收支的平衡，可以暂时背离有关规定，实施某些与《GATT 1994》不符的与贸易有关的投资措施。

（6）其他规定

其他规定包括透明度原则、过渡安排和监督的实施等有关具体规定。

11.4.3　投资措施对贸易的影响

TRIMs 可分为限制性和鼓励性两类。为了达到自己国家的经济发展目标和实施产业发展政策，一国往往对外商直接投资既实施限制措施，又实施鼓励措施。

投资鼓励措施主要体现在优惠的税收上。例如，对外商实行地区税收优惠政策，就会使其生产成本降低，从而产品的价格相对来讲可以定得较低，使其产品在国际市场上具备一定的价格竞争优势，增加了企业的经营利润。这种鼓励措施会影响外资对投资国家的选择，影响其对东道国内投资地点的选择，进而影响整个贸易发展格局。此外，还可能有土地价格的优惠、进口的关税优惠、外贸经营权等鼓励措施。

投资限制措施主要体现在东道国对外来投资者的"出口实绩要求"上，即东道国要求投资者必须承担的最低目标，包括使用当地劳动力规模的业务活动目标、投资形式或所有权条件（如东道国多数股权）等。主要的"出口实绩要求"有对设备的规定、当地成分要求、最低出口额或出口比例、外来投资比例、外汇平衡要求等。投资的限制措施往往会影响外资企业的生产和经营，如外国直接投资企业要执行"当地成分要求"时，即使东道国产品的价格高、质量差，也不得不使用。因此，可能会使企业的成本上升，产品质量下降，降低了外商企业的产品竞争力。此外，企业可能为了占领当地市场，对产品进行了当地化改进，但为了达到"最低出口额"要求，不得不在不利的国际市场上进行销售，甚至在亏本的情况下销售。这完全违背了 WTO 通过自由贸易和自由竞争使资源达到优化配置的目标。

11.4.4　与投资有关的贸易措施对投资的影响

与投资有关的贸易措施是指那些不以影响国际直接投资为特定目的，而只在最终结果上影响国际直接投资流量的贸易措施。国际贸易和国际直接投资的复杂联系，使它们之间互相影响。与贸易有关的投资措施会对贸易产生重要影响，与投资有关的贸易措施也会对国际直接投资的流量、部门构成和地区分布产生潜在的影响，进而影响国家福利水平和国家之间的利益分配。

从广义角度来讲，世界上几乎所有国家都采用关税和非关税措施部分地调控进出口，同时大量的国际直接投资都与贸易有关，因此可以推断，几乎所有的国际直接投资都受到贸易措施的影响。这里分析的是比较确定地会与投资有关的贸易措施，这些贸易措施对国际直接投资的流量产生影响。

1. 关税与非关税措施会导致进口替代型的外国直接投资

关税及非关税措施中的进口数量限制不但影响贸易，而且还是影响国际直接投资的重要措施。它对国际直接投资的影响表现为：吸引外国公司在本国投资生产进口替代产品，以本土化的生产替代进口产品，在东道国出现了进口替代型的外国直接投资。在部门、产业的分布中，主要是汽车、钢铁和部分电子消费品等产品。这些行业出现了众多的以绕过关税壁垒或非关税壁垒而闻名的国际直接投资案例，如日本几大汽车制造商在美国投资建立子公司，世界众多汽车制造商、电子通信产品制造商在中国建立合资企业甚至独资企业等。实施进口数量限制的多种纤维协定由于允许进口国对出口国有选择地分配配额，结果导致配额紧张的国家在配额充足、未被利用或者没有配额限制的国家进行直接投资。亚洲新兴工业化国家和地区在亚洲其他发展中国家的大部分直接投资属于这种类型。

2. 区域经济一体化会促进对成员的直接投资

由于在区域内实行排他性的自由贸易措施，区域经济一体化可能会吸引非成员企业对成员的直接投资。这种效应对于那些在与成员当地企业竞争中失利的非成员企业尤为明显，即那些非成员企业在一体化区域内投资以保持市场份额。欧共体（现为欧盟）是这方面的一个典型例子。随着欧共体1992年统一大市场计划的宣布，欧共体以外的企业为了扩大在欧共体市场的份额、防止被排斥在欧共体市场之外，向欧共体国家的直接投资大大增加。

3. 原产地规则政策会吸引外国直接投资在本国进行某些零部件的生产

原产地规则，特别是当地成分的规定，无论是在区域经济一体化的安排中还是在单一国家的情况下，对直接投资产生的影响很显然是鼓励在消费市场上进行投资和生产。如果A国决定，根据原产地规则要求，只有从符合当地成分要求的B国进口的产品才能免关税和（或）不受非关税措施的限制，那么所有向该地区出口投入品和零部件的国家，就不得不在A国和（或）B国生产投入品和零部件。在北美自由贸易协定谈判中，其中一个焦点问题就是确定产品中应含有当地最低加工成分的原产地规则。原产地规则的制定可以使商品在由参加一体化的国家构成的区域内免关税流通合法化。

4. 出口加工区会吸引出口导向型的外国直接投资

发展中国家开设出口加工区的目的是以自由贸易政策和其他激励措施来吸引外国直接投资，促进本国商品的出口和就业。

除以上列举的措施之外，出口资助会增加出口导向型的外国直接投资；安全、环境、健康、保密性及其他国家标准会吸引进口替代型的外国直接投资，等等。国家的贸易政策和措施会影响国际直接投资者的决策，最终影响国际直接投资。

本章要点

国际劳动力流动的结果是输出国工人的工资上升，输入国工人的工资下降。但是，由于工资降低，输入国厂商既可以支付较低工资，又可以雇用更多的工人，从而受益，而且这种受益大于工人工资降低的损失。

资本的国际流动使资本输出国和资本输入国同时分享了世界总产量增加所带来的利益。对输出国来说，资本所有者因资本输出带来资本价格提高而增加了收入，而劳动者则因国内生产、就业减少而减少了收入。输入国情况正好相反，资本的收入减少，劳动者的收入增加。

国际资本流动的主要载体是跨国公司。代表性的发展中国家跨国公司理论有小规模技术理论、技术地方化理论和技术创新产业升级理论。

要素流动与贸易既存在替代关系，又存在互补与促进作用。劳动力流动与劳动密集型商品贸易存在替代关系，资本的国际流动对资本密集型产品的国际贸易也有替代作用。

技术不同时，要素流动对国际贸易存在促进作用，与技术关联的要素进行跨国流动时，往往会促进国际贸易的发展。

与贸易有关的投资措施是指对贸易有限制作用或扭曲作用的措施，可分为限制性和鼓励性两类，对国际直接投资的流量、部门构成和地区分布产生潜在的影响，进而影响国家福利水平和国家之间的利益分配。

复习思考题

一、名词解释

跨国公司　跨国公司内部贸易　转移价格　内部化优势　TRIMs

二、简答题

1. 用图示表示国际劳动力流动及其效应。

2. 有一种观点认为："绝大多数的外国投资者都是为了利用东道国的廉价劳动力。"请分析此种观点是否正确？理由是什么？

3. 简述跨国公司内部贸易的原因。

4. 试述国际生产折中理论的主要内容。

三、论述题

1. 试述国际资本流动所产生的影响。

2. 在第二次世界大战后一段时间内，大多数发展中国家由于担心跨国公司在本国拥有太大的市场势力而伤害本国企业，对外国直接投资采取限制或管制的政策，但 20 世纪 70 年代中期之后，很多发展中国家对外国直接投资的态度发生了很大变化，转而采取中性或积极鼓励的外资政策。试根据相关的直接投资理论，解释发展中国家外资政策转变的原因。

第12章

贸易政策的政治经济学

国际贸易理论虽然证实了参与国际贸易的各方都可以从中获利，但是依然存在利益大小的区别。尽管一国社会福利可能因为贸易得到提升，但是因为资源拥有的差异，导致一国国内不同资源所有者也因贸易而存在利益分配差异。因此，倡导自由贸易的经济理论众多，但是在现实生活中，真正的自由贸易基本不存在，各国都或多或少地对贸易进行一定的干预。

新贸易理论证实战略性贸易政策可以成为一国政府培育其产业国际竞争优势的一时之选，但对各项贸易政策进行基本经济分析之后，可以得到一个简单结论：实施战略性贸易政策的机会并不是很多。但是，现实与贸易政策理论出现了一个显著的差异，各国政府并非在衡量整个社会福利得失的基础上进行政策决策，反倾销、补贴与反补贴等贸易政策被各国频繁地使用。

这种理论与实践的背离促使经济学家从政治经济学的角度进行解释，也就是考虑将贸易政策作为内生变量，将它既视为一国国内各利益集团相互博弈的结果，同时又考虑国际利益集团的博弈影响。贸易政策的政治经济学将政治学的范式引入贸易理论，将贸易政策的制定与实施作为公共政策决策的具体形式之一，从国家非经济效率的目标或社会利益（特别是收入）分配及冲突的视角去探寻贸易政策产生和变化的政治过程，因而比纯贸易理论更好地诠释了现实中贸易扭曲政策的存在、形式、结构和演变。

20世纪70年代初以来，布雷顿森林体系崩溃、世界石油危机及发达国家经济衰退等各种经济问题开始进入国际议事日程，国际环境也随之发生了巨大变化，促使政治学家转向经济学理论来寻找解决问题的方法。国际关系和国际经济学的交叉点，也就是国际政治经济学开始出现越来越多的研究成果，贸易政策的政治经济学分析就是其中的热点之一。

贸易政策的政治经济学的核心思想认为，从经济效率（帕累托最优）的目标看，贸易干预政策的福利效果与自由放任贸易政策相比总是次优的，或者说，在理论上总是存在替代贸易干预政策的最佳政策。然而现实中贸易干预政策在社会的公共选择过程中"优于"自由贸易政策，其真正根源必须从政治市场中寻找答案。更进一步说，贸易政策导致的收入分配效应促使政治市场中的参与者——选民或公众、政府、官僚、利益集团乃至外国人将根据各自的既定目标或既得利益产生对新的贸易政策的需求和供给，关税率、非关税壁垒、补贴率等作为贸易政策的"价格"在政治市场上出清，最终达到均衡稳定状态，从而决定了贸易政策选择的质量（形式）和数量（程度）。很显然，一国的政治制度、体制和结构特征决定和制约着贸易政策的各个方面[①]。

12.1　自由贸易的利弊之争

自从亚当·斯密时代以来，主流国际贸易理论倡导的贸易政策，均带有自由放任的倾向，并将自由贸易作为理想的国际贸易制度基础。所谓自由贸易，是指商品、服务和要素在国际间的自由流动。自由贸易政策是指政府在国际贸易活动中奉行市场开放准则，不干预市场，让市场机制在国际范围内作用，实现资源的全球配置。但是，自从全球贸易形成以来，几乎所有主权国家奉行的贸易政策都带有或弱或强的保护主义色彩，使用关税或其他的贸易壁垒人为地将国内市场与世界市场割裂。

1. 自由贸易的好处

（1）资源配置的高效率

古典贸易理论和新古典贸易理论认为，从资源配置的角度来看，价格机制的有效运行，资源配置的效率越高，国民的福利越大。自由贸易消除了各项贸易壁垒，也就规避了前述的贸易政策带来的贸易扭曲，能够使资本、劳动、技术等要素在国际实现自由流动和优化配置，使贸易参加方从贸易中获得利益，从而促进各国乃至整个世界福利水平的提高。

自由贸易能够使各国以相对较低的价格获得自身所稀缺的商品或服务，使本国可以从贸易创造中获得利益。而一旦采取贸易保护措施，贸易创造所引起的利益增加必须抵消因贸易转移所引起的利益减少，从而使福利的增加量减少。

（2）促进规模经济的形成

产业内贸易理论阐述了规模经济对于企业和产业竞争力的作用。在自由贸易的背景下，企业的竞争环境从相对狭小的国内市场扩展到国际市场，其规模得以扩大，规模经济带来的选择效应和规模效应使得企业的生产效率提高，竞争力提升。

阿根廷的汽车工业可以提供自由贸易带来规模经济效应的反证。阿根廷由于限制汽车进口而导致缺乏规模效益。一个有效率的汽车组装厂一年应该生产 8 万～20 万辆汽车，但阿根廷在 1964 年只生产 16.6 万辆汽车，而汽车生产厂商却多达 13 家。[②]

（3）通过国际市场的激烈竞争寻求创新与成长

在自由贸易的背景下，企业不仅面临国内竞争对手，而且受到国外竞争对手的强有力影响，缺乏效率的企业因为缺乏竞争力而退出市场。在市场上依旧生存的企业面临着激烈的竞争，唯一的出路就是寻找创新的机遇，充分利用贸易的技术外溢，提高自身的国际竞争力。

2. 自由贸易的弊端

国际贸易保护理论详细阐述了一国政府推行干预贸易思想，实行贸易保护政策的各项理由。在对各项贸易政策的经济效应进行分析之后，可以得到如下自由贸易可能带来的弊端。

---

① 盛斌. 中国对外贸易政策的政治经济分析. 上海：上海人民出版社，2002：21-22.
② 克鲁格曼，奥伯斯法尔德. 国际经济学：理论与政策. 8 版. 北京：中国人民大学出版社，2011：201.

① 自由贸易所产生的利益在不同经济发展水平国家之间的分配不均衡。以墨西哥为例，在加入 NAFTA 后，随着农产品关税的下降，享受高额补贴的美国农产品也大量涌入墨西哥市场，使其农牧业遭受了沉重的打击。

② 市场失灵情况出现时，自由贸易的资源配置效率降低。例如在高失业、高资本闲置率、负外部性带来的环境破坏、正外部性带来的社会福利损失等问题存在时，自由贸易理论推导的前提条件已经发生改变。

③ 本国民族工业可能受到冲击，国家经济安全难以保证，幼稚产业和中小企业在国际竞争中陷入困境，就业水平受到冲击，国内就业压力加大。

12.2 贸易政策中的政治经济学模型

综合而言，贸易政策的政治经济学从如下三个角度进行模型分析：直接投票分析，如中间选民模型；竞选分析，如集体行动和有效游说模型；政治支持函数分析，如保护待售模型（protection for sale model）等[①]。

1. 中间选民模型

中间选民模型是典型的直接投票分析方法，该模型假定贸易政策直接由选民通过投票决定。一项政策如果得到大多数选民的支持，政府就会选择这一政策。如果每个选民对一项政策的偏好存在差异，那么中间选民的偏好将决定均衡的政策。

梅耶（W. Mayer）最早利用直接投票分析方法对进口关税问题进行研究，他用 H-O 模型和特定要素模型分析了长期和短期两种情形下，一国的实际关税是如何在多数投票规则下由要素所有权的分布决定的[②]。在两部门、两要素的 H-O 模型框架下，如果中间选民资本拥有量低于平均量，贸易政策会偏好劳动力（与资本相对应），这意味着资本密集国家的贸易政策会抵制贸易，因为根据斯托尔珀-萨缪尔森定理，贸易限制会增加 H-O 模型框架下稀缺要素的收入，资本密集国家就会实施进口关税而资本稀缺国家会实施进口补贴。列维（P. L. Levy）用梅耶的多数投票模型解释了贸易政策的双边合作与多边合作的关系[③]。

中间选民模型假设政府是民主产生的，任何一个政党只有得到了多数选民的支持才有可能执政，因而政府在选择任何经济贸易政策时，必须要考虑如何得到多数选民的支持。原因在于任何政府的决策者们都会以最大化其继续从政的可能性为目标从而会以大多数公众的利益为己任。

怎样才能选择得到多数选民支持的政策呢？其中，最重要的方法就是尽可能地选择靠近中间选民意见的政策。所谓中点选民的意见，一般表现为两种意见之间的观点。以中点意见为界，一边更为保守，另一边更为激进，且两边人数基本相等。

① 丘东晓，许斌，郁志豪. 国际贸易与投资前沿. 上海：上海人民出版社，2008：45.
② MAYER W. Endogenous tariff Formation. American Economic Review，1984，74（5）：970-985.
③ LEVY P L. A political-economy analysis of free-trade agreements. American Economic Review，1997，87（4）：506-519.

如图 12－1 所示，假定在一个国家有两个相互竞争的党派，政策变量用关税率描述，每位选民按照自己的偏好对该关税率的预期收益和成本有一个评价。现在将所有选民对其偏好的关税率水平的高低进行排列后得到一条向上倾斜的曲线，这条曲线称之为政治支持曲线。若一个党派提出高关税率 t_A，那么另一党派就可能通过提出另一较低的关税率 t_B 而赢得大部分选票。政治竞争迫使两个党派都提出接近于 t_M 的关税率，而 t_M 正是中点选民偏好的关税。反之，若一个党派提出低于 t_M 的关税率，那么另一党派就可能通过提出另一介于 t_M 和对方税率的关税率而赢得大部分选票。政治竞争迫使两个党派都提出接近于 t_M 的关税率，而 t_M 正是中点选民偏好的关税率。

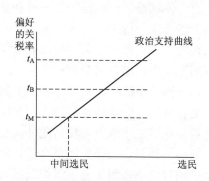

图 12－1　中间选民模型的政策决定[1]

下面举例来说明这一模型。假设本国有 9 个选民，他们对关税率的偏好都不同。假设第一个人主张关税率为 1%，第 2 个人主张 2%，以此类推，第 9 个人主张 9% 的关税率。在这里中间选民的意见是 5% 的关税率。再假设本国有两个政党存在：民主党和社会党。在贸易政策的选择中，假定民主党选择征收 7% 的关税率，而社会党选择了 6% 的关税率，这时主张高关税的选民（7、8、9）就会支持民主党，但主张低关税的，包括第 1 个到第 6 个选民就会支持社会党。从第 1 个选民到第 5 个选民的意见虽然没有被采纳，但对于主张 7% 的关税率的民主党来说，社会党更接近他们的意见。如果这时有第三个政党，比如进步党，选择了 5% 的关税率，那么从第 1 个到第 5 个选民就会转而支持进步党，支持社会党的就只剩下第 6 个选民了。由此可见，越接近中间选民意见的政策越能得到大多数选民的支持。这就是中间选民模型。但是中间选民模型要基于两个基本的假设：所有的选民都去参加投票；所有选民的投票都是诚实投票，即把选票投给自己最偏好的政策。

中间选民模型简单明了，但是因为现实中贸易政策很少由直接投票决定，所以其分析结论可能只被看做是一种参考性分析[2]。

2. 集体行动和有效游说模型

中间选民模型不能解释现实中所观察到的贸易政策。我们知道，零关税率才是消费者的最佳选择。因为如果贸易政策只是单纯地取决于选票，而消费者又拥有最多的选票，那么最终的贸易政策将是自由贸易政策。可是，结果并不是这样。在许多情况下，贸易政策满足或

① 克鲁格曼，奥伯斯法尔德. 国际经济学·国际贸易部分. 8 版. 北京：中国人民大学出版社，2011：210.
② 丘东晓，许斌，郁志豪. 国际贸易与投资前沿. 上海：上海人民出版社，2008：45.

者保护的恰恰都是少数人。例如，几乎所有的发达国家都保护农产品，而农民只占这些国家总人数的10%左右。在发展中国家，农民占大多数，但这些占大多数的农民不但得不到保护，反而政府还通过对出口的控制来压制国内农产品的市场价格，间接地保护农产品的消费者。最常进入美国政府贸易保护政策中的产业是钢铁和纺织品行业，不同年代的保护理由不同，既可能是因为就业受到损害，有可能是因为进口激增带来损害，还有可能是因为国家安全的损害。

这种现实与理论的背离是因为在贸易政策的形成过程中，存在利益集团的游说。这使得中间选民模型以大多数选民的意愿来选择贸易政策的解释缺乏说服力。

曼瑟尔·奥尔森指出，代表团体利益的政治行为是一种利众行为，这一行为有利于团体中的所有成员，而非仅仅有利于实施这一行为的个体。集体行动理论认为一种政策是否被政府采纳并不在于受益或受损人数的多少，而在于利益集团的集体行动是否有效。

在关税水平决定贸易政策的决策中，尽管消费者较多，但"搭便车"的人也多，积极参与的人少，意见也不容易统一，集体行动的效率就低；而因贸易受损的一方（如进口竞争企业及其员工）相对人数较少，更容易组成经济利益集团，在影响政府的游说中更有可能采取步调一致的集体行动，因而更容易在游说中取得成功。此外，在消费者的集体行动中，如果将总损失除以消费者总人数，则每个消费者的损失就很小了，但对于每个生产者来说产生的利益就会很大，免费搭车的动机相对较小，因而能够组织起强大的游说集体来争取贸易保护政策。

现实中，各国并不采用直接投票方式来决定贸易政策，而是通过一个被选举出来的代表集团（或政府官员）来决定。不同经济利益集团可以进行政治活动游说以影响政策制定者，从而使自己所偏好的贸易政策获得他们的支持。因此，政府最终往往会选择总福利水平下降、大多数人利益受损而少数人受益的贸易政策，这就是集体游说的力量。

在贸易政策的制定中，假设各个经济利益集团主要涉及进口竞争部门、出口部门和消费者团体，主要通过游说活动来游说政府部门的政策制定者。进行游说活动需要付出一定的成本，但并不是所有人都愿意负担。在不同经济利益集团的政治活动中，只要游说活动的收益大于成本，小集团就会积极活动，从而使制定的贸易政策有利于自己，原因是小集团中的单个人倾向于拥有更大的利益，容易组织起集体行动，因而更能够影响政府的决策。在这种情况下，政策的制定可能会偏离国家整体福利最大化这一目标。在贸易政策的具体选择上，其原则也是有利于某些利益集团，而不一定有利于国家福利。

图12-2清楚地展示了集体行动和有效游说模型。图中的OA曲线是游说成本曲线，该曲线凸向横轴，表示对特定经济利益集团来说，获得的关税保护水平越高越困难，意味着关税保护的边际成本不断递增，表现在图形上就是OA曲线的斜率逐渐增大。同时，游说成本曲线也可以反映政治市场上政策供给者对特定经济利益集团实行贸易保护的意愿。一般而言，在经济利益集团组织得更好、游说活动效率提高或社会支持率较高的情况下，游说成本曲线会向下移动，也就是说游说成本会相对下降。

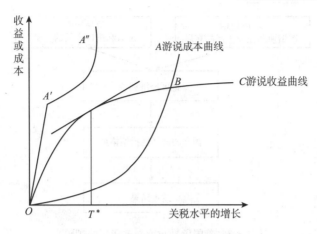

图 12 - 2　集体行动和有效游说模型

图 12 - 2 中，OBC 曲线则代表游说收入（其中 B 点为 OA 和 OC 的交点），也是保护利益曲线，它代表经济利益集团从事游说活动带来关税水平上升而产生的价值。关税水平越高，为该经济利益集团带来的利益就越大，最大值为 B 点，对应的是禁止性关税。关税的增加至少在一定范围具有边际利益，但总体上边际收益递减。

关税水平增加到 T^* 时，收益与成本的差异最大，即政策带来的经济租值最高，经济利益集团的游说努力为最优。此外，新组织的利益集团游说的初始成本曲线为 OA'，其整个游说成本曲线 $OA'A''$ 位于游说收益曲线的上方，表明对一些经济利益集团而言，寻求关税保护的游说活动并不总是值得的。

专栏 12 - 1

3. 保护待售模型

在民主选举的国家，政党在努力争取选票的同时，还要筹措资金支持竞选活动，这部分资金通常来源于特殊利益集团。这些利益集团支持各自的党派当选，这些党派的候选人一旦当选之后就会在力所能及的范围内制定或维持有利于这些利益集团的政策，否则他们就会在下一轮的竞选中失去这些利益集团的资金、支持和选票。

道格拉斯·欧文认为："美国的政治体制及政策制定过程决定了利益集团在政策制定过程中具有很强的影响作用……关税制定本身是政治活动。正如俄亥俄州参议员约瑟夫·弗拉克（Joseph Foraker）所言，世纪关税水平是'经过妥协调整后的推测数字'。关税的最终结果反映了大量（国内和国外的）不同意见及（政治的和经济的）不同目标之间的妥协与权衡。""影响贸易政策最重要的经济利益集团是国内生产商，也就是企业及其雇用的员工。人们经常说，美国实行'生产商导向'的贸易政策，国会议员和行政官员尤其听从国内农场主、矿场主和制造商的声音。而且企业利益集团不仅深深卷入政策制定过程，且具有特定地域集聚性。"例如高技术产品对应加利福尼亚州，钢铁生产对应宾夕法尼亚州和俄亥俄州，金融服务则对应纽约州。欧文指出，美国对贸易政策的分歧尽管很大但相对稳定，这与贸易政策形成的逻辑与背景有关。美国贸易政策制定背后的逻辑如图 12 - 3 所示。

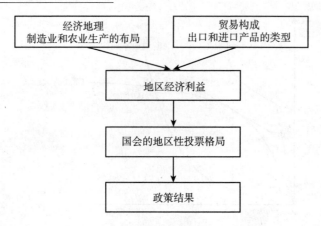

图 12-3　美国贸易政策制定背后的逻辑[①]

由于大多数政府制定政策的目标是维护其政权的稳定，因此政府实行有利于这些利益集团的贸易政策是为了对他们政治支持的一种回报。换句话说，保护这些利益集团也就是保护政府本身。但是有组织的利益集团究竟是如何影响政策的？经济学家的解释是：建立政治支持函数和简化的政治决策过程模型。依据政治支持函数和政治决策过程模型分析，现任政府

专栏 12-2

总是力图从公众那里获得最大的支持，因此政治当事人的自我利益被置于分析的核心。该模型分析的起点是，虽然政治家赢得选举的部分原因是他们提出了受欢迎的政策，但任何成功的选举还需要大量的资金支持。因此，如果提供大量竞选经费的团体对政策有偏好，那么政治家将不得不支持其偏好的政策。

经济学家格罗斯曼和赫尔普曼建立了保护待售（protection for sale）模型。该模型解释特殊利益集团如何利用政治资助影响政府贸易政策的选择，该模型也叫"影响驱动模型"（influence-driven contribution model），是用政治经济学方法研究贸易政策的最有影响的模型之一[②]。该模型认为，政治家们追求自身福利最大化，但其自身福利取决于获得的政治资助总量和全社会的总福利；各个利益集团也基于自身利益最大化的考虑为获得保护而给予政治资助。因此，政治家和利益集团博弈的第一阶段是各个利益集团就各自的政治资助水平达成均衡，第二阶段则是政府在此基础上选择最优的贸易政策。

12.3　国际谈判与贸易政策

正因为看到自由贸易能够给成员带来"共赢"的结果，所以 WTO 促进各成员贸易政策的自由化。但是考虑到各国的实际经济情况，WTO 不可能要求各成员完全取消保护贸易政策。这就使得 WTO 也在贸易自由化和保护贸易政策之间寻找均衡。这种均衡依靠的就是 WTO 的多边贸易谈判，而这种多边贸易谈判本身就是各国在 WTO 中进行的政治经济博弈。

WTO 中的贸易谈判涉及的是互惠的贸易壁垒削减及其他问题。贸易壁垒削减的前提是存

---

① 欧文. 贸易的冲突：美国贸易政策 200 年. 北京：中信出版社，2019.

② HELPMAN G. Protection for sale. American economic review，1994，4（84）：833-850.

在贸易壁垒，而贸易壁垒或是保护贸易政策是进口替代产业在本国市场上获得了一定的政治支持的结果，或者这些产业获得了一种受保护的权利。进口替代产业的这种权利是通过以往的游说或政治支持获得的，要求它们放弃保护的权利，从经济学角度来说，必须为其提供补偿。所以任何国家在 WTO 的谈判中达成的市场准入程度和贸易壁垒削减幅度，就是国内的"受保护权利持有者"与致力于在境外市场寻求相当权利的其他国内产业达到的均衡结果。假若后者拥有足够的政治力量，对前者集团权利的侵蚀就可以被认为是具有政治合理性的。因此，在贸易谈判中真正起作用的是政治力量，而不是经济效率①。

WTO 为贸易各国提供了一个绝佳的贸易谈判场所，成为所有成员之间进行政治经济博弈的场所，一国究竟能够获得多少的贸易政策优惠，究竟付出多大的代价，取决于贸易谈判中各方进行的政治经济博弈，最终达成竞争均衡。因此，WTO 发起的贸易回合谈判成为各国贸易政策博弈的主要场所，因而成为最复杂的国际贸易谈判，目前仍旧处于艰难的谈判过程中。

基于国际政治经济学的分析视角，我们将从谈判中利益集团的利益偏好、国家间的战略互动及国际制度的影响三个层面入手，对这些因素如何影响国际贸易谈判进行深入分析。

1. 影响贸易谈判的主要因素

任何一项经济政策都可能会影响收入分配格局，因而不同社会阶层或利益集团对此会有不同的反应，受益的一方自然支持这项政策，而受损的一方则会反对这项政策，各种力量交织在一起最终决定政策的制定或选择。

（1）各利益集团的利益偏好

在国内政治中，不同的利益集团有不同的身份定位和政治利益追求，也就决定了其外贸政策的偏好不同。政府最终出台的政策实际上是不同利益集团在政策制定时的冲突与妥协的产物。国际贸易的政治经济学认为，确定利益集团对贸易政策选择的偏好需要根据特定要素理论来进行②。利益偏好在贸易谈判中发挥作用也会受到各国国内制度或观念的影响。自由贸易的受益者和贸易保护主义者都会通过选举制度来影响政治格局和政策的制定。

（2）国家间的战略互动

国际关系视角下的谈判研究，通常强调国家利益和物质实力决定着谈判中各国的收益分配③。大国在国际谈判中常用的手法就是通过威胁对方或向对方施以好处，使其让步。以美国为例，在国际经济事务的谈判上，它的经济规模和国家实力有助于它向其他国家提出开放市场的要求。许多关于美日贸易谈判的研究都表明，由于美国的实力及其影响以及日本对美国的高度依赖，使日本成为一个"被动的国家"，当美国威胁拒绝日本商品进入美国市场，甚至以联盟的安全合作为谈判的筹码时，日本往往会屈从于美国的要求。④

---

①　霍克曼，考斯泰基．世界贸易体制的政治经济学：从 GATT 到 WTO．北京：法律出版社，1999.

②　ALT J，GILLIGAN M，RODRIK D，et al. The political economy of international trade：enduring puzzles and an agenda for inquiry. Comparative political studies，1996，6（29）.

③　KRASNER S. Global communications and nation power：life on the pareto frontier. World politics，1991，43（3）：336-356；MEARSHEIMER J. The false promise of international institutions. International security，1995，19（5）：5-49；STEINBERG R. In the shadow of law or power？ Consensus—based bargaining and outcomes in the GATT/WTO. International organization，2002，56（2）：339-374.

④　CALDER K. Crisis and compensation. Princeton：Priceton University Press，1988；LINCOLN E. Troubled times：U. S. —Japan trade relations in the 1990s. Washington D. C. ：Brookings Insitution，1999.

当我们通过战略互动的视角分析国际贸易谈判时，通常会将研究集中于国家层面，从而忽略国内不同利益集团偏好的变化，而且不能够确定哪一个利益集团的利益最能通过政策结果反映出来。实际上，各种各样的利益偏好构成了国家内部的政治力量，它们对国家政策的制定会产生重要影响，因此影响国家间贸易谈判的战略互动因素不仅包括整体的国家利益，还包括具体的国内政治因素，后者有时甚至规范、约束着国家间战略互动的进程，对国际贸易谈判的结果产生直接影响。

（3）国际制度的影响①

国际制度是国家之间及国内利益集团之间进行谈判的制度背景，可以为国际谈判提供规则，有助于降低交易成本，促进国家之间的国际合作，并确保相应政策的合法性。当前，WTO 管辖的多边贸易体制是规范贸易领域活动最重要的国际制度安排。作为一个拥有 150多个成员和关税区的多边贸易组织，WTO 以国际贸易法规为核心，涉及争端解决程序及协商新的贸易规则，它所包含的多边贸易体制安排构成了各国决定其贸易政策的主要规则。

2. 贸易谈判的主要框架

（1）国内博弈形成单边对外贸易政策

图 12-4 左上角方框内的公民、利益集团和政府三方之间进行的是国内谈判，形成一国的单边对外贸易政策。

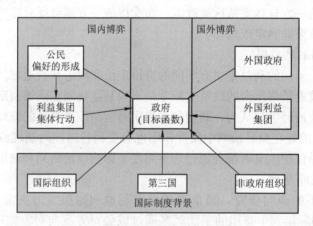

图 12-4　贸易谈判的主要影响方

① 公民的贸易政策偏好取决于其贸易利益的多寡。例如，根据斯托尔珀-萨缪尔森定理，一国要素相对丰裕的部门将从贸易中获益，因而倾向于自由贸易政策；而要素相对稀缺的部门则将受损，可能寻求政府的贸易保护。

② 公民、利益集团对贸易政策形成的影响。公民通过投票、公共舆论两种途径影响政策形成。如果具有共同利益的公民能够克服"搭便车"问题并组成利益集团，那么在政策形成过程中会发挥更有效的影响力，讨价还价能力更强。

③ 政府的目标函数。在此引入经济学理论来分析执政者的行为。决定政治治理之理性的重要因素是财政约束、管理者队伍及意识形态，并将形成政府具体的目标函数。只有政府的"共容利益"足够大，政府的治理在促进经济增长方面才能长期有效。

---

① 杨毅. 国际贸易谈判的主要影响因素分析：国际政治经济学的视角. 国际论坛，2012，14（2）.

④ 谈判的目标。谈判的目标将综合反映公民、利益集团和政府的利益。在此可以建立多元回归模型来检验不同的利益代表对谈判目标的影响力大小。

（2）包含国外博弈的双重博弈

加入外国政府、外国利益集团的影响，就构成了贸易谈判的双层博弈。

① 在国际谈判中，多边贸易谈判是最常见的，多边贸易谈判也叫多方博弈。多边贸易谈判能够使多个国家之间达成同盟并采取一致的行动。WTO 多哈回合谈判就是典型的多边贸易谈判，各国贸易政策的出台都必须考虑其对外国利益集团的影响。

② 联合谈判。当国内出现了不同利益的代表时，执政者将权衡在政治博弈中各利益代表的力量，从而做出最后的决策。比如，在贸易谈判中执政者可以利用支持某个利益集团，换取该利益集团在其他事务上与自己合作。在很多情况下，执政者还能越过国界，争取获得谈判对手国外政治力量的支持。

（3）贸易谈判的国际制度背景

国际组织、非政府组织及第三国代表国际谈判的制度约束和背景。

① 国际制度可以将贸易谈判达成的结果正式化、合法化，并且背叛行为会受到其他成员的谴责。人们通过规则和制度可以知道谁在做什么，判断其他人将会怎样做等，这样规则和制度就为人们提供了一个检验和校对的标准。

专栏 12 - 3

② 第三国在双边、多边贸易谈判中的监督作用，以及非政府组织，如环境保护主义组织对国际贸易规则未来演进的影响。

本章要点

自由贸易可以带来资源配置的高效率，促进规模经济的形成，可以使一国的企业通过国际市场的激烈竞争寻求创新与成长。但是，自由贸易也会带来一些弊端，如贸易利益在不同经济发展水平国家之间的分配不均衡；市场失灵情况出现时，自由贸易的资源配置效率降低；民族工业受到冲击等。

中间选民模型认为从政者要想获得多数选民支持，最重要的方法就是尽可能地选择靠近中间选民的意见的政策。

集体行动和有效游说模型认为，由于存在集体行动问题，特殊利益集团更有可能通过政治手段来获得对该集团有利的贸易政策。

保护待售模型假定当局者面临选民福利和政治贡献两个目标，因此利益集团的政治角逐决定着贸易政策的制定。

国际谈判对一国贸易政策的形成有着深远的影响，利益集团的政策偏好、国家间的战略互动及谈判的制度背景等都对一国的国际贸易谈判，继而对一国的贸易政策产生重要影响。

复习思考题

一、名词解释
中间选民模型　集体行动和有效游说模型　利益集团

二、简答题
1. 贸易政策的政治经济学的核心问题是什么？
2. 简述中间选民模型的基本内容。
3. 政府在制定政策时会受到哪些因素的影响？
4. 政府制定政策的目标是什么？

三、论述题
1. 从中国贸易政策的背景出发，哪些案例可以用本章涉及的理论来解释？
2. 对于美国贸易政策而言，哪些案例可以用本章涉及的理论来解释？

第 13 章

国际贸易研究新领域

13.1 新新贸易理论

21 世纪初，国际贸易理论的研究由以产业为研究单位逐步深入到企业层面，诞生了以异质性企业模型和企业内生边界模型为代表的新新贸易理论，进一步促进国际贸易研究深入到企业层面对贸易模式和贸易流量进行解释。

13.1.1 异质性企业模型

以马克·梅利兹（Marc Melitz）的异质性企业模型为代表的新新贸易理论是近几十年来国际贸易领域的最重要进展。该模型的主要假设有以下几个方面：首先，该模型摒弃了传统的李嘉图模型及赫-俄模型的规模效益不变、完全竞争的假设，假设规模效益递增、不完全竞争。其次，假设规模效益决定了国家的贸易模式，同时在模型中引入异质性企业。异质性企业主要表现为生产率的差异，即企业边际成本的差异，生产率高的企业，产品定价低，可以更好地垄断市场，获得更高的收益。最后，该模型普遍适用于发达国家的产业内贸易。

该模型指出贸易的基础是建立在企业异质性的基础之上的。效率较高的企业可以将产品在全世界销售并在全球范围内寻找和配置资源，生产率低的企业只能在本土市场上销售产品或退出市场。总之，生产率高的企业在国际贸易过程中占领全球市场，集聚更多的资源并得以长足发展。

如图 13-1 所示，在封闭经济体一定的技术水平下，由于利润和生产率的差异，可以得到加权企业平均生产率和停止运营点生产率 φ^*，此时利润为 $\bar{\pi}$。那么生产率高于 φ^* 的企业会继续从事生产，而生产率低于 φ^* 的企业就会停止生产和退出。对于那些试图进入行业的企业来说，它们进入后能够成功生存下去的条件也是生产率必须高于 φ^*。

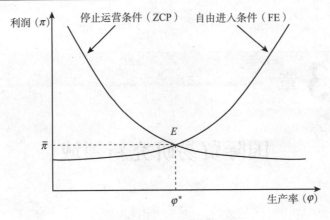

图 13-1 封闭经济体模型

在开放经济体中（见图 13-2），原有的封闭经济体最低生产率要求 φ_0 已经不能作为企业生产率的最低要求，生产率高于 φ_0 的企业在封闭经济体中可以存活。

开放后，为了参与国际竞争，国际市场要求企业具有更高的生产率 φ_1。企业具有高于 φ_0 的生产率将得以存活，淘汰部分生产率低的企业。同时，国外的企业也将进入国内的市场，企业的市场份额将发生变化，国内企业为了获得更多的份额将进一步提高生产率至 φ_2。

专栏 13-1

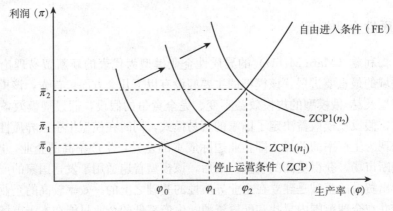

图 13-2 开放经济体模

13.1.2 企业内生边界模型

由于异质性，企业在国际化的过程中面临着是否进行境外市场及如何进入的选择。企业内生边界模型主要探讨异质性企业对企业跨国经营的定位和决策，解决异质性企业对边界、外包等战略选择问题。

该模型主要用来分析异质性企业在国际贸易中选择不同的企业组织形式，选择不同的所有权结构和中间投入品的生产地点。如果一个企业在内部生产投入品，由于生产率的差异，在投入品的生产过程中可以选择在本国生产或者在国外生产，如果该企业选择在本国生产，则该企业的生产方式就是标准的垂直一体化。如果该企业选择在国外生产，该企业进行的就是境外投资或公司内贸易。同样，该公司也可以选择在公司外部进行生产，将中间投入品外包生产，如果在本国购买投入品，就是国内外包；如果在国外采购投入品，就是对外外包或国际贸易。

13.2 贸易与经济增长

关于对外贸易与经济增长关系的研究主要集中在出口对经济增长的促进作用方面。例如巴罗论述了经济开放度较高的国家更有利于促进经济增长，奥克斯利分析了葡萄牙实际GDP和进口贸易数据后发现出口促进经济增长。我国学者也通过我国的数据验证了出口贸易对经济增长具有显著正向作用。近年来，随着越来越多的国家融入全球化经济体系，国家之间的关联性增强，进口对各国经济的促进作用逐渐受到理论界的重视，目前研究主要集中在以下两个方面。

1. 国际贸易开放度对经济增长的影响

在经济增长过程中，国际贸易在短期或者长期内都起到了一定的促进作用。短期效应是进口贸易可以满足国内的基本需要，出口贸易可以带动国内生产，拉动国内经济增长。通过国际的技术交流，可以获取世界前端的技术，进而促进经济的增长。在全球化生产中，垂直专业化分工是实现经济发展规模化的关键因素，也是提高生产效率的经济手段。垂直化分工可以让参与国自由地选择工序，这样有利于国家对生产要素进行优化，提高生产专业化程度，发挥真正的优势。细致的分工可以提高专业化程度，让企业获得更多的利润。国际贸易效应的存在，提高了本国在国家市场中的竞争力，推动了地区经济的健康发展。贸易开放推动了产业结构的发展，实现了国家经济的稳步增长。在垂直专业化分工下，生产过程涉及整个产品的产业链，在原有优势的基础上进行深入改革，提高产品的技术含量，促进高新技术产业发展。贸易开放度与经济增长之间存在紧密的关系。

贸易开放能加速引进先进的技术，对国内的经济结构进行优化调整，进而促进经济增长。贸易开放涉及贸易政策和贸易流量两个方面，这两个方面均会影响经济增长。贸易开放与经济增长是相互促进的，即对外贸易可能是内生的，如一个国家由于经济增长拥有良好的基础设施和交通系统，或是收入增加使得家庭对深加工、质量好的商品种类需求的增加，继而有更多的贸易量。

贸易开放度最佳是指国内经济在开放条件下，经济增长达到最适度的点。通过国际市场的发展实现经济较快的发展，开放不仅可以抵消经济发展中的损失，而且可以给经济增长带来很多好处。区域开放度的适当标准是：国家贸易可以为经济增长起到促进作用，并实现经济增长的预期目标，可以把全球先进的资源和技术引入国内，降低国内生产成本，并发挥生产力的优势作用。国际贸易开放度对经济增长起到正面影响作用，既可以协调国内的再生产，利用该国的优势，从全球获取优秀的技术和设备等资源，保证国内企业的稳定发展，发挥市场竞争的优势，也可以留住国内人才，防止人才流失，保证国内人才的质量。如果贸易开放度超过了本国财政承受的限值，那么贸易就会阻碍本国经济的发展。盲目地引进进口资源也会给本国的企业带来不利的影响。贸易逆差的增加，会造成国内资源外流，降低国内经济效益。

2. 进口对经济增长的影响

进口结构主要通过技术扩散效应、进口竞争效应、进口产品多样化效应三个方面来影响一国的经济增长。在解释进口结构对经济增长的影响时，技术扩散效应发挥着重要的作用。具体的影响路径如下：第一，进口结构可通过技术扩散效应提高本国企业的创新能力，促进经济增长。通过技术扩散效应，一国企业能够通过模仿，将进口的技术密集型产品消化吸收为自身的生产技术，也可以利用进口来源国的研发提高国内企业的创新能力和生产率，进而为促进经济增长提供条件与动力。第二，进口结构可通过技术扩散效应带动关联企业的协同发展，促进经济增长。技术扩散效应不仅体现在本国企业学习国外技术方面，还表现在国内企业之间的互相学习上。成功掌握国外先进技术的企业容易被同行业的其他企业模仿，这种国内企业之间的技术扩散效应能够促进关联企业的协同发展，提高整个国家的平均生产率水平，进而促进经济增长。第三，进口结构可通过技术扩散效应培养本国企业的技术工人，促进经济增长。进口技术特别是高新技术工业制造有利于本国企业培养技术工人，提高劳动生产率。技术扩散效应能够使发展中国家利用后发优势，达到比技术前沿国家更快的技术发展速度，从而缩小与发达国家的收入差距，促进自身的经济增长。

在解释进口结构对经济增长的影响时，进口竞争效应也发挥着重要的作用。具体的影响路径如下：第一，一国的进口结构能够通过进口竞争的激励效应促进经济增长。消费品的进口会导致国外同类产品替代本国产品，国内市场竞争加剧，国内企业试图通过创新逃离竞争，为了继续生存加大研发投资、更新机器设备，提高自身的生产率水平，进而促进一国的经济增长。第二，一国的进口结构会通过进口竞争的规模效应阻碍经济增长。一国大量进口消费品可能会压缩本土企业的市场份额和生产规模，加上国内的一些企业难以承担创新前期的高额成本，最终会选择"低质低价"的发展路线，从而不利于一国的经济增长。因此，进口结构能够通过进口竞争效应促进一国的经济增长，是激励效应和规模效应的综合作用。此外，进口竞争的激励效应和规模效应严重依赖于企业的相对生产率水平。对于低生产率的企业来说，进口竞争负向的规模效应超过了正向的激励效应。对于高生产率的企业来说，进口竞争正向的激励效应超过了负向的规模效应。因此，通过进口竞争效应，消费品进口对那些高生产率的企业有明显的正向作用。

进口产品的多样性同样在解释进口对经济增长的影响时具有重要作用。进口产品多样性的影响路径如下：第一，进口多样化的产品能够通过提升国内消费者的福利水平，促进经济增长。进口国内没有的新产品或者高质量产品可以改变消费者的消费倾向，增加消费者购买的产品种类数量，提升国内消费者的福利水平，增加进口国的贸易收益，从而有利于进口国的经济增长。第二，进口多样化的产品能够通过降低创新成本、优化资源配置来促进经济增长。进口产品多样化一方面有利于积累知识资本，降低创新成本，带动关联企业的协同发展；另一方面也有利于提高资本利用效率，优化资源配置，促进经济增长。第三，进口多样化的产品能够通过降低市场不确定性、规避风险来促进经济增长。较为集中的进口产品结构可能使得风险规避性质的投资减少，在此情形下，进口国国内的商品价格必将更易受到世界经济波动的影响，导致投资和经济发展等多方面的宏观经济计划无法顺利实施。多样化的进口产品结构有利于降低市场不确定性带来的风险，增强一国应对特殊冲击的能力，进而为实现经济增长提供较为稳定的环境。

13.3　贸易与环境

从目前的全球国际贸易模式来看，发展中国家依靠能源和资源密集型企业生产产品出口。而那些发达国家则需要大量的进口，但是享受服务的主要是那些进口产品的发达国家，受到环境污染的则是出口资源密集型产品的发展中国家。发展中国家对于初级产品的依赖是非常巨大的，但在此过程中，它们依赖于牺牲环境资源和污染环境带来巨大的经济效益。在发达国家，由于污染排放标准较高，一些企业无法达到排放污染的标准，不得不寻求出路，一般会选择污染排放相对较松的国家进行企业生产活动。这些企业将通过在发展中国家投资建厂，将污染转移到环境排放标准较松的发展中国家。最后，从国际贸易中获得产品较多的发达国家，会进一步出台贸易政策，促进那些出口资源密集型产品的国家更加有动力地出口初级产品。因此，对于出口产品的发展中国家而言，污染将进一步加剧。在研究贸易与环境关系的过程中，经济学家主要从污染天堂理论和环境库兹涅茨曲线进行探讨，各国寄希望于《巴黎协定》引领的全新全球气候治理格局下人们对温室气体（碳）排放权限制的承认，使得温室气体（碳）排放权成为一种全新的交易对象出现在商品贸易中，碳市场在减少各国二氧化碳排放、兑现国家自主贡献中继续发挥着重要作用。

13.3.1　污染天堂理论

发达国家的污染密集型产业发展空间潜力较小，没有利润可图，企业会选择将生产产品的地方建在污染排放标准较低的发展中国家或地区。在自由贸易区，产品价格与产地无关。在实际的国际贸易中，贸易壁垒及运输成本的存在使得成本大大增加，但是在贸易中套利机制使得价格逐渐趋于一致。污染企业会选择发展中国家作为自己建厂生产的地方，是因为在相同的环境条件下，发展中国家对于环境的管制较为宽松，发达国家则相对较为严格，这些发展中国家就称为污染的天堂。

在传统贸易理论的观点里，比较优势是进行国际贸易的主要原因，因为比较优势会使不同的国家出口不同的产品。为了更好地发挥比较优势，发达国家出口技术密集型产品，发展中国家利用环境规制宽松的优势，出口污染密集型产品。在自由贸易的情况下，为了减少污染治理费用，追求更高的利润，污染密集型产业将选择排放标准较低的国家进行生产活动，发展中国家有可能成为发达国家污染产业转移的目的地。污染密集型产业流向环境标准较低的国家和地区是形成"污染天堂"的主要原因。根据产业转移的现状，污染天堂理论成为发展中国家环境恶化的主要原因之一。

13.3.2　环境库兹涅茨曲线

早期的研究表明，二氧化碳排放水平随着经济的发展先增长后下降，呈倒 U 形。1996年，帕纳约托借用库兹涅茨界定的人均收入与收入不均等之间的倒 U 形曲线，将这种环境质量与人均收入间的关系称为环境库兹涅茨曲线（environment Kuznets curve，EKC，见图13 - 3）。经济发展带动了人均收入的增加，但是环境污染也随之增加。当人均收入增加到一定程度时，人均收入的进一步增加将导致环境污染减少。因为人们对于环境的需求更加渴求，无论是普通民众还是政府都愿意为治理环境提供帮助。

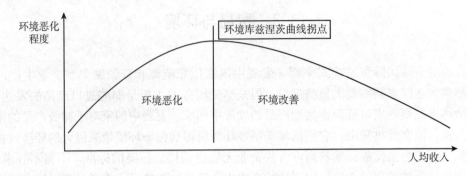

图 13 - 3　环境库兹涅茨曲线

环境库兹涅茨曲线表明当人均收入增加到一定程度时，人均收入的进一步增加将导致环境污染减少，即环境污染和收入呈倒 U 形关系。在研究环境库兹涅茨曲线的背景下，这个曲线的拐点是理解的首要任务，因为随着经济发展到一定程度，人们对于环境质量有了要求，并且技术效应和结构效应的存在验证了拐点存在的合理性。经济学家指出人均收入和二氧化碳排放量是呈 U 形关系的。这与环境库兹涅茨曲线有很大差异，研究表明拐点处的人均收入差异很大，环境库兹涅茨曲线随着研究的不断进行也开始受到越来越多的质疑。

经济学家在研究环境库兹涅茨曲线的过程中有的结果呈倒 U 形，有的结果呈 U 形、N 形、单调上升形、单调下降形，并且不同污染物的污染与收入间的关系差异较大，对结论提出了挑战。有批评指出环境库兹涅茨曲线假定收入仅是一个外生变量，环境恶化并不减缓生产活动进程，生产活动对环境恶化无任何反应，并且环境恶化也未严重到影响未来的收入。但是，低收入阶段环境恶化严重，经济则难以发展到高水平阶段，也达不到使环境改善的转折点。经济增长与环境是互动的大系统，环境恶化也影响经济增长和收入提高，需要构建将收入内生化的模型来探讨环境质量与收入水平间的互动关系。总之，环境库兹涅茨曲线的提出引发了大量贸易与环境及碳排放的研究及讨论。

13.3.3　国际碳排放权的交易

为减少温室气体排放，1997 年 12 月《京都议定书》首次将碳排放权交易（简称"碳交易"）作为解决温室气体排放问题的市场履约机制之一。2015 年 12 月，《联合国气候变化框架公约》近 200 个缔约方在巴黎气候变化大会上达成《巴黎协定》，确立了一种世界各国"自下而上"自主开展温室气体减排的新模式，这是继《京都议定书》后第二份有法律约束力的气候协议。2018 年 12 月召开的卡托维兹气候变化大会通过了大部分"巴黎协定工作计划"（PAWP）的内容，形成"卡托维兹文件"，对落实《巴黎协定》、加大全球应对气候变化的行动力度等做出了进一步安排。人们对温室气体（碳）排放权限制的承认，使得温室气体（碳）排放权成为一种全新的交易对象出现在商品贸易中。

当前，美国、加拿大、澳大利亚及欧盟区域分布着国际碳排放权交易市场。依据交易机制的区别，主要有 2 种国际碳排放交易形式：强制配额交易市场、自愿碳排放交易市场。强制配额交易的主要代表是欧盟，企业的排放配额是各国依据自己的排放总量划分的。自愿碳排放交易市场的主要代表是美国和加拿大，这些国家的政府和企业自愿进行减少气体排放量的承诺，未用完的承诺额度可以在相互之间进行交易。

欧盟排放交易体系（EUETS）、美国芝加哥气候交易所（CCX）是目前比较有特色的两类交易市场。EUETS在2005年初正式开始运营，四分之三以上的碳交易量与碳交易额主导了全球碳交易市场。EUETS是以总量控制为基础的。现在EUETS主要有欧洲气候交易所、欧洲能源交易所和北欧电力交易所3大交易所。

成立于2003年的美国芝加哥气候交易所，是全球唯一同时开展二氧化碳（CO_2）、甲烷（CH_4）、氧化亚氮（N_2O）、氢氟碳化（HFCS）物、全氟化物（PFCS）、六氟化硫（SF_6）六种温室气体减排交易的市场。交易所有两种联系机构：一种是流动性的提供者，另一种是CCX的会员，其中企业、城市和其他实体都是其会员，会员有减排承诺，CCX交易总量在2008年达到3.1亿美元。CCX首创了一种经济模式，这种经济模式以市场经济推动全世界环境保护，曾被安南称为"建立碳排放市场的成功典范"。

我国一直是气候变化多边进程的积极参与者，也是最大的发展中国家，但没有被《京都议定书》纳入强制减排计划，而是通过CDM（清洁发展机制）参与全球的碳交易活动。随着全球碳交易市场的发展，我国也逐步建立了碳交易机制，并大力发展碳交易市场。我国碳交易自2011年开展试点以来，已经历五期履约，目前控排主体覆盖面广、碳配额线上交易已达到一定规模，交易价格趋于稳定，履约率不断提升，碳减排工作取得了显著效果。在碳交易试点的基础上，全国统一的碳交易体系也正在加速推进。

13.4　全球价值链与贸易

随着全球经济一体化的发展，生产中的跨国分工与合作日益频繁。为了实现对全球资源的最充分利用，许多企业选择将产品设计、原材料采集、零部件生产、组装、销售、售后等环节分散至全球不同国家进行。附加值在每一个环节上被依次创造、累加，并通过国际贸易向下一个环节传递，进而形成了"全球价值链"。

当前的全球价值链网络已经覆盖世界上几乎每一个角落，为价值链上的参与者带来了空前的发展机遇，并成为连接世界各国经济和社会发展的纽带。同时，分工格局和贸易模式的迅速变革也为传统的国际贸易理论研究和统计测算带来了全新的挑战。在这一背景下，全球价值链研究迅速升温，并取得突破性进展。

在传统的贸易模型中，国家间的分工主要发生在最终产品层面上。然而，随着通信技术的发展及各类贸易成本的降低（关税、交通运输等），现今的国际分工中，一个国家往往集中于价值链上的特定环节进行生产。不同国家在价值链上的分工主要是由各国要素禀赋和比较优势决定的，同时还受到各个国家之间协调成本、生产结构、生产技术等因素的影响。

在贸易自由化迅速推进、国际运输成本降低、信息通信技术提升等多方因素的共同作用下，全球价值链上的国际分工正日益深化和细化。作为全球价值链的积极贡献者，我国要实现经济的高质量发展，同时也要使创新链和产业链的互动关系迈向更高质量、更高水平。

专栏13-2

13.4.1　出口国外附加值率的测度

想要了解各个国家在全球价值链中的参与程度，需要对贸易附加值进行测算，并基于测算结果对一国的垂直分工参与度进行估计，这种方法称为垂直专业化测量方法。垂直专业化测量方法首先由 Hummels 等首先提出，用一国出口中包含的进口中间投入品占比，对该国的垂直分工参与度进行衡量，即 VS（vertical specification）指数。该指数的含义可以概括为：本国出口中的国外附加值。在运用垂直专业化的方法测量时，其实是基于全球价值链的一个特征，即进口的中间产品被一个国家用来制造产品或者半成品，并且出口到其他国家。这突出了贸易的多国交叉、多国往来的特点。

13.4.2　中国参与全球价值链的位置及其变动趋势

全球化的知识经济时代，一国的技术水平决定了其在全球价值链中的地位，也就是全球价值创造和分配的权重。作为新兴市场，中国多数企业从承接低端零部件生产开始参与全球化，通过技术引进和技术学习逐渐提升技术水平，使中国作为全球制造工厂的位置不断凸显。

在以创新密集型行业为代表的全球创新链体系中，中国的总体竞争力较弱。从出口占比来看，中国目前在创新密集型行业中处于中等位置，其中韩国、日本和德国占比较高，中国、美国、英国和法国总体处于同一水平。从贸易竞争力来看，中国的总体竞争力不明显，贸易竞争力指数较低。

劳动密集型行业目前仍是中国具有比较优势的主要领域，中国在出口占比和贸易竞争力两方面均居首位，其次是意大利，其余国家劳动密集型行业出口占比较低且贸易竞争力较弱。劳动密集型行业中主要包含纺织和服装业、家具制造业等，中国主要占据该类行业中的生产制造环节，竞争力较强；意大利则侧重该类行业的研发设计等环节，拥有不少顶级奢侈品牌，善于将这类技术成熟的行业打造成具有艺术感、时尚感和设计感的高附加值行业。综上，劳动密集型行业的生产制造环节集中于中国，意大利在研发设计等方面占据优势，形成了"研发设计＋生产制造"的高低端产业匹配。现阶段中国仍然缺乏该类产业链的核心资源。

区域生产型行业中，巴西和中国的贸易竞争优势明显。这类行业具有较强的中间品属性，主要包括食品和饮料、金属制品、纸张和印刷、玻璃水和泥陶瓷、橡胶和塑料。巴西在这一行业中出口占比相对较高且贸易竞争力较强，对于创新密集型行业重要投入来源的控制力较强。中国在该类行业中贸易竞争力仅次于巴西，出口占比常年稳定在 11％～12％，出口量高居世界第一。

新冠疫情在欧美多国爆发式发展，前期主要对出口需求产生影响，随着疫情的发展也会对国家产业链形成实质性冲击，中国全球价值链的供给端影响将更加明显。从创新密集型行业来看，整体上美国、韩国、日本和德国是中国的主要进口来源国。分行业来看，化工产品主要从美国、韩国和日本进口，机械和设备主要从韩国、日本和德国进口，汽车零部件主要从美国、日本、德国进口，运输设备主要从美国、日本进口，电力机械主要从韩国进口，比例均超过 10％，依赖度较大。从创新链和产业链的互动来看，中国在创新链的供给端对欧美等发达国家的进口依赖度较大，一旦新冠疫情等重大突发公共卫生事件冲击加剧，航空航天、光学影像和医疗器械等创新密集型行业将面临"断链"。非创新密集型行业中区域生产型行业受供给端影响最大，其次是劳动密集型行业，资源密集型行业对澳大利亚和巴西进口依赖度较大。由于核心技术相对缺乏，短期内创新密集型行业的进口替代可能性较低，中长期进口替代的需求对缺乏核心技术的产业存在倒逼式创新激励。

13.5　服 务 贸 易

经济学家对服务贸易概念的阐述是从霍尔的服务概念引出的。霍尔认为："服务是指人或隶属于一定经济单位的物在事先合意的前提下由于其他单位的活动所发生的变化。"具体来说，服务贸易是一国的法人或自然人在其境内或进入他国境内向外国的法人或自然人提供服务的贸易行为。近年来，随着信息技术和全球化的发展，服务贸易也呈现出不同的趋势。

13.5.1　服务贸易的主要特点及分类

20 世纪 80 年代，巴格瓦蒂、桑普森和斯内普为了更好地定义服务贸易相继扩展了"服务"的概念。按是否需要物理接近将服务贸易分为 4 种：消费和生产都不移动的服务贸易；消费在生产所在国进行的服务贸易；生产移动到消费所在国进行的服务贸易；消费和生产都在第三国进行的服务贸易。

总体来说，服务包括商业服务，通信服务，建筑及有关工程服务，销售服务，教育服务，环境服务，金融服务，健康与社会服务，与旅游有关的服务，娱乐、文化与体育服务，运输服务等。服务又可以划分为生产型服务和消费型服务。生产型服务主要作为生产的中间投入品，是为了保持生产过程的连续性、促进技术进步和提高生产效率而提供保障的服务。消费型服务则是直接面对消费者的服务。按照我国《国际收支和国际投资头寸手册》的标准，根据性质的不同，各服务贸易项目可以归类为生产型服务贸易和消费型服务贸易，见表 13 - 1。

表 13 - 1　服务贸易的分类

生产型服务贸易	消费型服务贸易
加工服务，维护和维修服务，运输服务，建设服务，保险和养老服务，金融服务，知识产权使用费，电信、计算机和信息服务，其他商业服务，其他政府服务	旅行服务，个人、文化和娱乐服务

根据世界贸易组织的定义，服务贸易可分为跨境交付、境外消费、商业存在、自然人流动 4 种提供模式。

（1）跨境交付

跨境交付是指从一缔约方境内向其他任何缔约方境内提供服务。在这种形式下，服务提供者不需要离开国境，因此多借助于现代化的远程通信技术来实现服务的转移。

（2）境外消费

境外消费是指在一缔约方境内向其他任何缔约方消费者提供服务，在这种形式下，服务消费者必须进入服务提供者所在的国家或地区才能实现服务的买卖，如出国旅游、留学等。

　　（3）商业存在

　　商业存在是指一缔约方在其他任何缔约方境内通过设立商业实体而为当地消费者提供服务。这种方式既可以是在一缔约方领土并购一个法人实体，也可以是创建一个分支机构或代表处，一般会涉及市场准入和直接投资问题，通常金融、保险、零售等行业的服务贸易较多采用这种形式。

　　（4）自然人流动

　　自然人流动是指一缔约方的自然人在其他任何缔约方境内提供服务。此种方式主要是通过服务提供者过境移动到消费者境内提供服务而实现的，如艺术家出国演出、专家出国提供咨询服务等。

13.5.2　全球服务贸易

　　服务贸易已经逐渐成为国际贸易的重心。20 世纪 90 年代后，特别是近 10 年来，由于信息技术的快速发展，产生了许多全新的商业形式。如今，服务业发展成为推动全球经济发展的重要引擎，服务贸易逐渐取代货物贸易成为国际贸易的重心。WTO 数据显示，按收支平衡（BOP）方式统计，1970 年服务贸易占全球贸易的比重仅为 9%，2017 年该比重上升为 23%，预计全球服务贸易占比在 2030 年将上升到 25%。

　　服务贸易比重上升的原因是制造业服务化和数字经济发展。随着全球价值链产业分工的深化与广化，制造业服务化成为全球服务贸易发展的重要因素。将价值链由以制造为中心转向以服务为中心成为企业获取全球竞争优势的必然选择。与此同时，数字技术在制造业服务化中的作用巨大，由此相关的数字贸易也正成为服务贸易增长的重点。

　　国际经贸规则重构的重点逐渐转向服务贸易规则谈判，《服务贸易总协定》（GATS）已经很难满足服务贸易发展的需要。目前全球服务贸易多边规则主要是 WTO 框架下《服务贸易总协定》，这是世界上第一套规制服务贸易的多边协定。GATS 按照服务贸易提供的 4 种方式，对国民待遇和市场准入采取正面清单的方式进行承诺。但随着科技的快速发展和全球贸易格局的深刻变化，服务业在发达经济体中所占的比重不断上升，重要性日益上升。美欧等国对推动服务业贸易和投资自由化的诉求也越来越强烈，但目前以 GATS 为主的多边贸易规则已经明显滞后于服务贸易发展和自由化的现实需要。

　　随着服务业业态的大幅拓展及重要性的日益凸显，全球国际贸易规则谈判的重点逐步集中到服务业领域。据 WTO 统计，目前全球范围内大概有 290 项特惠贸易安排，其中服务贸易内容占了近一半。当前，已达成的全面与进步跨太平洋伙伴关系协定（CPTPP）和美墨加协定（USMCA），以及正在谈判中的国际服务贸易协定（TISA），重心是通过制定、更新服务贸易规则来不断巩固和拓展发达经济体在服务贸易领域的国际竞争力和市场份额。

13.5.3　中国的服务贸易

　　经过近 40 年改革开放的洗礼，我国的服务贸易从无到有，实现了飞跃式的发展，成为对外经济中的重要组成部分。1982 年，我国服务贸易进出口总额为 46.11 亿美元，而 2018 年我国服务贸易进出口额总为 7 904 亿美元，增长了 171.42 倍，年均增长率达到 15.26％。具体又可以分为：1982 年服务贸易出口额为 25.87 亿美元，2018 年服务贸易出口额为 2 335.67 亿美元，增长了 90.28 倍，年均增长率达到 13.73％；1982 年服务贸易进口额为 20.24 亿美元，2018 年服务贸易进口额为 5 207 亿美元，增长了 257.26 倍，年均增长率达到 16.67％（见图 13 - 4）。

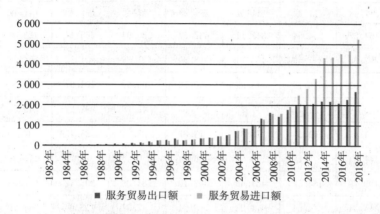

图 13 - 4　服务贸易进出口总额（单位：亿美元）

　　1982 年到 1998 年，服务贸易的差额均为顺差，但数额不大。自 1999 年开始，服务贸易差额由顺差转为逆差，但总体而言仍较为平稳；2009 年服务贸易逆差为 153.46 亿美元，而在此之后逆差便迅速扩大，到 2018 年服务贸易逆差已经达到 2 510 亿美元，较 2009 年扩大了 16.35 倍，逆差年均增长率高达 8.07％（具体见图 13 - 5）。

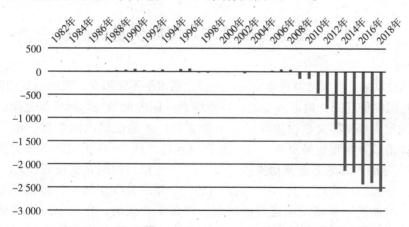

图 13 - 5　服务贸易进出口差额（单位：亿美元）

　　服务贸易的结构体现了一国在国际分工中的地位，是观察一国服务贸易竞争力的重要视角。2005—2018 年，我国服务贸易的各个行业都呈现增长的趋势。2018 年，运输服务进口总额和旅游服务进口总额均超过了 1 000 亿美元，其中又以旅行服务进口规模最大、增长最快，从 2005 年的 217.59 亿美元增长到 2018 年的 2 768.30 亿美元。自 2001 年我国加入 WTO 开始，包括电信、计算机和信息服务，知识产权使用费，维修和维护服务，保险和养老金服务在内的高新技术类服务贸易进入快速发展的黄金时期，而最令人瞩目的是电信、计算机和信息服务与知识产权使用费两项服务贸易，近年来更是呈现指数级增长速度（见表13-2）。

表 13-2 服务贸易各细分项目进出口额

单位：亿美元

行业	2005 年		2010 年		2015 年		2018 年	
	出口额	进口额	出口额	进口额	出口额	进口额	出口额	进口额
运输	154.27	284.54	342.11	632.57	385.94	765.14	423.00	1 082.90
旅游	292.96	217.59	458.14	548.80	1 141.09	2 921.99	394.50	2 768.30
建筑	25.93	16.19	144.95	50.72	166.52	101.97	265.80	86.00
保险	5.49	72	17.27	157.55	49.76	93.27	49.20	118.70
金融	1.45	1.59	13.31	13.87	23.34	26.45	34.80	21.20
货物相关	181.51	2.16	183.63	6.84	240.41	14.79	174.20	2.60
其他商业	198.78	164.54	431.65	343.10	584.03	395.42	698.90	472.80
个人文化娱乐	1.34	1.54	1.23	3.71	7.31	18.94	12.10	33.90
特许权使用及专利	1.57	53.21	8.30	130.40	10.85	220.22	55.60	355.90
计算机、信息与通信	23.25	22.23	104.78	41.03	245.49	114.09	470.50	237.60

13.6 交通基础设施对国际贸易的影响

自改革开放以来，我国经济快速发展，人民生活水平不断提高，我国的基础设施建设也不断完善。我国幅员辽阔、地形多变的特性意味着：国内市场与国际市场之间的良好衔接必须依赖于国家内部基础交通设施建设的不断完善，才能使得内陆各省、市与沿海地区贸易门户（即港口）实现贸易资本、货物的有效互通。从 2000 年实施西部大开发政策开始，2003 年实施的东北老工业基地振兴战略，2008 年推行的四万亿投资计划，2009 年提出的中部地区崛起的战略规划及 2015 年提出的"一带一路"倡议，都强调了基础设施建设的重要性，也加速了基础设施建设的进程。许多学者认为，在国家经济发展早期，基础设施建设有利于提高国际贸易水平，能有效推动一国经济的均衡稳定发展，是经济增长的"加速器"。

1. 公路

由于中国特殊的地理环境，公路运输的货运量占比持续保持在 80% 左右，且跟随境内总货运量稳定高速增长，远超其他运输方式。因此，作为交通基础设施建设举足轻重的一部分，公路运输的发展对我国进出口贸易的影响尤其值得关注。

随着我国对外贸易的快速发展，考虑到我国幅员辽阔、地形复杂的内部特殊性，研究国内公路交通基础设施建设对我国国际贸易的影响，对于政府交通基础设施建设的相关计划、政策制定具有现实意义。研究结果表明，公路交通基础设施的不断建设完善的确对我国的对外贸易健康发展具有促进作用，因此政府应重视境内公路基础设施建设的相关工作，为我国国际贸易的健康发展创造良好的内部物流环境。

2. 港口

港口物流在现代社会经济发展过程中占有举足轻重的地位，在我国对外贸易不断发展的大背景下，港口物流扮演着船东、海关、进出口企业及货代等不同的重要角色，港口物流服务的竞争力直接决定了港口的综合实力，也直接映射出我国对外贸易的综合实力。因此，港口贸易对我国的经济发展和对外贸易有着重要的推动作用。

在对外贸易中，国与国之间的货物往来是通过转移商品的所有权来实现的，进口方获得大量的商品和资源，出口方获得大量的外汇收入，整个交易在各取所需的前提下实现利益共享。对外贸易的特殊属性，决定了对外贸易要想实现快速的发展必须依赖于完善和健全的物流体系。作为承载对外贸易的核心运输手段，海运在整个对外贸易运输过程中占有重要的地位。只有实现我国国际港口物流的快速发展，才能够保障我国对外贸易货物的高效运输，因此港口物流是实现对外贸易的根本保障。

港口物流效率的提升能够高效降低对外贸易成本，而成本是进行任何贸易活动所必须考虑的影响因素。在对外贸易过程中，出口方若能实现出口成本的有效降低，则会大大增加本国产品的国际市场竞争力；而从进口方的角度来看，较低的成本控制能够帮助进口方在贸易活动过程中获得国际市场的认同。港口物流通过技术管理和技术革新能降低贸易过程中的运输成本和运输效率，对降低整体贸易成本具有重要作用。

3. 铁路

铁路运输由于具有能耗低、排放少及占地少等优点，在长距离运输、运量和运费方面占据了绝对优势。随着动车、高铁等新技术的投入，地区间的运行距离被大大缩短，运行时间也大幅缩短，这不仅便利了经贸人员的往来，加快了物质要素的流通，而且有效提高了企业利用周边生产要素的效率，降低了信息搜集成本，从而有力地促进了地区的经济发展，提高了对外贸易的效率。

高铁可以解决信息不对称问题，提高中间商匹配效率。作为一种新型的交通工具，高铁的乘客量迅速增长。高铁服务的准点性和舒适度使其在大多数中长途旅行中极具竞争力。对于短途旅行，一些城市已开始使用高铁作为常规通勤方式，如保定到北京、无锡到上海。高铁发展提供了更快的运输方式，便利了企业管理人员流通，降低了生产商与供给商跨空间面对面互动成本，在更大的地理范围内进一步优化了人力资本配置。

高铁的发展还可以降低成本。高铁发展的"时空压缩"效应，便利了人才流、资金流和信息流的传递，实现了经济要素流动的多层面、多类型和多选择性。高铁开通降低了地区之间的旅行成本和相应的时间成本，同时还从整体上降低了运输所产生的环境成本。在影响贸易的因素中，交易成本有着不可忽视的地位，主要包括搜寻成本和信息成本。高铁的发展有助于降低企业的搜寻成本和信息成本，凸显了贸易成本优势，推动了贸易发展。

本章要点

关于对外贸易和经济增长关系的研究主要集中在出口对经济增长的促进作用方面。在经济增长的过程中，国际贸易在短期或者长期内起到了一定的促进作用。

出口资源密集型产品的发展中国家受到严重环境污染，发展中国家对于污染严重的初级产品的依赖是非常大的，在此过程中，发展中国家只能依赖于牺牲环境资源和污染环境带来巨大的经济效益。

污染天堂理论认为污染密集产业的企业倾向于建立在环境标准相对较低的国家或地区。环境库兹涅茨曲线表明当人均收入增加到一定程度时，人均收入的进一步增加将导致环境污染减少，即环境污染和收入之间的关系呈倒 U 形。为了减少温室气体排放，碳排放权交易作为解决温室气体排放问题的市场履约机制之一。

全球价值链是指在全球范围内为实现商品或服务价值而连接生产、销售、回收处理等过程的全球性跨企业网络组织，涉及从原料采购和运输、半成品和成品的生产和分销，直至最终消费和回收处理的过程。

服务贸易是一国的法人或自然人在其境内或进入他国境内向外国的法人或自然人提供服务的贸易行为。服务业发展成为推动全球经济发展的重要引擎，服务贸易逐渐取代货物贸易成为国际贸易的重心。服务贸易比重上升的原因是制造业服务化和数字经济发展。随着全球价值链产业分工的深化与广化，制造业服务化成为全球服务贸易发展的重要因素。

复习思考题

一、名词解释

国际贸易开放度　污染天堂理论　环境库兹涅茨曲线　碳排放　全球价值链　垂直专业化　服务贸易

二、简答题

1. 简述国际贸易是如何影响经济增长的。
2. 简述污染天堂理论的主要观点。
3. 简述环境库兹涅茨曲线拐点出现的原因。

三、论述题

1. 试述传统贸易理论和全球价值链理论下的国际分工的异同之处。
2. 试述我国服务贸易的发展。
3. 试述交通基础设施的建设对国际贸易产生的影响。

参 考 文 献

[1] 柏拉图. 理想国：1 卷. 北京：商务印书馆，1957.

[2] 波特. 国家竞争优势. 李明轩，邱如美，译. 北京：华夏出版社，2002.

[3] 卜伟，叶蜀君，杜佳，等. 国际贸易与国际金融. 4 版. 北京：清华大学出版社，2020.

[4] 卜伟，赵伟滨. "完全市场经济地位"与对华反倾销反补贴. 郑州航空工业管理学院学报，2008，26(1)：45-49.

[5] 卜伟，郑纯毅. 中国吸引外国直接投资政策研究. 中央财经大学学报，2005(5)：59-63.

[6] 布阿吉尔贝尔. 布阿吉尔贝尔选集. 北京：商务印书馆，1984.

[7] 程大为. 商务外交. 北京：中国人民大学出版社，2004.

[8] 达斯. 世界贸易组织协议概要：贸易与发展问题和世界贸易组织. 刘钢，译. 北京：法律出版社，2000.

[9] 芬斯特拉，泰勒. 国际贸易. 张友仁，等译. 北京：中国人民大学出版社，2017.

[10] 冯雷. 经济全球化与中国贸易政策. 北京：经济管理出版社，2004.

[11] 冯宗宪，柯大钢. 开放经济下的国际贸易壁垒：变动效应、影响分析、政策研究. 北京：经济科学出版社，2001.

[12] 高宏伟. 铁路改革与激励约束机制. 北京：经济科学出版社，2004.

[13] 高永富. WTO 与反倾销、反补贴争端. 上海：上海人民出版社，2001.

[14] 郭波. 国际贸易理论新探. 济南：山东人民出版社，2017.

[15] 郭羽诞. 国际贸易学. 上海：上海财经大学出版社，2014.

[16] 海闻，林德特，王新奎. 国际贸易. 上海：上海人民出版社，2003.

[17] 霍克曼，考斯泰基. 世界贸易体制的政治经济学：从关贸总协定到世界贸易组织. 刘平，译. 北京：法律出版社，1999.

[18] 金详荣. 贸易保护制度的经济分析. 北京：经济科学出版社，2001.

[19] 凯伯. 国际经济学. 15 版. 侯锦慎，刘兴坤，译. 北京：中国人民大学出版社，2017.

[20] 凯恩斯. 就业利息和货币通论. 徐毓枬，译. 北京：商务印书馆，1997.

[21] 克鲁格曼，奥伯斯法尔德，梅里兹. 国际贸易. 10 版. 北京：中国人民大学出版社，2016.

[22] 李嘉图. 政治经济学及赋税原理. 北京：商务印书馆，1979.

[23] 李坤望. 国际经济学. 4 版. 北京：高等教育出版社，2017.

[24] 李斯特. 政治经济学的国民体系. 陈万煦，译. 北京：商务印书馆，1961.

[25] 里昂惕夫. 国内生产与对外贸易：美国资本状况的再检验. 美国哲学学会会议录，1953.

[26] 刘红忠. 中国对外直接投资实证研究与国际比较. 上海：复旦大学出版社，2001.

[27] 刘力，刘光溪. 世界贸易组织规则读本. 北京：中共中央党校出版社，2000.

[28] 卢馨．构建竞争优势：中国企业跨国经营方略．北京：经济管理出版社，2003.

[29] 鲁桐．WTO 与中国企业国际化．北京：中共中央党校出版社，2000.

[30] 鲁桐．中国企业跨国经营战略．北京：经济管理出版社，2003.

[31] 麦克唐纳．世界贸易体制：从乌拉圭回合谈起．上海：上海人民出版社，2002.

[32] 钱学锋，吴英娜．国际贸易学．北京：高等教育出版社，2019.

[33] 丘东晓，许斌，郁志豪，等．国际贸易与投资前沿．上海：格致出版社，2008.

[34] 桑百川，李计广．国际经济学科前沿研究报告 2016－2017．北京：人民日报出版社，2019.

[35] 盛斌．中国对外贸易政策的政治经济分析．上海：上海人民出版社，2002：21－22.

[36] 石广生．中国加入 WTO 知识读本（二）：乌拉圭回合多边贸易谈判结果 法律文本．北京：人民出版社，2002.

[37] 石广生．中国加入 WTO 知识读本（三）：中国加入 WTO 法律文件导读．北京：人民出版社，2002.

[38] 石广生．中国加入 WTO 知识读本（一）：WTO 基础知识．北京：人民出版社，2002.

[39] 杜尔劳夫，布卢姆．新帕尔格雷夫经济学大词典．2 版．北京：经济科学出版社，2016.

[40] 世界贸易组织秘书处．贸易走向未来：世界贸易组织概要．张讲波，索必成，译．北京：法律出版社，1999.

[41] 世界贸易组织秘书处．乌拉圭回合协议导读．索必成，胡盈之，译．北京：法律出版社，2000.

[42] 司岩．中国企业跨国经营实证与战略．北京：企业管理出版社，2003.

[43] 穆勒．政治经济学原理：第 2 册．金镝，金熠，译．北京：商务印书馆，1967.

[44] 唐海燕，毕玉江．国际贸易学．上海：立信会计出版社，2011.

[45] 唐海燕．中国对外贸易创新论．上海：上海人民出版社，2006.

[46] 陶然，周巨泰．从比较优势到竞争优势：国际经济理论的新视角．国际贸易问题，1996(3)：29－34.

[47] 佟家栋．国际贸易理论的发展及其阶段划分．世界经济文汇，2000(6)．

[48] 王珏．世界经济前沿专题．北京：科学出版社，2018.

[49] 王林生，范黎波．跨国经营理论与战略．北京：对外经济贸易大学出版社，2003.

[50] 夏申．论战略性贸易政策．国际贸易问题，1995(8)．

[51] 薛荣久．国际贸易．6 版．北京：对外经济贸易大学出版社，2016.

[52] 薛荣久．世界贸易组织教程．北京：对外经济贸易大学出版社，2003.

[53] 杨国华．中美经贸关系中的法律问题及美国贸易法．北京：经济科学出版社，1998.

[54] 杨毅．国际贸易谈判的主要影响因素分析，国际政治经济学的视角．国际论坛，2012，14（2）．

[55] 尹翔硕．国际贸易教程．3 版．上海：复旦大学出版社，2014.

[56] 尹忠明．国际贸易学．成都：西南财经大学出版社，2019.

[57] 余淼杰．国际贸易学：理论、政策与实证．2 版．北京：北京大学出版社，2021.

[58] 余敏友．WTO 争端解决机制概论．上海：上海人民出版社，2001.

[59] 约菲，卡斯．国际贸易与竞争：战略与管理案例及要点．宫桓刚，孙宁，译．大连：

东北财经大学出版社，2000.

[60] 张二震，马野青．国际贸易学．5 版．南京：南京大学出版社，2015.

[61] 张鸿，文娟．国际贸易．2 版．上海：华东师范大学出版社，2017.

[62] 张谦，吴一心．战略性贸易政策理论的产生及其体系．上海经济研究，1998（2）．

[63] 张曙霄．中国对外贸易结构论．北京：中国经济出版社，2003.

[64] 章承越．经济全球化中国商务发展．北京：人民出版社，2005.

[65] 赵春明，魏浩，蔡宏波．国际贸易学．3 版．北京：高等教育出版社，2013.

[66] 赵瑾．全球化与经济摩擦：日美经济摩擦的理论与实证研究．北京：商务印书馆，
2002.

[67] 赵晋平．从推进 FTA 起步．国际贸易，2003(6)．

[68] 赵伟．高级国际贸易学十讲．北京：北京大学出版社，2014.

[69] 赵伟．国际贸易：理论政策与现实问题．大连：东北财经大学出版社，2004.

[70] 中华人民共和国商务部综合司•国际经济贸易合作研究院．中国对外贸易形势报告．
2021 春季．

[71] 周其仁．挑灯看剑：创造配额．经济观察报，2005－07－03.

[72] SIMON J E. 世界贸易体制：未来之路．金融与发展（国际货币基金组织季刊），1999
（12）．

[73] DOUGLAS A I. Free trade under fire. Princeton：Princeton University Press,
2002.

[74] MAGNUS B. Regional integration and foreign direct investment. http：//www. nber. org.

[75] PAUL R K，MAURICE O. International economics：theory and policy. 5th ed. 影印
版．北京：清华大学出版社，2001.

[76] POLACHEK，SOLEMON W. Conflict and trade：an economic approach to political
interaction，1997.

[77] SCHIFF M，WINTERS L A. Regional integration as diplomacy. Policy research working
paper series，1997（8）．

[78] SUTHIPHAND C. ASEAN-China free trade area：background，implications and future
development. Journal of Asian economics，2003（13）：671－681.

[79] VINER J. The role of providence in the social order. Princeton：Princeton University
Press，1972.

[80] ALT J，GILLIGAN M，RODRIK D，et al. The political economy of international
trade：enduring puzzles and an agenda for inquiry. Comparative Political Studies，
1996，6（29）．

[81] KRASNER S. Global communications and nation power：life on the pareto frontier.
World politics，1991，43（3）：336－356.

[82] CALDER K. Crisis and compensation. Princeton：Priceton University Press，1988.

[83] GROSSMAN S，HELPMAN E. Protection for sale. American economic review，1994,
4（84）：833－850.

[84] EHELENE C INGERSOLL B. Playing catch－up：with little evidence，Florida grows
blame tomato woes on NAFTA. The wall street，1996（4）．

［85］ MAYER W. Endogenous tariff formation. American economic review，1984，74（5）：970 -985.

［86］ LEVY P L. A political-economy analysis of free-trade agreements. American economic review，1997，87（4）：506 - 519.